¡DES-CÚBRETE!

¡DES-CÚBRETE!

Una nueva visión del cuerpo, la mente y la vida de las chicas

De las creadoras de gURL.com

esther drill
heather mcdonald
rebecca odes

EDICIONES B
GRUPO ZETA

Barcelona • Bogotá • Buenos Aires • Caracas • Madrid • México D. F. • Montevideo • Quito • Santiago de Chile

Título original: *Deal with it! A whole new approach to your body, brain and life as a gURL*

Traducción: Laura Manero

1.ª edición: noviembre, 2000

Publicado originalmente por Pocket Books,
una división de Simon & Schuster, Inc.

Bailén, 84 - 08009 Barcelona (España)
www.edicionesb.com

Impreso en España - Printed in Spain
ISBN: 84-666-0059-0
Depósito legal: B. 40.699-2000

Impreso por Industria Gráfica Domingo, S.A.

Diseño del libro: Georgia Rucker

Equipo de gURL
Editora ejecutiva: Esther Drill
Directora creativa: Rebecca Odes
Directora de realización: Heather McDonald
Extractos: Zoe Balsam, Cathy McDonald, Eve Meltzer, Naomi Odes
Escritores en colaboración: Joan A. Odes ACSW, LCSW

Equipo de Roundtable Press, Inc.
Directoras: Julie Merberg, Marsha Melnick, Susan E. Meyer
Colaboradoras: Janet Allon, Lisa Sussman
Editoras: Elizabeth Bogner, Meredith Wolf Schizer
Diseñadora: Georgia Rucker
Producción: Laura Smyth

¡Gracias! ¡Gracias! ¡Gracias!

Este libro ha sido una empresa enorme, más de lo que habíamos podido imaginar, y hemos recibido muchísima ayuda en su realización.

Muchas gracias a:

La increíble Georgia Rucker, la mejor diseñadora que un libro puede tener, tanto por su talento como por su temperamento.

Julie Merberg y Meredith Wolf Schizer, sin cuyo duro trabajo no sería posible el libro.

Nuestra familia, por habernos apoyado desde el principio a nosotras, a gURL y a ¡DESCÚBRETE!.

Nuestros amigos y amantes por su apoyo, su comprensión y sus aportaciones, especialmente a: Hila Dar, Craig Kanarick, Rhonda Lieberman, Julia Meltzer, Ignazio Moresco, Kimberly Peirce, Michael Seeber, Julie Shapiro y Louis Spitzer.

El fabuloso personal de gURL por defender el fuerte y aguantar el caos.

Las chicas de gURL por su inspiración, sus opiniones, sus continuas respuestas y los debates respetuosos.

Todos nuestros amigos de iTurf, dELIA*s y el Interactive Telecommunications Program de la NYU, en especial a Stephen Kahn, Alex Navarro, Renny Gleeson y Red Burns.

P.S. Georgia quisiera dar las gracias a Michael Tritter, a su familia y amigos.

Consejo asesor
Gila Leiter, Doctora en Ginecología y Obstetricia, profesora adjunta en la Facultad de Medicina de Mt. Sinai; personal del Hospital Mt. Sinai; miembro del Colegio Americano de Ginecólogos y Obstetras; Sociedad Americana de Medicina Reproductora; Sociedad Ginecológica de Nueva York.

Frederyka Sharby, Doctora en Medicina, Directora de Psicología Infantil, Hospital de Coney Island, Nueva York; Profesora adjunta en el Centro de Salud y Ciencia SUNY, Brooklyn.

Nos gustaría dar las gracias a las siguientes personas y organizaciones, que con generosidad aportaron al libro su tiempo y conocimiento:
Colegio Americano de Ginecólogos y Obstetras (ACOG); Asociación Psicológica Americana; Susan Basow, catedrática de Psicología en la Universidad Lafayette; Michael Bernstein, del Servicio Judío Familiar y Vocacional; Centro para Leyes y Políticas Reproductoras; Covenant House; Rebeca Drill, doctora en Filosofía; Familias y Amigos de Gays y Lesbianas (PFLAG); Departamento de Alimentos y Fármacos (FDA); Rita Freedman, psicóloga; Dra. Roberta Garside, cirujano plástico; Dra. Florence Haseltine, Institutos Nacionales de la Salud (NIH); Federación Nacional del Aborto; Centro de Información sobre el Alcohol y las Drogas; Organización Nacional de los Trastornos de la Alimentación; New York Cares; Revista *Parents*; Federación Americana de Planificación Familiar; Planificación Familiar de Nueva York; Rock the Vote; Karen Sheldon; SAFE (Acabar con los Abusos); Consejo de Educación e Información Sexual de EE. UU. (SIECUS); y el Cuerpo de Juventudes Voluntarias de América.

MENTE

VIDA

Este libro surgió de nuestro sitio web, gURL.com, pero sus semillas se plantaron cuando éramos adolescentes. Dos de nosotras crecimos juntas (Rebecca y Esther) y navegamos unidas por las turbias aguas de la adolescencia. Conocimos a Heather en la facultad, donde creamos gURL. Queríamos hacer algo para chicas a partir de nuestra experiencia personal para demostrar que no hay una sola forma de hacer bien las cosas ni una única forma de ser.

La experiencia del sitio web nos ha puesto en contacto con miles de adolescentes que hablan con sus propias palabras de lo que les preocupa. Escuchar lo que tenían que decir nos convenció de que existía la necesidad de un nuevo tipo de libro sobre lo que supone ser una chica; uno inteligente, divertido, sencillo y en sintonía con todo lo que las chicas quieren saber.

El libro está dividido en cuatro partes: cuerpo, sexualidad, mente y vida. Estas categorías son una forma natural de enfocar las diferentes partes de tu persona, aunque existen muchos otros modos de definir, dividir y comprender quién eres. Intentamos darle a cada tema un tratamiento minucioso y entretenido, con muchas aportaciones y comentarios de las chicas de la web. Las aportaciones personales aparecen tal como fueron escritas en Internet porque queríamos que fuesen reales (aunque hemos cambiado todos los nombres por razones de intimidad). Las chicas de nuestra página proceden de ambientes muy diferentes, tienen distintas edades y puntos de vista, y lo que tienen que decir cubre un amplio campo de ideas y perspectivas.

La adolescencia es una experiencia tanto personal como universal. Los cambios por los que atraviesas son importantes, y son diferentes para cada una. Al mismo tiempo, todas las chicas del mundo pasan por eso. Desde los cambios corporales hasta los desafíos a los que te enfrentas, creemos que este libro te proporcionará la información veraz y los valiosos recursos que necesitas*.

REBECCA HEATHER Esther

* La mayoría de los capítulos del libro van seguidos de una sección de información en la que se listan organizaciones, páginas de Internet y libros a los que puedes acudir para obtener más información sobre cualquier tema que te interese en particular. En nuestra página web, www.descubrete-edicionesb.com, encontrarás enlaces a todas las otras páginas que aparecen en el libro, así como otros que también encontrarás útiles.

gURL.com

gURL.com, el sitio web que engendró este libro, se fundó en 1996 como proyecto universitario. Comenzó siendo una revista on-line irreverente y se ha convertido en la página líder dirigida a chicas adolescentes. Además de artículos renovados con regularidad, gURL ofrece juegos, foros, una sección postal, encuestas diarias, una dirección de e-mail gratuita, una página web personal y muchísimo más.

¡Visítanos en la red!

PARTE 1

cuerpo

Tu cuerpo y tú sois inseparables. Vivís, crecéis y os desarrolláis juntos.

La adolescencia trae consigo tremendos cambios corporales: los pechos, la regla, los granos, el vello corporal, ¡y mucho más! Las hormonas, unas sustancias químicas que se producen en el cerebro y en los ovarios, se hallan tras todos ellos.

El cuerpo de cada una cambia de forma diferente y a su propio ritmo. El desarrollo del tuyo te podrá parecer emocionante, embarazoso, irritante o angustioso.

Evidentemente, los cambios que vas experimentando afectan a cómo te sientes y a cómo te relacionas con tu propio cuerpo y los cuerpos de los demás. Comprender qué sucede y por qué es un paso primordial para empezar a entenderte y sentirte cómoda contigo misma.

Capítulo 1

pechos

Los pechos reciben mucha atención. En parte por motivos biológicos —son la primera fuente de alimentación de los humanos—, pero eso no es más que el principio.

El énfasis que nuestra sociedad pone en los pechos causa mucho estrés en las chicas durante su crecimiento. No tienes demasiado control sobre el desarrollo de tus pechos y el resultado siempre es impredecible.

Cuando empiezan a ir a izquierda y derecha, es difícil no hacerles caso. Sea cual sea tu situación, forma o tamaño, tus pechos serán una parte importante de tu identidad como mujer.

pechos pechitos peras balones
airbags tetas tetitas melones
sandías globos ubres senos pechuga
pechera busto pitones mamas limones

CUANDO CRECEN

Los pechos empiezan a crecer en respuesta a un aumento del estrógeno, una hormona que provoca el crecimiento de las glándulas mamarias (que producen la leche) y también de unas acumulaciones de grasa que rodean esas glándulas. Casi todo el volumen de los pechos se debe a la grasa. Además, en el interior del pecho hay una red de conductos conectados a las glándulas productoras de leche, preparados para enviar leche hasta el pezón cuando hay que amamantar a un bebé.

El crecimiento de los pechos tiene unas cinco etapas, y cada chica pasa por ellas a su ritmo. Algunas chicas terminan el proceso en un par de meses y parece que se hayan saltado etapas; otras tardan hasta diez años desde el principio hasta el (relativo) final.

Etapa 1 La primera etapa suele comenzar entre los ocho y los once años (aunque también puede ser antes o después). Todavía no hay signos visibles de desarrollo. Pero en el interior del cuerpo ya empieza la pubertad. Los ovarios se agrandan y el estrógeno empieza a circular.

Etapa 2 El primer signo visible es que el pezón y la areola (la piel que rodea el pezón) se agrandan y, a veces, se oscurecen. Es posible que también estén sensibles y duelan un poco. Quizá resulte incómodo dormir boca abajo o llevar según qué ropa.

Después, los conductos de la leche y el tejido graso forman un bulto redondo y duro bajo cada pezón y areola, haciendo que salgan para fuera. Quizás un lado se forme primero, incluso un año antes que el otro. A veces parecen una hinchazón.

Etapa 3 La acumulación de grasa empieza a llenar la zona que rodea el pezón y la areola. En esta etapa, los pechos de muchas chicas están en punta. La cantidad de grasa y el lugar en el que se acumula varía, y determinará el tamaño y la forma de los pechos. Es cuando muchas chicas empiezan a usar sujetador.

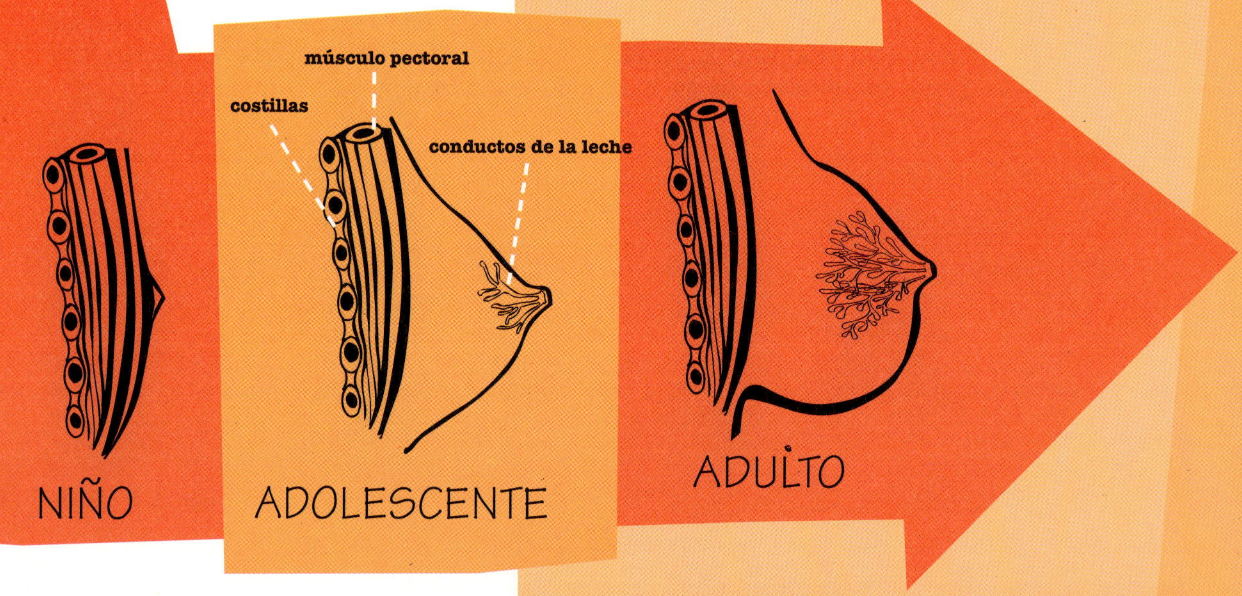

Etapa 4 No todas pasamos por la etapa 4. Si tú lo haces, verás que el pezón y la areola empiezan a formar otro bulto en el extremo del pecho; se hacen más grandes y pronunciados. Algunas mujeres mantienen esta característica para siempre. Los pechos continúan llenándose y creciendo. (Si durante la etapa 3 no te ha venido la regla, es muy probable que te venga ahora.)

Etapa 5 Cuando llegues a esta etapa, lo que ves puede ser todo lo que habrá. No obstante, el tamaño del pecho puede cambiar durante la vida adulta. Por regla general, los cambios son de origen hormonal (píldoras anticonceptivas, embarazo) o están producidos por cambios de peso, aunque hay muchas mujeres cuyos pechos crecen hasta los veintitantos.

FORMAS Y TAMAÑOS

Hay pechos de todos los tamaños y todas las formas. No existe un tipo normal y nadie notará las peculiaridades de tus pechos igual que tú. El ritmo al que se desarrollan no afecta a la apariencia final. Los pechos también sufren cambios durante el ciclo menstrual. Suelen llenarse un poco y estar más sensibles antes de la regla, y siguen bastante sensibles hasta que ha pasado. Después vuelven a su forma menos llena.

Creo que las chicas se preocupan muuucho del tamaño de los pechos. Ninguna parece estar contenta con los suyos. ¿Es que importa tanto?
pokey

Asimetría

Todo el cuerpo (ojos, orejas, etc.) es asimétrico, y lo más probable es que también haya sutiles diferencias entre los dos pechos. A algunas mujeres se les llega a notar, pero casi nunca es muy exagerado. En raros casos, el pecho izquierdo y el derecho pueden tener una o más tallas de diferencia. Algunas chicas se han puesto una prótesis o se han operado para eliminar una diferencia excesiva. Con todo, lo normal es que se trate de una de esas cosas que nadie en el mundo nota excepto la dueña de los pechos en cuestión.

Tengo un pecho más pequeño que el otro. Mi madre dice que es normal, pero creo que no lo entiende. No es un poco más pequeño, es mucho menor y diferente del otro. Está menos desarrollado, supongo, porque el pezón es más pequeño y más como cuando era niña.
lanaturner

Pezones

También hay pezones de todas las formas, colores y tamaños. Algunos son especialmente sensibles a los estímulos externos.

Conozco muy bien el síndrome del pezón erecto. Intenta ponerte un sujetador más grueso.
TaraGirl

Esto sonará muy raro, pero cuando estoy en clase y tengo frío, se me ponen duros los pezones. Y los chicos creen que estoy caliente. ¡Qué vergüenza!
mayip

grande

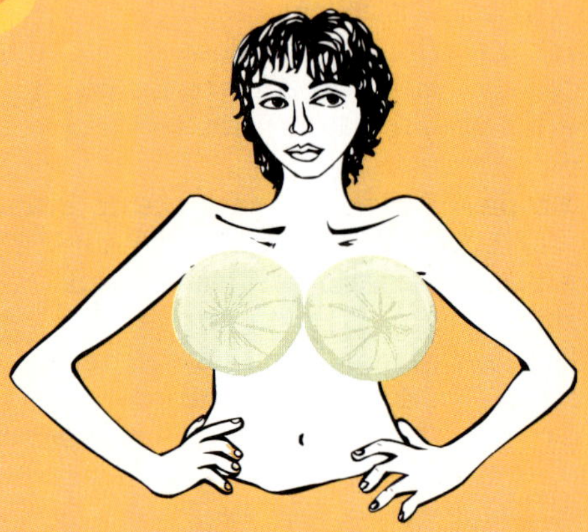

Tengo los pechos grandes. No son pequeños ni medianos. Son grandes. No son ni grandes tirando a medianos ni medianos tirando a grandes. Son grandes. Y no son de los que parecen grandes con camiseta ajustada ni de los que parecen grandes con camiseta suelta. Son grandes.

Ya hace tiempo que lo sé, pero la gente continúa diciéndomelo como si fuese un secreto o un descubrimiento. Los chicos del instituto creyeron ser los primeros en descubrirlo así que no tenían ningún problema en gritarlo por los pasillos: «Eh, ¿sabes qué? ¡Tienes las tetas gordas!» Gracias.

En Europa, los hombres me lo recordaban por la calle mirándome directamente a los pechos con una enorme sonrisa en la cara. A veces hasta decían «hola». A mis tetas.

¡Que yo tenga los pechos más grandes que mis amigas, que son PLANAS, no significa que tengan que incordiarme! Cuando era más pequeña soñaba con un gran busto. Ahora querría uno más pequeño. ¿Soy una perdedora o estoy totalmente LIADA?
guardameta

Parece que todo el mundo odia sus pechos, menos los chicos. Como tengo los pechos grandes, puedo estar en el colegio con una amiga, sin hacer nada especial, y los chicos piensan «menuda guarra» sólo porque los tengo grandes... ¡Estoy harta!
piernasdeAraña

Tengo 16 años, pero me pasa eso desde los 9. Me desarrollé muy pronto, y sufro la maldición de dos enormes tetas que me sacan de quicio. Casi no puedo correr, me hacen parecer gorda y siempre debo llevar cuidado con lo que me pongo.
ACME

Tengo 16 años y no llego a una 75. Casi nunca llevo sujetador. La regla no me vino hasta hace poco, así que seguramente me crecerán más tarde, pero ya no me importa. Antes, el año pasado, me molestaba que mis amigas empezaran a tener curvas y yo no, porque a los chicos les encantaba eso de tener tantos pechos que mirar y a mí, ni caso. Pero ahora me alegro de ser plana. No me duelen cuando hago deporte, ni al subir y bajar escaleras. Así que si eres plana, mira las ventajas y no los inconvenientes.
hildE

Tengo casi 16 años y uso una 100... Ya sé que las que no están contentas con sus pechos no se lo creerán, pero no me gusta tener tanto pecho. Las miraditas, los comentarios... ¡Puede ser tan horrible como ser plana! No hay forma de ganar, y no debería preocuparnos tanto.
SadieSuperStar

No es que tenga los pechos grandes. La verdad es que son bastante pequeños. Pero parece que a los tíos sólo les gustan los grandes, al menos donde yo vivo. Sólo les piden para salir a las chicas «grandes». O sea que si no tienes las tetas grandes no eres nada. ¡Qué narices! **PoDerFeliNo**

No sé por qué, a los tíos les fascinan las chicas con pechos grandes; creedme, yo uso una 95 o una 100, según el sujetador. Pero la mayoría de los tíos no decide salir contigo por tus pechos. Y además, no todos son tontos y te querrán por lo que eres. Los que no lo hagan son unos inmaduros y, para cuando crezcan, ya habrás encontrado a alguien mejor.
Repleta

pequeños

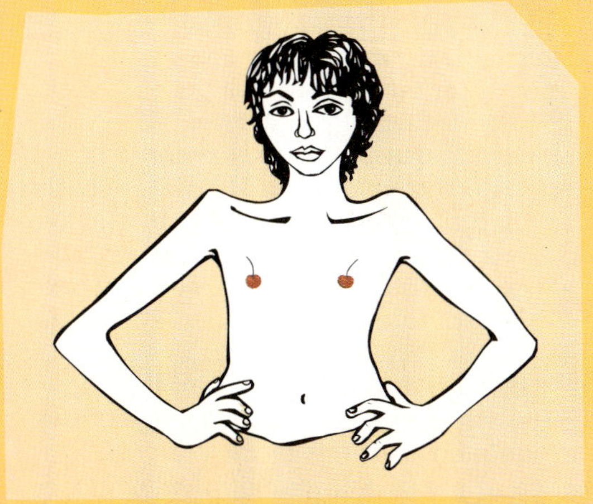

Escotes aparte, estos pechos me han empujado a confiar en que mi cerebro y mi personalidad voluptuosa son buenas bazas. Como mis pechos no cuelgan, ni botan, ni se apachurran, me han permitido ser firme, atlética y fuerte. Como un escudo de hierro, detienen el avance de los tíos plastas.

Mis pechos son la tacita de las tetas tazón de este mundo. Serán pequeños, pero pegan duro.

desiguales

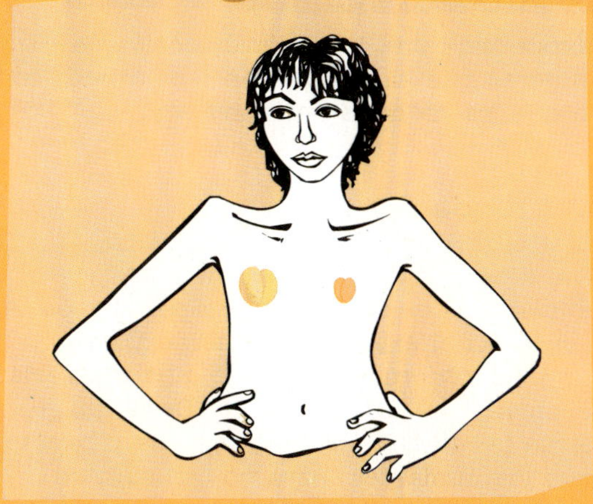

Todas las que tenemos pechos sabemos que no hay dos iguales. Incluso en un par a primera vista idéntico se pueden encontrar diferencias notables: algo más caído aquí, algo más salido allá, uno quebrado hacia la derecha, un pezón ido hacia la izquierda. Es que no hay dos pechos tal para cual, y parece que siempre ha de surgir un favorito.

Al menos a mí me pasa eso. Mis dos tetas son hermanas, claro, aunque más bien son mellizas y no gemelas.

A veces me pregunto cómo pueden dos pechos ser tan diferentes, cómo puede uno ser tan distinguido y el otro, tan mediocre.

Mi pecho izquierdo es un poco más pequeño que el derecho, y me preguntaba si hay ejercicios o algo para igualarlos. No quiero llevar relleno en uno sí y en el otro no, porque la gente de mi clase nota esas cosas.
paps

Casi todo el mundo tiene un pecho más grande que el otro. No te preocupes. Seguro que te has comido el coco porque ahora se les da mucha importancia. Pero nadie puede escoger el tamaño de sus pechos.
Lanku

CAMBIAR LO QUE TIENES

Existe toda una tradición histórica de mujeres que hacen de más y de menos con lo que les ha dado la naturaleza.

Rellenos

Los rellenos, que no son como los implantes que se introducen por cirugía, se llevan en el exterior del cuerpo y se pueden comprar por correo o en mercerías. Prometen la silueta soñada. Desde luego, estos productos son más seguros y baratos que los implantes, pero no cambian el aspecto que se tiene sin sujetador.

Implantes

En primer lugar, nadie NECESITA implantes de pecho. Hay mujeres que piensan que disfrutan menos de la vida por tener una talla pequeña. Pero ésa es una visión algo limitada; ¿de verdad quieres dar tanto poder a esos dos bultos de grasa que tienes en el pecho?

La decisión de modificar tu cuerpo por motivos estéticos es muy seria y muy personal. Muchas mujeres han padecido graves problemas de salud después de haberse puesto implantes, aunque aún no se ha demostrado científicamente que sean peligrosos. En cualquier caso, es mejor esperar un poco antes de dar un paso tan drástico. La mayoría de los cirujanos plásticos nunca haría un implante a una mujer menor de 18 años. Los sentimientos hacia tu propio cuerpo evolucionan con los años, y efectuar un cambio tan serio y permanente a estas alturas podría ser algo que lamentaras más tarde. Además, igual aún te están creciendo.

Tener pechos más grandes no te cambiará como persona, y si consigue que los chicos te miren más, quizá no sea por lo que tú querrías.

Reducción

Algunas mujeres tienen problemas físicos por el gran tamaño de sus pechos. Entre ellos se cuentan dolor crónico en cuello y espalda, malas posturas, sarpullidos, dolores e incomodidad al hacer ejercicio, y surcos en los hombros cansados por los tirantes del sujetador. Algunas optan por la reducción para eliminar parte del tejido del pecho mediante cirugía. Dicen que estas mujeres son las pacientes más felices tras una operación de cirugía plástica. La operación puede dejar muchas cicatrices, normalmente en forma de T invertida desde el pezón a la parte inferior del pecho, y puede afectar al amamantamiento.

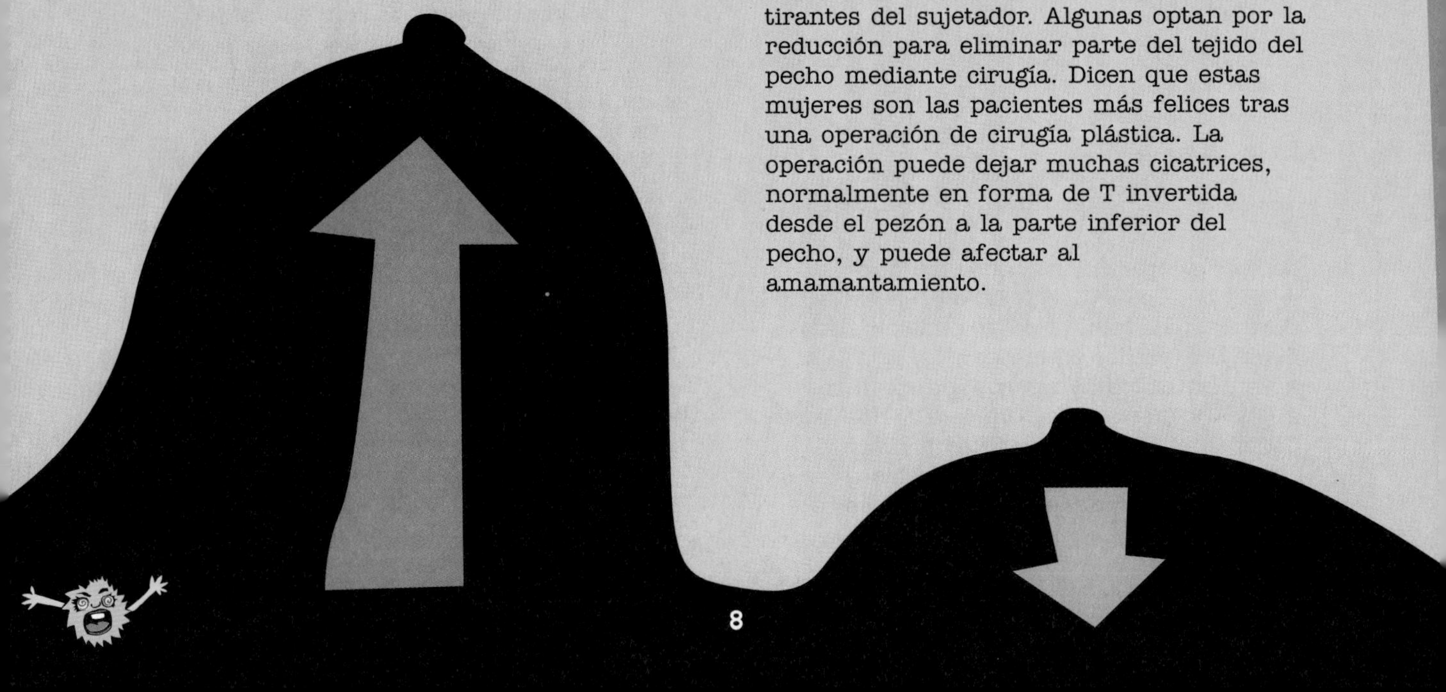

a los chicos les gustan las tetas (de todo tipo)

Los chicos se fijan en las tetas. Le pregunté a un amigo qué les pasa a los chicos con los pechos y me dijo: «Bueno, pues... Son guays.» Le dije: «Pues, si tanto te gustan, deberías ponerte unos.» Y contestó: «Si pudiera, lo haría, y jugaría con ellos todo el día. No sé por qué las chicas no lo hacen.» ¡¡Me dejó aún más confundida!!
hazelQ

Tienes las tetas grandes y se ríen de ti. Y si tienes las tetas pequeñas, también. Da lo mismo, con los chicos no hay manera. (¿hmmm?)
SamC

los pechos en la sociedad

Hay muchas razones por las que a la gente le gustan los pechos y se fijan en ellos. Hay quien lo achaca a una fijación oral de la infancia. Otros creen que las formas redondas son agradables a los sentidos. Los pechos son los órganos sexuales más visibles. Aunque el resto de órganos sexuales se desarrolla al mismo tiempo, se esconde bajo la ropa (normalmente) y no se ven. Los pechos, en cambio, se dan a conocer. Las tetas reciben bastante atención de los medios de comunicación, y la reciente fiebre de operaciones para aumentar el pecho los hacen más evidentes que nunca. A lo largo de la historia, sin embargo, se ha considerado como ideal una gran variedad de tamaños y formas. No todas las culturas comparten la obsesión estadounidense. En Europa se tiene una visión del cuerpo femenino más integral y las mujeres hacen *top-less* en la playa y en los anuncios. De forma más personal, a diferente gente le atraen diferentes pechos (igual que te gusta un color de ojos más que otro). Pero la mayoría cree que los pechos en general están muy bien, sean cuales sean las particularidades.

INQUIETUDES MÁS COMUNES

Bultos e hinchazones

La inmensa mayoría de bultos e hinchazones en los pechos, a cualquier edad, son inofensivos. Los primeros brotes de pecho pueden parecer una hinchazón. Ciertos días del mes, sobre todo antes de la regla, algunas mujeres tienen quistes: unos pequeños sacos de líquido. Suelen estar cerca de las axilas y, a veces, duelen un poco, pero desaparecen en pocos días.

Muéstrale a tu médico cualquier bulto que no desaparezca en pocos días; seguro que no será nada serio. El cáncer de mama es una enfermedad muy grave que afecta a una de cada ocho mujeres. Sin embargo, es muy poco corriente en las adolescentes.

> Tengo un bultito extraño cerca del pezón izquierdo. No sé qué es y no quiero preguntar a mi madre. Quería saber a qué edad se puede tener un cáncer de mama. En mi familia, ya ha habido varios casos y tengo miedo de que el bulto sea maligno. Sólo tengo 14 años, pero no sé si soy muy joven para tener cáncer.
>
> **dormilona**

Pechos fibroquísticos

Hay chicas y mujeres que tienen bultos en el pecho debido a los cambios hormonales durante el ciclo menstrual. Las mujeres con pechos fibroquísticos presentan un tejido fibroso más denso entre los depósitos de grasa de los pechos, por eso es más frecuente que aparezcan nudos. Los bultos fibroquísticos no son cancerosos, aunque la primera vez que los notes, es mejor ir al médico.

Todas las mujeres tienen cambios fibroquísticos: bultos, zonas delicadas, hinchazones. Al final, conocerás tus propios bultos.

Dolor

A la mayoría de las chicas les duelen los pechos de vez en cuando, en especial antes de la regla y en las primeras etapas de desarrollo. Si ese dolor te martiriza y aparece de forma irregular, sin estar vinculado al periodo, o es mucho más intenso en uno de los pechos, es aconsejable decírselo al médico, que igual te dice que tomes menos cafeína y más vitamina E o aceite de prímula.

Secreciones y sangre

Algunas de las secreciones de los pezones pueden venir dadas por las fluctuaciones hormonales, pero si hay secreciones o sangre en los pezones durante más de una semana, debe consultarse con el médico.

Pezones irritados

Los pezones sobresalen, rozan con la ropa, y por eso a veces se irritan, se secan y se agrietan, incluso sangran un poco. Las telas suaves y las fibras naturales son las mejores. También puede aliviar poner un poco de pomada, un preparado de lanolina o incluso protector labial en las zonas irritadas.

Pezones invertidos

Algunos pezones no sobresalen, sino que parecen meterse hacia dentro (pezones invertidos). No es nada raro. Hay pezones que unas veces están para fuera y otras para dentro durante su desarrollo. Una vez que se han desarrollado por completo, que suele ser a los 18 años, cualquier cambio repentino debe consultarse con el médico.

Mis pezones son raros. A veces están invertidos, ¡y quiero saber por qué! Me da vergüenza que me vea un chico. ¿Por qué lo hacen? ¿Puedo arreglarlo?
patsychic

Muchas chicas tienen pezones invertidos. El tío que crea que son extraños es que tiene ideas raras.
rodamanda

Pelo en los pezones

Algunas chicas tienen pelos oscuros en la areola, la zona que rodea el pezón. Quizá te tiente arrancarlos con pinzas, pero podrían acabar siendo pelos internos y provocar infecciones. Puedes recortarlos o sacártelos con electrólisis... o dejarlos en paz.

Estrías

Cuando los pechos, y demás partes del cuerpo, crecen deprisa, la piel tiene que estirarse para seguirles el paso. A veces, la piel no es lo bastante elástica y aparecen unas marcas violáceas, que se llaman estrías, en los lugares donde la piel se ha estirado. No es nada raro y desaparecen al cabo del tiempo, aunque no siempre por completo.

cómo hacerse una palpación

El cáncer de mama, aunque no es una preocupación grave para las adolescentes, es un riesgo del que toda mujer adulta debe estar al corriente. Se han hecho muchos estudios que relacionan el cáncer de mama con los genes, la dieta, los desequilibrios hormonales y el estilo de vida. Nuevos tratamientos y avances médicos hacen esperar que algún día se venza la enfermedad, pero no hay nada mejor que detectarla a tiempo. Por eso, la mejor defensa contra el cáncer de mama es una autopalpación mensual. Puedes empezar en cuanto tus pechos estén desarrollados.

Las palpaciones deben hacerse los mismos días de cada mes, justo después de la regla, cuando los pechos no están ni muy sensibles ni hinchados.

1. Túmbate sobre la espalda; pon el brazo derecho encima de la cabeza y un cojín bajo el hombro.

2. Con los tres dedos centrales de la mano izquierda busca algún bulto o tejido endurecido en el pecho derecho. Utiliza un movimiento circular firme partiendo del pezón. Presiona lo suficiente para familiarizarte con el tacto del pecho, pero sin que te duela.

3. Repite los pasos 1 y 2 en el pecho izquierdo.

4. De pie frente a un espejo, revisa tus pechos en busca de alguna anomalía superficial como arrugas, huecos o hinchazones. Hazlo con los brazos pegados al costado, estirados sobre la cabeza y con las manos en las caderas mientras flexionas los músculos pectorales.

SUJES

Llevar o no llevar sujetador, y cuándo empezar, es una decisión personal. Algunas, en especial las mujeres con mucho pecho, se sienten más cómodas con los pechos sujetos, porque así no se mueven ni saltan tanto. Muchas otras también están más cómodas con sujetador al ir a correr o hacer cualquier tipo de deporte. Hay algunas que se sienten mejor sin sujetador.

Aún no se sabe con seguridad si llevar sujetador evita que los pechos caigan. Hay expertos que aseguran que ayuda a mantener la elasticidad de los tejidos y los ligamentos que sostienen el pecho. Otros, no obstante, dicen que, a la larga, la fuerza de la gravedad, el desgaste, la maternidad y los cambios de tamaño que acompañan a la variación de peso causan efecto por mucho que siempre se lleve sujetador.

La forma del pezón —que se puede endurecer si hace frío o está excitado— es menos visible bajo el sujetador, si eso te preocupa.

Normalmente, todas las chicas prueban varios modelos para ver qué sujetador les sienta mejor. Un sujetador puede hacer que los pechos parezcan más grandes, más pequeños o diferentes. Tienes una gran variedad de sujetadores que modifican la silueta a tu disposición.

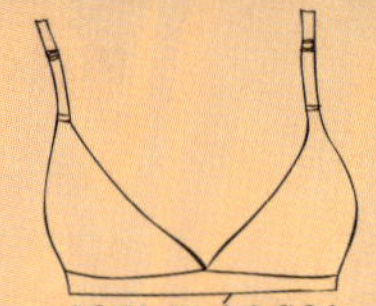
COPA ELÁSTICA

El sujetador de copa elástica (con o sin aro) es la opción más «natural». Con el adecuado parecerá que no lleves sujetador, pero te sentirás recogida. Los hay de diferentes tejidos y grosores. Los más elásticos apenas alteran la silueta. Este sujetador es el que más deja ver el pezón, sobre todo si no tiene costuras.

CON ARO

Sin embargo, si tus pechos tienen una talla de copa mayor de la 95, a lo mejor prefieres la protección y el moldeado de **la versión con aro.**

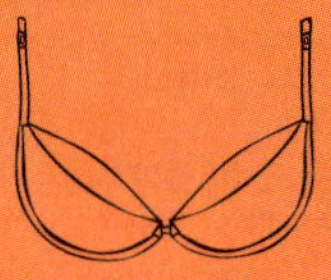
PUSH-UP

El sujetador push-up utiliza la forma y el relleno para juntar y elevar los pechos, creando un escote espectacular y un perfil de aúpa. Le da a quien lo lleva un aire a lo años 50, estilo Marilyn Monroe.

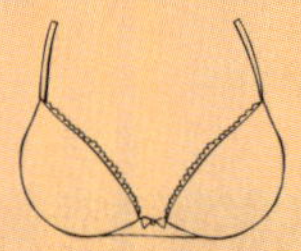
CON RELLENO

Los sujetadores con relleno están diseñados para hacer que el pecho parezca mayor. Suelen llevar mucho más relleno que los push-up y cubren el pecho en vez de desplazarlo a una posición más visible.

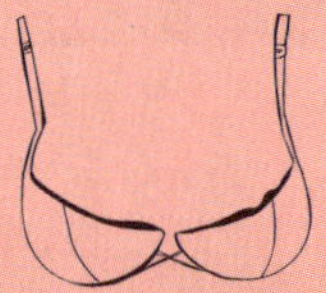
ESCOTADO

El sujetador escotado es un tipo de sujetador con aro que llega justo por encima del pezón. Es ideal para lucir escote. Los pechos grandes pueden sobresalir del borde, creando un efecto de pecho doble.

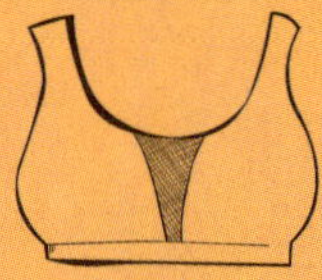
DEPORTIVO

Los sujetadores deportivos tienen una función bien definida y los hay de muchas formas. Es muy importante (sobre todo para chicas con pechos medianos o grandes) que el sujetador deportivo dé protección además de comodidad. A veces, pueden aplastar y juntar los pechos. Si eso te molesta, busca uno que tenga las copas separadas en vez de ser completamente liso.

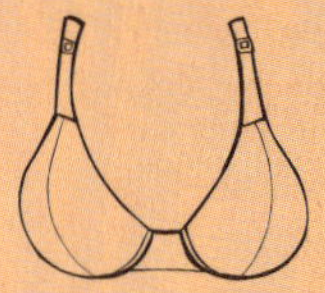
REDUCTOR

El sujetador reductor está diseñado para hacer que los pechos grandes parezcan más pequeños. Suelen ser de tejido bastante grueso y comprimen el pecho para que no sobresalga tanto. Por regla general, tienen la espalda y los tirantes muy reforzados.

INFORMACIÓN

Internet: Páginas web

NCI. Instituto Nacional del Cáncer (http://cancernet.nci.nih.gov): La enfermedad del cáncer de mama, su evolución y los diferentes tratamientos que existen para prevenir y paliar la enfermedad. Pincha «en español» para acceder a su versión en castellano.

Share. Ayuda propia para mujeres con cáncer de seno u ovarios (http://www.sharecancersupport.org): Una organización con sede en Manhattan que ofrece grupos de apoyo gratuitos para abordar la enfermedad del cáncer de seno o de ovarios. Pincha en LatinaSHARE para entrar en la versión en castellano.

Cáncer de mama (http://www.breastcancer.about.com): Una selección de páginas web que proporcionan todo tipo de información sobre el cáncer de mama. Página en inglés.

PNACCP. Plan nacional de acción contra el cáncer de pecho (http://www.napbc.org): Comprueba las medidas sanitarias que se están adoptando para la prevención y cura del cáncer de pecho. Pincha «en español» para acceder a su versión en castellano.

Servicio de información sobre el cáncer (http://www.noah.cuny.edu): Información médica completa y explicada con sencillez.

Libros

Ficción

Leavitt, D. *Amores iguales*, Océano, Barcelona, 1999

La historia de una mujer que padece un cáncer terminal ante la desesperación de sus dos hijos y de su marido.

Conocimientos

Guidi, D. *Salud y belleza de los senos*, Océano, Barcelona, 1990

Milan, A. *Autoexamen del seno*, Ceac, Barcelona, 1990

Villena, I. *Pechos bonitos*, Integral/Oasis, Barcelona, 1994

Yalom, M. *Historia del pecho*, Tusquets, Barcelona, 1997

Entidades

AECC. Asociación española contra el cáncer: Amador de los Ríos 5 - 28010 Madrid - Tel. 91 3194138 - Fax 91 3190966 (http://www.aecc.es/index.htm)

Teléfono de Infocáncer: 900 100036

¿Quieres conversar sobre este tema? Entra en el chat de http://www.descubrete-edicionesb.com

Capítulo 2

¿Qué pasa ahí abajo?

Los órganos sexuales pueden parecer algo misterioso. Muchos están en el interior del cuerpo, y los que no, no son precisamente muy visibles.

Sin embargo, es esencial que te familiarices con lo que pasa ahí abajo a medida que creces y cambias, por tu salud, tu sexualidad y por el sentimiento general de quién eres.

partes chocho vagina coño agujero raja
higo vulva conejo conejito sexo pubis
monte de Venus potorro almeja chichi
felpudo partes pudendas entrepierna
flor chirri

ÓRGANOS REPRODUCTORES EXTERNOS

La vulva incluye todos los genitales exteriores. Es una gran idea saber cómo es tu propia vulva. Lo puedes hacer poniéndote un espejo entre las piernas. Todas las chicas tienen una vulva diferente.

Pubis: También llamado monte de Venus o monte púbico. Es la zona blanda y algo abultada, constituida por tejido graso, que se encuentra sobre el hueso púbico. Durante la pubertad, en el pubis empieza a crecer vello.

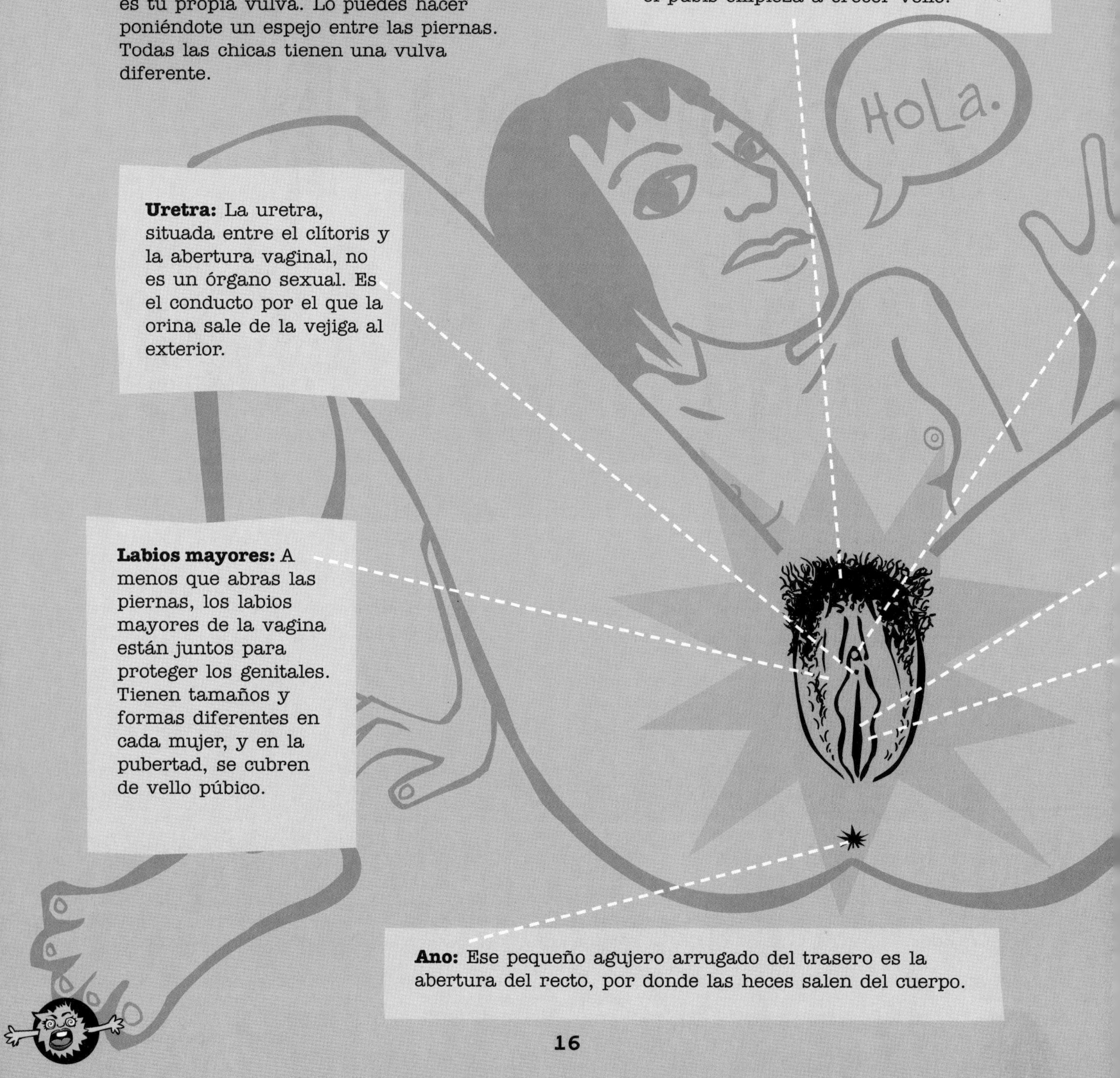

Uretra: La uretra, situada entre el clítoris y la abertura vaginal, no es un órgano sexual. Es el conducto por el que la orina sale de la vejiga al exterior.

Labios mayores: A menos que abras las piernas, los labios mayores de la vagina están juntos para proteger los genitales. Tienen tamaños y formas diferentes en cada mujer, y en la pubertad, se cubren de vello púbico.

Ano: Ese pequeño agujero arrugado del trasero es la abertura del recto, por donde las heces salen del cuerpo.

Clítoris: El lugar más sensible de los genitales femeninos. Se trata de un pequeño órgano repleto de terminaciones nerviosas muy sensibles. Consta de cabeza (el glande) y cuerpo. Sólo el glande es visible. Está hecho de un tejido que se hincha durante la excitación sexual (algo parecido a la erección de los chicos pero mucho menos pronunciado). El clítoris es el único órgano del cuerpo que sirve sólo para el placer sexual y suele ser necesario estimularlo para llegar al orgasmo.

Ver **orgasmos** en Sensaciones sexuales, **pp. 76-78.**

Abertura vaginal: Es la abertura de la vagina, y suele estar, en parte, cerrada por el himen. (Mira la página siguiente para saber más sobre la vagina.)

Himen: Es un trozo de piel muy fina que tapa en parte la abertura vaginal. El himen puede tener diferentes formas, tamaños y grosores y, aunque casi todas nacemos con él, es fácil que se rompa con las actividades cotidianas. El himen también puede romperse durante la penetración. Así que igual lo tienes o igual no.

hímenes diferentes

Labios menores: Los labios menores son más finos que los mayores, que los rodean, y no están cubiertos de vello. Hay mucha variación en su forma, tamaño y color. Algunos son más largos que los mayores. Los labios menores están unidos por arriba, cubren el clítoris y, al igual que éste, son sexualmente activos (cambian de color cuando se excitan). Muchos otros cambios tienen lugar en los órganos sexuales durante la excitación.

Para más información sobre la **excitación sexual** ver ¿Qué es el sexo?, **pp. 74-75.**

ÓRGANOS REPRODUCTORES INTERNOS

Vagina: Por este canal, que va del útero (la matriz) al mundo exterior, pasan la sangre menstrual y los bebés. Mide de siete a 12 centímetros. Cuando no hay nada dentro, las paredes de la vagina se tocan. Es muy elástica, en parte porque sus paredes tienen muchos pliegues que se expanden y contraen para dar cabida a lo que sea (un bebé, un pene, un tampón, un dedo). La vagina nunca está completamente seca. El factor de humedad varía según el ciclo, lo desarrollada que estés y la excitación sexual. Cuando te excitas, la vagina produce muchas secreciones y se nota mojada, lo que aporta lubricación para la actividad sexual. Esa secreción permanente también hace que la vagina esté limpia y evita infecciones, ya que mantiene el pH equilibrado.

El tercio final de la vagina tiene muchas terminaciones nerviosas y, por ello, es muy sensible. Los dos tercios interiores no tienen tantas, así que no registran tantas sensaciones.

Cuello uterino: La parte inferior del útero.

Boca del útero: Une la vagina y el útero. Es muy pequeña, salvo durante el parto, cuando se ensancha lo bastante para que el bebé pueda pasar. También impide que un objeto grande, como un dedo, un tampón o un pene, penetre en el útero. Por la boca del útero sale la sangre menstrual y entra el esperma.

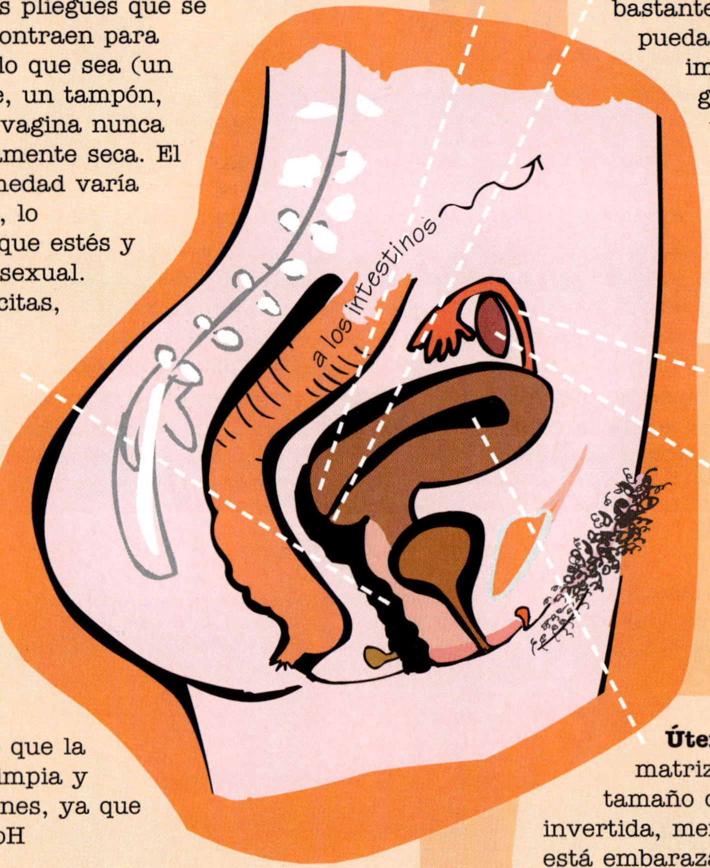

Sección lateral

Útero: El útero, o matriz, tiene la forma y el tamaño de una pera invertida, menos cuando la mujer está embarazada. Las gruesas paredes del útero son muy elásticas y permiten que se haga mucho mayor para acomodar al feto. El revestimiento del útero (el endometrio) sirve para nutrir al feto. Cuando no hay ningún feto, este revestimiento se expulsa cada mes: es la menstruación.

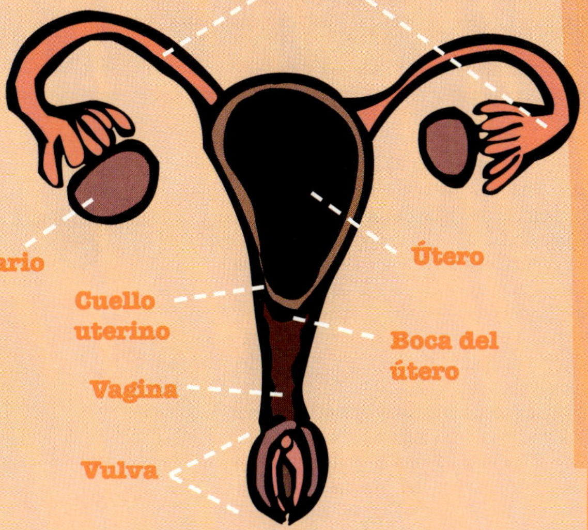

Trompas de Falopio: Son dos conductos que van desde la parte superior del útero hasta los ovarios. Miden unos diez centímetros y tienen una especie de flecos en los extremos que rodean los ovarios sin estar pegados a ellos. Cada mes, después de la ovulación, las trompas de Falopio conducen los óvulos desde el ovario al útero.

Ovarios: Tienen el tamaño y la forma de una almendra, y en ellos se encuentran todos los óvulos del cuerpo de la mujer. Los óvulos están almacenados en unas bolsas que se llaman folículos, y todas las chicas nacen con cientos de miles de ellos. En la pubertad, la glándula pituitaria produce unas hormonas que viajan por la corriente sanguínea hasta los ovarios y hacen que cada mes los folículos liberen un óvulo maduro. Eso es la ovulación.

OVULACIÓN, MENSTRUACIÓN Y EL CICLO MENSTRUAL

Con la pubertad, las chicas empiezan el ciclo de la ovulación y la menstruación, lo que significa que ya pueden quedarse embarazadas. A cada chica le llega en un momento distinto. La edad normal de la menarquía (tener el primer periodo) es entre los ocho y los 18 años. La mayoría de las chicas empieza a menstruar entre los 11 y los 14. El ciclo tarda años en hacerse regular. La menstruación se tiene cada mes durante los siguientes 40 años, más o menos, excepto durante el embarazo y el amamantamiento.

Tu primera regla

La mejor forma de predecir cuándo empezarás a menstruar es preguntarle a mujeres de tu familia cuándo empezaron ellas, porque en gran medida es hereditario. El resto de tu cuerpo también puede darte indicaciones: la primera regla suele llegar dos años después de que los pechos hayan empezado a crecerte y un año después de que te empiece a salir vello en el pubis. A veces es frustrante que tus amigas tengan la regla y tú aún no.

Sin embargo, a muchas chicas no les viene hasta casi los 20. Si ya has cumplido los 17 y aún no tienes la regla ni ninguna muestra secundaria de desarrollo sexual (como los pechos y el vello del pubis), no estaría de más que fueses al ginecólogo.

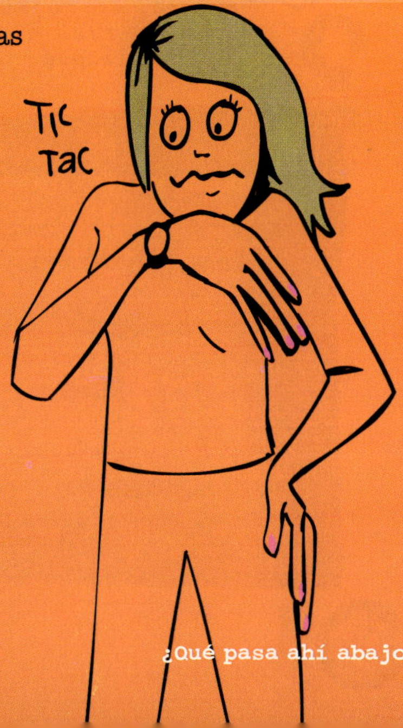

Algunos datos sobre...
... la regla

La regla es normal siempre que sea más o menos regular, sea cual sea la duración de tu ciclo o de la misma regla.

Un ciclo suele durar de **21** a **35** días (**28** es la media).

Cada regla dura entre **2** y **8** días (de **4** a **6** es la media), parando y volviendo a sangrar durante esos días.

Los ciclos cambian a lo largo de la vida. Dependen de cosas como el estrés, la edad, el aumento y la pérdida de peso o un embarazo.

Las mujeres de hoy en día tienen más reglas que nunca (entre **400** y **500** en toda la vida), porque empiezan a menstruar antes, viven más (por una mejor nutrición y mayor cuidado de la salud) y tienen menos embarazos.

Hoy me ha venido la regla por primera vez (estoy casi segura). ¿Me podéis decir qué me puedo esperar y darme detalles? ¡Muchas gracias, tías!
encestadora

Así que hoy te ha venido la regla. Pues, hermana, no es para dar una fiesta. Es algo desagradable, incómodo y, algunas veces, embarazoso. Pero sólo pedías consejo, así que ahí va: a) al principio puede que sea irregular, no te asustes si no te vuelve a venir en un par de meses. Mi mejor amiga tardó cinco meses en tener su segunda regla. b) Al principio presta especial atención al flujo. Tiene tendencia a fluctuar y a lo mejor hace tonterías. Ahora no se me ocurre nada más pero, hermana, sé fuerte. Ah, se me olvidaba, felicidades.
artista

¡Chicas, que alguien me ayude! Acabo de tener mi primera regla, ¡pero es marrón, no roja! No sé si es normal o qué.
lilpup

La mía casi siempre es marrón, y también la de otras chicas. Es normal. Cada una es diferente.
FraNCa

¿Cuándo puedes quedarte embarazada?
Puedes quedarte embarazada siempre que haya un óvulo maduro en una trompa de Falopio o en el útero, y esperma para fecundarlo.

El óvulo maduro está unos tres días en la trompa de Falopio después de la ovulación. El esperma puede vivir de tres a cuatro días. Así que puede haber esperma vivo esperando en las trompas de Falopio en el momento de la ovulación aunque no hayas tenido relaciones sexuales en tres días.

Es casi imposible saber con exactitud cuándo vas a ovular, en especial porque tu cuerpo va cambiando. Utiliza métodos anticonceptivos siempre que tengas relaciones, y te olvidarás de ansiedades y cálculos.

También es posible quedarse embarazada cuando se tiene la regla; una chica con un ciclo corto puede ovular sólo dos o tres días después de que le haya venido el periodo.

Esto es lo que pasa cada mes o así:

SEMANA 1

Cada mes, la glándula pituitaria envía señales a los ovarios para que produzcan la hormona foliculoestimulante (FSH) y la hormona luteinizante (LH), que estimulan como mínimo un folículo para que produzca un **óvulo** maduro.

A medida que el óvulo madura, el folículo libera estrógeno, que hace que el **revestimiento** del útero se haga más grueso.

SEMANA 2

OVULACIÓN Cuando ya está maduro, el **óvulo** sale del folículo del ovario, pasa por el túnel con flecos del extremo de la trompa de Falopio y empieza su camino hacia el útero. Tarda varios días en llegar. La mayoría de las mujeres no nota cuándo ovula, pero algunas sienten una leve punzada o molestias abdominales.

En este momento, el nivel de estrógeno es muy elevado y hace que la **secreción vaginal** sea copiosa y más líquida.

Por último, el folículo libera progesterona, la hormona que nutre el **revestimiento** del útero.

SEMANA 3

Tras la ovulación, a medida que aumenta el nivel de progesterona, la **secreción vaginal** se hace más pegajosa y escasa.

Si cuando el **óvulo** viaja por la trompa de Falopio, encuentra esperma, puede ocurrir la fecundación o concepción. En ese caso, el **revestimiento** del útero debe estar preparado para recibir y nutrir al óvulo fecundado.

Si el **óvulo** no es fecundado, se desintegra y sale por la vagina (normalmente antes de la regla). El folículo va produciendo cada vez menos estrógeno y progesterona durante unos 12 días.

SEMANA 4

MENSTRUACIÓN. Al disminuir los niveles hormonales, el **revestimiento** del útero deja de recibir alimento y cae: es la regla. La capa final se queda dentro y es la base del revestimiento del mes siguiente.

Una vez que has tenido el periodo, el ciclo vuelve a comenzar.

Qué hacer con el flujo

La mayoría de las chicas usa tampones, compresas o una combinación de ambos. Como en todo, cada una tiene sus preferencias y se trata de encontrar el método con el que te sientas más cómoda.

Escojas el método que escojas, no uses tampones ni compresas perfumadas; muchas chicas son alérgicas a los productos químicos que contienen.

Me da miedo que me duela mucho al ponerme un tampón. ¿Alguna ha tenido el mismo problema? A veces, cuando lo intento, el tampón no entra mucho en el agujero. ¿Estoy siendo inmadura? ¿Tendría que empujar más? ¿Tiene que doler la primera vez? ¡Ayuda, por favor!
escandalosa

El truco es relajarse. Es lo mejor para sentirte bien. Además, inserta el tampón en un ángulo de 30 o 45 grados, hacia la espalda, no hacia arriba. Quizá te duela un poco la primera vez, pero sólo como un pellizco. Si te mueres de dolor, te pasa algo. Si después de este consejo sigues con el mismo problema, habla con tu madre, tu hermana o una amiga que ya use tampones, y que estén contigo en el baño y te ayuden. ¡Funciona, créeme!
cubodesangre

tampones

Los tampones ofrecen protección interna. Son objetos cilíndricos hechos de capas prensadas de algodón absorbente, de la largura y el grosor del pulgar. Tienen un cordón en un extremo para sacarlos fácilmente y algunos vienen con un aplicador de plástico o de papel, para que sea más sencillo insertarlos en la vagina. Los tampones tienen diferentes niveles de absorción (desde minis para flujo suave, hasta super-plus para flujo muy abundante). Utiliza la menor absorción posible. Los aplicadores de cartón son más seguros que los de plástico, ya que hay menos probabilidades de que te arañen la vagina.

Pros: ¡Comodidad y facilidad! Ni siquiera notarás que lo llevas si te lo has puesto bien. Puedes nadar con la regla sin que te dé vergüenza. Es limpio (siempre que lo cambies a menudo).

Contras: Puede causar irritación en la vagina, sobre todo si se seca demasiado. Hay un pequeño riesgo de sufrir el síndrome del shock tóxico (SST). (*Ver* p. 24.)

Aprendizaje: Insertar un tampón puede ser difícil e incómodo las primeras veces. Para empezar, debes encontrar la abertura de la vagina. Además, tienes que meter algo ahí dentro, y quizás es la primera vez. Otra cosa complicada es encontrar el ángulo de inserción adecuado. Por todas las ventajas de los tampones, este aprendizaje merece la pena. En las cajas encontrarás instrucciones. Léelas y RELÁJATE. Quizá te ayude que alguien que ya use tampones te hable mientras lo intentas. Al principio, ten paciencia para probarlo varias veces, ya que es algo completamente nuevo. Para pillarle el truco, suele ser más fácil utilizar tampones con aplicador.

¿Son mejores las compresas o los tampones? **pippiL**

tu pregunta no tiene respuesta. a mí me gustan los dos, pero cuando estoy en público o en fiestas, prefiero los tampones. duran más y no hay que preocuparse de si se te ve el culo gordo. depende de lo que te sea más cómodo.
humbelina

Depende de ti. Algunas prefieren los tampones porque se quedan dentro y no se caen y puedes nadar con ellos casi siempre, pero otras no están cómodas con tampón y prefieren una compresa.
RNBlover

Empecé con tampones porque puedes estar 8 horas sin preocuparte. Algunas dicen que no son cómodos, pero creo que hay que probarlos y ver qué prefieres.
mi-chica

creo que los tampones son mucho mejores que las compresas. ¿Por qué? Porque en el insti todo es más sencillo. COMPRESAS: son grandes, abultan, no son tan absorbentes, gotean y no se pueden llevar tantas horas como un tampón. TAMPONES: no huelen, fáciles de meter y sacar, ni siquiera los notas y puedes llevarlos hasta 8 horas. Tú escoges.
prosicontras

compresas

Las compresas ofrecen protección externa. Se pegan a las braguitas con un adhesivo y recogen la sangre. Tienen diferentes formas y tamaños: finas, gruesas, con y sin alas.

Pros: No existe riesgo de síndrome de shock tóxico ni de irritación vaginal. No hay que aprender a insertarla como el tampón.

Contras: Hay que cambiarla cada tres o cuatro horas. Puede oler. No se puede tirar al váter (hay que envolverla en papel higiénico y tirarla a la basura). Sabes que la llevas puesta. Quizá te parezca que llevas pañales.

otros métodos de protección

Existen otros métodos de protección que pueden interesar a chicas con conciencia medioambiental. Uno es una esponja natural (a la venta en herboristerías), que se humedece y se inserta con los dedos, se extrae cada pocas horas, se lava con agua y se vuelve a insertar. Si empieza a oler, hay que remojarla en una solución suave de vinagre. Cuando empieza a deshacerse, hay que tirarla.

Un producto relativamente nuevo es una «copa menstrual» desechable, que se inserta en la vagina y se puede dejar hasta 12 horas, o menos los días de mucho flujo. Se puede llevar durante la relación sexual.

Síndrome del shock tóxico
Los tampones son seguros si los utilizas correctamente. El síndrome del shock tóxico (SST) es una enfermedad bacteriana muy poco común, pero a veces mortal, que suele ir asociada a tampones demasiado absorbentes que no se cambian con suficiente frecuencia. La incidencia del SST es muy baja (de cinco a diez de cada cien mil mujeres que usan tampones), pero es muy importante conocer los síntomas: fiebre repentina de 39° o más; náuseas, vómitos y diarrea; dolor de cabeza o mareos; dolor de garganta; dolor muscular y erupción cutánea parecida a la quemadura solar (sobre todo en pies y manos).

Si tienes alguno de estos síntomas durante la regla, quítate el tampón y corre al médico. Actuando a tiempo, el SST se cura con antibióticos.

Toma estas precauciones para evitarlo:

- Cámbiate el tampón con frecuencia, al menos cada 4 horas.
- Utiliza el menos absorbente que puedas.
- No duermas con un tampón puesto.
- Utiliza aplicadores de cartón.
- Lávate las manos antes y después de insertar un tampón.
- Nunca te insertes un tampón que no estuviera envuelto.
- ¡Utiliza tampones sólo cuando tengas la regla!

SPM

SPM (síndrome premenstrual) es el término que reúne varios síntomas que padecen las mujeres los días antes de tener la regla. Lo que siente cada mujer es muy distinto. A algunas no les pasa nada de nada; a otras sólo les duele el vientre; otras experimentan una combinación de síntomas muy irritantes. No hay acuerdo sobre cuál es la causa biológica del SPM, pero es cierto que las hormonas están a niveles muy bajos durante esos días. Para aliviar los síntomas, haz deporte y reduce la sal, el azúcar, la cafeína y el alcohol. Toma una dieta equilibrada con mucha verdura e hidratos de carbono.

Muchos síntomas premenstruales pueden alargarse durante la regla.

Depresión, tensión y cambios de humor: Enfadarse más de lo normal o por cosas de poca importancia. La vitamina B y el calcio ayudan a aliviar estos síntomas.

Hinchazón: El sodio de la sal hace que retengamos líquidos, sobre todo en el estómago y los pechos.

Fatiga y jaquecas: El descanso y los analgésicos con ibuprofeno (Dorival, Nurofen, Saetil) dan buenos resultados.

Acné: Los tratamientos normales pueden ayudar en estos brotes causados por las hormonas.

Para más información sobre el tratamiento de brotes, ver pp. 37-38.

Sensibilidad en los pechos: Pueden hincharse y doler durante la regla.

Molestias y dolor de espalda: Las prostaglandinas, substancias parecidas a las hormonas que desencadenan los dolores del parto, también causan molestias menstruales. Estimulan a los músculos uterinos para que se contraigan y ayuden al cuerpo a expulsar el flujo menstrual. Estas contracciones pueden ser suaves o intensas, y a veces se sienten por la espalda, donde también duele. La producción de prostaglandina (y por tanto las molestias menstruales) se puede parar tomando ibuprofeno, a ser posible antes de que empiece el dolor, ya que es más efectivo en la prevención que en la cura del dolor. El estrés también estimula la producción de prostaglandina, de modo que el ejercicio para liberar energía, la relajación, respiraciones profundas y el yoga pueden ser eficaces. El deporte es bueno porque

libera los analgésicos naturales del cuerpo, las endorfinas.

Hay remedios naturales que ayudan a algunas mujeres, aunque no a todas: infusiones de hoja de frambueso o de arándano, vitamina B6, vitamina E, complementos de calcio y aceite de prímula (un complemento herbáceo). Tomar baños calientes o aplicar calor en la tripa y los riñones puede ayudar a pasar los peores momentos.

Es importante prestar atención a tu cuerpo y conocer tu ciclo para saber qué te está pasando. Si experimentas algún tipo de SPM, prueba diferentes métodos y recuerda cuál funciona. Presta atención a los síntomas que reaparezcan cada mes. Si la cosa se pone seria durante la semana anterior a la regla y nada te ayuda, ve a un médico que tenga experiencia en el tratamiento del SPM.

el largo y ancho mundo de la regla

Éstos son algunos de los rituales que han marcado la menstruación en todo el mundo y a lo largo del tiempo:

En Ghana, la tribu asante pone a las chicas que acaban de tener la primera menstruación bajo una sombrilla ceremonial, y les cantan y bailan.

Los sioux oglala, del oeste de EE.UU., tenían un elaborado ritual para celebrar la primera menstruación de una chica. Primero su familia construía un tipi especial, al que la chica se retiraba para reflexionar sobre su nueva condición de mujer fértil. Un hombre sagrado dirigía un ritual de purificación en el que se quemaba hierba dulce, se fumaba en pipa, se cantaba y se rezaba sobre un cráneo de bisonte pintado. Después, la chica comía carne de bisonte y la familia se unía al banquete.

Muchas culturas esperan que una mujer con la menstruación se aísle, bajo la premisa de que está sucia y puede contaminar a los demás. Algunos nativos de Hawai, Guyana y Malí usan «cabañas menstruales», estructuras especiales a las que se retiran las mujeres con el periodo. Durante la regla, una mujer hindú debe abstenerse de rezar y cocinar, y debe alejarse de los miembros de la familia. En el zoroastrismo, una antigua religión que aún se profesa en la India, las mujeres son consideradas impuras cuando menstrúan y deben someterse a una purificación ritual.

A las mujeres del judaísmo ortodoxo también se las considera impuras cuando tienen la regla. Sus maridos tienen prohibido el sexo con ellas durante esos días. Siete días después del periodo, las mujeres deben darse un baño ritual, el *mikvah*, que las prepara para retomar la vida sexual.

A principios de siglo, los inmigrantes judíos ortodoxos de EE.UU. acompañaban la primera menstruación de las niñas con una bofetada en la cara para simbolizar la dura tarea futura de ser mujer.

Visiones históricas y culturales del SPM
Durante mucho tiempo, las quejas premenstruales se consideraron un signo de la debilidad emocional de las mujeres o un producto de su imaginación. Sigmund Freud dijo que esas molestias eran causadas porque las mujeres lloraban en la matriz por no estar embarazadas.

El SPM se dio a conocer a principios de los años 80, cuando fue alegado como defensa en famosos casos criminales de EE.UU. y Gran Bretaña. En uno de éstos, una mujer aseguró haber matado a golpes a su hijo de cuatro años en un ataque de cólera producido por el SPM.

En 1987, el SPM se clasificó como trastorno psicológico, una designación que fue muy criticada por feministas y otros, ya que estigmatizaba a las mujeres. Si se cree que las mujeres son inestables y pierden el control una semana al mes, se les podría prohibir desempeñar cierto tipo de trabajos.

En la actualidad, el SPM se reconoce cada vez más como un estado biológico.

Problemas menstruales

Hay ciertas irregularidades del periodo que deberías tomar en serio. En la mayoría de los casos, no será nada grave. El ciclo de una mujer cambia a lo largo de su vida. Pero más vale prevenir que curar, así que, si padeces alguno de los siguientes trastornos, ve al médico:

Flujo excesivo: Cuando empapas un tampón o una compresa cada hora durante un día o más.

Flujo prolongado: Cuando no parece que el periodo pare o se reduzca al cabo de una semana. (Si sólo tienes pequeñas hemorragias durante más de una semana, no pasa nada.)

Ciclos irregulares: Cuando tu ciclo es de menos de 21 días o más de 35 durante tres meses consecutivos (aunque es normal menstruar de forma irregular durante el primer año).

Manchar: Uno o dos días de hemorragia suave que no sea durante la regla. Algunas mujeres manchan un poco con la ovulación.

Dolores intensos (dismenorrea): Cuando el dolor es tan intenso que te debilita, o tienes dolores más de tres días antes y durante la regla.

Ausencia del periodo: Si aún no te ha venido el periodo a los 17 (amenorrea primaria), o si te ha venido pero no ha vuelto a aparecer en más de tres meses (amenorrea secundaria). Si tus ciclos son regulares, mantienes relaciones sexuales y no te viene la regla un mes, deberías hacerte la prueba de embarazo en casa, e ir al médico si el resultado es positivo.

Para más información sobre pruebas de embarazo, *ver* **p. 123.**

PROBLEMAS MÁS COMUNES

Aunque los siguientes estados son normales —parte cotidiana del ser mujer— si hay algo que te preocupa, no dudes y ve al médico.

Olor vaginal

El olor vaginal debe ser bastante suave y es parte natural del tener vagina. Las glándulas sudoríparas y sebáceas de la vulva son más activas durante la pubertad, y toda la zona se vuelve más húmeda y olorosa. El olor cambia según el momento del ciclo, entre otros factores.

El que los órganos sexuales huelan es parte de su función específica. En el flujo vaginal hay feromonas (atrayentes sexuales) que despiertan el interés sexual. No es ni necesario ni deseable camuflar el olor con lavados o sprays vaginales. Bastará con que te limpies y te cambies la ropa interior cada día (las bragas de algodón son las mejores).

Si notas un olor especialmente fuerte, puede que tengas una infección. Busca otros síntomas, como secreciones anormales, y ve al médico si crees que se trata de un problema.

¿Tiene alguien un... ejem... olor raro en la vagina?
esperanza

Claro que huele un poco, pero es de lo más normal.
viceversa

Infección del tracto urinario

Síntomas: Sangre en la orina; escozor doloroso al orinar; necesidad urgente de orinar con frecuencia.
Tratamiento: Antibióticos orales.
Prevención: Bebe mucha agua cada día y prueba el zumo de arándano sin edulcorantes. Orina con frecuencia (no intentes aguantarte) y vacía la vejiga por completo. Orina antes y después de una relación sexual. Y límpiate siempre de delante hacia atrás.

Lavados
Con los lavados se limpia la vagina con una solución de agua y vinagre o con una preparación comercial. La solución se pone en una bolsa o una botella especial y se introduce en la vagina con una especie de émbolo.

Los lavados vaginales no son necesarios. Sólo disimulan por un tiempo el olor y pueden aumentar las probabilidades de cáncer. La vagina se limpia por sí misma, y los lavados pueden alterar el equilibrio normal de acidez. Además pueden introducirse organismos extraños que produzcan infecciones.

EL MISTERIO EN

Tengo 13 años y durante los últimos meses me he encontrado algo amarillento en las bragas. Da bastante asco. A veces es como un gel. Me da vergüenza poner la ropa a lavar porque mi madre lo ve (a ella también le pasa). Pero no me ha dicho nada. Bueno, es horrible. Creo que significa que pronto me vendrá la regla, pero soy muy pequeña y no estoy muy desarrollada. ¿Qué me pasa?
vasovacío

¡Tranqui! ¡Es normal! Se llama secreción vaginal. A mí me pasa desde hace tiempo, antes de haberme desarrollado. Hace dos años que tengo esa secreción y aún no me ha venido la regla. ¡No te preocupes!
sPacecowgurl

¿Cómo se SABE cuándo hay un problema? Por si acaso.
adoles

Hay secreciones normales y anormales. Si la tuya huele, es espesa, como nata, o te pica, igual tienes un problema, una infección de hongos o así. Si ves algo de lo que he dicho, deberías ir al médico. Si no, todo es normal.
ladyliberty

Secreción vaginal

La vagina se limpia con secreciones que al final acaban en la ropa interior. La secreción vaginal está hecha de mucosidad, bacterias y células muertas. Empezarás a notarla uno o dos años antes de que te venga la regla.

La secreción vaginal normal es húmeda, de un color claro o lechoso y no pica ni irrita. Puede volverse amarillento y secarse en las bragas al estar expuesta al aire. Las secreciones varían de cantidad y textura durante el mes, por los niveles cambiantes de hormonas. La excitación sexual también origina un aumento de secreciones vaginales.

Mientras tus secreciones no tengan color y sólo un poco de olor, no hay que preocuparse. Sin embargo, existen secreciones anormales originadas por infecciones vaginales (vaginitis).

Vaginitis

La secreción no es normal cuando pica o escuece, tiene mal olor, está mezclada con sangre (no menstrual) o es de un color diferente al habitual. Si tienes alguno de estos síntomas, ve al médico.

La siguiente tabla te dará una idea de las posibles causas de esos síntomas. Pretende informar, no diagnosticar. Sólo una persona cualificada puede diagnosticar y tratar la vaginitis.

LAS BRAGAS

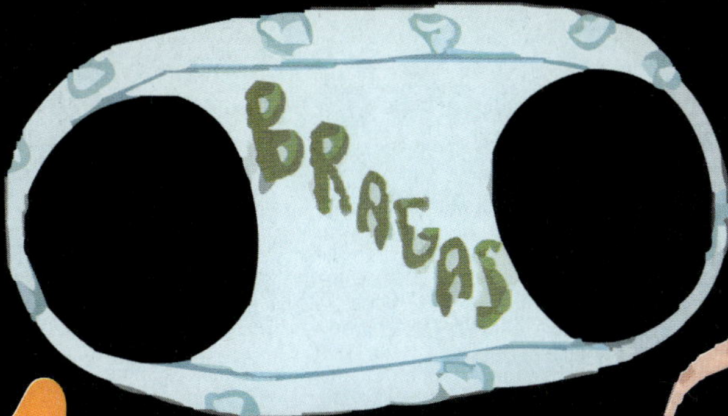

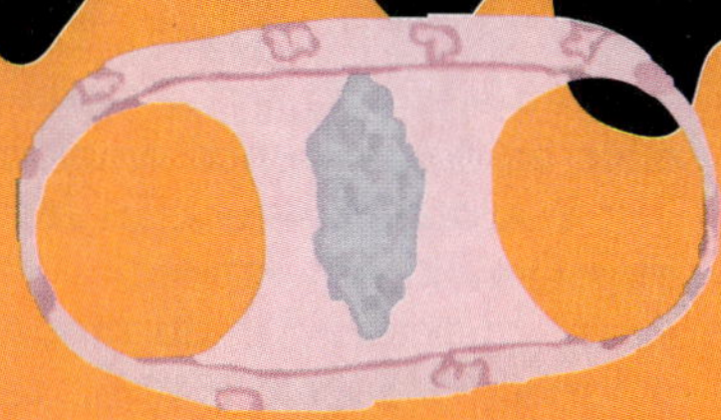

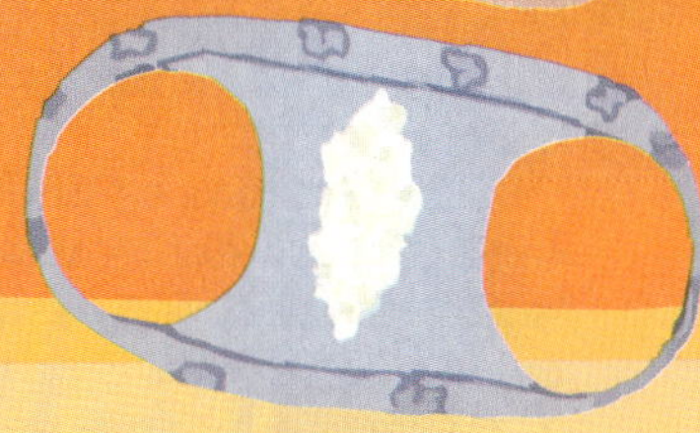

Infección	Aspecto	Sensación	Tratamiento
Gardenerella	Secreción espesa, entre blanca y grisácea; olor fétido, como de pescado	No suele irritar	Antibióticos (recetados por el médico)
Candidiasis	Secreción espesa, blanca y sin olor; puede ser grumosa, como requesón	Picor y dolor al orinar	Fungicida insertado en la vagina, pero consulta a tu médico (no te automediques)
Tricomoniasis	Secreción espumosa, verde amarillento y de muy mal olor	Picor; dolor al orinar; inflamación de la vulva; dolor abdominal ocasional	Antibióticos orales o tópicos (aplicados sobre la piel)

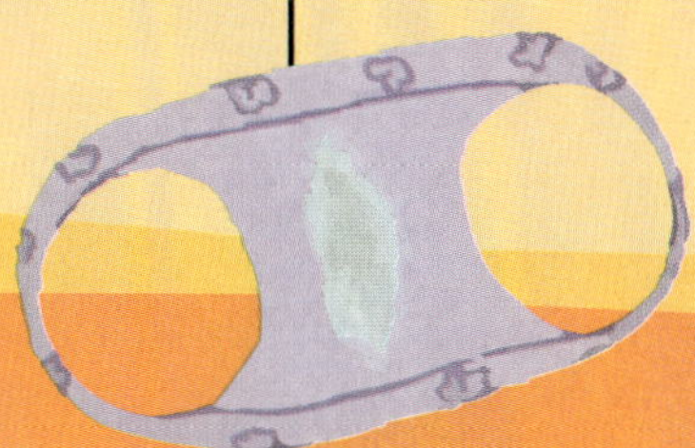

QUÉ ESPERAR DE UNA VISITA AL GINECÓLOGO

Como todo lo demás, el aparato sexual requiere cuidados para asegurar su buen estado. Los ginecólogos son los médicos que se dedican al cuidado de la entrepierna femenina. A veces, ayudan a dar a luz; en ese caso se llaman también tocólogos.

Deberías hacerte la primera revisión interna a los 18 años o cuando empieces a pensar seriamente en tener relaciones sexuales, lo que suceda antes. Debes programarla para un día en mitad del ciclo, cuando no estés menstruando ni a punto de hacerlo.

Si el médico es un hombre, seguramente habrá una enfermera durante la exploración. Si la enfermera no se queda, no te dé vergüenza pedirlo. Primero, el médico te hablará de tu ciclo menstrual y te preguntará si tienes alguna duda o te preocupa algo. Es el momento de sacar el tema de la anticoncepción si tienes una vida sexual activa (o esperas tenerla pronto).

La mayoría de los médicos no contará a tus padres nada sobre la visita (a no ser que tú quieras). El derecho a la confidencialidad en asuntos de anticoncepción siempre ha sido motivo de polémica, pero no existe ninguna ley que exija notificárselo a los padres. Suele dejarse a juicio del médico, así que tal vez quieras asegurarte de que el médico y tú estáis de acuerdo en cuanto a informar a tus padres.

Después de hablar contigo, el médico te examinará los pechos y te enseñará a hacerte una palpación (por si encuentras bultos).

A continuación, tendrás que poner los pies en unos estribos (con forma de U y de metal) con las piernas separadas. De este modo, el médico puede ver lo necesario. Los doctores ven vulvas a docenas cada día y para ellos es de lo menos emocionante.

Y entonces viene la famosa experiencia del espéculo. El espéculo es un instrumento de metal o de plástico, parecido a unas tenazas, que sirve para separar las paredes de la vagina para que el médico pueda ver el interior. Que te introduzcan un espéculo puede ser desagradable, sobre todo si estás tensa. Respira lenta y profundamente, y los músculos se relajarán.

El doctor te mirará el interior de la vagina para asegurarse de que todo está sano y normal, buscará rojeces e inflamaciones en las paredes vaginales (signos de infección); cortes, heridas o quistes en el cuello del útero; y secreciones anormales.

Luego viene la citología. El médico insertará un utensilio alargado en tu vagina y frotará el cuello del útero para recoger células. Parece doloroso, pero la incomodidad es muy poca y sólo momentánea. La muestra de células se analiza para comprobar que no haya células cancerígenas, o en estado precanceroso, en el cuello uterino. La citología puede dar un resultado anormal por una pequeña infección.

El cáncer del cuello uterino es curable si se detecta a tiempo; por eso es tan importante **hacerse una citología cada año**. Algunos médicos recomiendan hacerla cada 6 meses si se toman píldoras anticonceptivas, se tiene un herpes genital o diferentes parejas sexuales. Si llevas una vida sexual activa, el médico también tomará una muestra de células para hacer la prueba de la gonorrea.

Tras retirar el espéculo, el médico hace una exploración vaginal con las manos y comprueba los órganos internos. Inserta uno o dos dedos en la vagina mientras pone la otra mano en el bajo abdomen. Al palpar con las dos manos, el médico puede determinar el tamaño, la forma y la posición del útero, los ovarios y las trompas de Falopio, además de comprobar el crecimiento y ver si hay inflamaciones. A lo mejor sientes algo raro, pero no tiene por qué doler. Si te duele, dilo.

A veces también se hace un examen rectal. El médico inserta un dedo por el recto para palpar los órganos internos desde un ángulo diferente.

Y ya estás lista. Si vas a utilizar métodos anticonceptivos, es el momento de aprender a usarlos.

Si en algún momento te sientes agobiada y no te animan a preguntar, o te tratan irrespetuosamente, busca otro médico. Se trata de tu cuerpo y, para que te ayude a cuidarlo, debes encontrar a alguien con quien te sientas cómoda.

INFORMACIÓN

Internet: Páginas web

Menstruación y embarazo (http://www.medicentro.com.co): Información rigurosa y bien explicada para que resuelvas dudas acerca de la relación entre la menstruación y el embarazo.

Curiosidades: Menstruación y la sangre menstrual (http://www.medspain.com): Si acudes a su revista n.º 7 en la sección «Números anteriores», encontrarás un interesante artículo acerca de la historia de las distintas creencias y supersticiones que provocaba la menstruación en la mujer.

Vagina y hemorragias (http://www.fundaciontriangulo.es): Esta página pertenece a la Fundación Triángulo por la igualdad de gays y lesbianas, y en ella encontrarás todo tipo de información para prevenir la trasmisión del sida.

Gine-web (http://www.unizar.es/gine): Información en español e inglés sobre salud y bienestar de la mujer. Interesantes artículos acerca del síndrome premenstrual, amenorrea, menorragia, etc.

Govteen/Virtual Kid Puberty 101 (http://www.govteen.com): Sitio en el que es posible encontrar respuestas a todas las dudas que el adolescente puede tener sobre su cuerpo. Este sitio sólo se lee en inglés.

Departamento de Obstetricia y Ginecología. UNAM (http://www.facmed.unam.mx): Sección de ginecología de la Facultad de Medicina de México. Información médica actualizada.

Hospital Ramos Mejía de Buenos Aires (http://www.ramosmejia.org.ar): web de los trabajadores del equipo de salud, de los grupos de autoayuda y de los pacientes de este hospital. Entra en la sala de espera virtual: mientras esperas tu turno, toma asiento y «conversa» con otros pacientes y con algún «guardapolvo blanco» que ocasionalmente pase por ahí.

Agenda de ginecología (http://www.globalmed.es): Si entras en «ginecología y obstetricia» dentro de «Especialidades médicas», encontrarás una extensa agenda de direcciones de internet relacionadas con asuntos como la menstruación, el cáncer del sistema reproductor, etc.

Libros

Ficción

Duran, D. *Ciclo Bis*, La Galera, Barcelona, 1997

Una divertida novela en la que se reflejan los cambios fisiológicos que padece el adolescente.

Conocimientos

Edge, V. y Miller, M. *Cuidados de la salud de la mujer*, Mosby/Doyma, Madrid, 1995

Gravelle, K. *El libro de la regla*, Medici, Barcelona, 1999

Kingston, B. *Un problema de todos los meses*, Pirámide, Madrid, 1985

Lleewellyn-Jones, D. *Ser mujer*, Círculo de lectores, Barcelona, 1990

Orta, R. *Clítoris*, Fapa, Barcelona, 1998

Entidades

Sociedad Española de Ginecología y Obstetricia: Paseo de la Habana 109 bajos - 28036 Madrid - Tel. 91 3509816 - Fax 91 3509818 (http://www.sego.es)

¿Quieres conversar sobre este tema? Entra en el chat de http://www.descubrete-edicionesb.com

c u e r p o

Capítulo 3

PIEL

La piel es el órgano más grande del cuerpo, lo cubre por entero. Al igual que en otras partes, las hormonas tienen un papel en los cambios que sufre la piel durante la adolescencia. Pueden darse problemas molestos.

PROBLEMAS COMUNES DE LA PIEL

Los granos pueden aparecer en cualquier parte del cuerpo, pero por desgracia, suelen congregarse en la cara, la espalda y el pecho.

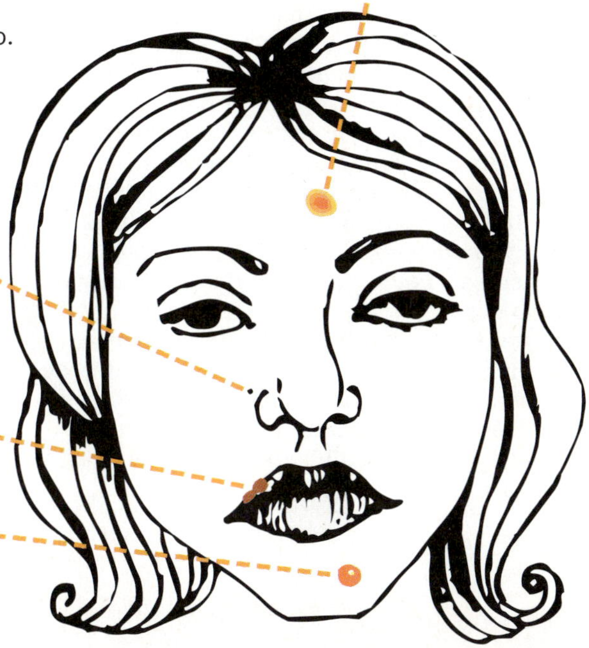

Granos

Los poros de la piel contienen glándulas sebáceas que producen sebo, un aceite para el pelo y la piel. Normalmente, se produce la cantidad adecuada y todo va bien. Sin embargo, a veces el exceso de sebo y células muertas obstruyen un poro. Entonces se infecta y te sale un grano o una espinilla.

Esto sucede a menudo en la adolescencia, por la afluencia normal de andrógenos, hormonas masculinas. (La testosterona es un andrógeno.) A medida que tu cuerpo cambia y madura, estas hormonas, que se producen en los ovarios y las glándulas suprarrenales, estimulan la producción de sebo. Las glándulas sebáceas que trabajan más de lo debido suelen estar concentradas en lo que se conoce como la zona T, que cubre la frente y baja por la nariz hasta la barbilla: territorio granoso por excelencia. También hay abundantes glándulas sebáceas en el pecho y la espalda.

Tal vez notes que suelen brotar más en determinados momentos del ciclo menstrual. Estos brotes suelen tener lugar como respuesta al elevado nivel de progesterona, la hormona que el cuerpo produce después de la ovulación y antes de la menstruación. La ansiedad y el estrés también pueden causar brotes, ya que hacen que las glándulas suprarrenales produzcan más andrógenos.

Tengo la cara llena de granos rojos que nunca se van. Es deprimente. Me siento como un gran experimento médico.
pegafuerte

Esto es algo bestia, pero ¿a nadie le salen granos en el trasero? A mí sí, ¡pero casi nunca en la cara! ¡Y duelen! ¿Es raro?
piernasdeAraña

Te comprendo, yo me siento fatal, avergonzada gracias a mis hiperactivas glándulas sebáceas que causan esos granos. Desde octavo, no he pasado un solo día sin, al menos, 4 granos en la cara. No lo soporto.
Tetriz

El otro día me estaba tocando la nariz, me exploté un punto negro y salió una porquería blanca. ¿Qué tenía dentro de la espinilla? ¿Hice bien en sacarlo?
caralarga

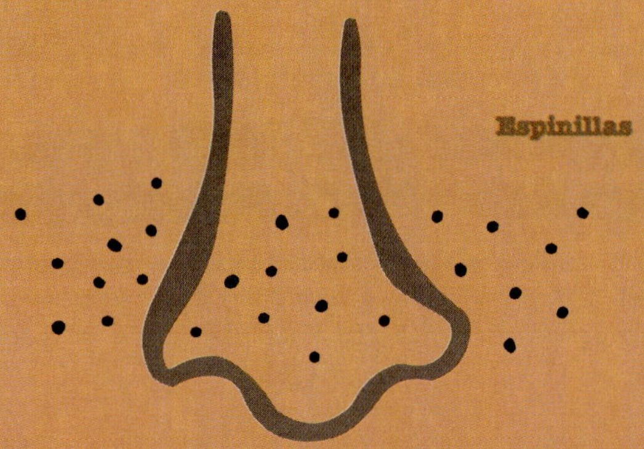

Espinillas, granos y granos con pus

Si un poro se obstruye pero permanece abierto, la parte superficial se oscurece y te sale una espinilla o punto negro. Si el poro se obstruye, se cierra y empieza a abultarse, te sale un grano. Si en el poro entran bacterias, pueden infectar la glándula, lo que produce una rojez y ese horrible punto blanco amarillento de pus.

No toques, aplastes, pellizques ni te explotes los granos. Al explotarlos, haces que el sebo y las bacterias penetren en capas más profundas de la piel y se pueden crear quistes. Los granos pueden empeorar si te los hurgas o los abres. Al tocártelos, puedes dejarte pequeñas cicatrices permanentes en la cara.

CONTRA LOS GRANOS

Prevención básica

La herencia es la causa número uno del acné. Si tus padres y hermanos tuvieron muchos granos, es probable que también te pase a ti. Aunque no hay mucho que hacer contra la genética, existen varios tratamientos para problemas más o menos graves de acné.

Es importante llevar siempre la cara limpia, sobre todo si eres dada a tener granos. Las bacterias y las células muertas de la piel pueden empeorar la situación. La limpieza de las zonas problemáticas debe hacerse son suavidad: usa limpiadores suaves, mejor líquidos, en vez de jabones, detergentes duros, astringentes o, lo peor, exfoliantes abrasivos. ¡Sin esponjas! Frotar, aun con un toalla, puede causar acné.

Diferentes tipos de piel requieren diferentes cuidados. Lo que a una persona le funciona no tiene por qué ir bien a otra. Las personas de piel seca deben evitar secarla aún más (con astringentes o peróxido de benzol, por ejemplo), ya que puede enrojecerse e irritarse con facilidad. Una piel mixta, que suele ser grasa en la zona T (frente, nariz y barbilla) y seca en el resto, necesitará tratar con especial cuidado cada parte de la cara.

Tengo un montón de granitos en la cara, y mi amiga y yo usamos el mismo producto para la piel. Al principio, ella tenía la cara limpia y al cabo de un año se le puso muy mal. Yo también hace un año que lo uso y tengo miedo de que se me ponga la piel como a ella.

permia

He probado muchos productos que les habían ido bien a mis amigas y he descubierto que a cada cual le funciona algo diferente. Quiero decir que no todo el mundo tiene el mismo acné ni el mismo tipo de piel... así que a lo mejor a tu piel le va bien.

justoatiempo

Productos sin receta

El **peróxido de benzol** es el recurso de toda la vida para el tratamiento del acné, además de ser componente de muchos productos. Mata las bacterias, reduce la producción de grasa y es un agente exfoliante y secante. Ayuda a que la piel se libere de los tapones de poros y folículos, y elimina las células muertas.

Los **alfahidroxiácidos**, también presentes en muchas cremas, son buenos para el acné suave y las pequeñas arrugas. Son unos ácidos derivados de la leche, la caña de azúcar y otras frutas, y se cree que suavizan la piel.

Medicamentos con receta médica

Si con lavarte la cara y ponerte ungüentos no consigues nada, ve al dermatólogo. Tal vez el médico te recete antibióticos o Roacután, un fármaco más fuerte. Ambos tienen efectos secundarios. Si te producen alguna reacción adversa, consúltalo.

Retinova es una crema que se vende con receta médica. Contiene un derivado de la vitamina A, la que siempre se ha usado para el cuidado de la piel. Acelera la regeneración cutánea, impide la acumulación de residuos en los poros y aumenta la producción de elastinas. No es sólo efectiva contra los granos, también va bien para las pequeñas arrugas, las pecas y las manchas. Lo malo es que puede dejar la piel muy sensible al sol y, si se usa demasiado, puede provocar irritación, escamas y descamación.

Roacután es un medicamento oral que se receta en casos graves de acné. Contiene un derivado sintético muy fuerte de la vitamina A que reduce al mínimo la producción de grasa. La parte negativa es que deja la piel muy seca y puede agrietar los labios, la nariz y la zona de los ojos. Debe usarse junto a un buen hidratante. Además, muy importante, no lo uses si estás embarazada o crees estarlo. Los médicos recetan la píldora junto al Roacután para asegurarse de que no te quedas embarazada mientras lo estás tomando, porque ha sido asociado a malformaciones en el feto.

Curas naturales

Existen miles de remedios alternativos o «naturales» para los problemas de la piel. A cada uno le funciona algo distinto.

Mucha gente se pone mascarillas en la cara (de arcilla, frutas, verduras, mayonesa, harina de avena, algas y otros productos) para solucionar problemas como los granos o la piel seca.

También son muy populares las siguientes curas: baños de vapor (pon la cara sobre un cazo de agua hirviendo) para abrir los poros; vitamina E para reducir las cicatrices.

Piel y alimentación

Hay gente que cree que comer chocolate y comidas grasas es malo para la piel. Muchos médicos aseguran que la alimentación no tiene nada que ver con el cutis. Aun así, como siempre, no es mala idea cuidarte un poco. Si descubres alguna norma en tus brotes de granos, tenlo en cuenta. Si siempre que comes algo en concreto te salen granos, deja de comerlo para ver qué sucede.

Una de las mejores cosas para el cutis es beber mucha agua. Limpia las impurezas, y ayuda a que la piel esté hidratada y sana.

Calenturas y el virus del herpes
Las calenturas o pupas están causadas por un tipo de virus del herpes (*herpes simplex I*), que es primo hermano del virus que causa el herpes genital (*herpes simplex II*).

Para más información sobre el herpes genital, ver ETS, p.112.

Como muchos otros virus, es contagioso. Entra en el cuerpo por la piel y las membranas mucosas (la nariz y la boca, donde suelen aparecer). Hay personas más propensas a las calenturas que otras. Cuando se está débil o enfermo, se es más vulnerable a todo tipo de virus, incluido éste. Ya que las calenturas son contagiosas, es preferible evitar contacto labial cuando alguien tiene una. Tampoco debes compartir pintalabios ni cepillo de dientes, y tendrías que pensar en tirar el pintalabios que hayas usado con una calentura o, al menos, cortarle la punta.

Una vez que el virus del herpes ha entrado en tu cuerpo, nunca lo abandona, por eso mucha gente tiene calenturas en la boca, de tanto en tanto, toda su vida. Los brotes a menudo son causados por estrés, enfermedades o la exposición al sol (ponerse protección solar alrededor de la nariz y la boca ayuda a prevenirlos). Sin tratarlas, las calenturas suelen desaparecer en una o dos semanas.

Existen varias cremas que pueden aliviar los síntomas de una calentura, y algunas aseguran que las previenen. Los médicos naturistas también aconsejan tomar complementos de lisina. (La lisina es un aminoácido que el cuerpo no produce, estos complementos se encuentran en farmacias y herboristerías.) Si las calenturas te angustian (como pasa a muchos que las padecen), habla con tu médico para que te recete algún medicamento que reduzca los brotes.

ESTRÍAS

Durante la pubertad, pueden aparecer estrías donde el crecimiento haya sido rápido y pronunciado, como en las caderas y los pechos, y a veces también en la barriga. Las estrías empiezan siendo líneas purpúreas, donde la piel ha perdido su elasticidad. Hay mujeres que tienen estrías en la tripa después del embarazo. A las personas que pierden mucho peso en poco tiempo, también pueden aparecerles.

Hay a quien le resulta útil frotarse las estrías con vitamina E o aceite de almendras. También existen cremas especiales con cacao para reducir las producidas por el embarazo. No suelen desaparecer por completo pero, con el tiempo, se desvanecen hasta no ser más que unas líneas entre brillantes y plateadas.

Las estrías van y vienen con la pérdida y el aumento de peso; algunas se quedan y otras se van.

Creo que tengo un peso medio, pero tengo estrías por todas partes: por el interior del muslo me llegan hasta 1/3 de la distancia a la rodilla. También tengo en las caderas y un poco en el pecho. Me da vergüenza llevar bañador. El verano pasado, cuando iba a la playa, me ponía una camiseta encima.
miaumiau

Sé cómo te sientes. Yo también tengo estrías en el culo, los muslos y las tetas. Me salieron porque empecé a crecer muy pronto y la piel no podía acompañar a los huesos.
llorona

¡No tengas miedo de llevar bañador! Nadie las notará. Tengo una amiga que tiene estrías y lleva bañador todo el verano.
tRino

Pasa de todo. A mí me ocurrió lo mismo. Tardarán un poco, pero desaparecerán casi del todo. No las verás de lo finas que serán.
tímida

PROTECCIÓN SOLAR

Ya no hay duda de que la exposición excesiva al sol, los bronceados y las quemaduras frecuentes, son algo terrible. Hacen envejecer la piel de forma prematura y juegan un papel primordial en el aumento mundial del cáncer de piel.

Cada año, el sol es responsable de un millón de nuevos casos de cáncer. La mayoría no son mortales, pero muchos llegan a desfigurar. La mayor parte de los daños producidos por la exposición solar ocurre a personas menores de 20 años.

Siempre que estés al aire libre, utiliza un protector solar que te escude de los dos tipos de radiación ultravioleta del sol (UVA y UVB), con un factor de protección solar 15 como mínimo. Es mejor aplicártelo 20 minutos antes de salir y volver a ponerte cada pocas horas, también en días nublados.

Todos debemos aprender sobre la protección solar desde pequeños y practicarla religiosamente

Las personas de piel clara deben tomar medidas adicionales, como llevar ropa de tejido tupido y sombreros de ala ancha, permanecer en la sombra y evitar las horas punta de sol: entre las 10 y las 16 horas. Aunque la gente de piel clara es más vulnerable a las quemaduras del sol, las personas de cualquier tono de piel pueden padecer cáncer de piel y deben usar protector solar.

O. C.

El sudor es la forma que tiene el cuerpo de limpiarse y refrescarse. Los andrógenos estimulan las glándulas sebáceas y sudoríparas de las axilas, la espalda, los pies y la vulva. Los niveles hormonales son muy altos antes de la menstruación y causan más sudor. Al sudor suele acompañarle un olor, ya que en los lugares cálidos y húmedos crecen bacterias.

Contra el olor corporal

Mantenerse limpia ayuda a evitar las bacterias y el olor.

Las prendas y la ropa interior de fibras naturales (algodón, lana, seda) absorben y ventilan la humedad mejor que otros materiales y te mantienen más seca.

También tienes la opción de utilizar desodorante o antitranspirante.

Los **desodorantes** cubren parcialmente el olor, pero no evitan el sudor.

Los **antitranspirantes** detienen el sudor antes de que aparezca, gracias al clorohidrato de aluminio.

Se han hecho estudios que parecen indicar que el aluminio traspasa la piel y llega a la corriente sanguínea, donde puede causar daños, aunque no se ha llegado a ninguna conclusión.

Hay personas alérgicas al clorohidrato de aluminio. Si te produce picores, pásate al desodorante.

Aunque algunos antitranspirantes y desodorantes dicen ser para hombre o para mujer, esa clasificación no es más que un truco comercial.

Una amiga mía tiene muchísimo olor corporal. Es muy simpática y me gusta ser su amiga. Pero su olor me saca de quicio. Cuando va por el pasillo, la gente dice: «¿Quién huele?» Me siento mal por ella. ¿Debería decírselo?
soschicas

Tía, has de decirle que huele. Si no, lo hará otra persona y a lo mejor no será tan amable como tú.
suave

Quizá sea mejor que no se lo digas, porque igual se ofende. En vez de eso, intenta que huela mejor comprándole algún producto y diciéndole: «Esto huele genial, ¿quieres probarlo?» O tal vez deberías lanzarle una indirecta, pero no se lo digas a la cara.
voyenserio

Para más información sobre olor vaginal, ver **p. 27.**

INFORMACIÓN

Internet: Páginas web

Cáncer de piel
(http://www.noah.cuny.edu): En su sección «temas de salud» acude al apartado «Piel». Encontrarás todo acerca de la prevención, detección, tratamiento y cuidado del cáncer de piel.

Sociedad Internet de Dermatología
(http://www.telemedicine.org/ids.htm): Artículos y lecturas sobre dermatología de las más prestigiosas universidades del mundo. Puedes acceder a la versión en español desde la página principal.

Acné. OKSalud (http://www.oksalud.cl): En la sección «eDoctor responde» podrás plantear tus dudas o acudir a un directorio con respuestas acerca del acné.

Sol y cáncer de piel
(http://www.lalcec.rs.com.ar): Sitio de la Liga Argentina de lucha contra el cáncer. Si te adentras en su índice de tipos de cáncer, averiguarás muchos detalles acerca de los riesgos de la piel.

Dermatología Cosmética
(http://www.mgcomunicacion.com/derma): Artículos sobre cuestiones dermoestéticas por profesores de la Universidad Complutense de Madrid. Trimestral.

Globalmed (http://www.globalmed.es): Una vez en «Especialidades médicas», dirígete a «dermatología». Allí podrás acceder a Dermaweb, de la división de dermatología de la Universidad de Columbia.

Libros

Conocimientos

Corbella, M. *La imagen, espejo de la salud*, Círculo de lectores, Barcelona, 1996

Dalla Via, G. *El sol y la piel*, Océano, Barcelona, 1999

Entidades

AECC. Asociación española contra el cáncer: Amador de los Ríos 5 - 28010 Madrid - Tel. 91 3194138 - Fax 91 3190966 (http://www.aecc.es/index.htm)

Servicio de dermatología: Paseo Bonanova 61 1.º 1.ª - 08017 Barcelona - Tel. 93 2124299 - Fax 93 2124308 (http://www.idexus.es/dermat.htm)

Academia Mexicana de Dermatología: Georgia #114-503 - Col. Nápoles - México D.F. 03810 - Tel. 5 6822545 - Fax 5 6828963 (http://www.idermumbert.com)

¿Quieres conversar sobre este tema? Entra en el chat de http://www.descubrete-edicionesb.com

Capítulo 4

PELO, PELO, ¿cómo crece tu jardín?

Todos tenemos vello corporal. Todos nacemos con algo de pelo: en la cabeza, las cejas, pelusilla, etc. Con la pubertad, aparece pelo más duro y oscuro en lugares nuevos: el pubis, las axilas, el bigote, las piernas y otros lugares comprometedores. Nombra cualquier sitio y ahí también puede crecer pelo. En concreto, son las hormonas andrógenas las que causan este crecimiento. Los chicos tienen mucha más cantidad de andrógeno, por lo que, normalmente, son más peludos que las chicas.

Sitios nuevos en los que crece:

pubis

piernas axilas

Sitios en los que puede crecer pelo:

bigote

dedos de los pies

pezones

barbilla

brazos

espalda

trasero

VELLO CORPORAL

El crecimiento del vello corporal y el ocuparte de él son procesos que duran toda la vida. Según los cambios hormonales, los medicamentos (como la píldora anticonceptiva) y el medio ambiente, puede aparecer pelo en sitios nuevos. El color, la visibilidad y la cantidad de pelo son cuestiones en gran parte hereditarias. Por ejemplo, las mujeres de países mediterráneos como Grecia, Italia y España suelen tener vello más visible.

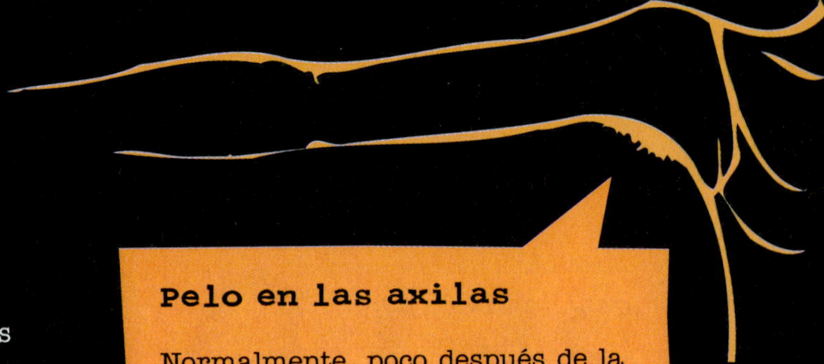

Pelo en las axilas

Normalmente, poco después de la aparición del vello púbico y el crecimiento de los pechos, empieza a salir vello en las axilas. La axila se cubre de pelo de forma gradual.

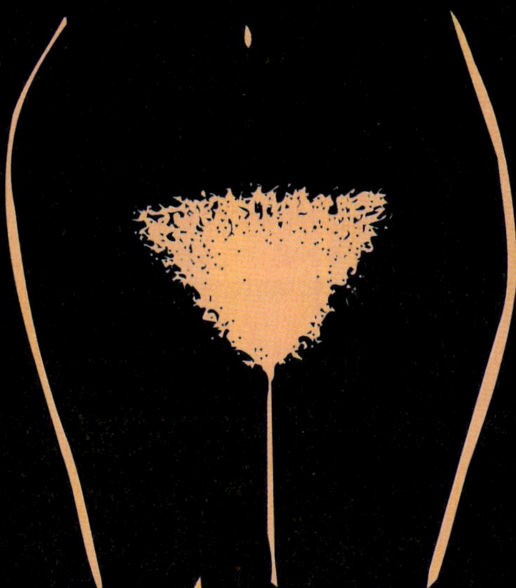

Vello púbico

El vello púbico aparece casi al mismo tiempo que empiezas a tener la regla y te crecen los pechos, unos meses más o menos. No importa cuándo sea —antes o después de la regla y los pechos—, el vello púbico suele crecer a etapas; primero es más fino y concentrado, luego forma un triángulo espeso. Cada una tiene su propia forma. A algunas, el vello les llega a la parte superior del muslo; otras sólo tienen hasta la ingle, etc. La razón de ser del vello púbico, desde una perspectiva evolutiva, es proteger esa zona, que ahora es más sensible, de la suciedad y otras molestias.

Pelo en las piernas

El pelo de las piernas, y a veces el de los brazos, puede cambiar y volverse más grueso y oscuro durante la pubertad.

El pubis también recibe el nombre de monte de Venus o monte púbico, ya que sobresale un poco cuando se mira de lado.

Pelo en otros sitios
En la adolescencia, puede salir pelo u oscurecerse sobre el labio, en los pezones, en los dedos de los pies, en la barbilla y en todo lugar imaginable.

A veces me salen unos pelos gordos y negros en los pezones. ¿A alguien más le pasa? **ja-ja**

Tengo mucho pelo... pero en los sitios equivocados. No sé, ¿de cuántos salones no me echarían si entro y digo: «Hola, quiero depilarme la raja del culo»? De pocos. **hirsuta**

Tengo mucho pelo en la espalda. ¿A alguien le parece asqueroso? Porque a mí me da mucha vergüenza. **zipo**

Algunos datos sobre ... el pelo

Los humanos tienen dos tipos de pelo:

Vello: El pelo más suave y corto que cubre el cuerpo.

Pelo: El que tenemos en la cabeza, cejas, axilas, pubis y piernas.

El pelo crece por ciclos. La vida media de un pelo de la cabeza es de 2 a 7 años. La vida media de un pelo del bigote es de 4 a 5 meses. Los estadounidenses, por ejemplo, se gastan entre 2.000 y 5.000 millones de dólares anuales en diferentes tipos de depilación. La depilación no es sólo cosa de mujeres, se estima que un 20% de los hombres se depila, normalmente la espalda.

Mujeres y cuchillas
Las mujeres no empezaron a afeitarse hasta que se inventó la maquinilla de seguridad, a principios del siglo XX, y Gillette comenzó a anunciar las supuestas ventajas higiénicas de afeitarse las axilas. Las mujeres empezaron a afeitarse las piernas durante la Segunda Guerra Mundial, cuando la escasez de medias de seda las obligó a ir con las piernas desnudas.

¿Crece el pelo de las piernas más fuerte y oscuro, y más deprisa si te las afeitas? **kateryna**

Hay chicas que tienen el pelo más fuerte y les crece más grueso al cortarlo frecuentemente. El afeitado también puede alterar la textura: el pelo crece recio en lugar de suave. En cambio, la cera puede hacer que crezcan más débiles.

ESTRATEGIAS PELIAGUDAS

Tanto si lo afeitas como si lo cortas, lo arrancas, lo depilas, lo decoloras, lo desintegras o lo dejas en paz, el vello corporal siempre crece. Lo que decidas hacer con él depende de ti. Cada una tiene una situación única respecto a su pelo y desarrolla sus propias estrategias para ocuparse de él.

Tengo 13, casi 14 años y aún no me depilo. Creo que lo haré cuando cumpla 14. Me da un poco de vergüenza y por eso siempre llevo pantalones (también en verano). El tema me da corte y no le he preguntado a mi madre cómo se hace. ¿Cómo se lo pregunto?
lidsville

Dile sólo que crees que ya es hora de depilarte. Hay gente que lo hace y gente que no. Cumplir 14 años no obliga a nadie.
observadora

Yo digo que es una cuestión de principios, pero en realidad no me depilo porque soy demasiado vaga.
sadYgirL

Hace años que no me depilo. A mi novio le encanta mi pelo y a mí, no tener que depilarlo. No me importa ir con tirantes o pantalones cortos o faldas. La gente me mira extrañada, casi siempre quieren saber de qué país soy, o si soy feminista o hippy. Soy de EE.UU., no soy feminista ni hippy y no me depilo.
kamaleon

¡Me quito con pinzas los pelillos molestos de la nariz y me depilo el bigote con crema!
pinzas

Me afeito las ingles, las axilas, las piernas (cómo me gusta levantarme con la suave sensación de las piernas afeitadas la noche anterior), y una vez me afeité los dedos gordos de los pies. También tengo pelo alrededor del ombligo y una vez me dijeron que era signo de suerte, ¿quién lo hubiera dicho? **honesta**

Tengo el peor vello púbico del mundo. Siempre se sale del bañador. Unos me vieron nadando y ahora me llaman Mujer Matojo. Es humillante. En las ingles uso crema depilatoria o, si me afeito, ¡una irritación del diablo!
paps

Tengo las cejas muy espesas y me las he depilado con pinzas durante 4 años. Al final, me cansé. Ahora me hago la depilación eléctrica. ¡Es genial! Claro que a veces duele un poco, ¡pero cuando se acaben las sesiones, ya no tendré que depilarme jamás!
LaChicadeVioleta

¡¡TENGO LOS PELOS MÁS NEGROS DEL MUNDO!! ¡Si no me los depilara me confundirían con Chewbacca! En los brazos tengo más pelo que mi novio. Una vez intenté decolorarlos y no funcionó. Me hago las ingles, pero tengo que asegurarme de que nadie me ve. Me quito los pelos del ombligo y controlo los de los pezones porque no quiero que mi novio se pinche. ¡Soy adicta a la depilación!
sincera

Tengo las piernas y los antebrazos peludos. Antes me afeitaba los brazos, pero luego me di cuenta de que era otra parte de mí que debía aprender a amar. Aún me alucina que la gente me lo comente, como si a mis 17 años no me hubiese dado cuenta de que están ahí. De todos modos, uso las pinzas en las axilas y me afeito las piernas, pero me suelen salir bultitos rojos por donde paso la cuchilla. **Emulsionante**

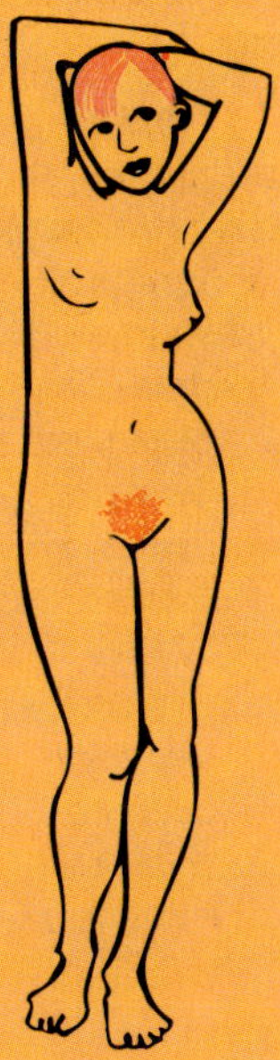

Mi madre no cree que sea muy joven para depilarme; cree que los afroamericanos no debemos hacerlo y piensa que los medios de comunicación me han influido para que me depile. Tengo 14 años. ¿Cómo convenzo a mi madre de que la depilación no es sólo para las blancas?
Hawaii50

Quizá podrías decirle a tu madre que es una decisión que quieres tomar porque si te depilaras te sentirías mejor contigo misma. Dile que no es que quieras ser distinta a ella, pero que te gusta cómo queda.
allímite

Pelos internos

De vez en cuando, a veces debido a afeitados y depilaciones frecuentes, un pelo arraiga en un lugar donde no hay folículo ni poro por donde salir. Como no puede atravesar la piel, crece por debajo de ella. A veces, esos pelos internos se infectan, duelen y hay que ir al médico para que te dé antibióticos o te los extraiga.

TÉCNICAS DEPILATORIAS

La depilación se ha convertido en algo tan importante que se ha creado toda una industria a su alrededor. Nuevos métodos, productos y tecnologías se inventan y refinan constantemente. Si decides quitarte los pelos, tienes muchas opciones:

PINZAS

Qué es: Arrancar el pelo con unas pinzas.

Frecuencia: Lo necesario. Cuando arrancas un pelo, desaparece durante un mes pero crecen otros a su lado.

Precio: Si tienes pinzas y te lo haces tú, nada. $

Dolor: Duele uno o dos segundos, sobre todo en zonas sensibles.

¡ay! ¡ay! ¡ay! ¡ay! ¡ay!

Pros: Te lo haces tú (tú decides el coste, la cantidad y si quieres seguir).

Contras: Puede doler un poco, aunque es pasajero.

CORTAR

Qué es: Cortar el pelo no deseado (como el de las ingles) con unas tijeras.

Frecuencia: Lo necesario.

Precio: Si tienes tijeras, nada. $

Dolor: Ninguno.

Pros: Te lo haces tú y no duele.

Contras: Aunque lo acorta, el pelo se sigue viendo.

DEPILATORIO

Qué es: Una crema o un gel que se pone en la zona que deseas depilar y quema, deshace o debilita la raíz del pelo. Luego lavas la zona y el pelo ha desaparecido.

Frecuencia: Dura de dos semanas a un mes.

Precio: No es prohibitivo. Compra un buen producto en la farmacia. $$

Dolor: Puede escocer o irritar zonas sensibles. (Sigue las instrucciones y úsalo sólo en las partes del cuerpo recomendadas.)

¡ay! ¡ay!

Pros: Te lo haces tú, y el resultado es una piel suave y sin pelo. Dura más que el afeitado.

Contras: Puede escocer o dejar rojas las zonas sensibles. Huele mal, incluso las que dicen ser perfumadas.

AFEITADO

Qué es: Cortar el pelo a ras de piel con una cuchilla.

Frecuencia: De diaria a semanalmente, según lo deprisa que crezca el pelo. (En invierno se puede esperar más.)

Precio: El de las cuchillas y el jabón o la crema. $$

Dolor: Ninguno, si no te cortas, aunque puede causar irritación.

¡ay! ¡ay!

Pros: Lo haces cuando quieres.

Contras: Una vez que has empezado, el pelo puede crecer más grueso. Es posible que salgan pelos internos en las ingles (ver p. 47). La irritación y los pequeños cortes también pueden ser molestos.

DECOLORACIÓN

Qué es: Aclarar el color del pelo químicamente. Suele usarse para el vello facial.

Frecuencia: Depende de la velocidad a la que crezca el pelo; normalmente, un mes. Hay que repetirlo cuando el pelo está de dos colores.

Precio: Algo superior a los depilatorios. Compra una buena marca. $$

Dolor: Puede irritar las zonas sensibles. Es bueno probarlo antes en zonas menos visibles.

Pros: No extrae el pelo, así que no hay que preocuparse por cómo volverá a salir (no será más grueso, sólo oscuro).

Contras: Es un producto químico y puede irritar la piel. No extrae el pelo, así que si tienes mucho, aunque sea rubio, se seguirá viendo. Con una piel oscura, puede hacerlo resaltar aún más.

CERA

Qué es: Extender cera caliente sobre la zona que quieres depilar, dejar que se seque y tirar de ella junto con pelos, raíces y todo. Suele hacerse en las ingles, sobre todo porque los bikinis cada vez dejan ver más piel.

Frecuencia: De 4 a 6 semanas.

Precio: Si lo haces en casa, no muy superior al del decolorado o los depilatorios. Pero en un salón de belleza cuesta casi tanto como un corte de pelo. $$-$$$$

Dolor: Como despegar una venda adhesiva de una gran área de piel. Pueden aparecer rojeces e irritación (duele bastante, imagínatelo en las ingles, ay).

Pros: Dura hasta un mes, o incluso más.

Contras: Arrancar el pelo de raíz con cera caliente duele mucho. Que te lo haga un profesional puede ser caro. Pueden crecer pelos internos si se hace mal.

ELECTRÓLISIS

Qué es: Técnicamente, es que un profesional te inserta un filamento o una aguja muy fina en cada uno de los folículos capilares y lo desintegra de una descarga eléctrica. Se trata del único método de depilación permanente, o casi. Suele usarse para el vello facial.

Frecuencia: Para eliminar el bigote, por ejemplo, hay que hacer sesiones semanales durante varios meses (porque siempre crece pelo nuevo); las últimas visitas son para retoques finales.

Precio: Caro, excepto si sólo te quitas unos pelillos sueltos. $$$$$

Dolor: No es una excursión, pero tampoco tan horrible como ir al dentista. Es bueno tomar algún analgésico una media hora antes. También hay cremas que puedes aplicar para dormir la zona.

Pros: Al final, es permanente.

Contras: Las sesiones son muy caras, el tratamiento doloroso y hay que encontrar un buen profesional para que la depilación sea permanente de verdad y evitar despistes que produzcan cicatrices.

DEPILACIÓN LÁSER

Qué es: La depilación láser se inventó en 1995 y consiste en depilar el pelo con cera, aplicar una loción carbónica sobre la piel y luego pasar un láser por la zona. Los folículos quedan dañados, aunque la piel no. Dicen que va especialmente bien en personas de piel fina y pelo oscuro.

Frecuencia: Los resultados no son permanentes, pero duran mucho.

Precio: Aunque el precio varía según la zona tratada, este método de depilación es mucho más caro que los demás. $$$$$$

Dolor: Duele menos que la electrólisis, salvo para el bolsillo.

Pros: Es casi permanente.

Contras: Mucho dinero por quitarte unos pelos. Un técnico inexperto podría quemarte la piel.

Capítulo 5

Imagen corporal

Vives en tu cuerpo. Sois inseparables, y tus sentimientos hacia él afectan sin remedio a tus sentimientos hacia ti misma.

Parte de la actitud que tienes hacia tu cuerpo procede de qué le das y cómo lo usas. Sin embargo, estar sana es sólo parte de la historia.

A la mayoría nos preocupa nuestro aspecto. Que la sociedad pone muchísimo énfasis (por decirlo con suavidad) en la belleza no es nada nuevo, y las mujeres son siempre las más afectadas.

Para más información sobre salud y nutrición, ver **pp. 58-61.**

A pesar de la microscópica variedad de tipos de mujeres consideradas bellas por los medios de comunicación, la belleza es un millón de cosas diferentes, y más, si consideramos los ideales de belleza de otros países y culturas. Cuanto antes te des cuenta de eso, antes descubrirás qué es lo que te hace sentir bien con tu cuerpo y tu belleza.

Hay muchas clases diferentes de

COSAS DE LA IMAGEN

¡Mido 1,55 y peso 58 kilos! ¿Estoy gorda? ¿Es normal? **pequeñavera**

No hay ningún peso «normal» para una altura. Tienes que mirar la estructura ósea. Una persona puede tener menos grasa que otra y pesar más. Además, los músculos pesan más que la grasa. ¡El peso es sólo un número, no dejes que controle tu vida! **chicaindustrial**

Peso

El peso es probablemente la mayor inquietud de esta cultura obsesionada con el cuerpo. Las chicas se angustian mucho por cuánto pesan, cuánto comen y las formas de su cuerpo. A veces, esa ansiedad, unida a problemas emocionales y psicológicos, puede derivar en un trastorno de la alimentación. Aun cuando no es así, es agotador y, como mínimo, una pérdida de energía. Practicar deporte y comer bien es lo mejor para saber que tu peso es el ideal para ti.

Ver Trastornos de la alimentación, p. 182

El negocio del régimen

Ha surgido toda una industria alrededor de la obsesión colectiva por la pérdida de peso. Ya sea en clases de aerobic, libros de regímenes, pastillas o programas de adelgazamiento, los que quieren solucionar su «problema» de sobrepeso se gastan millones cada año.

Se sigue derrochando el dinero de esta forma a pesar de que el índice de fracaso de los regímenes está entre el 95% y el 98%. En tan sólo unos años, casi todos los que han perdido peso haciendo dieta recuperan, o incluso superan, su peso anterior. De hecho, los regímenes pueden contribuir al aumento de la tasa de obesidad.

Esto tiene motivos físicos además de psicológicos. Para empezar, impedirte comer hace que pienses en ello todo el rato y te causa ansiedad. En cualquier caso, la mayoría de los cuerpos parece tener un peso natural al que más o menos siempre regresa después del régimen. No se puede hacer mucho para cambiar esto.

Odio cuando tú te sientes bien y alguien dice «¡estoy tan gorda!». Luego todas tienen que empezar a decir cosas como «¡tú no estás gorda! ¡Yo sí que soy una foca!». Hace que todo el mundo empiece a pensar en su aspecto y acaba siendo un rollo. Si quieres sentirte bien, ¡BASTA de decir tonterías! **Holística**

Conozco a chicas que dicen: «Estoy gorda, así que no voy a comer nunca más.» Creo que lo dicen para llamar la atención, porque saben cómo van a reaccionar los demás. ¿Por qué ibas a decirle a alguien que estás gorda si quisieras que te dieran la razón? **starpower**

Haz que dejen de decir eso así: cuando digan «¡estoy muy gorda!», míralas y di «si tú lo dices...». **zipo**

odio ser tan flacucha. mucha gente cree que NADIE es delgado por naturaleza... y dicen que tengo algún trastorno de la alimentación. ¡¡¡No es verdad!!! **puzzle**

Estoy GORDA, y no como las chicas que creen que están gordas y la cantidad de grasa de su cuerpo es... inexistente. DEBO adelgazar. Me pone enferma entrar en una tienda en la que no me cabe casi NINGUNA prenda. Tengo que ir a tiendas de tallas grandes. Nadie sabe lo horrible que es. **cortadora**

Altura

La altura es otro tema que preocupa mucho a las chicas, sobre todo si son casos extremos.

Mido 1,75 y tengo 14 años. No es que sea un gigante ni nada, pero me siento así. No puedo llevar vaqueros de mujer, ¡tengo que comprar los de hombre! Las camisas nunca me van bien, tengo los hombros muy anchos y el cuerpo muy largo. Mataría por ser más baja.
unaalta

Tengo muchas amigas altas (¡de 1,80!), y aunque a los 14 años (ahora tenemos 18 o 19) parecían gigantes, se sienten muy bien consigo mismas y hasta se ponen tacones a menudo. Acéptate tal como eres. ¡Tía, eres especial, resaltas entre la multitud!
tímida

Soy MUY baja para mi edad (el médico me dijo en la última revisión anual que estoy en el 7% inferior) y sé que no puedo hacer nada. Pero no sé si hay algo que me haga sentir mejor. Tengo amigas, pero parezco una niña a su lado. ¿Alguien sabe alguna forma de parecer más alta y mayor?
Minialien

Tengo 17 años y sólo mido 1,57. Hasta para una oriental, es muy poco. Aparento unos 13 o 14; sé cómo te sientes. Pero ser baja no está nada mal. Mucha gente quiere parecer más joven. Vamos, que cuando tengas 50 parecerá que tienes 40. ¿Cómo lo ves? Ya sé que ahora no es tan guay, pero irá mejorando.
cAlamar

Partes del cuerpo

Y luego hay partes concretas del cuerpo con las que las chicas se obsesionan. Las partes del cuerpo pueden ser de muchas formas y tamaños, y quizá te parece que las tuyas no están bien hechas.

Quiero presentarme al equipo de natación, pero es que se me verá gorda en bañador porque tengo los muslos gordos.
phanatica

No dejes que tus muslos te impidan practicar un deporte. Piénsalo, todas tenemos cosas que no nos gustan de nuestro cuerpo. Es muy probable que las demás estén preocupadas por SU aspecto y ni siquiera se fijen en tus muslos.
shiMMyD

BELLEZA

El concepto de ideal de belleza es excluyente, opresivo y detestable. No obstante, es parte innegable de nuestra cultura y no es probable que desaparezca pronto. Una de las alegrías, a veces fascinantes y a veces problemáticas, de «hacerse mujer» es aprender a reconciliar tu cuerpo con los ideales del resto del mundo. Para conseguirlo, puede ser útil comprender cómo se crean los ideales de belleza desde una perspectiva histórica.

Una historia de los ideales de belleza

Aunque en los últimos años se ha impuesto la apariencia escuálida, generaciones anteriores padecieron bajo ideales completamente distintos. Estos modelos no eran menos problemáticos que los actuales para las mujeres que no los cumplían. Es interesante mirar atrás y ver cómo cambian las cosas, aunque la esencia del problema sea siempre la misma.

Las antiguas representaciones de la mujer, como la famosa Venus de Willendorf, se centraban en la fertilidad.

En la Edad Media, la religión gobernaba la estética y se renegaba del cuerpo.

Las estatuas de diosas griegas y romanas, como la Victoria de Samotracia, se esculpían con cuerpos fuertes y robustos...

En la pintura renacentista, las mujeres solían ser voluptuosas. El artista Peter Paul Rubens fue especialmente famoso por sus carnosos desnudos femeninos.

La gordura siguió de moda hasta principios del siglo xx, cuando la delgadez empezó a entrar en la conciencia estética.

Primero aparecieron los corsés, que reducían la cintura para una silueta de reloj de arena.

En los años 20, las jóvenes camuflaban sus curvas para parecer más andróginas e ir a conjunto con su ideal de igualdad sexual.

Esta línea más masculina continuó durante los años 30 y principios de los años 40, cuando las mujeres empezaron a trabajar (muchas, por primera vez), sustituyendo a la mano de obra masculina durante la Segunda Guerra Mundial. La trabajadora era el modelo femenino.

A finales de los años 40 y 50 volvió la silueta de reloj de arena personificada en Marilyn Monroe. La familia, en vez del trabajo, se proclamó como máxima aspiración de la mujer. El físico curvilíneo celebraba las virtudes «femeninas», de grandes caderas y pechos rebosantes.

Los años 60 trajeron una rebelión contra la imagen de la mujer como objeto sexual o ama de casa. La androginia reapareció con el ideal de superdelgadez de Twiggy (una famosa modelo británica).

En los 70, los cuerpos ideales eran largos y esbeltos, coronados por cabezas de gloriosas melenas. (Como *Los ángeles de Charlie*.)

En los 80, el deporte y el culto al cuerpo se convirtieron en una obsesión. El cuerpo ideal era el esculpido a base de ejercicio, como parte de la locura por controlarlo todo.

La mayor «revolución» de la imagen en los 90 fue la explosión de la cirugía estética. De pronto, era científicamente posible COMPRAR el cuerpo de tus sueños. Los resultados, a veces, dan miedo.

La máquina creadora de imágenes

Los medios de comunicación son un vehículo poderoso para mostrar a la gente qué es la belleza. Muchas veces, las personas que vemos en televisión, películas y revistas son, en parte, famosos porque se considera que tienen una imagen agradable. Lo más común es que esas personas estén dentro de unos estereotipos bastante limitados; y las chicas que no entran en ese espacio mínimo consideran que su cuerpo y su belleza no son «ideales».

Por increíble que parezca, resistir la tentación de compararte con la foto de una revista no es fácil. Pero antes de torturarte, hay unas cuantas cosas sobre la confección de esa foto que debes recordar.

1

Antes de la foto

Las revistas deciden cómo quieren que la imagen sea vista y entendida por los lectores (carácter y actitud). Personas involucradas: director, director artístico.

De acuerdo con eso, se escoge a una modelo por su cara, su cuerpo y su capacidad de transmitir una imagen y una actitud. Personas involucradas: responsable de modelos, director artístico, responsable de moda, fotógrafo.

Se selecciona la ropa. Personas involucradas: responsable de moda, estilista, director artístico.

2

En la sesión fotográfica

Se pueden hacer uno o más de los siguientes ajustes para que la ropa siente bien a la modelo: recoger por la espalda, cortar, colocar los pechos (para mejorar el escote). Personas involucradas: estilista.

Se maquilla a la modelo. Se trata desde aplicar color para tapar manchas, granos y otras imperfecciones de la piel, hasta pestañas postizas, labios agrandados, cejas pintadas y retoques del contorno de la nariz. Personas involucradas: maquillador.

Se peina a la modelo. Pueden ponerle extensiones de pelo, pelucas, laca, gel, crema, espuma, tinte lavable, tinte permanente o gomina. Personas involucradas: peluquero.

Etcétera.

3

Después de la foto

La película (muchos carretes) se revela. Se selecciona la mejor fotografía de entre docenas de tomas. Cualquier «imperfección» se «corrige»: se afinan los muslos, se suavizan las arrugas, se agrandan o reducen partes del cuerpo (para darle a la modelo unos ojos más grandes o una cintura más estrecha, por ejemplo). Personas involucradas: editor gráfico, retocador de fotografías.

Al final, han sido necesarias al menos diez personas para producir la foto que ves en la revista.

EL CUERPO COMO EXPRESIÓN

Expresarte a través de tu cuerpo puede ser gratificante y estimulante (por no decir divertido). Es emocionante tener control sobre lo que la gente ve cuando te mira.

Las posibilidades son enormes: ropa, pelo, maquillaje, adornos corporales (*piercing*, tatuajes) y, llegando a extremos, modelado del cuerpo mediante cirugía. Algunos cambios son temporales, otros te acompañarán el resto de tu vida. Evidentemente, es importante tener en cuenta estos factores cuando decides hacerte algo en el cuerpo.

Cuando ejerzas el poder de transformarte, es importante recordar que, a lo mejor, no todo el mundo ve los cambios igual que tú, y algunas personas pueden mostrar respuestas negativas. El estilo personal ha sido, desde siempre, una fuente de conflicto entre los adolescentes y las figuras de autoridad. Tienes que decidir si el cambio que quieres hacer merece todos los líos que te puede traer.

Igual que los otros aspectos de tu persona, tu belleza es un proceso continuo que cambia, evoluciona y fluctúa con el tiempo.

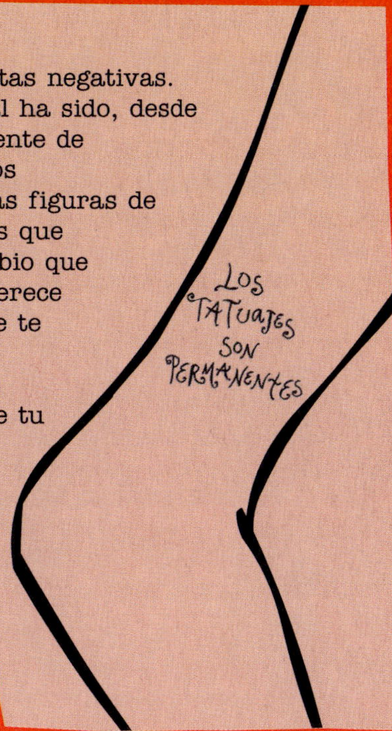

INFORMACIÓN

Internet: Páginas web

Culto al cuerpo
(http://www.sportgest.com): Deporte y cuidado del cuerpo para estar en forma. Sitio en inglés.

Belleza (http://www.mujeractual.com): Todos los aspectos del cuidado de la belleza se encuentran reunidos en este sitio. Sólo para chicas de espíritu contemporáneo.

Mujerweb
(http://www.mujerweb.com): Completa revista femenina, en cuya sección de belleza encontrarás trucos y noticias para estar siempre a la moda.

Libros

Ficción

Bertán, X. *Modelo de oficio*, SM, Madrid, 1995

Entidades

Federación nacional de Asociaciones de Esteticistas. F.A.N.A.E.: San Bernardo 8 3.º drcha. - 28015 Madrid - Tel. 91 5232824 - Fax 91 5212434 (http://www.nuvisystem.es/fanae)

¿Quieres conversar sobre este tema? Entra en el chat de http://www.descubrete-edicionesb.com

Sección especial

Cuida de tu Cuerpo

Estar contenta con tu aspecto puede resultar difícil si no tienes un cuerpo sano. Por tanto, tendrás mejor aspecto si cuidas tu cuerpo.

Básicamente, lo que necesitas para tener buena salud es:

* una buena nutrición
* el ejercicio adecuado
* sueño y descanso suficientes

Si fallas en alguna de estas cosas, puedes encontrarte con problemas de salud, tanto a corto como a largo plazo. Un cuerpo descansado y bien nutrido es más fuerte frente a gérmenes y enfermedades.

FUNDAMENTOS DE LA ALIMENTACIÓN

Todos necesitamos cierta cantidad de alimento cada día. Como mínimo, tu cuerpo necesita consumir 1.200 calorías diarias. La cantidad ideal es entre 2.000 y 2.500 calorías, sobre todo cuando se lleva una vida muy activa (en la que no paras en todo el día). Pero las calorías no son en lo único que debes pensar. De dónde proceden es igual de importante.

Éstos son los tres principios básicos que debes tener presentes:

equilibrio variedad moderación

Hábitos alimentarios sanos

Conseguir hábitos alimentarios sanos a temprana edad comporta beneficios a corto y largo plazo, como un aumento de energía, defensas contra las enfermedades y mejores condiciones para controlar el peso a lo largo de la vida.

Desayuna. Todos los dietistas recomiendan desayunar bien para subir el nivel de azúcar en la sangre. La fruta, los cereales integrales y las tostadas son alimentos especialmente buenos por la mañana, ya que aportan fibra e hidratos de carbono, que dan fuerzas durante las primeras horas.

No te saltes comidas. Puede hacer que comas demasiado en la siguiente comida. Los dietistas creen que es más sano comer a menudo y en pequeñas cantidades, para darle al cuerpo una fuente de energía constante y eficaz además de aumentar las posibilidades de tomar alimentos variados. La comida más abundante no debería ser al final del día, sino hacia la mitad. Por la noche, lo mejor es comer algo ligero, pero no te vayas a la cama con hambre, porque no dormirás bien.

Come frutas y verduras. Comer entre tres y cinco raciones de fruta y verdura al día reduce el riesgo de una docena de cánceres, además de infartos, apoplejías, la ceguera adulta y la obesidad.

Toma mucho hierro. Ya que la anemia puede ser un problema cuando se tiene la regla, el hierro es especialmente importante. Alimentos con hierro son el brécol, las patatas, las judías, la carne roja, los huevos y los cereales integrales o enriquecidos. Toma también vitamina C, que se encuentra en los cítricos y sus zumos, las bayas, los tomates y la col; ayuda a la absorción del hierro.

Bebe agua. Lo ideal son ocho vasos al día. Necesitas mucha porque gran parte del cuerpo (el 60%) es agua. El agua transporta los nutrientes por el organismo, elimina impurezas y lubrica las articulaciones, y éstas son tan sólo algunas de sus funciones esenciales. También puedes alcanzar la dosis diaria con gaseosa, zumos e infusiones de hierbas (las infusiones con cafeína eliminan agua). Según la calidad del agua del grifo, podrías optar por agua filtrada o embotellada.

Los cinco grupos de alimentos

Para mantener una buena salud general, ingiere alimentos de los cinco grupos esenciales cada día:

Hidratos de carbono
Ejemplos: Pan, arroz, pasta.
Cantidad: De 6 a 11 raciones diarias. (Una ración es bastante pequeña, una rebanada de pan o media taza de arroz.)

Verdura
Ejemplos: Verduras de hoja verde como la espinaca o la col. Tubérculos como la zanahoria. Otras verduras como el brécol, la coliflor, la calabaza, la judía y la berenjena.
Cantidad: De 3 a 5 raciones diarias. (Una ración es una media taza.) Nota: En esta categoría, como en otras, la variedad es tremenda. Es bueno comer muchas verduras distintas, rojas, amarillas, naranjas y violetas, porque todas tienen vitaminas y minerales diferentes.

Fruta
Ejemplos: Manzana, pera, naranja, uva, melón, zumos, frutas desecadas.
Cantidad: De 2 a 4 raciones diarias. (Una ración es una pieza de fruta, una raja de melón o tres cuartos de una taza de zumo.)

Lácteos
Ejemplos: Leche, yogur, queso.
Cantidad: 3 o más raciones diarias. (Un vaso de leche es una ración.)

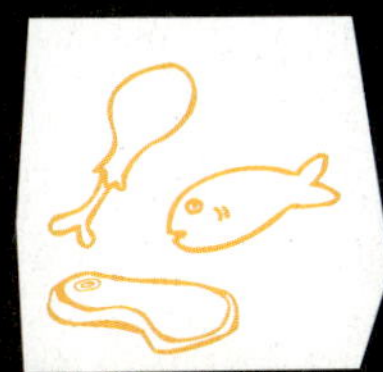

Proteínas
Ejemplos: Carne, aves, pescado, legumbres, huevos, frutos secos.
Cantidad: De 2 a 3 raciones diarias. (Una ración es entre 45 y 90 gramos de carne.)

Calorías vacías

Los dietistas recomiendan comer grasas y azúcares con moderación. Estos alimentos son muy calóricos y no demasiado nutritivos. Ejemplos: Mantequilla, aceite, caramelos, azúcar y demás edulcorantes. (Algunos azúcares y grasas están contenidos en otras categorías. Por ejemplo, tanto la carne como los lácteos llevan grasas, y la fruta contiene fructosa, un tipo de azúcar.)

Cuanto más procesado está un alimento, más probable es que tenga exceso de azúcar y grasas. Entre los alimentos procesados se cuentan las galletas y la bollería envasada; cualquier cosa que esté tratada para alargar su duración natural. Algún día, comprueba la lista de ingredientes de la comida envasada: todo lleva azúcares.

Mucha gente nota que, cuando toma mucho azúcar, experimenta un aumento de energía seguido de un gran cansancio. Comer demasiadas grasas nos hace sentirnos perezosos, y acaba por obstruir las arterias y otros conductos vitales.

Vegetarianismo

Se puede ser vegetariano por muchas razones: para evitar los aditivos, pesticidas y contaminantes de la carne; para reducir el riesgo de enfermedades cardiacas y cáncer; para evitar la matanza de animales; o para comprar alimentos más baratos. Si eliges una dieta vegetariana, debes informarte para estar segura de que tomas suficientes nutrientes.

Existen muchos tipos de dietas vegetarianas, pero las más extendidas son éstas:

* **«Ovoláctea»:** Se comen huevos y productos lácteos, pero nada de carne.
* **Estricta:** Se evita todo producto de origen animal.

Se suele decir que la dieta ovoláctea no aporta suficientes proteínas, ya que no incluye carne, aves ni pescado. Sin embargo, existen muchas otras fuentes de proteínas: los huevos, el queso, las legumbres, los frutos secos y la soja y sus derivados, como el tofu. También se pueden combinar diferentes proteínas vegetales para que formen una proteína completa. Por ejemplo, el arroz, mezclado con diferentes legumbres aporta proteínas más completas y eficaces que por separado.

Los vegetarianos estrictos son propensos a carecer de varios nutrientes, en especial de las vitaminas D y B-12, calcio, hierro, zinc y otros elementos. Al igual que todo nutriente esencial, estos minerales y vitaminas son imprescindibles para un crecimiento completo.

Para saber más sobre una buena dieta vegetariana, o recetas vegetarianas, *ver* Información, pp. 64-65.

Aspectos psicológicos de la alimentación

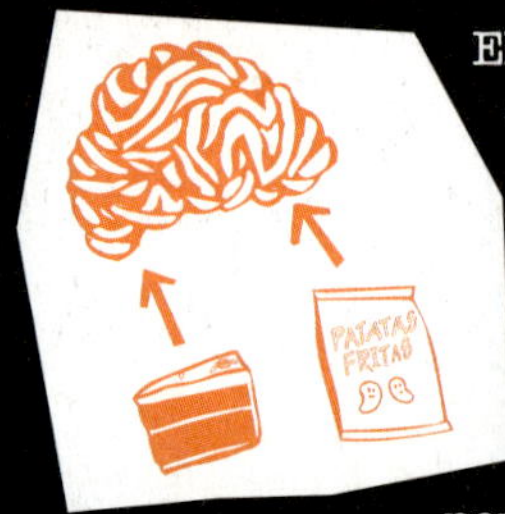

El aspecto psicológico de la alimentación también puede entorpecer una buena nutrición. Si alguien tiene conductas alimentarias obsesivas o un trastorno de la alimentación, se preocupará mucho menos por los aspectos nutricionales. También es importante escuchar a tu cuerpo, ya que suele indicar sus necesidades haciendo que te apetezcan más ciertos alimentos. Puede ser que te apetezca una hamburguesa si no has tomado suficientes proteínas, o zumo de naranja si estás baja de vitamina C.

***Ver* Alimentación sana y trastornos alimentarios, pp. 58-59, 182-189.**

No hago más que decirle a mi madre que soy vegetariana, pero sigue preparando platos de carne. Cree que es una etapa, que lo hago para adelgazar y me dice «no serás capaz de no comer carne», o cualquier comentario desagradable. Me duele porque quiero que me apoye en esta decisión.

Vegeta

Habla con tu madre (cuando no estéis comiendo) y dile que lo de ser vegetariana va en serio y que te gustaría que te ayudara cocinando platos sin carne. Mis padres solían incordiarme al principio, pero al cabo de un tiempo dejó de ser un problema. Incluso empezaron a comprar comida vegetariana y cosas que yo pudiese comer. Prueba a cocinar un plato vegetariano para tu familia una vez a la semana para que vean que va en serio.

inCORDIO

Vitaminas y minerales

Una dieta equilibrada debería aportar todas las vitaminas que necesita el cuerpo, pero hay gente que prefiere tomar complejos vitamínicos. A veces va bien, por ejemplo cuando se está embarazada o amamantando (por muy bien que se coma).

Costumbres como fumar, tomar drogas y beber alcohol o mucha cafeína (café, té, colas) agotan las reservas de algunas vitaminas.

El siguiente cuadro indica las vitaminas y minerales más importantes, explica por qué los necesitas y en qué alimentos se encuentran.

	EFECTO	FUENTES
Vitamina A	Previene infecciones; ayuda a la adaptación de los ojos a la luz y la oscuridad; va bien para la piel y los tejidos del interior de la boca, los pulmones, los huesos y los dientes.	Leche, yema de huevo, queso, hígado, frutas y verduras.
Vitaminas B (tiamina, riboflavina, niacina, ácido fólico y colina)	Ayudan al metabolismo, a regular los nervios, a la digestión, aumentan la energía y la atención, mejoran el sistema inmunológico.	Panes y cereales integrales, germen de trigo, verdura, legumbres, frutos secos, pollo, cerdo magro, hígado, huevos, patatas, pescado.
Vitamina C	Ayuda a mantener sanos las células y los huesos, mejora el sistema inmunológico y la absorción de hierro.	Cítricos, pimiento, bayas, melón, tomate, brécol, coliflor y verduras de hoja verde.
Vitamina D	Ayuda a la absorción de calcio, vital para tener huesos y dientes fuertes.	Luz solar, leche fortificada, pescado y yema de huevo.
Vitamina E	Conserva el resto de vitaminas. Es buena para las membranas.	Aceites vegetales, germen de trigo, yema de huevo, legumbres, maíz, almendras.
Hierro	Ayuda a mantener la capacidad de la sangre de transportar oxígeno de los pulmones al resto del cuerpo. La falta de hierro produce anemia y debilidad.	Frutas desecadas, melaza, espinaca y verduras, hígado, yema de huevo, sardinas, pan integral.
Calcio	Fortalece huesos y dientes y ayuda a la coagulación de la sangre.	Lácteos, verduras, brécol, melaza, alcachofa, salmón, tofu (requesón de soja), legumbres, semillas, frutos secos, cereales enriquecidos con calcio.
Potasio	Mantiene los nervios y músculos sanos (muy importante para los que practican mucho deporte).	Plátanos, patatas, legumbres, carne, aves, leche.
Sodio	Ayuda a regular y mantener los líquidos del cuerpo (muy importante para los que hacen mucho ejercicio ya que pierden mucho líquido al sudar).	Sal.
Magnesio	Es bueno para el metabolismo.	Mariscos, frutos secos, cereales integrales, verdura.

DEPORTE

El deporte conlleva muchos beneficios. Es divertido, te da energía y mantiene el cuerpo sano y en forma. El deporte protege al cuerpo de enfermedades cardiacas, hipertensión, osteoporosis (huesos quebradizos) y cáncer de colon. También previene la depresión, y puede reducir el SPM y los dolores menstruales, además de aumentar la seguridad y la energía.

Es importante realizar ejercicio regularmente como parte de la vida cotidiana. No es mala idea aprovechar las oportunidades cuando se presenten. Intenta caminar distancias cortas en lugar de ir en coche. Utiliza las escaleras en vez del ascensor.

Se recomiendan al menos 30 minutos diarios de ejercicio moderadamente intenso. El deporte más eficaz en términos de quemar calorías y aportar energía, es el que no llega a agotar. Empieza por ejercicios moderados y ve aumentando la intensidad para que no te quemes nada más empezar.

Tres tipos básicos de ejercicios

Estiramientos: Aumentan la flexibilidad y la capacidad de movimiento; aceleran un poco las pulsaciones. Antes de estirar, haz un calentamiento moderado, como saltar o correr sin moverte. Eso aumenta la temperatura corporal, y deja el cuerpo más flexible y elástico. Al estirar, intenta no rebotar, porque los músculos pueden rasgarse. Para evitar daños musculares, debes sentir tensión, pero nunca dolor, en la zona que estiras.

Aerobic: Adecuado para la salud cardiovascular, el corazón, los pulmones y el sistema respiratorio. Cualquier tipo de ejercicio que aumente las pulsaciones temporalmente es aeróbico, por ejemplo correr, caminar, nadar o bailar.

Ejercicios de fuerza y musculatura: Aumentan la masa, la fuerza y el volumen muscular. El mejor modo de conseguirlo es mediante pesas. Para que dé resultado, debes levantar pesas al menos dos veces a la semana. Siempre es mejor que te aconseje alguien que sepa lo que se hace.

ENFRENTARSE AL ESTRÉS

La vida está llena de estrés, a veces más y a veces menos. El estrés y la tensión constantes se almacenan en el cuerpo y dificultan la relajación, afectan al sueño, y pueden causar indigestión, presión alta, ataques de cólera y depresión. Todo el mundo puede beneficiarse de las técnicas para evitar y reducir el estrés.

El deporte, las distracciones, la diversión y la risa reducen el estrés y ayudan a mantener la perspectiva. Cada persona tiene su propia forma de sentirse bien. Descubre qué te funciona y reserva algo de tiempo para ello.

También se suelen usar toda una gama de técnicas de relajación.

Meditación: Los estudios muestran que la meditación disminuye tanto el estrés como la presión sanguínea. El objetivo de la meditación es calmar la mente, dejando que los pensamientos fluyan a voluntad, y vivir el momento.

Para meditar, siéntate confortablemente en el suelo con la espalda recta. Respira por la nariz. Evita pensar en el tiempo, concéntrate en el momento. Si tu atención se dispersa, vuelve a centrarla. Hay gente que consigue parar los pensamientos estresantes concentrándose en una palabra, un sonido o una oración.

Respirar profundamente: Con esta técnica te concentras en la respiración gracias a varios ejercicios, como inspiraciones profundas, retener el aire más de lo normal y espirar durante más tiempo. Es difícil pensar en otras cosas cuando intentas controlar la respiración.

Relajación muscular progresiva: Ponte cómoda, tal vez tumbada sobre la espalda, y siente dónde estás tensa. A continuación, relaja esa zona. La mandíbula, la boca y la lengua suelen retener mucha tensión. También los hombros y el cuello. Otra forma de relajar todo el cuerpo es empezar por los dedos de los pies, e ir subiendo por los tobillos, las rodillas, hasta la cabeza. Intenta hacerlo si estás agotada y no puedes dormir.

Imágenes y visualización: Imagina que estás en un lugar agradable, contemplando montañas, el mar, el desierto; el lugar que más te guste. Concéntrate en la vista, los sonidos, los olores y las sensaciones.

Yoga: La práctica del yoga tiene beneficios físicos y psicológicos. Es, a la vez, ejercicio, que da energía, salud y fuerza al cuerpo; estirar y fortalecer los músculos; relajar la mente y meditar. Puede ser terapéutico para afecciones como el asma, problemas de estómago, dolores de cabeza y debilidad. Es genial para reducir el estrés.

Existen diferentes tipos de yoga. Unos implican un ejercicio más duro que otros. En general, se trata de colocarte en diferentes series de posturas, que ayudan a fortalecer el cuerpo

Aromaterapia: La aromaterapia es una antigua forma de curación y de mantener la salud mediante fragancias que equilibran el cuerpo, influyendo en los aspectos físico, psicológico y espiritual. Unas cuantas gotas de esencia aromática, fragancias de plantas destiladas y condensadas, se ponen en el baño o se inhalan con un pañuelo. Las esencias también pueden usarse para ambientar una habitación o para dar masajes.

Hay quien cree incluso que las esencias tienen cualidades antibióticas y antivirales. Algunos creen que alivian el SPM, el estrés, la ansiedad y la depresión, los trastornos del sueño, los problemas digestivos, los dolores de espalda y similares, y las infecciones, aunque no existen pruebas científicas de ello.

Dormir lo suficiente

Los adolescentes necesitan dormir más que otras personas porque están pasando por una etapa de intenso crecimiento. No dormir lo suficiente puede provocar todo tipo de problemas:

* incapacidad de concentrarse
* ausencias mentales
* torpeza
* falta de juicio
* inestabilidad emocional
* mala calidad de piel

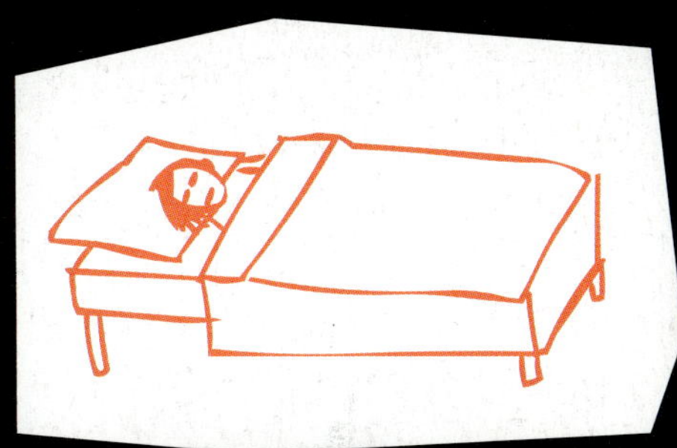

El sueño hace descansar el cuerpo y el cerebro. Con el sueño, como con otras cosas, está bien tener una rutina regular. El cuerpo tiene un ritmo diario (ritmo circadiano), relacionado con la luz y la oscuridad, que hacen que nos entre sueño y nos despertemos cada día más o menos a la misma hora. Es mejor dormir de forma regular toda la semana. Si no duermes bastante y quieres recuperar el sueño perdido los fines de semana quedándote en la cama hasta tarde, sólo consigues que sea más difícil dormir la noche siguiente.

La siesta es otra forma de recuperar el sueño perdido, aunque se cree que es mejor que sea breve (de unos 20 minutos). Más allá de eso, el cuerpo entra en un sueño profundo que puede hacer que te despiertes aturdida e impida que duermas bien por la noche.

INFORMACIÓN

Internet: Páginas web

Autoayuda para problemas de nutrición (http://habitantes.elsitio.com/newlife): web y lista de correo de autoayuda para personas con trastornos de la alimentación, anorexia, bulimia, obesidad, etc.

Deficiencias en la alimentación (http://www.ecomedic.com): Artículos sobre su sección «Dieta y salud» desglosa en diferentes apartados las enfermedades relacionadas con una alimentación deficiente, así como diferentes planes de dieta correctivos.

Dieta y Nutrición (http://www.nutripac.com.mx): Enlaces y recursos sobre nutrición en México y en el resto del mundo.

Mundo vegetariano (http://www.mundovegetariano.com): Comunidad vegetariana creada para y por vegetarianos. Artículos de alimentación vegetariana, restaurantes vegetarianos, recetas de comidas vegetarianas y ecológicas con productos biológicos. Macrobiótica, ecología y defensa de los animales.

Dieta sana (http://www.nutricion.net): Artículos sobre nutrición y venta de suplementos vitamínicos.

Libros

Conocimientos

Carrol, S. *Guía práctica de la salud*, Blume, Barcelona, 1993

Collado, T. *Alimentación equilibrada*, Dietisa, Barcelona, 1999

Collado, T. *Conceptos básicos de dietética y nutrición*, Dietisa, Barcelona, 1999

Grande Covián, F. *Nutrición y salud*, Temas de hoy, Madrid, 1998

Roselló, M. J. *Comida sana*, Plaza&Janés, 2000

Williams, E. *Llévate bien con tu cuerpo*, You, Barcelona, 2000

Entidades

Sociedad española de endocrinología y nutrición. Hospital general Universitario Gregorio Marañón: Dr. Esquerro 46 - 28007 Madrid - Tel. 91 5868000 - galos@nhcges.com (http://www.nhcges.com/seen)

Organización mundial de la salud. OMS: en su sitio web (http://www.who.int) encontrarás los datos de contacto para cada zona geográfica y la lista de los estados miembros.

Organización Panamericana de la salud. OPS - Oficina Sanitaria Panamericana - Oficina regional de la OMS: 525 Twenty-third Street - N.W. Washington, D.C. 20037 - U.S.A. - Tel. 202 9743000 - Fax 202 9743663 (http://www.paho.org)

¿Quieres conversar sobre este tema? Entra en el chat de http://www.descubrete-edicionesb.com

PARTE 2

sexualidad

La sexualidad es ambigua, amorfa y poderosa.

Para cada uno significa cosas diferentes; algo que puede ser difícil de recordar cuando te bombardean con imágenes e ideas que intentan decirte qué es el sexo y qué es sexy. La sexualidad es algo más que el acto de «hacerlo», salir con alguien, tocarse, magrearse, besarse... Incluye todo lo que te haga sentir sexy, sensual, cómoda o, simplemente, con ganas.

La sexualidad está por todas partes. Aprender a comprenderla, canalizarla y relacionarte con ella de forma segura e inteligente es un proceso sin fin, a veces complicado y difícil, pero muy emocionante.

Capítulo 1

Sensaciones sexuales

sexualidad

La forma de sentir tu sexualidad depende de muchos factores diferentes.
Para conocer más al respecto, *ver* Actitudes frente al sexo, **p. 92.**

VAGOS SENTIMIENTOS DE ATRACCIÓN

Para la mayoría de las personas no es fácil decir el momento exacto en que notaron por primera vez sensaciones sexuales. Suele suceder de forma gradual.

A veces, el origen de esas sensaciones ni siquiera está relacionado con una persona. Hay chicas que sienten que les pasa algo nuevo. Quizá sea una sensación física, una punzada emocional o una combinación de ambos.

Puede costarte relacionar estos vagos sentimientos con la definición de sexo que has aprendido. Tal vez sea mucho más sencillo reconocerlos cuando llegan en forma de «cuelgue».

Si una chica comienza a sentir sensaciones sexuales antes de que su cuerpo se haya desarrollado, o viceversa, puede ser difícil reconciliar la diferencia entre cuerpo y sensaciones.

Los cinco sentidos y la química del deseo

Percibes el mundo físico a través de los cinco sentidos. Todos ellos tienen su papel en el gran juego de la excitación sexual. El cerebro interpreta las señales que recogen los sentidos. Al ver o sentir algo atractivo, la información viaja al sistema límbico del cerebro, que la procesa y envía mensajes a varias partes del cuerpo diciéndoles que respondan sexualmente.

La atracción sexual es una sensación única y muy personal. Lo que te excita a ti no tiene por qué excitar a nadie más. A veces, existe una conexión mental directa entre lo que perciben los sentidos y experiencias sexuales previas, pero a menudo esa conexión es un misterio. A cada chica le parecen sexys diferentes sensaciones...

vista

me gusta ver manos muy fuertes con dedos largos...

fenómenos meteorológicos como los relámpagos y otros efectos luminosos de la naturaleza...

mirar a alguien desde lejos, desde el otro lado de una habitación...

cualquiera de aspecto andrógino...

ver unos labios suaves...

es un poco soso, pero me gustan las montañas, las montañas altas...

tacto

que me besen en la oreja con suavidad...

el tacto de unos bíceps...

me vuelven loca las cosquillas en la espalda...

me gusta tumbarme al sol...

en las mañanas muy frías, me encantan las duchas muy, muy calientes...

gusto

el sabor del agua salada sobre un cuerpo...

me gusta el sabor del protector labial de frutas...

me gusta el sabor de los caquis maduros

me gusta el sabor del metal...

enloquezco con la mostaza muy picante...

olfato

me gusta el olor del **cloro** en la piel de alguien...

el olor de esos **ambientadores de pino** que cuelgan de los espejos retrovisores...

el olor del **ante...**

un ramo de gladiolos... es mi flor preferida...

oído

me gustan las voces graves...

me excita el silencio...

el sonido de la **lluvia** al caer...

el barullo de la **ciudad** cuando en casa hay silencio...

me gusta oír a alguien que me gusta, haciendo **reír** a otra gente...

Excitarse

Hay sensaciones que provocan una respuesta en tu cuerpo lo quieras o no. Los chicos tienen erecciones. Las chicas lubrican. A veces, no hay más que pensar en algo o alguien que te gusta, o sentir su tacto.

El cuerpo responde a la excitación de muchas formas. Los andrógenos y los estrógenos (hormonas) causan muchos cambios físicos en el cuerpo y regulan el impulso sexual, tanto en hombres como en mujeres. Aunque los hombres tienen más andrógenos (como la testosterona) y las mujeres, más estrógenos, ambos sexos tienen un poco de cada. Los responsables del impulso sexual son los andrógenos. El estrógeno, por otra parte, ayuda al cuerpo a prepararse para la relación sexual lubricando la vagina y manteniéndola elástica.

Ver los pasos de la excitación sexual, **pp. 74-75.**

El impulso sexual puede verse afectado con los cambios hormonales. Si tu ciclo menstrual es regular, notarás que el sexo te interesa más en ciertos momentos del mes. Antes de la ovulación, por ejemplo, los ovarios producen una pequeña cantidad de testosterona, que es como pisar a fondo el acelerador del impulso sexual. Es una de las maneras del cuerpo de animar a la mujer a practicar el sexo cuando puede quedarse embarazada. Más adelante, cuando la progesterona está más alta, el impulso sexual, a veces, disminuye.

Feromonas

Mucha gente cree que el olor es un aspecto de especial importancia en la «química» entre personas. Las feromonas, las señales olorosas humanas, se producen en glándulas de las axilas, los genitales, el ano y los pezones. De hecho, una teoría acerca del vello del pubis y de las axilas es que evolucionó para distribuir estas sustancias.

En el mundo animal, las feromonas juegan un papel crucial en la reproducción, ya que avisan al macho de que la hembra está en periodo fértil. En los humanos, los investigadores creen que las feromonas controlan o al menos influyen en la actividad y la compatibilidad sexual. De ser así, operan a un nivel inconsciente. Su presencia es detectada por un órgano de la nariz, el órgano vomeronasal.

También se cree que las feromonas son responsables de que los ciclos menstruales de las mujeres se sincronicen cuando viven en común.

MASTURBARSE

jugar con tu cuerpo **tocarte** hacerte un **dedo**
frotarte **hacerte** una **paja**
solitario acariciarte **darte placer**

Y te excitas. ¿Qué haces entonces? Hay gente que no hace nada y espera a que la sensación pase. Otros aplican la energía sexual que sienten a otras cosas (sublimación). Otros se tocan. De hecho, mucha gente lo hace. La masturbación, o autoestimulación, es probablemente la principal actividad sexual de la raza humana, y no es un disparate suponer que hay más gente que se masturba que gente que participa en otro tipo de actividad sexual.

Los chicos pueden ser más abiertos al respecto que las chicas, pero quien diga que las chicas no se masturban, miente. Las chicas se masturban, sólo que quizá no hablen tanto de ello. Lo hacen de pie, sentadas o tumbadas. Usan los dedos por fuera. Meten los dedos dentro. Algunas se frotan contra una almohada. Otras lo hacen en la bañera con el teléfono de la ducha o con el agua del grifo. Algunas miran libros, películas o revistas. Otras fantasean.

Las hay que no piensan más que en lo que sienten.

La masturbación es una forma de descubrir lo que te gusta. Es un modo muy eficaz de conocer tu cuerpo y de aprender cómo responde. En cierta forma, cada una es su primera y mejor pareja sexual. Saber lo que te gusta y poder comunicarlo forma parte del ser una buena amante para otra persona.

La masturbación no conlleva riesgos ni presiones. Es el sexo seguro por definición. No puedes quedarte embarazada ni contraer enfermedades y, como lo haces sola, no hay vergüenzas ni nervios por hacerlo bien.

Si el teléfono de tu ducha tiene posiciones, pon el surtidor a presión y dirígetelo al clítoris. Es genial.
flicka

¡¡A MÍ NO ME SALE!! He intentado tocarme el clítoris, usar un vibrador y meterme los dedos en la vagina... nada funciona. Es agradable pero no llego al orgasmo.
venter

El único problema que veo es que puede ser aburrido porque siempre haces lo mismo. Una de las mejores cosas es frotarte el clítoris con un cubito de hielo. Te lubrica tanto que puedes meterte los dedos mejor. Es genial: frotar, acariciar y/o follar.
incordio

Túmbate y ponte las manos o una manta o algo entre las piernas, aprieta y muévete de atrás adelante.
BiBal

Me da mucha vergüenza decir esto, pero cuando me masturbo, suelo pensar en mi novio o en algún otro chico. Se me hace raro, pero después es increíble.
TRIX

Una buena forma de masturbarse es tocarte el clítoris con el dedo. Si quieres puedes apretar y moverlo en círculo tan deprisa o tan despacio como quieras. Creo que va mejor rápido y fuerte, aunque de cualquier forma da gusto.
wilmaf

Mitos sobre la masturbación

Hay millones de historias sobre cosas malas que te pueden suceder si te masturbas. Ninguna es cierta.

Suponiendo que no te pases el día masturbándote y que no lo hagas en público, apenas existe riesgo alguno. De hecho, incluso puede mantenerte más sana si hace que no te acuestes con la persona equivocada o antes de que estés emocionalmente preparada.

Un pequeño riesgo de la masturbación es la infección si lo haces con algo sucio. Además, puedes irritarte los órganos sexuales si te tocas demasiado fuerte durante mucho rato. Si eso pasa, para y la irritación desaparecerá. Si sientes dolor o malestar durante bastantes días, puede que suceda algo más y es bueno ir al médico. (No es probable que la masturbación haya sido la causa.)

Otro mito acerca de la masturbación es que se hace sólo cuando no se tienen relaciones sexuales. La masturbación, individual o en pareja, suele darse también dentro de una relación sexual sana. Lo cierto es que puede ser una buena manera de mostrarle a la otra persona lo que te gusta. Mucha gente se excita viendo cómo otros se tocan. Masturbarse en pareja es una actividad bastante popular entre personas que practican el sexo de forma regular.

Nada de esto quiere decir que si no te masturbas, es que te pasa algo raro. Hay quien no empieza a masturbarse hasta ser bastante mayor. Algunos no se masturban hasta que tienen una vida sexual activa o una relación íntima. Otros nunca se animan. En lo que sea tocarte, todo lo que te haga sentir bien es lo bueno.

EXCITACIÓN SEXUAL: ¿QUÉ ME PASA?

Aunque es lo más natural del mundo, la excitación sexual es un proceso algo complejo. Sus pasos no son automáticos. Sólo porque hagas rodar la pelota, por así decir, no significa que vayas a llegar hasta el paso 4 sin contratiempos. Se requiere un flujo constante de excitación y estimulación para avanzar de un paso a otro.

Paso 1: La primera parte es mental. Tienes que estar receptiva. Para excitarse sexualmente sólo hay que estar interesado en el sexo. Tienes que pensar en ello, sentir curiosidad y, en general, desearlo.

Paso 2: Una vez que estás excitada mentalmente, el cerebro envía mensajes que hacen incrementar la tensión arterial y el ritmo cardiaco, aumentando la afluencia de sangre a los genitales (congestión) y la sensibilidad de la piel en todo el cuerpo.

Paso 3: Si todavía sientes interés, la congestión continúa y comienza la lubricación de la vagina. La parte interna de la vagina se expande, los labios se abren y crecen, el clítoris se hincha y se acerca al hueso púbico. Cuando está excitado, el clítoris es mucho más sensible al tacto. Los pezones también pueden hincharse y quedar erectos.

Paso 4: En esta fase, se va alcanzando niveles más intensos de excitación y se mantienen un buen rato. Aumenta la tensión muscular. El ritmo cardiaco y la respiración se aceleran y hacen que el cuerpo se caliente. Hay gente que experimenta un enrojecimiento de la piel del pecho. La parte externa de la vagina se hincha y se tensa, mientras que la interna se expande.

Paso 5: Si tienes suerte, la gran O: el orgasmo. Es difícil describir el orgasmo porque hay muchos diferentes. Todas somos diferentes, así que cada una experimenta el placer de forma distinta. Aunque es más intenso, el orgasmo no dura tanto como las otras fases de la excitación, que pueden ir de unos minutos a horas. Un orgasmo, por lo general, dura entre un par y diez segundos. Sucede cuando la tensión muscular y la sensación de plenitud pélvica alcanzan su cenit y se liberan, a menudo en una serie de contracciones musculares involuntarias que irradian desde los genitales, el útero y el ano. Algunas describen el orgasmo como una acumulación de tensión y rigidez, seguida de una explosión. En los casos menos intensos, puede ser como un suspiro de alivio o una agradable corriente de sensaciones cálidas.

Para saber más sobre el **Orgasmo**, ver la página siguiente.

Paso 6: Después del orgasmo viene lo que a veces se llama fase de resolución. El cuerpo regresa a su estado normal. La sangre abandona el área genital, los genitales vuelven a su tamaño y posición originales, la respiración se calma y la tensión arterial regresa a su nivel normal.

Aunque no se llegue al orgasmo, el cuerpo, al final, regresa a su estado normal, pero tarda un poco más, y las partes del cuerpo que estaban excitadas pueden doler un poco.

cuando leo algo sobre sexo o un libro en el que hacen sexo o sólo con pensarlo, me pongo caliente «ahí abajo» y noto como pulsaciones. ¿es un pequeño orgasmo? ¿habéis sentido lo mismo? SI NO, DEBERÍAIS. ¡ES GENIAL!
tiziana

Creo que es que te excitas y, sí, a mí también me pasa.
Ovo

Sé que esta pregunta puede parecer rara pero ¿qué sientes cuando estás «caliente»?
orchata

Cuando estás «mojada», estás caliente. Como cuando sale mucosidad de la vagina.
sutil

ORGASMO

la gran «O» corrida culminación explosión de fuegos artificiales clímax

Aunque «orgasmo» se usa para definir un proceso fisiológico específico, el hecho es que algo más que tus órganos sexuales participan del clímax sexual. Sentirse sexy es cosa del cuerpo y también de la mente. Requiere relajación, confianza y sentirte cómoda con la idea de perder el control.

La respuesta sexual puede cambiar con los años. Muchas mujeres no tienen orgasmos hasta los veintitantos o los treinta, ya sea porque su cuerpo no está preparado o porque no saben cómo. La mayoría de las mujeres se va sintiendo cada vez más cómoda con su sexualidad y existen pruebas de que algunas mujeres, con los años, tienen más orgasmos.

No se puede negar que los orgasmos son fantásticos, pero tal vez se les dé demasiada importancia. Si llegar al orgasmo se convierte en única razón de la actividad sexual, puede que eche a perder el goce del sexo. No debe haber ninguna presión por llegar al orgasmo; el sexo puede ser divertido sin él. No conseguirlo no significa que tu pareja o tú hayáis fallado.

Sólo quiero saber qué pasa cuando tienes un orgasmo. Sé que «es lo mejor» pero quiero saber qué es lo que se siente y qué ocurre. ¿Es bueno tenerlo? **robochica**

Nadie puede describir un orgasmo. Es muy difícil. Todo lo que puedo decir es que es MUY agradable... como un masaje en la espalda tras un día de mucho trabajo. Es una sensación de temblor y cansancio. Estoy segura de que son buenos. **pastelito**

Es una ola de placer que te recorre, y los músculos se te ponen muy tiesos; una sensación extraña. A veces parece como que voy a estornudar ahí abajo y es genial, y de repente todo se afloja. **permia**

Orgasmo y clítoris

Para las mujeres, el principal centro de placer es el clítoris, que se encuentra a unos dos o tres centímetros de la vagina, al borde de la vulva. El orgasmo se consigue con más facilidad tocando y estimulando el clítoris. Sin embargo, los métodos y preferencias de estimulación clitoriana varían. A algunas les gusta el contacto directo; otras lo encuentran incómodo. La presión sobre la zona púbica, que puede mover el clítoris contra el hueso púbico, proporciona placer a algunas mujeres, aunque no a todas.

El coito —insertar el pene en la vagina y moverlo hacia dentro y hacia fuera— no presta mucha atención al clítoris.

Diagrama de los órganos sexuales externos, *ver* **pp.16-17.**

Para saber más sobre tipos de actividad sexual, *ver* **pp. 84-90.**

Sólo un pequeño porcentaje de mujeres (alrededor de un 30%) llega al orgasmo exclusivamente mediante el coito. La estimulación de la zona del clítoris por la mujer o su pareja durante el coito puede conducir al orgasmo. También se puede conseguir mediante el sexo oral y la estimulación manual. Algunos consideran estas actividades como juegos preliminares, pero si se alcanza el orgasmo pueden ser el acto principal.

Todo eso no quiere decir que, para las mujeres, el coito no sea divertido y placentero, aunque no lleguen al clímax. Diferentes posturas pueden resultar mejores para cada una, y algunas permiten las estimulación directa del clítoris. Cuando el hombre está debajo o detrás de la chica, ambos tienen más acceso al clítoris y es más fácil estimularlo manualmente.

Los latidos del corazón, la presión y la respiración están A TOPE. Lo que se siente en el orgasmo depende de la cantidad de estimulación que tengas y de lo que te pase por la cabeza.
GaZela

Tengo relaciones sexuales desde hace 8 o 9 meses y nunca he tenido un orgasmo, pero dicen que es como un sofocón y que sabes cuándo te pasa. Quizá tarde un poco, porque a muchas les ha pasado.
JdeArco

Orgasmo múltiple

Por regla general, después del orgasmo, el cuerpo, satisfecho, entra en lo que se llama fase de resolución, en la que todo regresa al estado anterior a la excitación. El clítoris quiere descansar y suele estar demasiado sensible para más estimulación, que es más o menos como se siente el pene de los chicos.

No obstante, hay mujeres que pueden mantener un alto nivel de excitación incluso después del orgasmo, y elevarlo hasta llegar a otro clímax (y seguramente otro y otro más). Las que experimentan orgasmos múltiples dicen que es una especie de «efecto piramidal», cada uno aumenta de intensidad. Además, algunas dicen que los orgasmos del punto G (*ver* página siguiente) se prestan más a los orgasmos múltiples que los clitorianos.

Para la mayoría, sin embargo, un orgasmo cada vez es más que suficiente y son perfectamente felices sin haber sentido nunca el legendario orgasmo múltiple.

Orgasmo y vagina: el punto G

Algunas mujeres llegan al orgasmo por medio de la estimulación vaginal. Algunas partes de la vagina son más sensibles que otras y pueden estimularse mediante el coito u otros métodos. En general, los primeros centímetros de la vagina tienen más terminaciones nerviosas que la parte interna. La pared anterior de la vagina también parece ser más sensible que la posterior, tal vez por estar más cerca del clítoris y por algo que se conoce como punto G. La mayoría de las mujeres sólo descubre su propia sensibilidad y ángulos de penetración preferidos experimentando con una pareja.

El punto G debe su nombre a Ernest Grafenberg, un médico alemán al que se le atribuye el haberlo descubierto en 1950. En ciertos aspectos, continúa siendo un misterio. Lo que se sabe es que hay un lugar de la vagina (de algunas mujeres) que puede proporcionar un gran placer sexual. Hay mujeres que aseguran tenerlo, otras lo han buscado sin descanso y no lo han encontrado, y hay quien dice (incluso médicos) que no existe.

No suele estar indicado en las ilustraciones de anatomía, pero el punto G se encuentra a unos 5 centímetros en el interior de la vagina, tras el hueso púbico y junto a la uretra. Dicen que, cuando no está estimulado, el punto G es del tamaño de una moneda pequeña. A pesar de ser una zona y no un órgano, cuando se le estimula crece igual que los órganos sexuales.

Cuando una mujer encuentra, acaricia y estimula el punto G, la sensación puede ser de placer intenso, aunque algunas dicen que no les gusta. Seguramente por la proximidad de la uretra, estimular el punto G puede hacerte sentir ganas de hacer pipí. Esa sensación suele desaparecer al cabo de un rato. Los dedos pueden llegar al punto G, y ciertas posturas del coito (como con la chica encima) se prestan más a su estimulación.

Eyaculación femenina: Todos sabemos que los chicos eyaculan y liberan un fluido (llamado semen) durante el orgasmo. Algunas mujeres también han llegado a eyacular, y dicen que esos orgasmos son más intensos que los que carecen de eyaculación.

El punto G suele asociarse a un tipo de orgasmo que incluye la eyaculación femenina: la expulsión convulsiva de flujo de la vagina. Este flujo es más espeso que la orina y algo pegajoso, también varía su cantidad. Los escépticos del punto G no creen que sea un flujo especial; dicen que es probable que se trate de orina mezclada con mucosidades vaginales.

Orgasmo simultáneo

El orgasmo simultáneo durante el coito es menos común de lo que la mitología cinematográfica nos ha hecho creer, ya que la mayoría de las mujeres llega al orgasmo mediante estimulación clitoriana, algo que el coito no facilita. Estimular el clítoris durante el coito puede aumentar las posibilidades. Los orgasmos simultáneos son más probables mediante la estimulación oral o manual.

Por qué las mujeres fingen orgasmos: Están cansadas o temen herir a su pareja; quieren complacer.
Por qué no deberían fingir orgasmos: ¡Es contraproducente! ¿Cómo sabrá tu pareja lo que te gusta si finges disfrutar cuando no es así?

INFORMACIÓN

Internet: Páginas web

Sexo... ¿Qué es?
(http://www.unapro.org/frcool.htm): Para los más jóvenes, de siete a trece años. Primeras lecciones de educación sexual y su relación con el ámbito familiar, ilustradas con divertidos dibujos y explicadas con un lenguaje llano y comprensible para todos.

Del erotismo a la sexología
(http://www.sexuar.com): Sitio dedicado íntegramente a las múltiples facetas de la vida sexual. No es un lugar pornográfico, ni tampoco científico; se trata de una página de divulgación y consulta de psicólogos especialistas en educación sexual y sexología clínica.

Enciclopedia temática sexual
(http://granavenida.com/sexolibre): Resuelve en este sitio tus dudas acerca del sexo. Páginas elaboradas por profesionales, pero con la mente abierta de los nuevos tiempos que te ha tocado vivir. No encontrarás pornografía ni dogmatismos que te coarten. Resulta imprescindible una visita a la sección «Declaración sobre los derechos sexuales».

Gine-web (http://www.unizar.es/gine): Información *on line* en español sobre salud y bienestar de la mujer. En su sección «información general» encontrarás un extenso listado de enlaces de interés. Éste es un sitio bilingüe, por lo que los textos aparecen simultáneamente en español y en inglés.

Educación sexual
(http://www.alfanumeric.com.ni/html/sexual.htm): Enlace con ONUSIDA (Programa conjunto de las Naciones Unidas sobre el VIH/sida), así como con sitios específicos para el tema del aborto y otros asuntos de interés primordial para quien empieza a adentrarse en el mundo del sexo.

Libros

Conocimientos

Berdún, L. *En tu casa o en la mía*, Aguilar, Madrid, 2000

Entidades

INJUVE. Instituto de la Juventud:
Marqués de Riscal - 28006 Madrid - Tel. 91 3477700 - Fax 91 4022194 - injuve@mtas.es
(http://www.mtas.es/injuve)

¿Quieres conversar sobre este tema? Entra en el chat de http://www.descubrete-edicionesb.com

sexualidad

Capítulo 2

¿Qué es el sexo?

EL SEXO ES COMUNICACIÓN

El sexo es comunicación con el cuerpo. Por su naturaleza, el sexo requiere confianza. Cuando te acercas a alguien y pones tu cuerpo en sus manos, necesitas sentirte segura, tanto física como emocionalmente. No importa lo mucho que te entiendas con la otra persona, siempre hay cosas que hablar. Sin confianza y comunicación, las experiencias sexuales pueden no ser satisfactorias, resultar molestas y quizás hasta peligrosas. Con confianza y comunicación, estas experiencias pueden ser divertidas, profundas, sensibles y emocionantes.

Todos empezamos a **experimentar con el sexo** a edades y ritmos diferentes. Nadie debe hacer nada con lo que no se sienta cómodo o para lo que no esté preparado.

Mi chico y yo nos gustamos mucho.
Mi único problema es que él no había besado a ninguna chica antes y no lo hace muy bien, aunque los hay peores. ¿Le digo que no besa bien o aprenderá con el tiempo? No quiero que se enfade por eso. Pero es que no me gustan nada sus besos.
¿Consejos?
vulcano

Mi ex era igual, así que intenté obligarle a besar a mi manera (si es que se puede hacer algo así).
También puedes decir: «Me gusta mucho besarnos así», y besarle como quieras.
hidrochica

Comunicar tus límites

Antes de poder comunicar tus límites debes saber cuáles son y con qué te sientes cómoda...

Si no estás cómoda con algo de lo que pasa entre tú y otra persona, tienes todo el derecho de parar, en cualquier momento y por cualquier motivo. Tú determinas cuáles son tus límites y tu pareja debe respetarlos, aunque tus motivos parezcan arbitrarios o inconsistentes respecto a como actuabas antes. Si intentas parar o ir más despacio, deben hacerte caso; si no es así, sé más asertiva.

«Acabar lo que has empezado» no es una de tus responsabilidades, ni tampoco llegar más lejos de lo que deseas. Puede que algunos chicos se quejen de que les dejas con «los huevos morados» (el pene y los testículos muy excitados pueden doler si no liberan con el orgasmo la tensión acumulada). Pero no es el fin del mundo y no es problema tuyo. (A veces los genitales femeninos también duelen por la misma razón.)

El respeto debe ser mutuo. Tal vez seas tú la que quiere avanzar más mientras que tu pareja se muestra indecisa, y debes hacer caso a las señales. Convertir un encuentro sexual en una situación incómoda para cualquiera de los dos puede provocar resentimiento.

Comunica tus necesidades

El sexo no tiene fórmulas. No puedes aprender reglas para saber solucionar el problema de «cómo hacerlo». A cada uno nos gustan cosas diferentes, y una buena comunicación es crucial para un buen sexo.

Una de las cosas más difíciles es hablar con tu pareja sobre qué te gusta. Puedes enseñárselo o decírselo. A veces es difícil decir «eso me gusta», «no pares» o «un poco más arriba... más suave... más fuerte» en voz alta. Pero si no le dices a la otra persona lo que quieres, le será muy difícil saber cómo darte placer.

Siempre que estoy con mi novio, no pienso en otra cosa que en enrollarnos, pero él nunca da el primer paso. A veces me pone enferma. Es que nunca le apetece, o eso parece. Y luego, otras veces nos lo montamos. No hace más que liarme.
Urgh

Si de verdad quieres enrollarte con tu chico más a menudo, díselo. Sólo lo pasaréis bien si los dos estáis cómodos.
filo

COMUNICARSE CON PARTES DEL CUERPO

los besos que no me gustan son esos con la boca cerrada y los labios rígidos, de esos...

una de las mejores cosas de un buen beso es justo antes del primer beso con alguien... ese momento...

me gusta ese momento de los besos en el que pasas de besar con los labios cerrados a usar la lengua...

Besos

Besar es compartir, literal (intercambiar saliva) y emocionalmente.

Existe una gran gama de besos: desde el beso inocente de hola y adiós hasta el beso superapasionado de los grandes momentos (que puede ser mucho más intenso que otras experiencias más «avanzadas»).

Como en todo, los besos tienen diferentes significados y cada chica tiene sus preferencias...

me gusta un beso en la mejilla; que a veces es mucho más íntimo y bonito que un gran beso húmedo con lengua...

me gusta que me besen suavecito, de muchas formas, como cuando alguien te besa con muchísima ternura... es muy agradable...

la lengua está bien... pero tampoco hay que enloquecer...

me gusta que me besen en el cuello, fijo...

es guay cuando hay como una conversación y la persona que te besa responde a lo que haces...

me gustan los besos secos... como los que se dan uno detrás de otro y otro y otro...

besar los párpados también está muy bien...

me gusta besar porque parece que sea un **punto clave** para comprender o descubrir lo que sucede entre la otra persona y tú...

¿cómo te besas con un tío? ¿qué se siente? ¿cómo sabes si él quiere? ¿se va despacio? ¿cierras los ojos enseguida? ¿te separas tú o él?
ninfadeagua

Te besas como salga. Si te sientes mejor con los ojos cerrados, ¡adelante! Yo los abro para ver si él los tiene abiertos y los vuelvo a cerrar... Créeme, sabrás qué quiere hacer. Si tú no quieres hacerlo, dilo. La clave es no dejar que NINGÚN chico te haga hacer NADA. No estés nerviosa, relájate y si estás con quien quieres estar, te sentirás BIEN.
madamething

No soy de las que se enrollan a lo bestia, pero quiero estar preparada para lo que pueda venir. ¿Cómo se da un beso en el cuello? Vamos, que si le agarras de repente y empiezas a chupar. ¿Alguien tiene consejos, sugerencias, sabias palabras?
gothamgirl

Es como cuando te has estado besando un rato y luego sólo te abrazas y ya tienes la boca ahí. Yo nunca lo planeo. **penny17**

mi nuevo novio tiene mucha experiencia (aunque nunca ha llegado al final). ha estado con muchas chicas y sabe lo que se hace. me pongo nerviosa y me siento estúpida con él porque yo aún estoy empezando con lo del sexo. tiene un cuerpo estupendo y yo creo que estoy gorda (intento ponerme en forma). sé que le gusto pero siento que no soy bastante para él. comparada con él, no tengo experiencia y se me ha metido en la cabeza que creerá que soy patética.
aplastante

Nerviosismo

Tener una relación física íntima con alguien puede hacerte sentir muy vulnerable, ya que le abres una parte muy personal de ti. Hay muchas cosas que preocupan: qué pensará tu pareja de tu experiencia, tu ignorancia, tu cuerpo, tu tamaño, tu olor, tus genitales o tus anteriores rollos. Es natural estar nerviosa en las primeras experiencias sexuales (y en las siguientes). Cuanto más cómoda te sientas con tu pareja, más probabilidades hay de que superes el nerviosismo o de que, como mínimo, estés más a gusto. Desde luego, los chicos tampoco son inmunes a ello y tienen sus propias preocupaciones sobre su pene y su comportamiento.

Para más información sobre **tíos**, ver Chicos: cosas básicas, **pp. 156-161.**

Tacto

El tacto es una parte importante de la relación entre los seres humanos y entre muchos animales. Existes muchísimas formas de crear sensaciones agradables tocando a una persona, desde un golpe de ánimo en la espalda o un masaje, hasta tocar directamente los órganos sexuales de alguien con la intención de que llegue al orgasmo.

Las fronteras entre estos diferentes tipos de caricias es a veces borrosa. La regla de oro suele ser que si tocas a alguien (o alguien te toca) de forma íntima (acariciar la espalda o un largo abrazo) debes sentirte cómoda con esa persona. Si no te interesa la intimidad sexual con alguien, puedes evitar situaciones incómodas comunicándole tus límites con claridad antes de dejar que te toque.

Cada cual disfruta de diferentes tipos de caricias y tiene distintas zonas erógenas, áreas que son muy sensibles sexualmente. Descubrir qué te gusta a ti y a la persona con la que estás es un proceso de prueba y error en el que una comunicación directa ayuda mucho.

Meter mano: Tocar los órganos sexuales de una mujer, ya sea por fuera (vulva, clítoris) o por dentro (insertando uno o más dedos en la vagina); masturbación femenina.

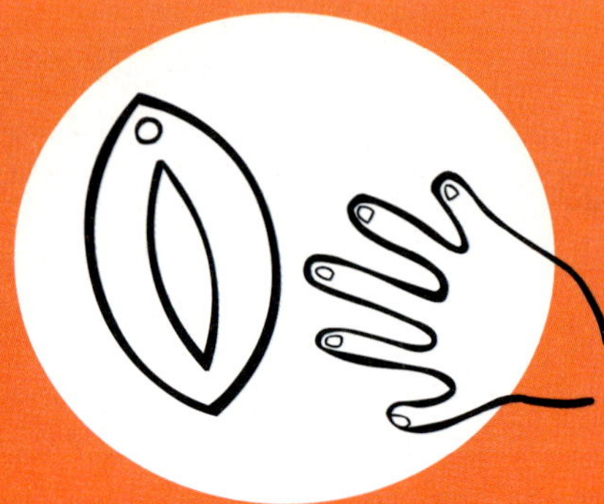

Mi novio quiere meterme mano pero a mí me da miedo porque no sé exactamente qué es. Sé que meterá la mano por dentro de mi ropa interior, pero ¿me meterá el dedo «dentro»? ¿Durante cuánto tiempo suelen hacerlo? ¿Duele al cabo de un rato?
antilimón

Tocar los pechos: Tocar los pechos y/o los pezones con las manos.

Ya sé qué es que te toquen los pechos... ¿Pero qué pasa exactamente?
willynilly

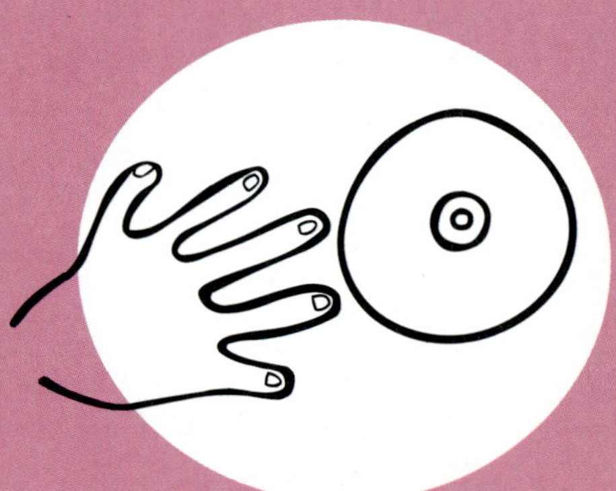

¿Que qué pasa? Pues, ¿qué ha de pasar? Que un chico te toca las tetas.
babar-X

A muchos chicos les gustan los pechos. Como no soy un chico, no puedo decirte POR QUÉ, pero es así. No es que pase nada, sólo te tocan. ¡No hay mucho más que decir!
miro

depende del chico. no creo que haya dos tíos iguales. depende de su postura y de la tuya, de sus dedos, etc.
celis

si es demasiado difícil decirle lo que te gusta, ponle las manos donde quieras que te toque. gime o algo para que sepa cuánto te gusta. si sigues haciendo eso, se enterará.
janeygirl

Mi novio y yo estábamos tonteando el otro día, y empezó a meterme la mano por sus pantalones y yo acabé metiéndola del todo. La cosa es que no tengo ni idea de qué hacer cuando llego allí. Me preguntó si tenía algún problema pero es que no sabía qué hacer. ¿Qué puedo hacer ahí abajo que le excite?
maricoliflor

Aprieta, y muévela arriba y abajo constantemente. PREGÚNTALE cómo le gusta más. Seguro que estará encantado de compartirlo contigo.
tuFFie

Un pequeño consejo... ve con cuidado. Es una zona muy sensible.
emasuma

Hacer una paja: Usar las manos para estimular el pene (suele implicar que el objetivo es la eyaculación); masturbación masculina (también puede ser femenina).

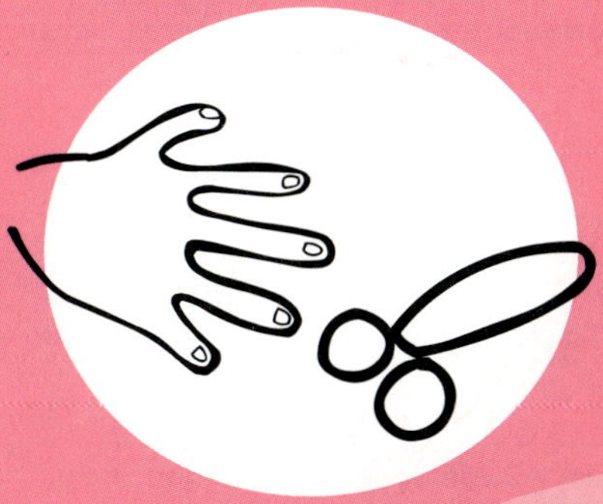

Yo se lo hago después de llevar un rato magreándonos, cuando hemos empezado a quitarnos la ropa. Me lanzo a ello :-) como sea, parece que se vuelve loco haga lo que haga. Si tu novio es así, dudo que note que no tienes experiencia. Seguro que pensará que tienes un estilo propio.
catballou

Mi novio y yo hemos empezado a montárnoslo hace poco. Siempre hace que me corra, yo nunca tengo problemas. Pero cuando me toca a mí hacérselo a él, ¡no lo consigo! Me cuesta unos 40 minutos llegar a algún sitio, pero al final suele hacerse una paja y cuando está a punto me pongo yo. Me siento fatal, como si tuviese que hacer algo.
laperla

¡Tía, suenas igualita a mí! Con mi ex, por mucho que hiciera, nunca se corría. Era divertido porque empezaba: «un poco más deprisa», o «aprieta un poco más, a ver». Nada parecía funcionar y yo creía que se me iban a caer los brazos. Al final tenía que tocarse ÉL SOLO, creo que nos daba corte a los dos.
espejo

Sexo con la ropa puesta: Es simular todos los movimientos del sexo con la ropa puesta, evitando el contacto de los genitales.

Mi novio y yo follamos con la ropa puesta y sentí su pene bajo sus pantalones, contra mi vagina. ¿Podría quedarme embarazada? **sisyann**

Follar «en seco» es del todo seguro, siempre que llevéis realmente la ropa puesta. No puedes quedarte embarazada y no puedes contraer nada. **LaKeisha**

chupársela
mamada
felación

Sexo oral en un chico: Hacer que llegue al orgasmo usando la boca y la lengua.

Intento mirar a mi novio a los ojos cuando se la chupo. Parece que se corre más rápido. También le chupo y le lamo los huevos, pero no muy fuerte. Si se me cansa la boca, uso la mano un rato y luego se la vuelvo a chupar. No chupes muy fuerte, yo intento que mi boca sea suave pero firme. **salome**

La primera vez que se la chupé a un tío, aspiré literalmente su pene... acabó con una minga ENORME y dijo que le dolía al mear. Con el tiempo y la experiencia he aprendido que, cuando la chupas, lo que haces es metértela en la boca (cuidado con los dientes) y mover la cabeza arriba y abajo por el pene ayudándote con la mano al mismo tiempo. **libretiradora**

Concéntrate en el capullo, con besitos, etc. (es la parte más sensible). El resto también está bien (pasa la lengua hasta abajo del todo). Si es muy grande, no intentes metértela toda en la boca porque a lo mejor te entran ganas de vomitar, lo que no es muy romántico. Diviértete y haz lo que te parezca bien. **Nadine14**

No deberías dejar que tu novio te hiciese sentir mal por no querer hacerle una mamada. No es justo que te diga que no le quieres sólo por no darle el gusto. **unaverde**

Tragar o no tragar

¿Tengo que tragármelo cuando se corre en mi boca? Me dan ganas de vomitar. **laccee**

Creo que ellos prefieren que te lo tragues, pero si te da mucho asco, puedes apartar la boca y asegúrate de cubrir la polla con la mano para que no salpique por todas partes. **miNimouse**

Pues no está tan malo. No me lo pondría en los cereales del desayuno, pero tampoco es tan repugnante. **BlossomD** comérselo cunnilingus chuparlo

Sexo oral en una chica: Utilizar la boca (labios y lengua) para estimular los órganos sexuales de una chica.

Eh, sobre el sexo oral en las chicas, seguro que habéis oído eso de «comérselo a una chica» o «chupárselo». Pues, es como con los dedos (el mismo concepto) pero con la lengua.
LilyT

¿A los chicos les gusta comernos el chocho? Vamos, que si obtienen placer pasando la lengua por ahí.
reinadeazar

Hay chicos que creen que si consiguen que te corras, han hecho un buen trabajo. a otros les gusta... mi novio me lo hace porque me quiere y sabe que me gusta mucho.
maybelle

Sexo oral seguro: La única forma totalmente segura de practicar el sexo oral es con un condón en el pene o con un cuadro de látex en la vagina, si es una chica. Por eso existen preservativos con sabores (el de menta es el más común). Es importante decir que un chico no tiene por qué correrse en tu boca durante la mamada para que haya transmisión de flujos. Algo llamado líquido preeyaculatorio sale del pene antes que el semen y contiene las mismas enfermedades.

Para más información sobre la prevención del embarazo y las ETS, ***ver* pp. 103-119.**

69 es sexo oral simultáneo (se habla de ello más de lo que se practica)

Sexo entre chicas
Las chicas que practican el sexo con otras chicas pueden realizar todas las actividades que hemos explicado menos las que requieren un pene.

Ver ¿Cómo practican el sexo dos chicas? y Sexo seguro entre chicas, **p. 136.**

Higiene y sexo oral: La vagina y el pene no tienen nada de sucio, siempre que se laven con regularidad. No tienes por qué sentir reparos por el olor o el sabor de tu vagina. Si alguien te hace sentir mal por ello, tal vez debas pensarlo dos veces antes de acostarte con esa persona.
Se supone que los flujos vaginales son afrodisiacos. Por eso la gente se corre haciendo cunnilingus: el olor, el sabor, todo ello combinado resulta muy estimulante.

Cuando empezáis a hacerlo, ¿pensáis si se la habrá lavado?
SportyQ

hacer el amor follar joder coito echar un polvo hacerlo echar un casquete hacer sexo meterla hacer cosas poseerse mojar el churro

Sexo vaginal: El pene dentro de la vagina.
Se cree que éste es el único tipo de sexo que puede resultar en un embarazo (aunque también es posible quedar embarazada si un hombre eyacula cerca de la vagina). Por ello, es en lo que la mayoría piensa cuando piensa en «sexo». De hecho, la penetración del pene en la vagina es sólo una parte y no necesariamente la mejor. Dicho esto, el coito vaginal es, para algunos, el mayor acto de amor entre un hombre y una mujer, y la unión más íntima entre dos personas.

El coito vaginal presenta alto riesgo, tanto de contraer enfermedades como de quedar embarazada. El sexo anal presenta alto riesgo de enfermedades. Aprende a protegerte.

Ver detallada información sobre sexo seguro en **Protección**, **pp. 103-119.**

Posturas
Es posible realizar el coito en muchas posturas diferentes. Las únicas limitaciones son tu flexibilidad y tu imaginación. Probablemente, las tres más populares sean éstas:

el chico encima
(también llamada postura del misionero)

la chica encima

el chico detrás de la chica
(conocida como estilo perrito)

Lubricación: Para que los movimientos del sexo sean suaves, es importante que la vagina esté bien lubricada. El cuerpo segrega su propia lubricación, pero a veces eso no basta. Si no te sientes cómoda durante la penetración, prueba a comprar un lubricante en la farmacia. Los únicos lubricantes que van bien con los condones son los que tienen agua como base.

Sexo anal: Penetración del pene (u otras cosas, como los dedos) por el ano. Hay muchas terminaciones nerviosas en el ano y alrededor de él, y mucha gente encuentra placentera la estimulación de esa zona. Sin embargo, también puede ser muy dolorosa. Para cualquier experimentación en esa zona, debe usarse abundante lubricación, y hay que considerarlo sexo de alto riesgo. Los tejidos del interior del recto se dañan con mucha facilidad y la sangre resultante puede transmitir enfermedades.

EL SEXO ES UN JUEGO

Para mucha gente, el sexo es mucho más que las actividades básicas descritas en las páginas anteriores. Se supone que es algo divertido y muchos adultos lo consideran una especie de «juego» (no sin riesgos, claro). Si tienes una relación en la que confías, existe todo un mundo de posibilidades.

Los aparatos de masaje hacen lo mismo que los vibradores... vibran. No puedes metértelos, pero dan masajes en el clítoris. Puede que hasta tengas uno en casa que tus padres usan cuando les duele la espalda... ¿O para otra cosa?

Marlys

Juguetes

A algunos les gusta usar objetos durante la estimulación sexual, tanto si están especialmente diseñados para ello como si no. Existen miles de juguetes sexuales. (Su venta suele estar prohibida a menores de 18 años). Los más comunes son:

Los **consoladores**, objetos diseñados para la penetración y a menudo, aunque no siempre, parecen un pene.

Los **vibradores**, ya sean eléctricos o a pilas, producen unas vibraciones que mucha gente encuentra placenteras. Algunos vibradores están diseñados para la penetración y otros para uso externo.

Cualquier cosa, siempre que esté limpia, no se rompa y no corte, puede servir de juguete sexual. En un sentido más amplio, entre los juguetes sexuales se encuentra todo lo que se usa para disfrutar del sexo: flores, plumas, comida, aceites, cualquier cosa que te dé placer.

Fantasías

Mucha gente fantasea con diferentes situaciones sexuales. Quizá finjan ser otra persona e incluso se disfracen para reforzar la fantasía.

A algunos les excita la idea del sexo como relación de poder. Una forma de convertirlo en eso es atándose uno al otro. El sadomasoquismo, en el que uno inflige deliberadamente dolor al otro, es también un tipo de juego de poder.

Experimentar con estos juegos puede resultar divertido, siempre que tengan lugar en el contexto de una relación sana y adulta. No obstante, pueden ser peligrosos psicológica y físicamente. Cada uno tiene distintas ideas sobre lo que está bien, así que es vital comprender los sentimientos, los deseos y los límites de los dos miembros de la pareja antes de probar este tipo de juegos.

Parejas múltiples

El sexo con tres personas se llama trío o *ménage à trois*. Una orgía, o sexo en grupo, tiene más de tres participantes. Cuando muchas personas realizan actividades sexuales juntas, puede dejar de ser una unión emocional para convertirse en una interacción física. A veces, es una oportunidad de probar con personas del mismo sexo sin la intimidad de una experiencia en pareja.

Emocionalmente, el sexo con varias personas puede ser muy intenso. Es crucial considerar los sentimientos y los riesgos, ya que éstos aumentan: cuantas más personas hay, más podrían ser portadores de enfermedades.

ACTITUDES FRENTE AL SEXO

Ya que el sexo significa tantas cosas diferentes para cada persona, inspira distintas opiniones y emociones. En la opinión de cada cual influye la de los demás, su educación familiar, sus creencias religiosas, los medios de comunicación, actitudes culturales, leyes y experiencias personales.

Las decisiones que tomes sobre el sexo deben ser tuyas, pero es importante tener una perspectiva de la actitud de los demás para saber con claridad qué es importante para ti.

Mutilación genital
En algunas culturas tradicionales, sobre todo de África y Oriente Medio, la espantosa práctica de la mutilación genital femenina se efectúa en las niñas para evitar que sientan placer sexual. Este procedimiento consiste en la mutilación o la amputación de los genitales externos de las niñas (clítoris y labios). Por todo el mundo ha habido fuertes protestas pero, igual que con muchas tradiciones bien arraigadas, cuesta acabar con ella. En esas sociedades, las mujeres que no están mutiladas son rechazadas.

Las personas con una educación religiosa muy estricta suelen tener nociones diferentes y mucho más pudorosas que otra gente. La idea de que el sexo debe tener por único objetivo la procreación y no el placer —eliminando automáticamente la masturbación, el sexo prematrimonial y la homosexualidad, entre otras cosas— es un concepto muy arraigado en muchas religiones.

Las mujeres educadas en hogares muy religiosos pueden sentir una gran vergüenza por su sexualidad, que inhiba el placer sexual y convierta un aspecto sano y agradable de la vida en un terreno minado de emociones negativas.

La doble moral
La idea de que los chicos tienen que vivir cuantas más experiencias mejor, pero que las chicas deben llegar vírgenes al matrimonio es injusta y anticuada. Aun así, esta actitud perdura. A veces, las chicas sienten que admitir o responder a sus deseos hará que la gente crea que son unas guarras o unas calentorras. Para algunos, es difícil comprender que las mujeres son personas con una sexualidad sana, que no tienen que elegir entre ser «una buena chica» o «una mala chica», o virgen o puta.

Actitudes familiares hacia el sexo

Las primeras impresiones sobre el sexo y la intimidad nos vienen de nuestros padres y de la forma en que se expresan afecto y amor. Algunos padres son muy abiertos en cuanto a su vida y necesidades sexuales, mientras que otros se sienten incómodos y tensos, y transmiten un sentimiento de desaprobación cuando empiezas a sentir ese tipo de cosas. No puedes evitar la influencia de los padres en cuanto al sexo y, si lo ven como algo malo o incorrecto, tal vez tengas que enfrentarte a esos sentimientos.

El sexo y los medios de comunicación

El sexo, de una u otra forma, está muy presente en lo que vemos y oímos en los medios de comunicación. Se utiliza el sexo para vender desde cerveza y coches hasta cosméticos, ropa, música, películas y muchas otras cosas. Las imágenes que vemos ayudan a definir lo que algunos creen que les excita. Esto puede ser molesto, si piensas en lo idealizadas que son la mayoría de esas imágenes. En la vida real, no hay mujer sobre la tierra tan perfecta como las de las fotos retocadas de la mayoría de las revistas.

Porno

Además de la presencia del sexo en los medios de comunicación, existe toda una industria dedicada en exclusiva al sexo y la sexualidad. Vídeos, películas, sitios web, libros, revistas y otras publicaciones cuyo primer propósito es causar excitación sexual, son conocidas como pornografía (porno) y/o erotismo.

Es preciso recordar que la pornografía está especialmente creada como una fantasía. Ya sea una fantasía sobre alguien sexy o el deseo de practicar el sexo de alguna forma en especial, en el porno, lo único que importa es el sexo. En el mundo real, por supuesto, no sucede lo mismo.

¿Por qué hay tanto porno dirigido sólo a los hombres? Hace tiempo que se debate la idea de que las chicas y los chicos se excitan con cosas diferentes. Una teoría es que los hombres responden más a los estímulos visuales, mientras que las chicas suelen excitarse más con ideas o palabras. Sin embargo, muchas no están de acuerdo con esto y cada vez se hace más porno destinado a mujeres.

El **erotismo**, representaciones sexuales en el arte y la literatura, además de en revistas y películas, tiene connotaciones más elevadas que la pornografía, que es la producción comercial en masa de imágenes sexuales. Sin embargo, lo que para unos es pornografía para otros es erotismo. Incluso los tribunales de justicia tienen problemas para definir la pornografía; el juez Potter Stewart, de EE.UU., escribió, en 1964, que no podía definirla pero que la reconocía al verla.

Sexo y leyes

Por raro que parezca, en la actualidad algunos países aún tienen leyes que prohíben el sexo oral y anal, ya que los consideran actos «contra natura», incluso cuando es entre dos adultos que lo hacen porque quieren. Aunque en un principio, el término «sodomía» sólo se refería al sexo anal, en algún momento, la definición se amplió para abarcar el contacto oral/genital. Aunque las leyes sobre sodomía parezcan obsoletas, en EE.UU. el Tribunal Supremo reconoció en 1986 el derecho de los estados a mantenerlas.

Para más información sobre delitos sexuales, *ver pp. 145-155.*

La **prostitución**, o sexo por dinero, es el oficio más antiguo del mundo. A pesar de ser muy practicada, es ilegal. El debate sobre la ilegalidad de la prostitución viene de lejos. Algunos la juzgan moralmente condenable y ven a los trabajadores del sexo como víctimas explotadas. Otros la consideran una transacción económica entre adultos.

INFORMACIÓN

Internet: Páginas web

Sexualidad juvenil
(http://www.cipaj.org/dosex2.htm): Página destinada a los jóvenes y sus preguntas sobre el sexo, orientada principalmente a desmantelar mitos.

Directorio sexológico
(http://www.consalud.com.ar/sexologia.htm): Foro de consultas sexológicas. Cualquiera que sea tu duda o problema, descubrirás que lo compartes con muchas otras personas.

¿Quieres conversar sobre este tema? Entra en el chat de http://www.descubrete-edicionesb.com

Capítulo 3

Hacerlo o no hacerlo

Todos tenemos diferentes creencias y niveles de experiencia, y nadie debería sentirse presionado a practicar el sexo o a obtener más experiencia sexual.

El coito es sólo una parte de la intimidad sexual, aunque se trate de una parte enorme y muy valorada. Virgen o no, de lo que se trata es de sentirte cómoda con tu decisión cada vez que participes en una actividad sexual, ya sea besarte con alguien, hacer sexo oral, coito o cualquier otra cosa. Cada ocasión presenta una nueva elección y tus acciones siempre merecen ser consideradas con atención.

En toda circunstancia, la comunicación entre las personas involucradas es extremadamente importante. Pero antes de que pueda haber una buena comunicación, es preciso que TÚ sepas lo que QUIERES y lo que está bien, es seguro y apropiado para ti en cada momento de tu vida. ¡Haz lo que te haga sentir bien y toma precauciones!

PERDERLA O NO PERDERLA

Cuando intentas decidir si tener una relación sexual por primera vez, hay muchos factores que considerar. El tema de «perder la virginidad» puede ser crucial o tratarse sólo de un aspecto más dentro del contexto general de tu sexualidad; depende de tus ideas y creencias. La virginidad tiene muchas implicaciones sociales y culturales, pero, a fin de cuentas, significa algo diferente para cada chica en una determinada situación.

No es mala idea que pienses en qué significa «perder la virginidad» para ti e intentes saber qué deseas. Si ya lo tienes claro, será mucho más sencillo decírselo a tu pareja.

Algunos datos sobre... ... la virginidad

Estudios realizados por centros de anticoncepción y sexualidad para jóvenes en España determinan que:

El 35% de las chicas de 18 años ha realizado el coito.

El 28% de las chicas de 17 años ha realizado el coito.

El 3% de las chicas de 14 años ha realizado el coito.

Por tanto, la edad media a la que se tiene la primera relación coital en chicas y chicos se sitúa entre los 17 y 18 años. La media ha descendido dos años respecto a la generación anterior.

Según estudios realizados por la Kaiser Family Foundation en EE.UU., muchas adolescentes dicen que empezaron a tener relaciones sexuales de forma involuntaria o sin estar convencidas, y sólo tras ceder a la presión de su pareja. Un estudio dice que el 60% de las mujeres que han tenido relaciones sexuales antes de los 15 años, no quería hacerlo. Entre las razones que la gente cita para haber tenido relaciones sexuales cuando no quería se encuentran no saber decir «no», estar bajo la influencia de drogas o alcohol, no querer herir los sentimientos de alguien y la presión externa. Entre los que esperaron más, la mayoría se sintió en control de la situación y consideró positiva esa primera experiencia.

Incertidumbre

Nadie puede decirte cuándo estás preparada para el sexo. Tú eres la única que sabe si puedes asumir esa responsabilidad.

Si no estás segura de si practicar el sexo, plantéatelo. No lo hagas a no ser que tengas claro que lo deseas. Y cuando lo hagas, toma precauciones.

Tengo 18 años y aún soy virgen. No creo que sea malo, porque siempre he querido que mi primera vez fuese especial y eso... Pero hace poco he empezado a obsesionarme con el sexo. No tengo novio, pero SÉ que podría hacerlo con un amigo mío (estamos bastante unidos). Creo que quiero saber qué es el sexo, pero me da miedo arrepentirme después.
lavacilante

Mi novio no es virgen pero yo sí. Me dijo que me esperaría. ¿Debo hacer el amor con él o es mejor esperar?
MADEIRA

rginidad

¿O sea que el día antes de cumplir los 18 no puedo pero después sí? ¿Matrimonio? Qué va. Supongo que la edad para perder la virginidad es cuando me apetezca cuidar de un bebé las 24 horas.
Quinney

Para mí, el sexo no es esperar a tu esposo, es esperar al tío que ELIJAS para que te haga el amor.
bollito

Hace como un año que salgo con mi novio y nunca hemos hecho el amor. A veces nos hemos acercado mucho, pero hemos conseguido evitarlo. Queremos esperar a casarnos.
CondeGris

Bajo influencia

Cuando se está borracho o colocado, se pierde la capacidad de juicio y se pueden tomar decisiones equivocadas en cuanto al sexo. El sexo es algo maravilloso y potente, pero no es divertido despertarse sin saber qué hiciste la noche anterior y con quién. Tampoco es divertido arrepentirte de tus acciones.

Ver Estados alterados para más información, **pp. 200-213.**

PRESIÓN de la pareja

Resulta incómodo y desagradable sentirte presionada por tu pareja para tener relaciones o aparentar experiencia. Las adolescentes con novios mayores pueden sentir una presión más intensa.

También puede existir presión física en ese momento. Si sientes que alguien te presiona para que hagas algo que no quieres, deja claros tus sentimientos y haz que pare. Tal vez resulte difícil o embarazoso, pero puede ser peor si no lo intentas.

La comunicación y la confianza son esenciales en el sexo. Si crees que no confías en tu pareja, no pases ese sentimiento por alto.

Le insinué a mi novio que no soy virgen aunque sí lo soy, y ahora no sé si decírselo o dejarlo pasar.
cabezadigital

Hace un par de semanas estaba enrollándome con mi novio (ahora mi ex), me pidió que lo hiciésemos y le dije que no. Se puso de los nervios. Le dije que no porque no quería y porque tenía miedo de que me doliera. **garp**

PRESIÓN
Externa

Tus amigos pueden ejercer mucha presión en lo de «perder la virginidad» o «conservarla».

Tengo opiniones diferentes de las de mis amigas sobre el sexo. Yo las respeto, pero ellas a mí no. Una siempre me dice: «¿Por qué no lo haces? No es para tanto.»
DarbEE

Mi amiga ha perdido hace poco la virginidad y yo me siento TAAAN por detrás... Creo que me acostaré con el próximo que aparezca, aunque no me guste mucho. **marTs**

Mis amigas no están de acuerdo con mi decisión de perder la virginidad con mi novio porque dicen que es muy pronto.
baratija

Mira, tía, no sé cuántos años tienes, pero eso de «estar por detrás» es una chorrada. Tu amiga ha perdido la virginidad, ¿y qué? Si quiere al chico y creía que era lo correcto, bien por ella. Si lo hizo sin pensar o para no quedarse «atrás», entonces mal por ella.
armoniosa

Siempre se cree que las adolescentes no son maduras. No se habla más que de cómo cedemos a la mínima presión externa, pero no es cierto. Algunas sabemos cuándo está bien. Y si no, no lo hacemos.
filo

Reputación

Tu vida sexual es cosa tuya, pero los demás siempre se formarán opiniones sobre ella. Si no te sientes a gusto con las circunstancias en las que practicaste el sexo, tal vez te preocupe qué pensarán los demás. Por desgracia, la idea de que las «buenas chicas» no conocen el sexo hasta el matrimonio aún existe.

Hará un mes que empecé a salir con un chico 3 años mayor que yo y cuando me preguntó si era virgen, dije que no porque no quería que pensara que soy una tonta. Me acosté con él la noche que le conocí y una semana más tarde me dejó. ¡Ahora cree que soy una guarra!
Gilda

LA PRIMERA VEZ

Se esperan muchas cosas de la primera vez, por eso es difícil que la experiencia esté a la altura de tanta presión. No hay ninguna forma adecuada de tener relaciones sexuales; se trata de lo que vaya bien para las dos personas. Tal vez tengas que parar y volver a empezar muchas veces (en una misma noche o durante varios días). Para que la primera vez sea lo mejor posible, es importante que te sientas totalmente a gusto con tu decisión y con tu pareja; y toma precauciones.

Tomar precauciones

Si decides empezar a tener relaciones, debes aprender a protegerte, tanto del embarazo como de las enfermedades de transmisión sexual.

Tomar la decisión de practicar el sexo conlleva asumir la responsabilidad de tu salud sexual. Parte de esta responsabilidad consiste en hablar con tu pareja sobre sexo seguro, anticoncepción y opiniones sobre el embarazo y el aborto, ya que no existe un método anticonceptivo eficaz al cien por cien.

Si aún no lo has hecho, deberías ir a un ginecólogo para que te haga una exploración.

El factor dolor

Es posible que la primera vez que tengas relaciones sientas alguna molestia. En gran medida, depende de cómo esté tu himen. Además, si estás tensa y nerviosa, la vagina estará más seca y cerrada. Cuanto más excitada y relajada está una mujer, más lubricada y accesible está la abertura vaginal, lo que puede hacer la experiencia menos dolorosa. Cuanta más confianza y comodidad sientas con tu pareja, más relajada estarás. Tal vez prefieras usar un lubricante o un condón lubricado para reducir el dolor. Si aún no se te había roto el himen, quizá sangres un poco.

Si a las chicas les duele la primera vez, ¿les duele también a los chicos si ella es muy «estrecha»?
fedra

A mí me dolió mucho la primera vez; no puedo hablar por todo el mundo, pero no creo que la primera vez sea genial para las chicas. ¡Estuve a punto de llorar!
ortiz

A los chicos no les duele perder la virginidad, lo único que sienten es presión en el pene (que es por lo que sienten placer). A nosotras nos duele porque nuestros órganos se estiran como nunca lo habían hecho, y tenemos algo nuevo e incómodo dentro.
cHirp

Te aconsejo que le pidas que te lo haga primero con la boca. Así se lubrica más y entra con más facilidad. Y lleva preservativos lubricados. Recuerda, si quieres que tu novio pare, díselo (porque te duele o alguna otra cosa).
cometafurtiva

¡usa cOndones!

Para más información sobre sexo seguro, *ver* pp. 103-119.

Emociones

La actividad sexual y el coito añaden su propio impacto emocional al cóctel de emociones que flotan en toda relación.

Me resulta difícil olvidarle porque con él perdí la virginidad.
desdémona

Hace poco perdí la virginidad y me he sentido/comportado muy rara. Me siento feliz/deprimida/confusa a pesar de que estoy segura de mi decisión.
Gales

Desde que hice el amor con mi novio, me siento más unida a él. Pero ahora estoy muy celosa. Los dos éramos vírgenes y no hago más que pensar que se acostará con otra. Sé que no lo hará, pero no puedo evitar pensarlo y me enfado enseguida con él.
schmetterling

el largo y ancho mundo de los rituales de la virginidad

A lo largo de la historia, en todos los rincones del mundo han sido comunes los rituales de virginidad. En la antigua Grecia, por ejemplo, a las jóvenes de la aristocracia que habían alcanzado edad casadera les perforaban el himen con un pene de piedra del dios Príapo. Príapo, símbolo de la virilidad y la fertilidad, era representado como un extraño enano con un gran pene erecto. La perforación del himen de las jóvenes aseguraba su preparación para el matrimonio y su futura fertilidad. En la antigua Roma, una estatua de madera de Liber, el homónimo romano de Príapo, se utilizaba para la misma ceremonia.

Entre los pueblos africanos, hasta el siglo XIX, un rey se ofendía si le ofrecían una novia virgen. El desfloramiento se consideraba un trabajo demasiado sucio para el rey, y solía hacerlo el hombre santo de la tribu o se hacía con un consolador.

Otra tradición para desflorar a las vírgenes era común ya entre los sumerios de Mesopotamia, en el 3000 a.C. Se llamaba «derecho de pernada» y tenía lugar la noche de bodas, cuando el novio permitía que la novia tuviese relaciones sexuales con su amo, rey o sumo sacerdote como forma de homenaje. Chinos, kurdos y otros musulmanes practicaban una variante del derecho de pernada, que continuó en Europa hasta el siglo XVIII. En años más recientes y en otras sociedades, el derecho de pernada se convirtió en una forma de opresión y violación por parte de la clase dominante, como en el sur de EE.UU., donde los amos lo practicaban con las hijas de los esclavos.

Aunque hoy en día la liberación sexual y la igualdad han convertido estos rituales en obsoletos, aún hay culturas en las que las mujeres se consideran una propiedad y, por lo tanto, se aferran a la creencia de que la virginidad es sagrada. En zonas de Turquía, las jóvenes todavía son sometidas a pruebas de virginidad. Esta práctica fue objeto de polémica cuando, en la década de los noventa, cinco chicas entre 12 y 16 años intentaron suicidarse, tomando matarratas o saltando a estanques profundos, para escapar de la prueba. Incluso después de ello, el Gobierno defendió la práctica en las chicas bajo custodia estatal.

En el mercado sexual infantil de Tailandia se valora mucho a las vírgenes (se cree que no tienen sida), lo que ha hecho que niñas cada vez más jóvenes se vean coaccionadas o forzadas a convertirse en prostitutas.

El himen y la virginidad

Aunque técnicamente se es virgen si no se han tenido relaciones sexuales (chico o chica), tradicionalmente se ha referido más a las chicas. Esto se debe a que, durante gran parte de la historia de la humanidad, se creyó que había un indicador físico de la virginidad femenina: el himen, una membrana situada cerca de la abertura vaginal, que puede romperse y sangrar en el primer coito. Antes solía dársele mucha más importancia que ahora; era símbolo de la pureza de la mujer y, si esa pureza no podía demostrarse —con una sábana manchada de sangre en la noche de bodas, por ejemplo—, la mujer se consideraba «perdida», «mancillada» y «sucia». Aún peor, perdía su valor en el mercado matrimonial. Esto se debía en parte a que, en las sociedades patriarcales (en las que la propiedad pasa del padre al hijo varón), el marido quería una garantía absoluta de que cualquier hijo de su mujer sería su heredero biológico.

En el mundo occidental, el himen retuvo su importancia hasta los años 20, cuando las jóvenes liberadas (en comparación) se mostraron más abiertas en cuanto al sexo, y su nueva actitud se hizo un lugar en la sociedad. Ahora, ya se sabe que el himen de una niña puede tener diferentes formas y tamaños, y que algunos se rompen y sangran en la primera penetración y otros no. Además, muchas chicas llevan una vida tan activa —montan a caballo, en bicicleta, hacen gimnasia— que incluso las que nacen con un himen que se notaría, pueden tenerlo roto. Por último, el uso de tampones y las exploraciones ginecológicas pueden alterar el estado del himen, excluyéndolo de la ecuación de la virginidad.

INFORMACIÓN

Internet: Páginas web

Educación afectivo-sexual
(http://nti.educa.rcanaria.es/sexualidad_juvenil): A través de este servicio puedes informarte, expresarte e intercambiar opiniones de todo lo referente a tus relaciones afectivas y sexuales. Para explorar el sexo en todos sus aspectos.

Género y sexo
(http://www.fungamma.org/genero.htm): Página de la Fundación GAMMA-IDEAR en la que se estudia el género del individuo como variable clave en la educación sexual. Es un estudio sobre por qué chicos y chicas tienen respuestas diferentes ante la sexualidad.

Cartilla de planificación
(http://www.encolombia.com/planificacion.htm): Acude a su sección «Actitudes sexuales y afectivas» para tener argumentos racionales y adoptar una actitud sexual sólida.

Taller de sexualidad
(http://www.semanasalud.ua.es/info_sex.htm): Página de la Escuela Universitaria de Enfermería de Alicante. Puedes acudir a su práctico diccionario de definiciones, donde resolverás las dudas básicas acerca de tu comportamiento sexual.

¿Quieres conversar sobre este tema? Entra en el chat de http://www.descubrete-edicionesb.com

Perdí la virginidad hace 2 días. Me dolió mucho y sangré a mares. Ahora ya no me duele pero aún sangro un poco. ¿Es normal? Ahora que ya he pasado el dolor de la penetración, la próxima vez no será tan horrible, ¿no? **LeaL**

ES muy normal que salga sangre durante unos días, así que no creo que debas preocuparte. Y sí, la próxima vez te dolerá menos. **allímite**

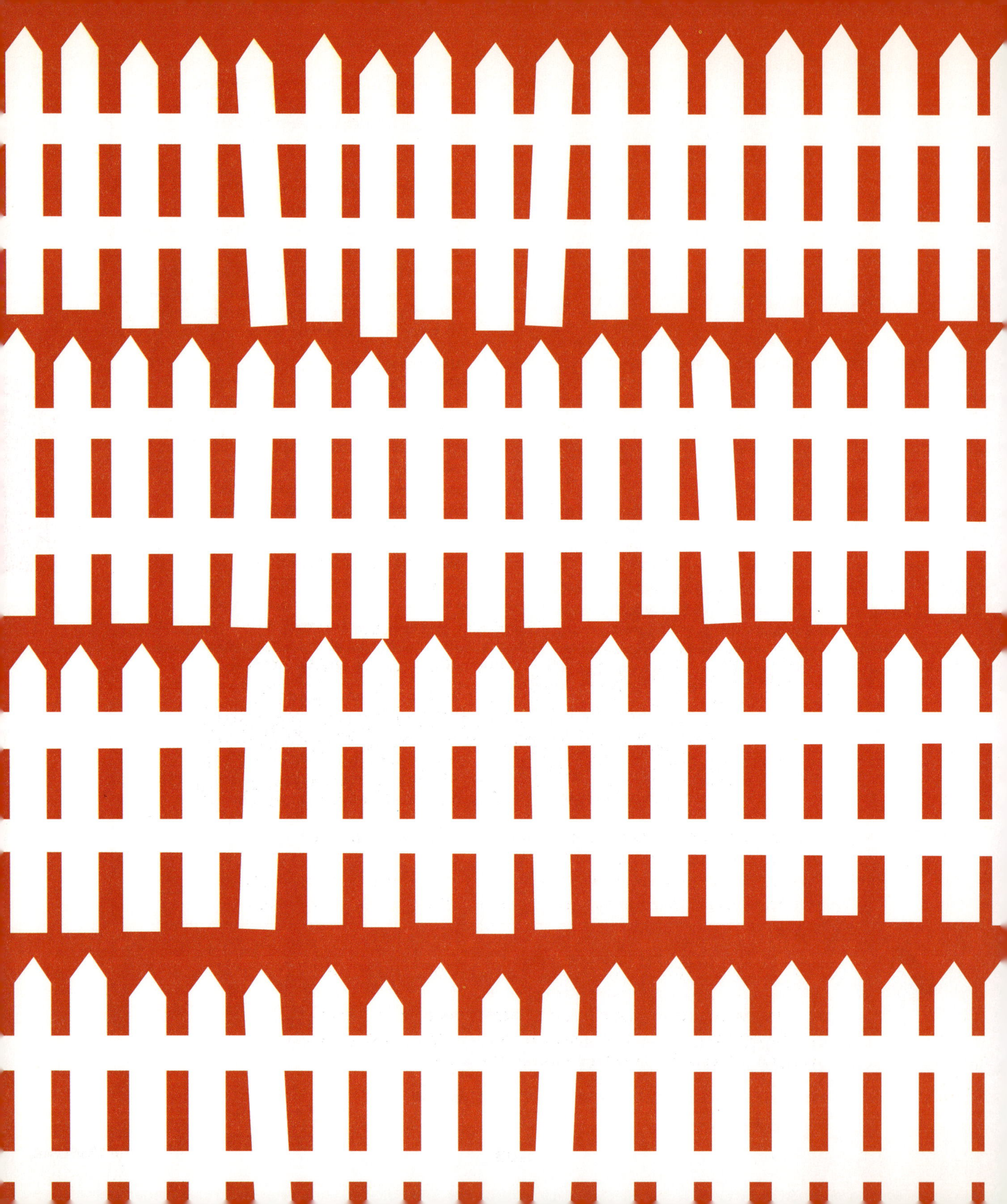

Capítulo 4

PROTECCIÓN

Si crees que estás preparada para tener relaciones sexuales o si ya lo haces, hay dos grandes temas en los que pensar —>

sexo seguro: prevención de enfermedades de transmisión sexual (ETS)

y

anticoncepción: prevención del embarazo

Si no estás preparada para pensar en todo esto, no estás preparada para el sexo.

Si practicas el sexo y no te proteges contra alguna o ninguna de esas cosas, muestras muy poco respeto tanto por tu pareja como por ti misma, y ambos corréis riesgo.

Las chicas que practican el sexo con otras chicas no tienen que preocuparse por la anticoncepción, ¡pero deben pensar en las ETS!

Existen precauciones que tomar para ambas cosas, y es importante conocer las opciones, los riesgos y las posibles consecuencias de tu comportamiento.

Algunos datos sobre...
... adolescentes y protección

Las agencias de control de enfermedades de EE.UU. estiman que:

A los 15 años, dos terceras partes de los adolescentes han tenido alguna experiencia sexual y una cuarta parte de ellos ha tenido cuatro o más parejas.

Más de la mitad de esos adolescentes dicen no haber utilizado preservativo la última vez que practicaron el sexo.

El adolescente medio lleva una vida sexualmente activa durante un año antes de utilizar métodos anticonceptivos y protección contra ETS. (Cuanto antes se tienen relaciones sexuales, más probable es ser irresponsable en cuanto a ETS y el embarazo.)

En EE.UU., cada año se quedan embarazadas un millón de adolescentes.

Tres millones de adolescentes (la décima parte del total del país y un cuarto de los que practican el sexo) contraen una ETS cada año.

Cuanto antes se empieza con el sexo y cuantas más parejas se tienen, mayores son las posibilidades de contraer ETS, en especial condilomas (verrugas) y herpes vaginales, que son las más extendidas. Un tercio de las adolescentes que practican el sexo tienen clamidia. Uno de cada cinco estadounidenses mayores de 12 años tiene herpes genital, y los adolescentes conforman entre un cuarto y la mitad de estos casos. Entre el 20% y el 40% de universitarios tiene una ETS.

Para información específica sobre ETS, ver pp. 112-113.

Eficacia de diferentes métodos anticonceptivos

Método anticonceptivo	Eficacia contra ETS	Eficacia contra el embarazo
Preservativo de látex	Alta. Salvando la abstinencia, es la mejor protección contra ETS.	88% (masculino) 90% (femenino)
Diafragma con espermicida	Baja. El espermicida puede proteger contra la clamidia y la gonorrea.	82%
Capuchón cervical con espermicida	Baja. El espermicida puede proteger contra la clamidia y la gonorrea.	82%
Espermicida solo	Baja. Puede proteger contra la clamidia y la gonorrea.	79%
Píldora anticonceptiva	Ninguna	99%
Inyectables	Ninguna	99%
Implantes	Ninguna	99%
DIU (dispositivo intrauterino)	Ninguna	98–99%
Ligamento de trompas	Ninguna	Más del 99%
Esponja	Ninguna	64–94%

Como ves, los condones son el único método eficaz contra las ETS y el embarazo. Ningún método anticonceptivo (excepto la abstinencia) tiene un cien por cien de efectividad contra el embarazo. Si tienes relaciones, sea cual sea el método que uses, existe la posibilidad de quedar en estado. Por eso es importante pensar bien qué harías si te quedaras embarazada por accidente y si quieres arriesgarte a ello.

Ver también
Quedarse embarazada, pp. 121-129.

La prevención de ETS no se limita al uso de métodos de barrera. Se trata también de comunicarte con tu pareja, conocer su historial y comprender los riesgos que conllevan las diferentes actividades sexuales. La abstinencia es efectiva al cien por cien contra las ETS y el embarazo, pero no siempre es una opción práctica.

Para más información sobre la comunicación, *ver* pp, 81-83.

PRESERVATIVOS

Para estar lo más segura posible, usa condones cuando tengas relaciones con un hombre. Si te dice que no usa condones, no tengas relaciones con él. Es mejor un preservativo que vérselas con una ETS.

Preservativo masculino

Qué es: Una funda de látex que se pone sobre el pene erecto. También los hay de tejido animal, pero no son tan eficaces contra las ETS y no son recomendables.
Cómo funciona: Pone una barrera al esperma que sale del pene durante el orgasmo masculino. Algunos condones tienen un pequeño sobrante en la punta para recoger el semen y evitar posibles roturas. Otros llevan espermicidas (productos que matan el esperma).

Eficacia contra el embarazo: La media está en un 88%. Un uso cuidadoso puede aumentarla. Si se usa con espermicida, es muy eficaz.
Eficacia contra ETS: El REY de la prevención, sobre todo combinado con espermicida.
Cuándo funciona: En cuanto se pone.
Efectos secundarios: Hay personas alérgicas al látex y al espermicida.
A la venta: Por todas partes, en farmacias y supermercados. No hay excusa para no llevar encima.
Ventajas: Barato y fácil de conseguir. Puede prolongar la erección.
Inconvenientes: Hay que parar para ponerlo. Algunos chicos se quejan de que no sienten tanto. Es menos eficaz que otros métodos contra el embarazo si se usa solo. Puede romperse o salirse. Los chicos deben retirarse justo después del orgasmo, cuando aún tienen erección, para asegurarse de que el preservativo no se salga, así que no hay mucho tiempo de saborear el momento.

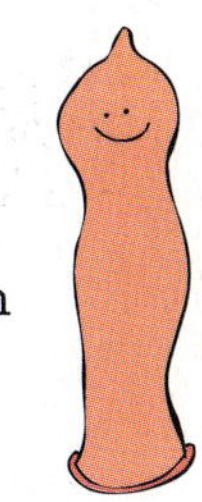

Errores frecuentes: Los preservativos pasan controles de calidad, así que los errores resultan, a menudo, del uso incorrecto: roturas accidentales, ponerlo cuando ya ha empezado el coito y/o no retirarse cuando el pene aún está erecto.
Cómo poner un condón: Cuando tu pareja tenga el pene erecto y antes de que se acerque a la vagina, abre el envoltorio con cuidado con los dedos, no uses nada cortante para no rasgar el preservativo. Nota: Si lo prefieres, puedes abrirlo (dejando el preservativo dentro) antes de empezar para tardar menos en ponerlo cuando estéis excitados.

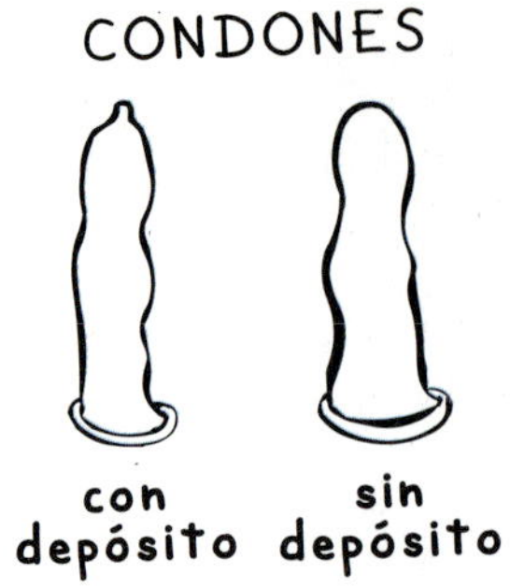

Pellizca la punta para que no quede aire y haya espacio para el semen. Pon el anillo alrededor del glande y desenróllalo hasta la base del pene.

Aplica lubricante o espermicida si quieres. No uses lubricantes a base de aceites como la vaselina (pueden debilitar el látex).

Cómo quitar un preservativo: Inmediatamente después de la eyaculación, cuando el pene sigue duro, el chico debe retirarlo y sujetar el extremo abierto del preservativo para que no salga nada. Retira el preservativo y tíralo.

Almacenamiento: Procura guardarlos en lugar seco y fresco. Sustitúyelos a los seis meses o si ha pasado la fecha de caducidad que aparece en el envoltorio.

Diferentes tipos: Hay condones de diferentes formas, colores y sabores. Existe una enorme variedad en el mercado para satisfacer todos los gustos.

Con contorno: En vez de ser cilindros rectos, éstos están diseñados para sujetar el glande con más o menos firmeza.

Rugosos: Con textura estriada en círculos concéntricos. Se cree que dan más placer a la mujer, aunque algunas dicen que no notan la diferencia.

Con sobrante: Estos preservativos con espacio especial para el semen son los que menos se rompen, por eso son una buena idea.

Para cubrir los testículos: No cubren sólo el pene sino también los testículos como medida adicional de seguridad, tanto en términos de anticoncepción (se sujetan mejor) como de protección contra ETS (reducen el contacto al mínimo).

Negros: Diseñados para tonos de piel más oscuros.

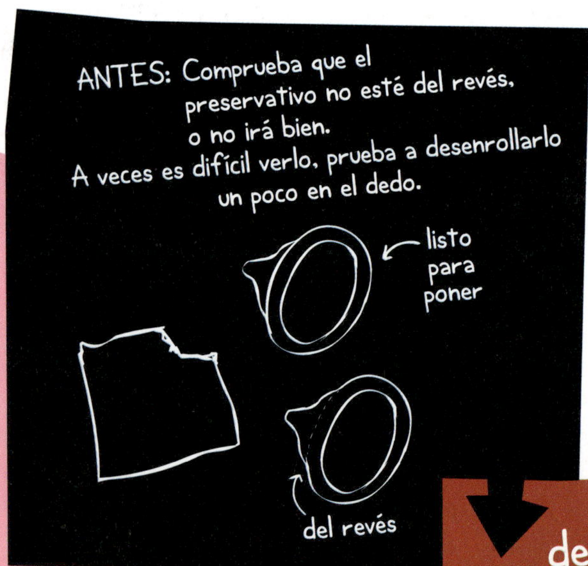

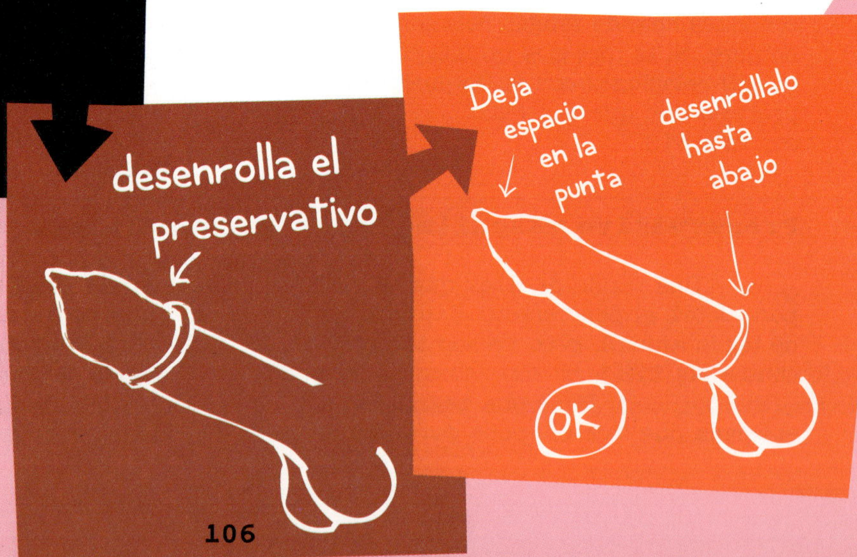

poner un preservativo

De colores: Pura estética; si montártelo con un pene azul te excita, adelante.
Talla grande: Aunque suelen ser de talla única, a algunos chicos bien dotados, los normales les aprietan y deben probar éstos. Para que funcione bien, el preservativo debe ajustarse a la perfección; usar uno demasiado grande podría disminuir su eficacia.
Con sabores: De chocolate, de menta, de lo que quieras. Lo principal es que desempeñe su tarea, así que lee bien las instrucciones.

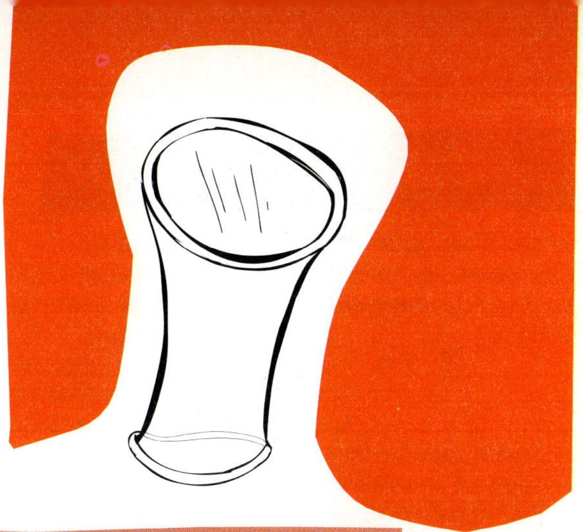

Preservativo femenino

Qué es: Una manga de poliuretano que se introduce en la vagina y tiene un anillo en cada extremo.
Cómo funciona: Detiene el semen, los virus y evita el contacto.
Eficacia contra el embarazo: Más del 90%.
Eficacia contra ETS: El único método que supera al preservativo masculino, ya que cubre más superficie y protege del herpes vaginal.
Cuándo funciona: En cuanto lo pones.
Efectos secundarios: Ninguno.
A la venta: En farmacias.
Ventajas: Gran protección contra ETS, puede introducirse antes del sexo.
Inconvenientes: Puede ser incómodo y extraño. A veces chirría.
Errores frecuentes: No debe usarse con preservativo masculino: tiran el uno del otro.

Preservativos y sexo oral

Hay diversas opiniones sobre la necesidad de los preservativos u otras barreras cuando se practica el sexo oral. El herpes se transmite de los genitales a la boca, y viceversa, mediante el sexo oral sin protección. Según la Sociedad para la Sexualidad Humana, no existen casos claros de contagio del VIH cuando un portador hace sexo oral a su pareja. Sin embargo, se conocen casos de contagio del VIH cuando el portador recibía sexo oral.

Se puede disminuir el riesgo asegurándote de tener sanos los labios, la boca, las encías y la garganta, además de no dejar que los hombres se corran en tu boca y no hacer cunnilingus a mujeres con la regla. Algunos sexólogos recomiendan no lavarse los dientes hasta unas dos horas después del sexo oral sin protección. Para estar más segura, utiliza un preservativo con los chicos y con las chicas, un cuadro de látex o film transparente que no sea para microondas.

Si se salen o rompen: Los preservativos pueden salirse o romperse durante el coito. Si eso ocurre, para y reemplázalo.

Si no te das cuenta hasta después, crees que estás en un momento fértil del ciclo y no quieres quedarte embarazada, **consulta la contracepción de urgencia, p. 123.**

¿QUÉ ES EL SEXO SEGURO?

Para las enfermedades de transmisión sexual, la única protección segura de verdad es no practicar el sexo (o sólo contigo misma).

Ver Masturbación, pp. 72-73.

Cualquier contacto sexual con otra persona introduce un elemento de riesgo. Si de todos modos decides tener relaciones, la idea es mantener el nivel de riesgo lo más bajo posible. Una forma de hacerlo es usar siempre métodos de barrera.

¡Usa condón! Si no usas preservativo con un chico, no practicas sexo seguro.

Si te acuestas con chicas, evidentemente no necesitas preservativo, aunque sí otro método de barrera. Las ETS también se transmiten por el flujo vaginal (aunque no con tanta facilidad) y las posibilidades de contagio del sida y la hepatitis B aumentan si tienes pequeños cortes en las manos o la boca, por donde los gérmenes entran en la corriente sanguínea. Los cuadros de látex y el film transparente se pueden usar para cubrir la zona vaginal en el cunnilingus. Si se usan los dedos, hay guantes y dedales (para un solo dedo) de látex.

El sexo seguro también es

- conocer tu historial sexual y hacerte las pruebas de las ETS si crees que has practicado sexo sin protección
- conocer el historial sexual de tu pareja
- conocer el riesgo relativo de cada actividad sexual
- conocer las diferentes enfermedades y cómo se contagian

Para más información sobre síntomas y contagio de ETS, ver pp. 112, 113.

¡usa condón!

¿Hay algún caso en el que sea seguro no usar métodos de barrera?

Las ETS no se contagian sólo por el esperma y el flujo vaginal, sino también entre piel y piel; saliva y saliva; sangre y sangre. De hecho, la mayoría de las ETS se contagia cuando alguien con el pene o la vagina infectados toca directamente los genitales de otra persona, es decir, un contagio cutáneo y no mediante flujos. Por eso los condones no son eficaces al cien por cien contra enfermedades como el herpes. No pueden cubrir hasta el último milímetro de los genitales.

Si tienes una RELACIÓN MONÓGAMA,

los dos os habéis hecho las pruebas de ETS
(a menos que ambos fueseis vírgenes),

habéis usado preservativo los 6 meses **siguientes**,

y luego os habéis hecho la prueba del VIH con resultado negativo,

no usar el preservativo puede ser de **bajo** riesgo.

Piensa en tu historial sexual

¿Has practicado sexo de riesgo con alguien que haya podido practicarlo con otra persona? Piensa en todas las experiencias sexuales que has tenido y en las personas con quienes las has compartido. Si tu respuesta es sí, ¡hazte las pruebas de las ETS! Ve al médico. La única forma de diagnosticar muchas ETS es mediante un análisis de cultivos. De hecho, es recomendable que las personas con una vida sexual activa (que no tengan una relación monógama) se hagan las pruebas cada seis meses.

Entérate del historial sexual de tu pareja

No todos los que padecen una ETS saben que la tienen. Así que preguntar a tu pareja si está «sana» no es prevenir demasiado, a pesar de que sea un primer paso para introducir el tema. Aunque resulte incómodo hablar de estos temas con alguien con quien aún no te has acostado, es MUY importante. Básicamente, debes conseguir respuestas para las mismas cosas que te has preguntado a ti misma:

¿Ha practicado sexo de riesgo?

¿Cuántas parejas ha tenido?

¿Practicó sexo seguro con parejas anteriores?

¿Cuántas relaciones ha tenido con desconocidos? ¿Y con drogadictos?

¿Ha tenido relaciones sexuales con más de una pareja a la vez?

Si es así, ¿se ha hecho las pruebas de las ETS? ¿Hace cuánto tiempo?

Siempre debes utilizar protección con tu pareja hasta que estés totalmente segura de que ninguno de los dos tenéis ETS.

Si crees tener una ETS

Algunos síntomas de las ETS son bastante comunes y eso, a veces, es desconcertante. El escozor al orinar puede ser síntoma de cistitis o de clamidia. Las secreciones vaginales con mucho olor y picor pueden indicar varias cosas. En general, cualquier brote o infección sin explicación es signo de que algo va mal y deberías ir al médico. Por eso es muy importante conocer bien tu vagina, sus olores, aspecto y tacto normales. Manténte alerta para detectar cambios, y si encuentras algo sospechoso, no te autodiagnostiques, ve al médico.

No debes sentirte mal por comentarle al médico tus temores de haber contraído una ETS; los médicos están acostumbrados. Las pruebas del herpes, la clamidia y los condilomas son rutinarias en las consultas ginecológicas. La información es confidencial y el médico no puede decírselo a nadie (ni a tus padres).

Si te has hecho las pruebas y padeces una ETS, tienes la responsabilidad de comunicárselo a todas tus parejas pasadas y futuras. Tus antiguas parejas deberían hacerse las pruebas y tratarse, en caso de necesitarlo.

A veces, no es fácil explicarle a una posible pareja que tienes una ETS, pero decírselo antes de llegar muy lejos es imprescindible; tú también desearías la misma consideración hacia tu salud. Los condones y otros métodos de barrera son buenos, pero no eficaces al cien por cien para prevenir el contagio de estas enfermedades, y toda persona merece saber a qué se expone al tener relaciones contigo. Cuanto más sepas sobre la ETS que padeces y su forma de contagio, más sencillo te resultará explicarlo a otras personas.

Conocer los comportamientos de riesgo

Cada actividad sexual comporta un diferente nivel de riesgo. Es importante conocer los riesgos que están asociados a cada actividad para poder tomar decisiones adecuadas sobre qué quieres hacer. Tal vez prefieras esperar antes de participar en actividades que presentan riesgos más elevados. ¡Lo mejor es que tomes precauciones durante la mayoría de las actividades!

Y no te olvides de aquellas actividades que comportan poco o ningún riesgo y que también están muy bien: masturbación, abrazos, besos sin lengua, sexo con la ropa puesta, masajes.

	qué puedes contraer	cómo reducir el riesgo
riesgo muy bajo besos con lengua	Resfriados, gripe y hepatitis B.	Con la vacuna de la hepatitis B. Si no te enrollas con alguien cuando está enfermo.
Riesgo bajo masturbación mutua	Nada si no se tienen cortes en las manos ni lesiones en los genitales. Pero si las tienes y lo haces con alguien que tiene VIH, corres riesgo si el semen o el flujo vaginal infectado penetra en tu corriente sanguínea.	Usando látex o film transparente de cocina.
Riesgo sexo oral en un hombre	Herpes, sida, hepatitis B, gonorrea, sífilis, condilomas.	Usando un condón (con o sin sabor).
sexo oral en una mujer	Herpes, sida (el riesgo es menor que en un hombre, pero sigue siendo posible), hepatitis B, gonorrea, sífilis, condilomas.	Usando un condón femenino, cuadro de látex o film transparente de cocina.
Alto riesgo coito vaginal	Herpes, sida, hepatitis B, gonorrea, sífilis, clamidia, condilomas. Y el embarazo.	Usando condones (masculino o femenino) y espermicida.
sexo anal	Herpes, sida, hepatitis B, gonorrea, sífilis, clamidia, condilomas.	Usando condones y espermicida.

CONOCER LAS ETS

A pesar de que las ETS (excepto el sida) no son mortales, algunas, si no se detectan y se tratan, pueden causar esterilidad, que ya es bastante. Aquí tienes una breve descripción de las más frecuentes. Recuerda que algunas ETS tienen los mismos síntomas (picor en los genitales, escozor, dificultad para orinar y secreciones con mal olor) que otros problemas como la cistitis, los hongos, las vaginitis bacterianas y la tricomoniasis, infecciones que también pueden contraerse mediante una relación sexual.

Ver Problemas más comunes, **p. 27.**

VIH/sida

Las ETS son un auténtico fastidio, pero si se tratan correctamente, no es probable que te maten. La excepción es el virus de inmunodeficiencia humana (VIH) y la enfermedad que produce, el sida. El VIH es una infección viral en la sangre que destruye el sistema inmunológico del cuerpo. La posibilidad de contraer sida ha hecho más peligrosos los encuentros sexuales y ha demostrado la triste verdad de que el sexo sin pensar puede costarte la vida.

El VIH se transmite por los flujos corporales: la sangre, el semen, el flujo vaginal y la leche de la madre. Los vómitos, el moco, el sudor, las lágrimas y la saliva no llevan el virus. Es imposible contraer el VIH por simple contacto.

El virus en sí no mata; es el efecto del virus en el sistema inmunológico lo que deja al cuerpo vulnerable ante un gran número de infecciones oportunistas, algunas de las cuales producen la muerte.

El 42% de la población que vive con sida son mujeres, y la mayoría lo contrajo mediante relaciones heterosexuales. Su número está aumentando en comparación con el de los hombres. Durante el coito vaginal, las mujeres son más vulnerables al contagio del VIH porque las paredes de la vagina presentan una superficie mayor y más penetrable que el pene. Además, el esperma contiene una mayor concentración de virus que el flujo vaginal. El sexo oral sin protección también es peligroso, ya que no es raro tener pequeños cortes en la boca por los que el virus puede entrar en la corriente sanguínea. Las mujeres también pueden contagiar el virus a sus hijos, en el útero o durante el amamantamiento.

El sida es temible, pero puede prevenirse. Convierte la práctica del sexo seguro —uso de preservativo combinado con espermicida que mata los espermatozoides como los virus— en asunto de vida o muerte.

Hacerse la prueba:

Cualquiera que sospeche que ha estado expuesto al VIH debe hacerse la prueba. Se trata de un análisis de sangre en el que se detecta la presencia o no de anticuerpos del virus. Si te preocupa la confidencialidad, hay lugares donde se hacen de forma anónima. Tu médico también puede informarte al respecto. Ya que el virus puede estar en la sangre hasta seis meses antes de producir anticuerpos, es recomendable hacerse dos pruebas con seis meses de diferencia.

	Gonorrea	Ladillas	Herpes genital
Qué es	Infección bacteriana.	Unos pequeños insectos blanquinosos en la zona del pubis que se alimentan de sangre. También pueden vivir en las axilas y el pelo.	Existen dos tipos de virus del herpes. El herpes oral (herpes simplex I) aparece en forma de calenturas o pupas en la boca después de un resfriado o cuando se está débil. Es muy común y no se considera una ETS. El herpes genital (herpes simplex II) es otra historia: se trata de una ETS. Este herpes se caracteriza por unas llagas dolorosas, con mucho picor y escozor en la región genital. Sin embargo, lo desconcertante es que un herpes oral puede aparecer en los genitales y muestra síntomas parecidos al herpes genital. El virus del herpes genital se sitúa en los centros nerviosos de la base de la columna vertebral y vive allí para siempre. Los portadores sufren brotes esporádicos; hay quien sólo sufre unos pocos después del inicial (que suele ser el más grave) y hay quien los sufre a menudo. La fatiga y el estrés, entre otros factores, pueden provocar brotes.
Modo de contagio	Sexo vaginal, anal u oral.	Mediante el contacto con una persona que las tenga. Compartiendo ropa interior, otra ropa, sábanas y mantas. Los animales también pueden tenerlas.	Mediante el contacto oral, genital o anal con una llaga activa. Cuando la llaga está activa, se dice que está mudando. Puedes contraerlo mediante contacto cutáneo. El flujo vaginal y el semen también pueden contagiar la infección.
Síntomas	Peores en hombres que en mujeres, que pueden no presentarlos. Los hombres padecen muchos dolores al orinar y otras secreciones del pene. Las mujeres pueden tener secreciones y los labios inflamados o sensibles. Dolor de garganta tras el sexo oral sin protección.	Picor de leve a agudo. A veces, manchas de sangre de las picaduras en la ropa interior. Si miras de cerca, puedes verlas.	La primera vez, suelen aparecer una o más ampollas en la zona genital. A veces se rompen, supuran y pican, pero se secan entre 7 y 14 días. En ocasiones, el brote es precedido por síntomas como los de la gripe (dolor de cabeza, dolor general, fiebre y cansancio) y dificultad al orinar. Los síntomas pueden aparecer hasta varios meses después del contacto. Los otros brotes suelen ser más suaves y confundirse con otras causas de picor en los genitales. También pueden darse brotes sin síntomas aparentes.
Prevención	Evitar el coito hasta que la persona esté curada. Condones y espermicida reducen el riesgo, pero no por completo.	Evitar el contacto con una persona infectada.	Utiliza siempre preservativo con espermicida, ya que existe riesgo de contagio incluso entre dos brotes, cuando las llagas no son visibles. Los preservativos femeninos son mejores que los masculinos porque cubren más superficie genital.
Tratamiento	Antibióticos.	Medicación especial recetada por un médico. Lavar todo aquello donde puedan vivir. Puede resultar muy difícil acabar con los bichitos y es posible que debas repetir varias veces un tratamiento con champú.	Las pomadas pueden reducir las molestias durante los brotes y secar antes las llagas. Los lavados y las cremas anestésicas también ayudan. Algunos antivirales recetados por el médico pueden reducir la gravedad y la frecuencia de los brotes. Es bueno comer bien y dormir bastante.
Implicaciones a largo plazo	Una gonorrea sin tratar puede causar una enfermedad inflamatoria pélvica y la esterilidad.	Ninguna.	Una vez que tienes herpes, vivirás siempre con él y deberás llevar cuidado. Lávate las manos con frecuencia cuando tengas un brote, y evita tocarte los ojos y la cara después de haber tocado una llaga. El herpes en los ojos es muy grave y puede causar ceguera. La otra consecuencia a largo plazo llega con el parto. Dar a luz durante un brote herpético representa un serio peligro para el bebé. Si te quedas embarazada, dile a tu médico que tienes herpes.

Condilomas/ Papilomavirus humano	**Clamidia**	**Hepatitis B**	**Sífilis**
Una ETS muy frecuente, producida por el mismo virus que provoca verrugas en otras partes del cuerpo.	Infección bacteriana de los genitales.	Un virus que ataca al hígado.	Una ETS bacteriana que se introduce en la corriente sanguínea y provoca úlceras y sarpullidos.
Contacto cutáneo. Sexo vaginal, anal u oral con alguien que tenga condilomas o el virus.	Contacto cutáneo. Contacto oral, anal o vaginal.	Se transmite por todos los fluidos corporales, también la saliva. Puede contraerse besando a una persona infectada. Cualquier actividad sexual: oral, anal o vaginal. Compartir agujas usadas, hojas de afeitar, cepillos de dientes, cortaúñas e instrumentos sucios de piercing y tatuaje.	Sexo oral, anal o vaginal. Tal vez los besos, ya que pueden salir llagas en la boca.
Aparecen verrugas normalmente indoloras, pero que pican, en el interior o el exterior de la región genital. Su aspecto es diferente según su localización: duras, blanquinosas o marronosas en el exterior; suaves y rosáceas en el canal vaginal o el cuello uterino. Pueden presentarse individualmente o en grupo.	Sensación de escozor al orinar, cambio de textura y olor del flujo, picor en los genitales y posible dolor abdominal.	Sarpullidos, ictericia, cansancio, náuseas, vómitos, dolores corporales, dolores abdominales, pérdida de apetito. Aunque hay gente que no presenta síntomas.	Tiene diferentes fases y hay que prestarles atención ya que debe detenerse lo antes posible. Primero aparece una llaga en el lugar de contacto, luego supura y se seca. (La fase de supuración es la más contagiosa.) Si no se trata, las bacterias pueden sobrevivir y causar sarpullidos, fiebre y dolor de cabeza. Si los síntomas desaparecen por sí solos, la enfermedad está latente y esa persona es portadora.
Los métodos de barrera, como el condón y el diafragma, ayudan a reducir el riesgo, pero como se transmiten mediante el contacto, aun así se pueden contagiar. Mucha gente las padece sin saberlo. Otros sólo tienen el virus y no lo saben.	Asegúrate de que tanto tú como tu pareja vais al médico. Usa condones (masculino o femenino) con espermicida cuando practiques el sexo oral, anal o vaginal.	Existe una vacuna que se administra en tres inyecciones. La hepatitis B es muy contagiosa y debe evitarse el contacto íntimo con cualquier persona que la padezca. Los métodos de barrera pueden reducir el riesgo durante el coito, pero sigues estando en peligro si besas a esa persona.	Los métodos de barrera reducen el riesgo. Por supuesto, hay que asegurarse de que se está curado antes de retomar la actividad sexual.
Cuando el médico te diagnostica condilomas, puede quemarlos con calor o frío, quitarlos con láser o cortarlos. Parece ser que el sistema inmunológico expulsa el virus del cuerpo, si no permanentemente, por mucho tiempo. También se venden pomadas.	Es fácil tratarla con antibióticos si se diagnostica a tiempo. Cada vez más, los ginecólogos hacen pruebas rutinarias de la clamidia.	La vacuna es efectiva incluso después de haber estado en contacto con la enfermedad. Además, las inyecciones de inmunoglobulina fortalecen al sistema inmunológico en su lucha contra la enfermedad.	Antibióticos.
Algunos condilomas sin tratar pueden seguir creciendo, a veces se rompen y sangran si están irritados. Ciertos tipos del virus que causa los condilomas están relacionados con el cáncer de cuello uterino, y otros estados precancerosos, aunque el número de casos es muy reducido. La citología es un modo seguro de detectar el cáncer de útero, que es mucho más fácil de tratar y curar en sus primeras fases. Toda mujer debe hacerse una citología regularmente, una vez al año. Las que tengan este virus deberán hacérsela cada seis meses.	Si no se diagnostica y no se trata, puede causar serios daños en el tracto urinario y los órganos reproductores, hasta causar la enfermedad inflamatoria pélvica en las mujeres y, quizás, esterilidad.	Si te cuidas mucho, descansas, te alimentas bien, no bebes alcohol y buscas ayuda médica, la enfermedad pasará. Sin embargo, es crónica y puede reaparecer. Si no se trata, puede provocar daños en el hígado e incluso la muerte.	La sífilis sin tratar puede causar la degeneración de los órganos vitales, daños cerebrales y la muerte.

ANTICONCEPCIÓN

Aparte de la abstinencia, los sistemas básicos de anticoncepción son los siguientes:

Métodos hormonales, que se administran por medio de inyecciones, píldoras o implantes.

Métodos de barrera, que incluyen el condón masculino y femenino, el diafragma y el capuchón cervical.

Espermicidas, en forma de crema, espuma y supositorios. Pueden usarse solos o junto con métodos de barrera. Si se usan solos, se insertan en la vagina con una especie de jeringuilla, o se mete el supositorio, de una hora a diez minutos antes de la relación sexual.

El **DIU**, o dispositivo intrauterino, lo inserta el ginecólogo en el útero. Suele tener forma de T y está hecho de cobre, plástico y progesterona. Hace que el útero sea inhabitable para un óvulo fecundado. Se popularizó en los años 60 y 70, pero ahora no se usa tanto ya que ha sido asociado con la enfermedad inflamatoria pélvica en mujeres con múltiples parejas. Para las mujeres sin hijos, la inserción puede ser dolorosa. Son seguros en relaciones monógamas, pero no es la mejor elección para una adolescente.

Ligamento de trompas, que es permanente y por tanto no muy común en adolescentes. Se trata de obstruir las trompas de Falopio. Se extrae una pequeña porción de cada trompa y se sellan los extremos. A falta de un conducto continuo, el óvulo y el esperma no tienen por dónde encontrarse. Sin embargo, el ligamento no evita la regla.

Ver **Cuándo puedes quedarte embarazada**, **p. 122.**

También existe un par de métodos llamados anticonceptivos que son por completo ineficaces en la prevención del embarazo y las ETS:

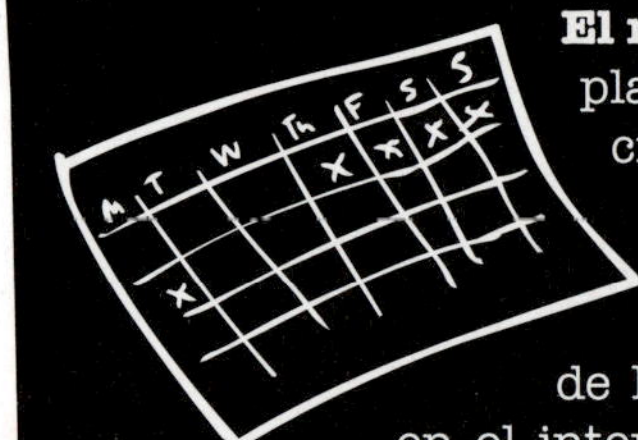

El método ogino: el intento de planificar los coitos en los días del ciclo en que la mujer no es fértil. No es de fiar porque el óvulo permanece en la trompa de Falopio varios días después de la ovulación y el esperma vive en el interior del cuerpo unos días, así que los dos pueden superponerse, haciendo que no existan «días seguros». Además, no todo el mundo sabe cuándo ovula y muchos ciclos menstruales no son nada regulares.

Marcha atrás, o *coitus interruptus*: cuando el hombre se retira antes de eyacular. No funciona porque el líquido preeyaculatorio puede contener esperma. A veces, también falla porque el hombre no consigue retirarse a tiempo, a pesar de su intención de hacerlo.

Aquí tienes una descripción de métodos anticonceptivos eficaces **(recuerda: ningún método hormonal protege de enfermedades)**:

Métodos hormonales

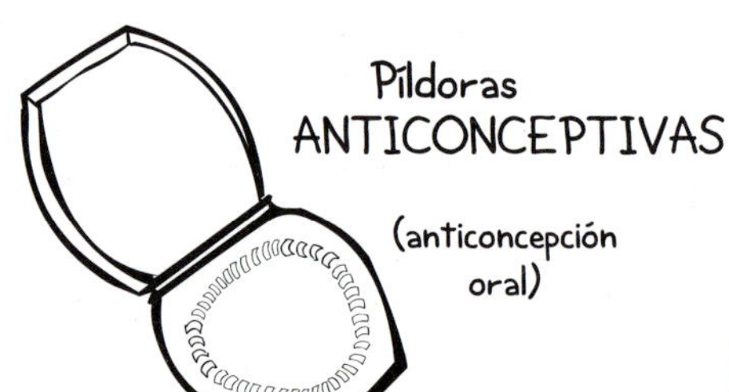

Qué es: Una píldora con hormonas que se toma diariamente.

Cómo funciona: La píldora engaña al cuerpo haciéndole creer que está embarazada. Las hay de dos tipos: uno combina estrógeno y progesterona sintéticas (progestina), y suprime la ovulación. Sin óvulo, no hay nada que fecundar. El segundo —algo menos efectivo— contiene sólo progestina y espesa la mucosidad del cuello uterino, haciendo más difícil que el esperma se abra paso hasta la trompa de Falopio y se encuentre con el óvulo. También hace al útero inhabitable para un óvulo fecundado.

Eficacia contra el embarazo: 97% a 100% si se toma cada día.

Eficacia contra ETS: Hay menor riesgo de enfermedad inflamatoria pélvica, infección causada por algunas ETS.

Cuándo funciona: Tres o cuatro semanas después de haber empezado a tomarlas.

Efectos secundarios: En los primeros tres meses: posibles náuseas y pérdidas a mitad del ciclo. En adelante: dolor de cabeza, hinchazón, aumento de peso, dolor en los pechos, depresión, disminución del apetito sexual. Si estos síntomas persisten, habla con tu médico para que te recete otra píldora. Deja de tomarla si tienes alguno de los siguientes síntomas: dolores de cabeza agudos, hinchazón y dolor en las piernas, mareos, entumecimiento, visión borrosa, habla poco clara. Es posible que la píldora de combinación aumente la probabilidad de un cáncer de mama. Es desaconsejable para fumadoras mayores de 35 años o para hipertensas.

A la venta: En farmacias.

Ventajas: Muy eficaz en anticoncepción. Las reglas suelen ser más suaves y regulares, y menos dolorosas. Puede reducir la probabilidad de cáncer de ovarios.

Inconvenientes: Hay que tomarla cada día sin falta. No protege contra enfermedades.

Errores frecuentes: Olvidar tomarla o creer que hay que descansar.

INYECTABLES

Qué es: Una inyección de progestina administrada cada tres meses.

Cómo funciona: Reprime la hormona foliculoestimulante, interrumpiendo la producción de los óvulos y el ciclo menstrual.

Eficacia contra el embarazo: 99%.

Eficacia contra ETS: Ninguna.

Cuándo funciona: Una semana después de la primera inyección.

Efectos secundarios: Puede tener algunos o los mismos efectos que la píldora de progestina, por ejemplo acné, aumento de peso, dolor en los pechos, depresión y falta de apetito sexual. No provoca irregularidades menstruales pero causa daños reversibles en los huesos.

A la venta: Por medio del médico.

Ventajas: Anticoncepción eficaz, y menos lío que la píldora.

Inconvenientes: Una inyección cada tres meses. Se puede tardar hasta 18 meses en restablecer la ovulación normal. Además, los inyectables tienen una polémica historia política. A causa de la preocupación por los embarazos de adolescentes y madres en beneficencia, se dieron casos de médicos y padres que la administraron a adolescentes y madres de bajos ingresos sin informarlas al respecto. Ya que es bastante nuevo, no existen estudios sobre su uso a largo plazo. No protege contra enfermedades.

Errores frecuentes: Olvidar ponerse la inyección.

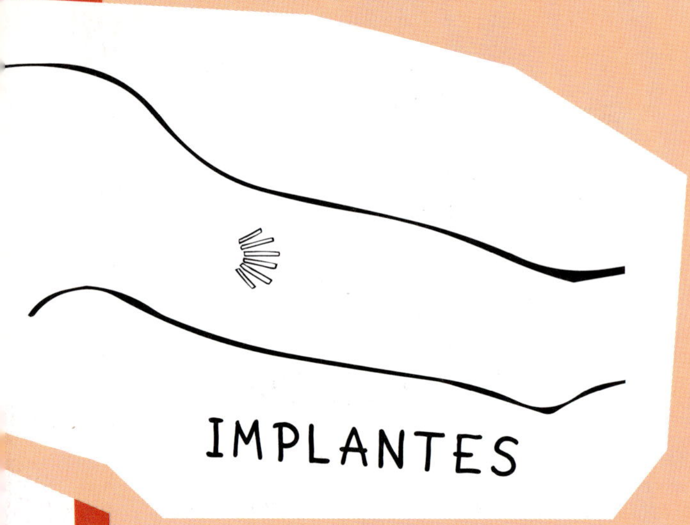

Qué es: Seis cápsulas del tamaño de una cerilla que se insertan quirúrgicamente en el brazo.
Cómo funciona: La hormona se va liberando poco a poco, e impide la ovulación y el avance del esperma durante cinco años.
Eficacia contra el embarazo: 99%.
Eficacia contra ETS: Ninguna.
Cuándo funciona: Una semana después de la inserción.
Efectos secundarios: Aumento de peso, dolores en los pechos y menos densidad ósea.
A la venta: Por medio del médico.
Ventajas: Protección sin problemas durante mucho tiempo. Periodos más suaves y menos dolorosos, menos anemia.
Inconvenientes: La operación para insertar y extraer los implantes puede causar molestias y, a veces, quedan cicatrices. Es difícil dar marcha atrás si decides quedarte embarazada. Tiene una historia similar a la de los inyectables y a veces se ha administrado en mujeres pobres y adolescentes mediante coacción. No protege contra enfermedades.
Errores frecuentes: Las mujeres se olvidan de extraerlo pasados cinco años.

MÉTODOS DE BARRERA

Ver Preservativos, **p. 105.**

Qué es: Un disco o una copa de goma que se coloca en el cuello uterino.
Cómo funciona: Bloquea el paso del esperma por el cuello uterino.
Eficacia contra el embarazo: Con espermicida, más del 90%.
Eficacia contra ETS: Mínima, el espermicida puede matar algunos gérmenes.
Cuándo funciona: Insertar hasta una o dos horas antes del coito y volver a aplicar espermicida en cada penetración.
Efectos secundarios: Irritación en el hombre y la mujer por el espermicida. Leve probabilidad de síndrome de shock tóxico si se lleva puesto demasiado tiempo (debe retirarse ocho horas después del coito).

Para saber más sobre el SST, ver p. 24.

A la venta: El médico te da tu talla.
Ventajas: Puedes ponértelo pronto, hasta varias horas antes del coito, así que no interrumpe nada.
Inconvenientes: Puede ser complicado ponérselo hasta que le pillas el truco. Hay que ver al médico periódicamente y debes comprobar que no tenga agujeros poniéndole agua para ver si gotea. Debes dejarlo puesto ocho horas después del coito. Con su uso son más comunes las cistitis.
Errores frecuentes: No volver a aplicar espermicida. Inserción incorrecta (lo cual resulta muy incómodo).

Qué es: Un diafragma más ajustado que sella la entrada del cuello uterino.
Cómo funciona: Bloquea el paso del esperma por el cuello uterino.
Eficacia contra el embarazo: La misma que el diafragma: algo más del 90% si se coloca correctamente y se usa con espermicida.
Eficacia contra ETS: Insignificante. Mejor con espermicida.
Cuándo funciona: Se puede insertar un día antes, o justo antes, y se puede llevar durante un total de dos días. Hay que volver a aplicar espermicida en cada coito.
Efectos secundarios: El espermicida puede irritar tanto al hombre como a la mujer. Pequeño riesgo de síndrome de shock tóxico si se lleva puesto más de 48 horas. Puede originar flujo y olor vaginal desagradables.
A la venta: El médico te da tu talla.
Ventajas: Se puede llevar con comodidad durante dos días.
Inconvenientes: Puede ser difícil de insertar y quitar. Muchas mujeres no pueden usarlo, ya que su anatomía no se lo permite.
Errores frecuentes: No añadir más espermicida.

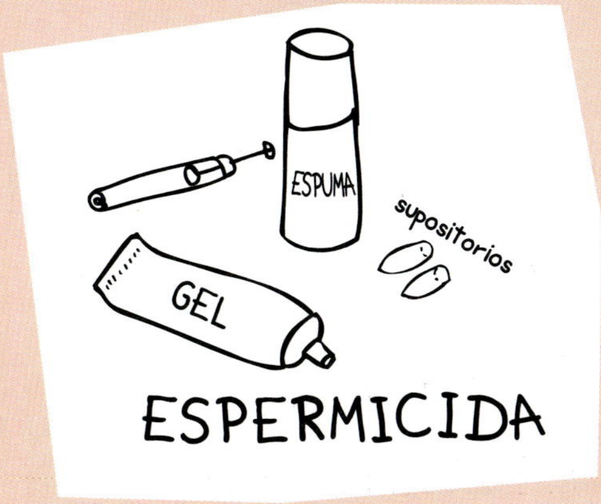

Técnicamente no es un método de barrera, pero suele usarse junto con ellos.
Qué es: Gelatina, espuma, crema o supositorios insertados en la vagina.
Cómo funciona: Contiene productos químicos que acaban con los espermatozoides.
Eficacia contra el embarazo: Un 80% si se usa solo. Entre el 88% y el 90% cuando se usa con un método de barrera, e incluso más con el uso cuidadoso de condones o diafragma.
Eficacia contra ETS: Buena en combinación con condones. El espermicida mata tanto los espermatozoides como los gérmenes causantes de ETS. Aun así, ya que las ETS se transmiten de diferentes formas, a través de la piel y los flujos, su eficacia está lejos del cien por cien.
Cuándo funciona: Insertar hasta una hora antes del coito y al menos diez minutos antes. Dejar durante seis u ocho horas.
Efectos secundarios: Puede causar hongos e infecciones vaginales. Algunas personas son alérgicas.
A la venta: En farmacias.
Ventajas: Protege un poco contra enfermedades, pero es mejor con un condón.
Inconvenientes: Es un potingue de mal sabor.
Errores frecuentes: No aplicar más espermicida en cada nuevo coito.

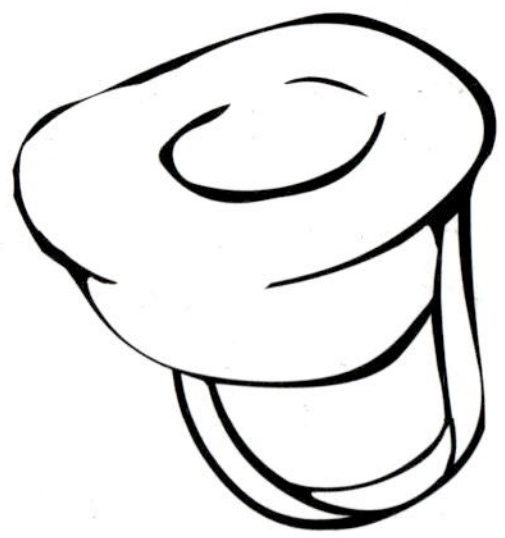

ESPONJA

Qué es: Una esponja desechable de poliuretano con forma de rosquilla empapada de espermicida. Se extrae tirando de una cinta.
Cómo funciona: Bloquea el paso del esperma por el cuello uterino y lo mata con espermicida. La esponja atrapa y absorbe el semen.
Eficacia contra el embarazo: 85%-90%.
Eficacia contra ETS: Insignificante.
Cuándo funciona: Insertar en cualquier momento previo al coito para tener 24 horas de protección. Dejar puesta entre seis y ocho horas después del coito.
Efectos secundarios: El espermicida puede causar irritaciones. Ligero peligro de síndrome de shock tóxico si se lleva más de 30 horas.
A la venta: En farmacias.
Ventajas: La repetición del coito en un periodo de 24 horas no requiere la aplicación de espermicida cada vez, como con el diafragma o el capuchón cervical.
Inconvenientes: Un porcentaje de fallos bastante alto. Puede ser difícil de extraer (si la esponja se da la vuelta, es difícil agarrar la cinta).
Errores frecuentes: Extraerla demasiado pronto.

INFORMACIÓN

Internet: Páginas web

Abc de la sexología
(http://www.abcsexologia.com): Todo acerca de la sexología, desde sus aspectos lúdicos hasta los problemas médicos. Tiene un interesante apartado acerca de los métodos anticonceptivos, y secciones sobre la relación entre alcohol, drogas y sexo.

Salud y sexualidad
(http://saludpublica.com): Acerca de las enfermedades de transmisión sexual, sida y campañas de prevención. Interesantes artículos acerca de la situación sanitaria en América Latina. Visita su apartado específico para la salud del adolescente.

Sexualidad responsable
(http://www.arconet.es/med/home.htm): Esta página está destinada principalmente a los jóvenes, y se presenta como un modo de acercarles la información más actual y detallada acerca de anticoncepción y salud sexual y reproductiva.

Guía latina
(http://www.saludlatina.com): En este sitio dedicado a la salud en América Latina encontrarás, ya en la página principal, una exhaustiva guía del sida para que averigües qué recursos están al alcance de quienes padecen esta enfermedad. También puedes participar en sus foros de sexualidad, para compartir con otros y en español tus incertidumbres y experiencias.

ONG y sida
(http://www.msc.es/sida/ong): Visita su interesante directorio de organizaciones por Comunidad

Autónoma: para que no te quepa la menor duda de quién puede ayudarte. Página del Ministerio de Sanidad y Consumo de España.

Planificación familiar y métodos anticonceptivos (http://www.fhi.org/sp): Versión española del sitio de Family Health Intenational (Salud Familiar Internacional), sociedad comprometida en la ayuda a los hombres y mujeres para tener acceso a los métodos de planificación familiar.

Clínica de las enfermedades de transmisión sexual (http://www.arconet.es/med/avg/ETS.HTM): Aquí encontrarás toda la información sobre las diferentes enfermedades de transmisión sexual, desde sus síntomas hasta las formas de prevención y tratamiento.

Libros

Ficción

Humphreys, M. *Sea lo que sea*, Anaya, Madrid, 1996

Una novela que trata la afección del sida entre los más jóvenes.

Conocimientos

Bimbela Pedrola, J.L. *Sida y jóvenes*, Círculo de lectores, Barcelona, 1997

Claseon, B.H. *Información sexual para jóvenes*, Lóguez, Madrid, 1988

Rubí, M.L. *Los anticonceptivos*, Aguilar, Madrid, 1996

Entidades

FASE. Fundación Anti-Sida España: Juan Montalvo 6 - 28040 Madrid - Tel. 91 5361500 - Fax 91 5362500 - fase@fase.es (http://www.fase.es)

Apoyo Positivo: solidaridad con los enfermos de sida: Avda. Llano Castellano s/n - 28034 Madrid - Tel. 91 3581444 - Fax 91 7290802

UNAPRO. Unión para la Ayuda y Protección de los Afectados por el Sida: Los Guaches 3 1.ª planta Barrio Nuevo - La Laguna - Santa Cruz de Tenerife - Tel. 922 632971/901 512035 - Fax 922 633223 - unapro@unapro.org (http://www.unapro.org)

Fundación R.E.D. Prevención y asistencia VIH-sida: Cabera 3531 (1186) - Ciudad de Buenos Aires - Argentina - Tel. (14) 1963 4545 - FundacionRED@ciudad.com.ar (http://www.redsida.org.ar)

InfoRed SIDA - Centro Nuevo México para la Educación y entrenamiento sobre el sida: BRF 323 - Albuquerque - New Mexico 87131 - 5271 - Tel. (505) 2728443

Colectivo Tetuán-Ventilla para seguimiento de menores y jóvenes: Almortas 24 - 28039 Madrid - Tel. 91 3117967 - Fax 91 3117967

Organización panamericana de la salud: 525 Twenty-third Street, N.Y. - Washington, D.C. - 20037 U.S.A. - Tel. (202) 9473000 - Fax (202) 947363

Organización mundial de la salud: Acude a su sitio web (http://www.who.int/asd) para averiguar qué oficina regional corresponde a tu zona.

¿Quieres conversar sobre este tema? Entra en el chat de http://www.descubrete-edicionesb.com

Capítulo 5

EMBARAZO

Si tienes una vida sexual activa, sea cual sea el método anticonceptivo que utilices, existe la posibilidad de que quedes embarazada. Esa posibilidad aumenta o disminuye según el método anticonceptivo. Sin embargo, ten presente que, salvo la abstinencia, ¡no hay método anticonceptivo seguro al cien por cien!

Puedes acercarte a ello combinando la eficacia de dos métodos: uno hormonal (como la píldora) y otro de barrera (como un preservativo), pero ni siquiera eso será perfecto.

El embarazo es algo que sucede a las chicas que no son precavidas y (no tan a menudo) a las que lo son. Si te sucede a ti, te encuentras en una situación muy seria y tienes diferentes opciones que considerar.

Algunos datos sobre...
... el embarazo de adolescentes

EE.UU. tiene la tasa de embarazos de adolescentes más alta de todos los países desarrollados. Es 2 veces superior a la de Gran Bretaña; de 5 a 6 veces superior a las de España, Francia, Suecia y Dinamarca; y 15 veces superior a la de Japón.

Cada año, cerca de un millón de adolescentes estadounidenses se quedan embarazadas. Un 9% se convierten en madres antes de los 18 años y otro 9% aborta antes de cumplirlos.

En el clima de «sexo seguro» de los años 90, un 54% de chicas usó preservativo la primera vez que hizo el amor.

CÓMO TE QUEDAS EMBARAZADA

Ésta es la única manera de quedar embarazada:
1. Un espermatozoide debe entrar en la vagina, pasar por el cuello uterino y llegar a las trompas de Falopio.
2. Allí, debe encontrar un óvulo que esté en su trayecto mensual hacia el útero y penetrar su pared exterior. Eso es la concepción.

La concepción puede tener lugar durante el coito, cuando el hombre eyacula millones de espermatozoides en la vagina. Puede suceder incluso si el hombre intenta dar marcha atrás, ya que el líquido preeyaculatorio (lo que sale del pene antes del orgasmo) contiene esperma.

También puedes quedarte embarazada si un hombre derrama esperma cerca de tu abertura vaginal, después de la masturbación o de haberse retirado, sólo con que un espermatozoide consiga llegar hasta el óvulo. Inmediatamente después de que un espermatozoide entra en el óvulo, sus paredes se endurecen y se espesan de forma que no pueda entrar ninguno más. El óvulo fecundado viaja por la trompa de Falopio hasta el útero, que se ha preparado para su llegada. El óvulo se implanta en el revestimiento del útero y empieza a crecer.

Para más información sobre la ovulación y el ciclo mensual, ver pp. 20-21.

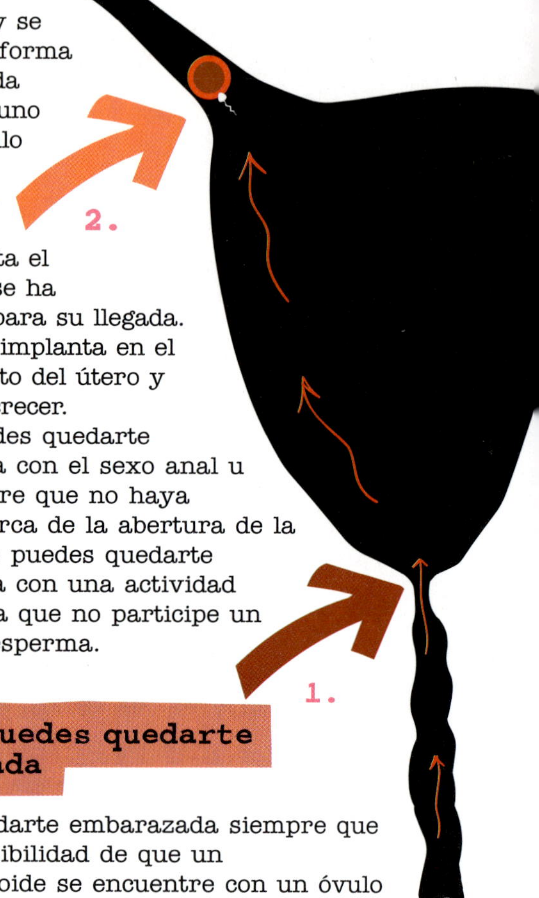

No puedes quedarte embarazada con el sexo anal u oral (siempre que no haya esperma cerca de la abertura de la vagina). No puedes quedarte embarazada con una actividad sexual en la que no participe un pene y su esperma.

Cuándo puedes quedarte embarazada

Puedes quedarte embarazada siempre que haya la posibilidad de que un espermatozoide se encuentre con un óvulo el las trompas de Falopio.

Los óvulos sólo están en las trompas de Falopio durante la ovulación y justo después. El esperma vive hasta tres días dentro de ti. Así que si realizas el coito hasta tres días antes o un poco después de la ovulación, es posible que quedes embarazada.

En teoría, si cada mes supieras con exactitud cuándo ovulas, podrías no tener relaciones en esos días y evitar el embarazo.

El problema es que es casi imposible predecir exactamente cuándo vas a ovular. Casi nadie tiene un ciclo del todo regular. Las mujeres jóvenes suelen tenerlos irregulares. La ovulación puede tener lugar incluso durante la regla.

Cómo sabes si estás embarazada

Primeros síntomas de embarazo (suelen aparecer unas dos semanas después de la concepción):

falta de una regla · dolor en los pechos · hinchazón · náuseas · cansancio · aumento o disminución del apetito · orinar con frecuencia · pequeños mareos

Me tenía que venir la regla ayer y no me ha venido. Es posible que esté embarazada. ¿Qué hago?
Gingersnp

Vale, cariño, a veces las chicas se ESTRESAN por creer que están embarazadas. Ese estrés puede retrasarte el ciclo unos días. Intenta relajarte.
wandawanda

Si dentro de dos semanas no te ha venido la regla, hazte la prueba del embarazo o ¡VE AL MÉDICO! Es la única forma de estar segura. Pide consejo a tu tutor en la escuela. No pienses que a lo mejor has tenido suerte y que «eso no me puede pasar a mí».
quejica

Además del embarazo, otros factores pueden retrasar la regla: el estrés (entre ellos el que genera creer que estás embarazada), enfermedades, los aumentos y las pérdidas de peso, o los viajes.

Si no te viene la regla o si manchas muy poco en comparación a lo que acostumbras, y persisten otros síntomas de embarazo, deberías hacerte una prueba cuanto antes; tal vez estés en estado.

Puedes comprar una prueba y hacértela en casa, o ir al médico.

La prueba de embarazo que venden en las farmacias te la puedes hacer en casa. Funciona mediante la detección de la hormona HCG en la orina. La HCG sólo está presente en el cuerpo de las embarazadas. Estas pruebas son muy precisas si se usan correctamente.

¡Sigue las instrucciones con mucha atención!

Aunque se puede detectar el embarazo sólo unos días después de la concepción, existe la posibilidad de un resultado equivocado si se hace la prueba tan pronto. Es mejor esperar hasta unas dos semanas después del coito o, si te haces una prueba muy pronto y es negativa, pero no te viene la regla, repetirla una semana más tarde.

Si el resultado es positivo, o si quieres contrastar el resultado, el siguiente paso es ir al médico para la prueba definitiva.

Contracepción de urgencia

Si tienes algún accidente con los métodos anticonceptivos (si el condón se rompe o se sale durante el coito, de modo que él ha eyaculado dentro de ti), o si te fuerzan a realizar el coito sin protección, y estás totalmente segura de que no quieres quedarte embarazada, puedes recurrir a una forma de contracepción de urgencia que se llama la píldora del día siguiente.

La píldora del día siguiente debe tomarse dentro de las 72 horas siguientes a la relación sexual, cuanto antes mejor. Sólo te la puede dar el médico. Se toman, con 12 horas de diferencia, dos dosis de hormonas que provocan unos cambios en el revestimiento del útero que lo hacen inhabitable para un óvulo fecundado y así se evita el embarazo. Este método reduce las posibilidades de embarazo en un 75%.

Tomar la píldora del día siguiente después del periodo de 72 horas puede ser peligroso. No es un método anticonceptivo. Se trata de una dosis muy fuerte de hormonas que te harán sentir mal y sin fuerzas durante unos días. El uso repetido no es recomendable y la mayoría de los médicos no lo permite.

Ver Información, p. 129.

¿Quién te ayudará si decides abortar?

¿Cuáles son tus convicciones morales y religiosas?

¿Por qué quieres tener el niño?

Si lo tuvieras, ¿quién te ayudaría a criarlo?

¿Cómo pagarás la opción que elijas?

¿Te imaginas tu vida con un hijo?

¿Por qué **no** quieres tener el niño?

¿Cuáles son tus motivaciones?

DECIDIR QUÉ HACER

Si estás segura de estar embarazada, tienes que decidir si quieres continuar con el embarazo.

Para algunos, no hay decisión posible. Sus creencias religiosas, morales o personales hacen impensable la interrupción voluntaria del embarazo.

Para otros, el aborto es una alternativa. En cada país, la situación legal es diferente.

Se trata de tu cuerpo y es tu decisión. Nadie debe forzarte a nada. Debes decidir basándote en tu situación y tus circunstancias personales.

Para más información sobre el debate sobre el aborto, **ver p. 271.**

Hay millones de preguntas que debes hacerte, y comentar con el padre del niño y con tu familia. Si no puedes hablar con tus padres, busca a otro adulto en quien confíes para que hable contigo y te ayude a tomar una decisión con la que te sientas cómoda.

Es importante comprender que nada cambiará tanto tu vida como tener un hijo. Cosas que ahora das por hechas —acabar el instituto, ir a la universidad, tener vida social— se hacen difíciles o imposibles cuando tienes que ocuparte de un niño y pagar su cuidado.

Busca a otras madres adolescentes y pregúntales cómo es su vida.

OPCIONES

Tener el niño

Si decides tener el niño y criarlo, prepárate. Haz todo lo que puedas lo antes posible para afrontar este enorme cambio en tu vida. En caso de que tengas una relación con el padre, es esencial que sepa que estás embarazada. ¿Se hará responsable? (Legalmente, tiene una responsabilidad económica.) ¿Cómo te ganarás la vida? ¿Cómo te ocuparás del niño? ¿Continuarás estudiando?

Haz un buen seguimiento del embarazo; ve de inmediato al tocólogo y deja todos los hábitos que puedan ser peligrosos, como fumar, beber, y tomar drogas y fármacos, también los que se venden sin receta, como aspirinas y demás. Es probable que el médico te recete vitaminas y te dé unas pautas de nutrición que deberás seguir durante los nueve meses de embarazo.

A medida que avanza tu estado, deberías prepararte para el parto. Ve a clases de preparación. Infórmate acerca del cuidado del recién nacido en bibliotecas y librerías.

Ver Información acerca del embarazo y el parto, **pp. 129.**

Madres adolescentes

Estadísticamente, las madres adolescentes lo tienen todo en contra. Según SIECUS (el Consejo de Información y Educación Sexual de EE.UU.) y el Alan Guttmacher Institute, que estudia los temas de la reproducción:

94% de adolescentes piensa que, si tuvieran un hijo, continuarían estudiando

70% de madres adolescentes continúa estudiando

25% de chicas que dejan el instituto cita como motivo el embarazo

51% de adolescentes cree que, si tuvieran un hijo, se casarían con el padre

19% de madres adolescentes se casa con el padre

Sólo tengo 15 años y cometí un gran error. Mi novio y yo lo hicimos una sola vez, y vi que tenía retraso. Tuvimos el bebé y ha sido muy duro. Aún voy al instituto, a uno especial para chicas con hijos. Pero os aviso, esto puede pasar con un solo espermatozoide. Sólo uno. ¿Por qué arriesgar toda una vida por una hora de placer?
reinaestática

Soy una ama de casa de 18 años y es una mierda. Acabé el instituto y desde entonces no he hecho nada. Mi hijo ya tiene 7 meses y yo estoy tan harta de quedarme en casa que busco trabajo por hacer algo. Quiero a mi hijo, pero ser ama de casa no era el sueño de mi vida. Ser madre significa renunciar a estar con tus amigos por cuidar del niño. Ni siquiera me acuerdo de la última vez que salí con ellos.
TormentaQuieta

Me quedé embarazada a los 16 años. Dejé de salir con mis amigos aunque no quería. Dejé de ser independiente. También acabé casándome. Es duro y casi cada día quiero salir corriendo. No intento deciros que no tengáis hijos; es decisión vuestra. Sólo quiero que penséis bien todo lo que comporta.
fefifofum

En general, las madres adolescentes tienen más hijos, son madres solteras durante más tiempo y recurren más a la ayuda de instituciones que las que esperan a los veintitantos. Ser madre adolescente significa que, muy probablemente, quedarás relegada a un estatus socioeconómico inferior al que hubieses conseguido o deseado.

Además, los hijos de estas madres suelen tener más cosas en contra. Van peor en el colegio, tienen más dificultades de aprendizaje, peor salud, mayor índice de actos delictivos y una elevada tasa de embarazo en la adolescencia.

Eso no quiere decir que no pueda ser al contrario. Es para darte una idea de lo que tienes delante. No eres una estadística. Si estás embarazada y has decidido tenerlo, debes estar segura de que tienes el apoyo y los medios para rebatir las estadísticas. Algunas madres adolescentes vuelven a estudiar y siguen la carrera que habían dejado.

Tener un hijo es una enorme responsabilidad para cualquiera, incluso para los que están casados y tienen una economía estable. Sé consciente de la realidad antes de tomar decisiones.

Adopción

Si no quieres abortar pero no estás preparada para criar a un niño, puedes decidir tener el bebé y darlo en adopción.

Llevar dentro un bebé durante nueve meses y luego dejarlo ir puede ser muy difícil emocionalmente, incluso cuando estás convencida de hacer lo mejor para ti y para el niño. Estar sana y cuidar de tu embarazo son compromisos que debes mantener tanto si decides quedarte con el niño como si lo das en adopción.

El primer paso es dirigirte a algún centro de servicios sociales o a alguna agencia de adopción aprobada por el Estado para recibir toda la información posible. La adopción es un asunto legal, así que aunque conozcas a las personas a quienes quieres entregar el bebé, es preciso que un abogado lleve los trámites y se reciba la aprobación judicial. Asegúrate de conservar una copia de todos los papeles.

Las adopciones van desde la forma clásica, en la que la madre es anónima, hasta otras formas más abiertas, en las que la madre se mantiene en contacto con los padres adoptivos y su hijo. Entre estas dos hay una gran variedad de posibilidades.

> Tengo 15 años. Hace un mes tuve mellizos: un niño y una niña. Mis padres se pusieron furiosos cuando se enteraron, pero, después de hablar seriamente, acabaron por entenderme, y me ayudaron en todo momento. Di a mis hijos en adopción. Es duro, pero me alegro de no haber abortado.
>
> **lentopocoman**

Aborto

Según el Alan Guttmacher Institute y NARAL (Liga de Acción de los Derechos de Reproducción y Aborto de EE.UU.):

50% de los embarazos no son intencionados

50% de embarazos no deseados acaban en aborto

55% de mujeres que abortan son menores de 25 años

22% son adolescentes

61% de los abortos en EE.UU. son de mujeres blancas

Las mujeres que indican no tener creencias religiosas tienen **4** veces más probabilidades de abortar.

Las católicas tienen un **29%** más de posibilidades de abortar que las protestantes.

1 de cada **4** embarazos termina en aborto, y un **20%** de los abortos son de menores de **19** años. Cerca de **300.000** adolescentes estadounidenses abortan cada año, aunque esta cifra, como la de embarazos en la adolescencia, es inferior a la de los años 80.

Aunque estés al corriente del debate político sobre el aborto, cuando se trata de ti, la discusión se convierte en una batalla personal. Abortar puede ser una experiencia emocionalmente complicada. Muchas mujeres que abortan se sienten aliviadas cuando todo ha terminado y dicen que no se arrepienten. Otras sienten remordimientos.

Para información sobre el aborto, ver **p. 129.**

Interrumpir el embarazo

El aborto debe llevarlo a cabo un médico en una clínica. No intentes hacerlo tú sola ni que te lo haga otra persona, ¡bajo ninguna circunstancia!

Tu médico podrá informarte sobre alguna clínica donde puedas abortar. En los centros de planificación familiar también pueden ayudarte.

Las clínicas de interrupción del embarazo también aparecen en las páginas amarillas y se anuncian como clínicas ginecológicas o clínicas de la mujer, pero es mejor que te aconsejen una. Se han dado casos en que grupos antiabortistas se han anunciado como clínicas de aborto para atraer a embarazadas y convencerlas de que desistan.

Es bueno que sepas todo lo posible acerca de qué sucede el día del aborto, así que pregunta cuanto quieras. Cuanta más información tengas, más cómoda te sentirás con lo que vas a vivir.

Cosas que preguntar

1. ¿En qué consiste la operación? ¿Cuánto estarás allí? ¿Puede acompañarte alguien? ¿Tienes que hacer algo para prepararte?
2. ¿Necesitas el consentimiento de tus padres?
3. ¿Cuánto cuesta?
4. ¿Qué riesgos se corren? ¿Qué pasa si algo sale mal?
5. ¿Qué pasa después de la operación? ¿Tendrás que volver a ir? ¿Te dan asesoramiento?

Si algo no te gusta, confía en tu instinto y llama a otros centros.

Aunque no debes tomar decisiones precipitadas que puedas lamentar, existe un factor temporal a tener en cuenta. Se recomienda abortar en el primer trimestre de embarazo o las primeras 12 semanas después del comienzo de la última menstruación. Estos abortos son más seguros, más sencillos, más baratos y menos polémicos que los que se efectúan más adelante.

Un aborto en el primer trimestre puede efectuarse a partir de la sexta semana, tarda entre 5 y 15 minutos, y se puede hacer con anestesia local o general. Algunas clínicas tienen precios que se acomodan a las posibilidades de las clientes. Si sigues adelante sola, no temas preguntar por las opciones económicas.

En un aborto de primer trimestre, se dilata el cuello uterino y se introduce un tubo aspirador que vacía el contenido de la matriz. Permanecerás en la clínica una o dos horas más para descansar y recuperarte. Se suele sangrar y padecer dolores, además existe un pequeño riesgo de infección, como en cualquier operación. Algunos médicos recetan antibióticos para evitar riesgos. Si no tomas antibióticos y te sube mucho la fiebre después del aborto, ve al médico o a urgencias. Durante los días que siguen a un aborto, hay que estar relajada. Y sobre todo debes abstenerte de tener relaciones sexuales durante dos semanas.

Es más difícil encontrar médicos que realicen un aborto en el segundo trimestre. El procedimiento, según lo avanzado de la gestación, es mucho más complicado. Normalmente se requiere hospitalización, se inyecta un fármaco que dilata el cuello uterino y posibilita que el médico raspe y succione el contenido del útero (técnica D+E) o, si estás más avanzada, se provoca un parto y el cuerpo expulsa el feto.

Abortar en el tercer trimestre es mucho más complicado y polémico. Incluso muchos de los que defienden el derecho de la mujer a elegir suelen ser reticentes hacia el aborto en el tercer trimestre, cuando el feto ya tiene un aspecto humano y podría sobrevivir fuera de la matriz si naciera. Muchos médicos se niegan a practicarlo.

Aborto y legalidad

La situación legal del aborto es diferente en cada país. En España, se pueden practicar abortos legales en centros autorizados siempre que se dé, al menos, una de las siguientes circunstancias:

1. Cuando el aborto sea imprescindible para evitar graves daños en la salud física o psíquica de la embarazada. Debe corroborarlo un informe médico que no esté emitido por el mismo doctor que practicará el aborto.

2. Cuando el embarazo sea consecuencia de una violación, siempre que ésta se haya denunciado.

3. Cuando exista un grave riesgo de que el feto nazca con serias malformaciones físicas o psíquicas. Deben corroborarlo dos informes de médicos diferentes al que va a practicar el aborto.

Infórmate en centros de planificación familiar o en clínicas de aborto aprobadas por el Estado.

Abortos farmacológicos: RU-486

En este momento, existe un método de aborto farmacológico que está a la venta en Europa y ha sido aprobado por la FDA de EE.UU., donde no se comercializa a pesar de ser considerado muy seguro, y de que en Francia, donde se vende desde 1989, ha hecho disminuir el número de abortos quirúrgicos: la píldora RU-486.

La RU-486 utiliza los mismos principios activos que inducen al aborto. Se administra en dos tomas. La mujer ingiere la primera píldora en la consulta del médico y regresa al cabo de dos días para tomar la segunda, que provoca contracciones en el útero. En uno o dos días, empieza a sangrar en lo que parece una menstruación abundante pero es un aborto «natural». Se puede sangrar durante 10 días y se precisa de una tercera visita al médico en la que se comprueba el éxito del procedimiento y se revisa a la paciente. Durante los 50 primeros días de embarazo, la tasa de éxito de la RU-486 es del 98,7%. El único peligro es el sangrado abundante, por eso es importante la participación del médico.

INFORMACIÓN

Internet: Páginas web

Información aborto legal (http://www.aborto.org): En estas páginas podrás encontrar información detallada sobre el aborto provocado, así como acerca de los procedimientos, técnicas y posibles complicaciones. También puedes acudir a su página de enlaces a favor y en contra del aborto, esa discusión siempre candente.

Ginecología y reproducción (http://www.cegyr.org.ar): Aquí tienes una interesante revista de medicina reproductiva, a cargo de reconocidos profesionales argentinos.

Embarazo en la adolescencia (http://www.ecomedic.com/em/embaadol.htm): Para cualquier duda que te surja acerca del embarazo durante la adolescencia, tanto en la teoría como en la práctica: cuáles son sus causas y síntomas, formas de prevención, test de embarazo y tratamientos, posibles complicaciones.

Libros

Ficción

Thürminger, R. *La decisión*, Everest, León, 1997

La decisión de una madre de abortar o no como consecuencia de un embarazo problemático.

Conocimientos

Stoppard, M. *¿Qué es el sexo?*, Javier Vergara Editor, Buenos Aires, 1998

Cousins, J. *Hazlo bien, hazlo seguro*, Medici, Barcelona, 1992

Rodríguez, G. y Aguilar, J.A. *Hablemos de sexualidad con la gente joven*, Fundación mexicana para la planeación familiar, México D.F., 1998

Hammond, D. *Nunca imaginé que mis padres supieran qué es el sexo*, Gedisa, Barcelona, 1990

Mayle, P. *¿Qué me está pasando?*, Montena, Barcelona, 1999

Entidades

INJUVE. Instituto de la Juventud: Marqués de Riscal, 16 - 28006 Madrid - Tel. 91 3477700 - Fax 91 4022194 - injuve@mtas.es (http://www.mtas.es/injuve)

Instituto de la mujer: Condesa de Venadito 34 - 28027 Madrid - Tel. 900 191010 (teléfono de información gratuito) - Tel. 900 152152 (teléfono de información gratuito para mujeres sordas) - inmujer@mtas.es (http://www.mtas.es/mujer)

Asociación de Mujeres para la Salud: Avda. Alfonso XIII 118 - 28016 Madrid - Tel. 91 5195678 - Fax 91 4134383 (http://www.jet.es/amsalud)

WOOBM España. Centro de Investigación y Promoción sobre Planificación Natural de la Fertilidad: José Calvo 23 bajo centro - 28039 Madrid - Tel. 91 4505011 - Fax 91 4505076 - woomb.imena@omc.telprof.es (http://www.imena.cjb.net)

Teléfono de información sexual para jóvenes: 900 102030

¿Quieres conversar sobre este tema? Entra en el chat de http://www.descubrete-edicionesb.com

Capítulo 6

Comprender las preferencias sexuales

Por preferencia sexual suele entenderse con qué sexo tienes relaciones sexuales, prefieres tenerlas o fantaseas con tenerlas... Aunque es interesante pensar en la preferencia sexual en un sentido más amplio.

LA PREFERENCIA SEXUAL EVOLUCIONA

La preferencia sexual no es sólo cuestión de ser gay o hétero. La sexualidad está en constante evolución y mucha gente se encuentra en un punto medio. Las personas cambian con el paso del tiempo, y con ellas su sexualidad; es uno de sus muchos encantos.

Curiosidad y preguntas

A medida que desarrolles sensaciones sexuales y comiences a pensar en el sexo, es natural pensar sobre lo que te excita en un sentido amplio y preguntarte quién te atrae. Muchas chicas empiezan a sentir interés o atracción por otras chicas o mujeres (ya sea de la vida real, los medios de comunicación, famosas, sueños, fantasías) y se preguntan qué dice eso de ellas y de su sexualidad.

A veces creo que me gusta alguna amiga mía y pienso en besarla, y luego me quedo de piedra y confusa, ¡porque me gustan los chicos!

bichitoazul

Mi mejor amiga tiene unos pechos ENORMES y a veces pienso en acostarme con ella. Sólo con imaginar sus pechos contra los míos... me vuelvo loca. Pero también me gustan los chicos. ¿Soy bi-curiosa? ¿O bisexual? También me gusta ver mujeres desnudas pero detesto ver hombres desnudos.
rosaPhoenix

No te culpo porque te gusten chicas y chicos. Venga, vamos, ¡las chicas son más guapas que muchos tíos! Igual te haces lesbiana, sigues siendo bi o incluso hétero. Nunca se sabe cómo acabarán las cosas. Y no pasa nada, no eres rara ni nada porque te gusten las chicas, y si alguien se mete contigo, son una mierda, ¿vale? ¡Recuérdalo siempre! **poderdechicas**

Creo que es normal sentirse confusa por la sexualidad. A mí también me pasa y tienes tanto derecho a hacer algo al respecto como a mantenerlo en secreto; pero NO intentes etiquetarte. Sé lo que eres: un ser humano indescriptible como todos. Y no creas que tienes que decidirte hoy mismo, mañana o este año. Date tiempo para aceptar tu confusión hasta que lo tengas claro. ¡Buena suerte! ¡Yo también la necesito!
fuschia

desde hace años sólo salgo con chicas (ahora tengo casi 19). siempre he dicho que estaría abierta a salir con un chico especial... pero siempre he creído ser gay. ahora hay un chico que me interesa, pero eso implicaría una revisión total de mi vida y mi sexualidad, y no sé si quiero eso... *GRRR* a veces todo es tan desconcertante.
rayos

GAY *NO* ES ALGO QUE DECIDAS SER. Yo nací así y me acepto.
Mimsy

¿Por qué prefiero acostarme con mujeres? Pues, piénsalo así: ¿quién sabe más de una mujer que otra mujer? Entendemos las emociones de la otra y conocemos nuestro cuerpo.
Nona

¿POR QUÉ A LAS CHICAS LES GUSTAN LAS CHICAS?

Evidentemente, no existe sólo una razón por la que a una chica le gusten las chicas. Para algunos, esta pregunta es tema de debate. Para otros, que creen que nos atraen los individuos y no un sexo, la pregunta está de más.

No tengo nada contra los gays, ¿pero qué te atrae de tu mismo sexo? ¿Por qué elegir a otra chica si puedes tener a un hombre? Por favor, dadme alguna pista, porque no lo entiendo.
msbootsie

Así son las cosas y sobre todo (más que elegir, no elegir, ir caliente...) debería tratarse de AMOR. El amor verdadero es amar el espíritu de la otra persona, que yo creo que no tiene sexo.
naTala

Naturaleza contra educación

Hay gente que cree que la homosexualidad es cosa de la naturaleza: o naces gay o no. Otros piensan que es cosa de la educación, resultado del ambiente en que has crecido: en tu vida hay algo que te empuja a hacerte gay. Otros creen que es una combinación de ambos.

Desde 1990, muchos estudios se han centrado en cuáles son las posibles causas biológicas de la homosexualidad. Un estudio de 42 hombres, realizado en 1991, apuntaba a diferencias físicas en el hipotálamo (la parte del cerebro que rige la sexualidad, entre otras cosas) de gays y héteros. En 1993, los investigadores descubrieron que las gemelas idénticas (que comparten la información genética) tienen el triple de posibilidades de ser ambas homosexuales que las mellizas, sugiriendo que el lesbianismo tiene un componente genético. Los estudios de gemelos idénticos varones han dado resultados similares. Otros estudios se han centrado en las diferencias hormonales entre homosexuales y heterosexuales.

Ninguna de estas investigaciones es concluyente y es imposible juzgarlas sin saber más acerca de su objetivo, el método empleado y el número de personas estudiadas.

Mucha gente se muestra escéptica ante este tipo de investigaciones y temen que podrían usarse en contra de los gays. En el pasado, se descubrió que muchos «estudios científicos» que habían apuntado a diferencias biológicas estaban manipulados o eran imprecisos. Por ejemplo, en 1997, un polémico estudio de Philippe Rushton intentó relacionar el tamaño del cráneo con la inteligencia de diferentes razas.

Algunos gays defienden el argumento de la naturaleza porque sienten que no tienen elección en cuestión de atracción sexual. Si hubiesen podido elegir, dicen, ¿por qué habrían decidido formar parte de un colectivo que es despreciado, discriminado e incluso atacado? En esta línea de razonamiento, prefieren el término «orientación sexual» ya que «preferencia sexual», implica una elección.

También existen varias teorías psicológicas acerca de la homosexualidad, pero no son más que divagaciones sin base científica. A finales del siglo XIX, cuando se acuñaron los términos «homosexualidad» y «heterosexualidad», la homosexualidad se consideraba una enfermedad mental. Durante muchos años, la American Psychiatric Association, por ejemplo, la definió como enfermedad y la citaba en su Manual de Estadística y Diagnóstico de Trastornos Mentales como una dolencia psiquiátrica que podía «curarse» con diversos tratamientos, desde terapia hasta electroshock. Finalmente, se determinó que tal definición era prejuicio, no ciencia, y se eliminó en 1973.

Sexualidad animal

En el mundo natural, se han observado comportamientos homosexuales en diversas especies de peces, reptiles, aves y mamíferos.

Uno de los casos más famosos de homosexualidad en el reino animal es el del bonobo, miembro de la gran familia de los simios. La biología del bonobo es tan próxima a la del ser humano como la del chimpancé. Al contrario que los chimpancés, los bonobos practican el sexo en diferentes combinaciones: hembra-macho, macho-macho, hembra-hembra. Las hembras de bonobo suelen montarse unas a otras y frotar sus clítoris, práctica conocida como frotamiento genito-genital. Los primatólogos han observado que los bonobos usan el sexo para calmar tensiones y los llaman los primates del «haz el amor y no la guerra».

Los investigadores han observado orgasmos en relaciones entre parejas de monas y de delfines macho. En muchas especies, no se trata sólo de sexo. En el reino de las aves, se dan casos de parejas homosexuales estables entre machos o hembras, como en las gaviotas y algunas aves acuáticas.

¿Cómo practican el sexo dos chicas?

Dos chicas pueden realizar todas las actividades sexuales que no precisen de un pene.

Para más información sobre sexo sin coito, ver **pp. 84-89.**

Sexo seguro entre chicas
Cuando dos chicas practican el sexo, no tienen que pensar en métodos anticonceptivos, pero sí deben preocuparse por las ETS. Las ETS y el sida pueden contagiarse por el flujo vaginal.

Ver ¿Qué es el sexo seguro? para saber cómo protegerte, cuáles son los comportamientos de riesgo y qué tipo de métodos de barrera debes usar, **pp. 108-110.**

Quiero probarlo con una amiga mía. Lo hemos hablado y estamos de acuerdo. ¿Cómo se hace? ¿Se empieza igual que cuando lo hacen un chico y una chica? ¿Qué puedo hacer para excitarla de verdad? No es una broma...
itsybitsy

probar con una chica se parece mucho a lo que se hace con un chico... haces lo que te gusta que te hagan los chicos y cosas que te dan gusto... algo genial de estar con chicas es que sabes qué sienten cuando las tocas.
nikitachiquita

Mi tía (que sabe lo mío) me estaba sermoneando sobre cómo protegerme del herpes y otras ETS. Le aseguré que sabía lo que me hacía y que no tenía por qué preocuparse; luego volví a casa y pensé: «¡No tengo ni idea de cómo protegerme de las ETS!» ¿Va bien el condón femenino para el sexo oral entre chicas o hay otra forma de hacerlo?
Ethyl

Nunca creí ser bi, pero he pensado que otras chicas eran lesbianas. Me excité mirando cómo bailaban de forma provocativa dos chicas en una fiesta. Lo que quiero saber es qué hacen las lesbianas cuando están a solas. ¿Qué les da placer? No sé, con los chicos todo es la polla. Pero, ¿con las chicas?
Yvettey

Aquí tienes algunas cosas para practicar sexo seguro con mujeres... Para el sexo oral, puedes usar cuadros de látex, unas piezas planas de látex que se ponen sobre los genitales... si no los encuentras, puedes usar film transparente que NO sea para microondas (los de microondas tienen poros por donde puede pasar el VIH). Además, si utilizas algún juguete, no lo compartas. Si lo haces, pon un preservativo en todo lo que penetre y cámbialo para cada persona. Espero que te ayude.
missgarland

¡Está claro que la polla NO es imprescindible en el sexo! ¡Se pueden hacer muchas cosas sin ella! :)
Simona

DEFINIRTE

Gay. Bi. Hétero. Lesbiana. Homo. Bi-curiosa. Bi-interrogante. La forma en que sentimos nuestra sexualidad puede cambiar con el tiempo. Las etiquetas, a veces, parecen estereotipos opresivos, pero también son fuente de orgullo y seguridad. El mundo siempre te presiona para que definas tu sexualidad. Parece que nos es muy difícil enfrentarnos a la ambigüedad.

Tanto si estás feliz y orgullosa de identificarte con una u otra cosa, como si no estás aún lista para escoger una etiqueta, o estás en contra de ellas por definición, es cosa tuya. A fin de cuentas, tu sexualidad es cosa tuya y tú eres quien debe sentirse cómoda con ella.

En mi colegio está TAN de moda ser bi que me asquea. No la bisexualidad, sino que se haya puesto a la última. La gente se hace bi porque quieren ser como los demás, así que yo me mantengo al margen.
bajoelArcoiris

me siento como en una reunión de alcohólicos anónimos... «hola, me llamo trina y soy bisexual.» ja ja. creo que ha sido desde siempre, porque he tenido flechazos con chicos y con chicas, y he salido con chicos y con chicas. lo soy abiertamente. hay gente que no sabe mucho de los bi y les damos miedo. ser bisexual no quiere decir que seamos maniacos del sexo, aunque eso creen muchos. ¿que importa? me gusta ser así.
cajadepandora

No creo que nadie sea «bisexual». Quizá me equivoque, pero creo que es algo que se dice cuando no se tiene claro.
modernitie

Yo soy así. Asúmelo. Gay, lesbiana, torti, homo, como quieras llamarlo. ¿Eso te dice algo de mí? ¿Te dice que soy buena estudiante? ¿Que soy una fanática del béisbol? ¿Que quiero a mi gato Copodenieve más que a nada en el mundo? ¿Que soy tímida y miedosa y que sólo intento ser yo misma? No, creo que no.
petulaC

(1) ¿te gustan los chicos? (2) ¿te gustan las chicas? si has contestado sí a las dos, es posible que seas bisexual. eso no quiere decir que debas encasillarte así. mucha gente posee una sexualidad ambigua. me gustan las chicas, física, emocional y espiritualmente, en todos los aspectos. las prefiero. pero eso no impide que me gusten también los chicos.
shaBoom

Gay es la palabra con la que me identifico. Es menos fuerte que lesbiana, que me hace sentir como un caso clínico.
Padgett

Institutos para homosexuales

El Hetrick-Martin Institute fundó en la ciudad de Nueva York, en 1985, el instituto Harvey Milk para jóvenes (a partir de 14 años) gays, lesbianas, bisexuales y transexuales. Comenzó siendo una escuela pública con dos profesores y unos 40 alumnos. Su apertura originó polémica. Los críticos aludían que se estaba invirtiendo dinero público para subvencionar la homosexualidad, y la escuela pasó a ser privada. Hubo quien puso en tela de juicio la separación de los jóvenes homosexuales y los heterosexuales. Sin embargo, sus defensores afirmaban que muchos de los chicos que estudiaban allí habían estado en peligro de no recibir ningún tipo de educación. A muchos los habían acosado en los colegios normales; otros se habían rendido y habían intentado suicidarse. Muchos habían vivido humillantes experiencias sexuales en las calles. En ese instituto podían conocer a chicos con experiencias similares sin sentirse marginados.

En la actualidad, otras dos ciudades estadounidenses, Los Ángeles y Dallas, poseen institutos para jóvenes homosexuales. El Distrito Escolar Unificado de Los Ángeles ha organizado programas en cuatro emplazamientos llamados Eagle Centers. En Dallas, se fundó, en 1997, un pequeño colegio privado, el Colegio de la Comunidad Walt Whitman.

HOMOFOBIA

Para las chicas que quieran estar con otras chicas, puede ser duro e inquietante el pensar en las reacciones negativas que la gente tiene ante la homosexualidad y la bisexualidad. La homofobia se manifiesta de diferentes formas. Puede ir desde un ligero desagrado y miedo a la diferencia, pasando por la creencia religiosa de que la homosexualidad es un pecado contra Dios, hasta la violencia física. También está la falta de aceptación personal, con la que muchas chicas tienen que luchar según el ambiente en el que han crecido y otros factores.

Hay chicas que lo pasan peor que otras al hacer frente a la homofobia propia y a la del mundo. Puede resultar muy útil hablar con otras personas que se encuentren en tu situación para recibir apoyo moral. Si te sientes especialmente sola y aislada, puedes empezar a pensar que tu situación no tiene remedio. Tal vez te deprimas e incluso empieces a pensar en el suicidio. Por desgracia, un tercio de los adolescentes que se suicidan son gays. El suicidio nunca es una buena opción.

Ver también **Suicidio en la adolescencia, pp. 192-193,** e **Información para enfrentarse a pensamientos suicidas, pp. 194-197.**

Me gustan las chicas y no sé cómo decírselo a los demás. Estoy pensando en suicidarme porque nadie me comprende. ¿Qué debo hacer? **Cyla**

si te matas, la intolerancia y toda esa gente a quien no se lo puedes contar y todos los que nos odian porque nos gustan las chicas habrán ganado... sé que no es fácil. sé que la gente se comporta como una mierda. sé qué es que se metan contigo, que te peguen y más cosas, pero tenemos que seguir adelante. si lo necesitas, ¡¡PIDE AYUDA!! hay muchos teléfonos de ayuda y libros. ¡¡no dejes que ganen y no te rindas!! **RaeDawn**

¡Escucha bien! No te conozco y seguramente sólo hablaremos esta vez... pero sé cómo te sientes. Yo intenté suicidarme y, joder, ¡me alegro de no haberlo conseguido! La gente siempre critica lo que no entiende, y lo que no comprenden es que somos seres humanos. Quizás algún día entenderán que está bien querer a otra persona por lo que es y no sólo por su sexo. ¡Tranquila! ¡Aquí fuera hay gente que te comprende! **Phaidra**

Puede resultar muy difícil soportar el ataque de la negatividad homófoba, ¡pero es completamente posible!

La Biblia dice que si un hombre duerme con otro hombre como duerme con una mujer, debe morir y sus manos estarán manchadas de su propia sangre. La homosexualidad es enferma, asquerosa y anormal. Debería ponérsele fin.
Kasamira

No creo que estemos en contra de la gente que se siente atraída por su propio sexo. Es más que nos da miedo. Vamos, ¿qué pasaría si todos nos hiciéramos gays? ¿Cómo vamos a hacer que el mundo siga creciendo?
iluvrock

NEGATIVIDAD

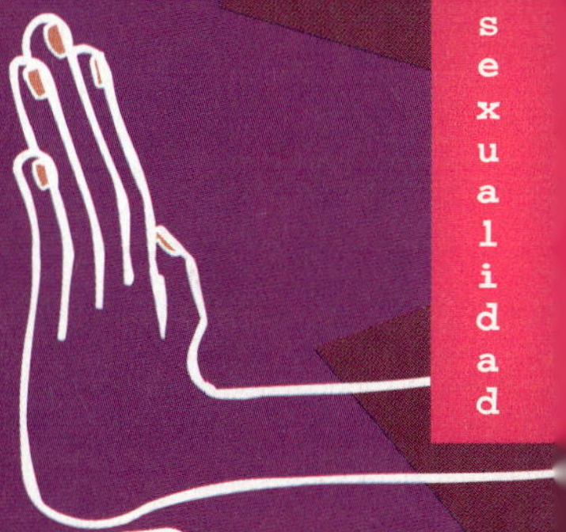

¡EH! La ignorancia me pone de los nervios. No hay nada malo en ser quien eres. No es enfermo ni incorrecto. No puedes evitar ser cómo eres y no deberías esconderlo. Busca algo mejor que hacer con tu tiempo en vez de ser impertinente con las personas que no son como tú.
susuki

La Biblia dice un montón de cosas que no tienen sentido. No pongo en duda la legitimidad de la existencia o la autoridad de Dios (o Diosa). Pongo en duda la legitimidad de la Biblia, que fue escrita por falibles manos humanas.
eartha

¡¡Ni puedes ni debes decirme a mí ni a nadie qué está bien y qué está mal! Pecado o no, seguimos a nuestro corazón igual que los héteros. ¿Quién nos creó? ¡¡DIOS!! Si no nos quería, ¿por qué nos creó así? ¡Contesta a eso!
azarrosa

SINCERARTE

A medida que comprendas mejor tu sexualidad o estés más cómoda con ella, tal vez sientas que quieres y necesitas compartir esa parte de ti con otras personas. A veces, ese paso parece arriesgado y da miedo, porque es imposible saber cómo reaccionarán los demás. Seguramente acabarás enfrentándote a la homofobia, bien entre tus conocidos, bien entre tus amigos o en tu propia familia. Quizá sea más difícil decírselo a las personas más allegadas porque si su reacción es mala, puede ser devastador.

tengo el complejo de la hija perfecta, o quizá lo tengan mis padres. soy hija única y quieren que haga todo lo que ellos no pudieron y más... claro, lo que mi padre desea sobre todo es que encuentre a un buen hombre que me cuide. ¿cómo puedo decepcionarlos? no sé, bueno, soy bi, los chicos también me gustan. pero ¿qué pasa si «la persona de mi vida» NO es un hombre? no puedo salirme del camino, del «cumplir todo lo que se espera de mí»... esclavitud social... ¡arrrgh!

sincosturas

sólo me he sincerado con unas amigas, y con los demás me siento muy falsa, como si viviera una mentira. fingir todo el rato es muy difícil. nunca había pensado lo mucho que afecta a mi manera de actuar hasta que me encontré entre gente que lo sabía. con ellos puedo decir lo que quiero y me siento cómoda. pero me da miedo decírselo a nadie más porque el año pasado perdí a mi mejor amiga al contárselo.

CometaHalie

No tendría que importarte un pito lo que nadie piense. La opinión de tu familia puede ser importante para ti, ¡pero que nada te impida ser quien eres! Tu familia debería aceptarlo porque te quieren tal como eres. Yo tragué mucha mierda por esconder mi sexualidad. Pero eso se acabó. Creo que yo soy yo y seré quien quiera ser. Desde que cambié de actitud, no conozco a nadie que no sea mi amigo o se sienta avergonzado porque soy bisexual.

Chicacuriosa

Lo que es triste es que no todo el mundo es maduro como para aceptar que algún amigo suyo sea gay. Como tu mejor amiga. Me parece que no era tan buena amiga. ¿Por qué no te centras en los amigos que tienes y que lo saben? Quizá más adelante puedas sincerarte con el resto.

adasmith

Me costó mucho tiempo sólo el decir o escribir la palabra «lesbiana». Tómate tu tiempo y cuando estés preparada, lo sabrás.

serviciolabial

Intenté explicárselo a mis padres con rodeos: iba a manifestaciones por el sida, me ponía lazos rojos, llevaba amigas gays a casa para presentárselas, me hice de asociaciones, escuchaba grupos punk feministas, pero mis padres eran demasiado cortos para pillarlo, y creo que ahora están intrigados, pero les da miedo preguntar.

anichick

creo que no les diré nada de mi sexualidad a mis padres. será más fácil. estoy muy bien en el armario, lo siento.

rosaámbar

Salir del armario

En los círculos gay se ha debatido mucho sobre si gays y lesbianas deben permanecer «dentro del armario» si quieren. Algunos creen que los homosexuales, en especial los personajes públicos, tienen el deber moral con la comunidad gay de declararlo abiertamente. Otros creen que la sexualidad es algo privado y que cada uno debe hacer lo que mejor le parezca. Se ha dado una serie de casos en los medios de comunicación en que personajes públicos que habían mantenido su sexualidad en privado han sido «sacados» y enfrentados a pruebas de su homosexualidad.

Orgullo

sólo diré que ¡amor femenino = buen amor!
pattipie

Que a las CHICAS les gusten las CHICAS JODE MUCHO, así que adelante tías, que el mundo es vuestro :O) **SueG**

¡¡Podemos relajarnos!! ¡¡A las chicas les gustan las chicas y es genial!!
jonigirl

Lo ideal es que las chicas gay o bi lleguen a sentirse orgullosas y a aceptar su persona. Aceptarse y rechazar cualquier culpa es un gran alivio. A partir de ahí puedes disfrutar y explorar tu sexualidad y a ti misma.

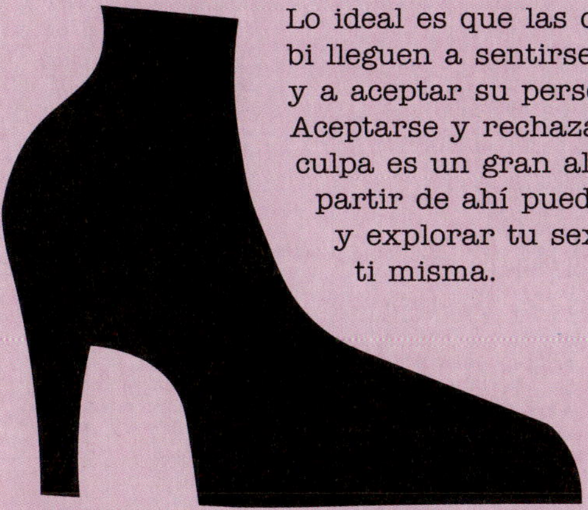

CULPA

Amigos gay o bi

Cuando alguna amiga (en especial una íntima) se sincera contigo, pueden producirse un montón de reacciones diferentes que te obliguen a examinar de verdad qué sientes hacia la homosexualidad en general y hacia tu sexualidad en particular. Puede ser duro ver lo mucho que le duelen a tu amiga las reacciones de otra gente, y tal vez estés incómoda si crees que se siente sexualmente atraída hacia ti.

una de mis mejores amigas es bi. no tengo ningún problema con eso y seguimos siendo colegas. pero otra amiga dice que ser gay o bi es antinatural y está en contra. me puso furiosa. ya no se habla con mi amiga y no deja de hacer comentarios estúpidos. ¿qué debo hacer?
ejem

Yo también tengo amigos que detestan a gays y lesbianas, pero paso de su ignorancia e intento decirles que, si alguien lleva un estilo de vida distinto, no cambia nada más que sus parejas. Si tus amigas no lo comprenden, quizá deberías ir con gente que lo haga.
Adenna

mi amiga me ha confesado que es bi. era (¡es!) la mejor amiga del mundo, pero yo me puse en plan, aaay, espero que no se sienta atraída por mí, ¡sería MUY raro! Bueno, creo que me he acostumbrado. Me he dado cuenta de que tengo amigos tíos sin preocuparme por si me irán detrás. Existen diferentes relaciones entre personas.
rarezaespacial

Dónde conocer a otras chicas

Ser gay o bisexual puede hacerte sentir aislada y sola, en especial si no conoces a ninguna chica que sienta lo mismo que tú. Conocer a otras chicas es un importante apoyo moral, ¡además de divertido!

Las asociaciones de gays y lesbianas de tu zona (si existen) son una forma genial de conocer a gente con tu misma mentalidad. Además, Internet tiene una gran variedad de páginas tanto gay como bi que puedes curiosear. Como con cualquier otro ciberromance, si decides conocer en persona a alguien con quien has contactado en la Red, hazlo en un lugar seguro y público.

Es difícil juzgar el interés de las chicas que no conozcas en un ambiente específicamente gay, saber cómo reaccionarán a tu interés y en qué punto se encuentra su sexualidad.

me gustaría mucho tener experiencias con otras chicas. el problema es que no sé dónde conocer a alguien que quiera lo mismo. siempre se dice que en los clubs, pero soy menor de edad. **marsee**

Puedes conocer a lesbianas o bisexuales en las asociaciones. O si vas al instituto o a la universidad, seguramente habrá algún grupo de apoyo para gays y lesbianas. ¡Buena suerte! **chicabomba**

Tengo MUCHAS ganas de probar una relación con otra chica. Pero no tengo ni idea de cómo acercarme a ellas. ¿No se ofenderían algunas si voy y les pregunto si quieren ser mi amante lesbiana? :) **oPJo**

Si quieres saber si alguien es gay, di algo relacionado con los gays y observa cómo reacciona. Funciona, de verdad. **temblor**

Cuando se trata de ligar con chicas, creo que si tengo la más mínima sospecha de que sienten curiosidad, me lanzo. Me presento, soy natural y simpática. Luego les digo que soy bi. Si están interesadas, me lo dirán. Cuando lo saben, es más fácil que se acerquen a ti. **AgathaC**

el largo y ancho mundo de la homosexualidad

La homosexualidad viene de antes de los griegos y la historia escrita: incluso en algunas pinturas rupestres aparecen relaciones del mismo sexo. El *Kamasutra*, el manual sexual de la antigua India, contiene descripciones de acoplamientos entre personas de igual sexo.

Algunas culturas promueven la experimentación homosexual en los adolescentes como preparación a su identidad heterosexual de adultos. Entre algunas tribus de Papúa y Nueva Guinea, los chicos practican el sexo oral unos con otros como parte de un ritual de iniciación. Muchas culturas latinas y musulmanas hacen la vista gorda a las vivencias homosexuales de los adolescentes, aunque no toleran la homosexualidad abierta y declarada.

Las definiciones de homosexualidad pueden variar. En algunas sociedades latinas, los hombres no se consideran gays a no ser que tomen el papel receptivo-pasivo durante la relación.

En países como Pakistán y la India, estas experiencias están bien siempre que se mantengan ocultas. La pena por ser lesbiana en Pakistán son cien azotes en público.

INFORMACIÓN

Internet: Páginas web

Fundación Triángulo
(http://www.redestb.es/triangulo): Entidad sin ánimo de lucro cuyo objetivo es lograr la igualdad social de gays y lesbianas, siempre tomando como base el rechazo a cualquier tipo de segregación.

Compartir experiencias
(http://www.gaygr.com): Sitio reservado exclusivamente para gays y lesbianas, presenta múltiples servicios mediante los que es posible compartir experiencias: intervención en foros, lugar de contacto, intercambio de opiniones, etc.

Mundogay (http://www.mundogay.com): Éste es un sitio para homosexuales de toda índole desde Argentina para el resto del mundo. Ofrece una detallada sección de instituciones para gays y lesbianas, muy bien organizada y con todos los datos actualizados.

Tu club (http://www.gay-club-sl.es): Si te apetece conocer otros homosexuales, chatear, publicar mensajes, tener tu e-mail gratis y disfrutar de propuestas interesantes, no dudes en poner esta dirección entre tus preferidas.

Rosa que te quiero rosa
(http://www.ucm.es): En la página de la Universidad Complutense encontrarás la sección «Rosa que te quiero rosa», un lugar dedicado al estado actual del colectivo homosexual en el panorama universitario.

Amor coartado
(http://www.fortunecity.com/village): Un lugar de refugio para homosexuales a quienes la sociedad no permita amar con libertad.

Libros

Ficción

Arold, M. *Sandra ama a Mieke*, Lóguez, Madrid, 1997
Una amistad entre adolescentes que acaba en enamoramiento.

Etchebarria, L. *Beatriz y los cuerpos celestes*, Destino, Barcelona, 1998
La atracción que siente la protagonista por su amiga es tan fuerte que, incluso, la lleva a tener experiencias que rayan lo delictivo y el consumo de drogas.

Fisher, E. *Aimée y Jaguar*, Seix Barral, 1994
Amor entre una mujer judía y una alemana en las puertas de la guerra.

Gifford, B. *Gente nocturna*, Plaza&Janés, Barcelona, 1995
Homosexualidad, drogas, delincuencia, amor... una mezcla tras la que el protagonista intenta reafirmar su personalidad.

Leavitt, D. *Baile en familia*, Versal, Barcelona, 1988
La presidenta de la Asociación de madres y padres de gays y lesbianas estalla cuando su hijo le presenta a su novio.

Entidades

Coordinadora Gay-Lesbiana: Finlandia 45 2.° piso - 08014 Barcelona - Tel. 93 2980029 - Fax 93 2980618 - cogailes@pangea.org (http://www.pangea.org/org/cgl)

Centro de identidad de género:
Ap. de correos 3023 - Granada - trans@mundivia.es (http://personales.mundivia.es/personales/trans)

¿Quieres conversar sobre este tema? Entra en el chat de http://www.descubrete-edicionesb.com

Capítulo 7

SEXO CUANDO TÚ NO QUIERES

Los encuentros sexuales sólo son buenos cuando los deseas y estás preparada. El sexo cuando tú no quieres es asqueroso. El acoso, los abusos, las agresiones sexuales y la violación tienen que ver con el poder y la violencia, no con el sexo. Ser víctima de uno de estos actos es una horrible experiencia, y a menudo el sentimiento de culpa lo hace aún peor, porque te reconcome por dentro.

ACOSO SEXUAL

El acoso sexual puede tomar diferentes formas; desde comentarios desagradables hasta un contacto físico no deseado, pasando por un ambiente hostil. Su definición legal no es demasiado clara y se ha debatido mucho en todo el mundo.

El derecho a recibir educación y tener trabajo están considerados derechos civiles, por lo que el acoso sexual en el colegio o en el trabajo es, legalmente, una forma de discriminación.

Existen dos tipos básicos de acoso sexual:

El primero es el acoso *quid pro quo*, en el que el sexo se exige a cambio de oportunidades, notas, ascensos, o como condición para no perder el trabajo o aprobar el curso.

El segundo tipo —el «ambiente hostil»— es más difícil de definir, pero incluye acercamientos no deseados, petición de favores sexuales, comentarios degradantes sobre las mujeres y la exhibición de material sexualmente explícito.

A ojos de la ley, es más importante la reacción de la mujer que la intención del hombre. Tal vez no era su intención, pero si tú te sientes acosada puedes denunciarlo, y el juez determinará si es acoso ante la ley.

El acoso sexual, de acuerdo con el código penal español, puede ser castigado con penas de arresto o multa. Para demostrar que has sido víctima de acoso sexual, debes presentar ciertas pruebas y es importante valorar la relación de superioridad del que abusa respecto a la víctima.

Acoso de «ambiente hostil»

Cada cual tiene sus propios niveles de tolerancia en cuanto a conversaciones sexualmente explícitas y bromas sexuales. Hay chicas y mujeres que se sienten cómodas con ello, mientras que a otras les parece desagradable. No existe una forma correcta de reaccionar y cada una necesita responder a su manera.

El objetivo es encontrar una forma satisfactoria de resolver cualquier problema de acoso sexual sin causar problemas adicionales. Tal vez sea haciendo caso omiso, porque no quieres malgastar tu tiempo ni dedicarles a los agresores parte de tu pensamiento, o tal vez denunciándolos. Lo que decidas hacer cambiará según las circunstancias. Cuanto mejor conozcas los límites de tu comodidad y comuniques todo lo que te molesta, mejor estarás. Tienes derecho a moverte por tu mundo libremente y a no tener que aguantar esa porquería.

Algunas jóvenes han ganado pleitos contra su colegio por desoír las quejas sobre *grafitis* obscenos e incesante acoso en los pasillos.

¡Los chicos de mi colegio son una escoria incompetente y unos gilipollas! Se nos acercan por detrás en el comedor, nos dan con los dedos en la espalda y dicen: «No es mi dedo, es que soy muy alto.» ¡¿PODEMOS CONSIDERARLO ACOSO SEXUAL?! ¡Lo peor es que mis amigas lo toleran! ¡GGGGRRRRRRRRRR! ¡Me jode!
greenham

Estoy de acuerdo: muchos chicos son unos cerdos y unos gilipollas. Si te acosan sexualmente, deberías denunciarlos para que no crean que no pasa nada por hacerlo. No puedes quedarte sentada mientras tus amigas lo aguantan, es un gran error. Tienes que convencerlas. A una amiga mía la acosaba un tío... Escuché cómo decía que la invitaría a su casa y la violaría. Pasé muchísimo miedo por ella.
imanAlien

Cuestión de poder

El acoso sexual puede tratarse de un intercambio de favores sexuales por algún tipo de recompensa: por ejemplo cuando una persona en una posición de poder, como un profesor o un jefe, no concede buenas notas, aumentos, un nuevo puesto o amenaza con tomar medidas si no se accede a un contacto sexual. Por mucho que la persona acceda a esa relación, sigue considerándose acoso.

Las relaciones sexuales entre profesores y alumnos menores de edad, son ilegales, dada la desigual relación de poder. Aunque las dos personas estén de acuerdo y se sientan cómodas en la relación, puede ser injusto para quienes los rodean. Sea como sea, el sexo entre un adulto y un menor siempre se considera violación.

Agresión sexual

El contacto no deseado en pechos, genitales o ano, y el intento de penetración de la vagina o el ano se considera legalmente una agresión sexual; un delito algo inferior a la violación, pero un delito.

Creo que me han acosado en el colegio. Un chico que siempre me llama «sexy» o «cosa bonita» extendió los brazos para abrazarme. Suelo evitarle porque siempre me quiere tocar. Bueno, el viernes le di un abrazo forzado y quise quitármelo de encima pero él no me dejaba. Sentí su cara muy cerca, así que aparté la mía rápido y acabó besándome en la mejilla. ¿Creéis que ha sido acoso sexual o, como dice él, «lo malinterpreté»? Se lo he contado a una profesora y al padre de una amiga. Casi todos los chicos creen que es divertido, pero no lo es.

luzdelnorte

Está bien que se lo hayas explicado a alguien. Sé cómo pueden ser los tíos; la única forma de que admitan que el acoso sexual es acoso sexual es si te violan. Si ese tío vuelve a intentar algo, hazle daño como puedas, o grítale delante de mucha gente y déjalo en el más completo ridículo. ¡Buena suerte!

lovelylola

Las víctimas de agresiones sexuales se sienten muy violentadas y vulnerables, y les va bien acudir a terapia para enfrentarse a sus sentimientos. Las agresiones sexuales, ya sea a manos de extraños o de conocidos, deben denunciarse a las autoridades. Y, según haya sido el contacto con el atacante, se debe ir al hospital. No denunciar estos incidentes alienta a más predadores sexuales y además mantiene las estadísticas de estos delitos artificialmente bajas.

el largo y ancho mundo de la violación

En unos 14 países de Latinoamérica, entre ellos Argentina, Brasil, Chile y Costa Rica, un violador puede escapar a la condena si accede a casarse con la mujer que violó. En estos países, se le da tanta importancia a llegar virgen al matrimonio que una mujer violada se considera una mercancía maltrecha con quien nadie querrá casarse. Perú abolió esta ley en 1997, después de clamorosas protestas públicas.

En Londres, una víctima de violación recibe una compensación de 7.500 libras del Departamento de Indemnización a Víctimas de Delitos. Cuando los atacantes son varios, el precio sube a 10.000 libras. Este organismo paga cerca de 200 millones de libras al año.

En Turquía, un violador recibe menor condena si la mujer no era virgen antes del ataque o si el juez decide que ella lo provocó.

Según la ley de Kenia, si un hombre tiene relaciones sexuales con una niña menor de 14 años, no es acusado de «violación» sino de «mancillamiento», un delito menor. Éste tiene una sentencia máxima de cinco años, mientras que la violación está sujeta a la pena de cadena perpetua.

En Pakistán, una mujer casada que denuncie su violación se expone a ser acusada de adulterio y acabar en la cárcel. La ley no reconoce como testigos a mujeres y hombres no musulmanes, así que un hombre que viole a una mujer en presencia de otras mujeres no puede ser condenado.

Suráfrica es el país con mayor índice de violaciones y, en algunas pequeñas poblaciones negras, se ve como algo inevitable. Se denuncia una violación cada 14 minutos y se estima que, por cada violación denunciada, no se denuncian entre 20 y 35.

Un tribunal italiano falló que no se puede condenar al hombre por violación si la mujer llevaba vaqueros, ya que ella debió ayudar a desabrocharlos y, por tanto, consintió al acto.

VIOLACIÓN

Aunque la violación comporta un acto sexual, no se trata de sexo: es una muestra brutal de poder.

Es frecuente que las mujeres violadas se culpen, y la sociedad las empuja a ello de muchas formas. Los agentes de la ley, incluso la familia y los amigos, se preguntan a veces por qué la víctima no fue más precavida. Algunos preguntarán por qué no luchó contra su atacante. Aún hay gente que cree que la vestimenta de la mujer tiene alguna relación con el delito. La violación es el único delito en que la víctima también es acusada.

Tal vez por eso, las violaciones continúan siendo el delito menos denunciado: en EE.UU. se denuncia el 30,5% de violaciones y agresiones sexuales, en comparación con el 59,1% de agresiones y el 55,8% de robos.

Procedimiento tras una violación

Por mucho que parezca que este procedimiento alarga el mal trago, es un paso crucial para denunciar las violaciones y terminar con ellas, lo cual ayuda a la recuperación de la víctima. Aunque no estés totalmente segura de querer denunciarlo a la policía, debes dar este paso. Si no lo haces y luego cambias de opinión, será mucho más difícil demostrar la violación e identificar a tu atacante. Debido a la íntima naturaleza del delito, el violador deja pruebas en tu cuerpo. Con los avances en la identificación del ADN, esas huellas microscópicas de tu atacante son tu mejor baza para acabar con él.

En este procedimiento, se fotografían todos los cortes y heridas; se toma una muestra de saliva; se peina el vello púbico para buscar pruebas (su vello púbico); se hace una exploración interna; se buscan manchas de semen en la ropa interior, que pueden ser de gran valor para las pruebas de ADN; y se examina lo que haya quedado bajo las uñas. También te pedirán que expliques lo sucedido y alguien, normalmente un médico, tomará nota. Si el hospital tiene una voluntaria para casos de violación, puede estar contigo durante todo el proceso.

Qué hacer si te han violado

Si te violan, debes hacer de inmediato unas cuantas cosas que aumentarán las probabilidades de encontrar y encerrar a tu agresor.

1. No te bañes, no te duches ni te deshagas de la ropa que llevabas en el ataque; tu cuerpo y tu ropa pueden aportar pruebas concluyentes para atrapar y sentenciar al violador.

2. Díselo a alguien: a la policía, un médico, una amiga o un consejero de un centro de ayuda para mujeres violadas. Casi todas las ciudades poseen este tipo de centros, también los hay en hospitales y en algunos campus universitarios. Tal vez resulte extraño ponerte en contacto con algún centro donde no conoces a los que van a ayudarte, pero el personal y los voluntarios están preparados para actuar en estos casos. No necesitan información personal acerca de ti. Están sólo para ayudarte.

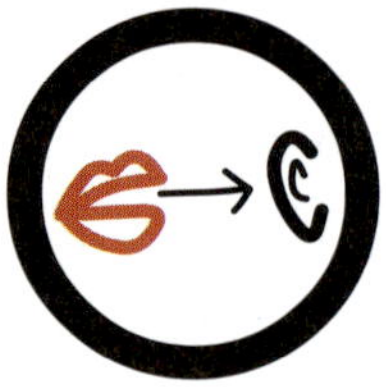

3. Ve a un hospital lo antes posible. Allí te aplicarán el procedimiento normal para buscar pruebas tras una violación. Tendrás la oportunidad de hablar con un asesor y te dirán dónde puedes recibir terapia para superar el trauma. Además, te darán

Después de una violación

Aparte del sentimiento de culpa, las víctimas de una violación suelen sentir impotencia extrema, miedos sobrecogedores, ira creciente, y depresión. Un violador puede robarle a la mujer la sensación de control, de poder moverse por el mundo sin miedo.

Algunas víctimas de violaciones sienten miedo y desconfían de los hombres durante mucho tiempo; les puede resultar muy difícil tener relaciones sexuales sin revivir su ataque. Cada víctima se recupera a su propio ritmo y necesita mucho amor, paciencia y apoyo. La mayoría de las mujeres violadas consigue superarlo y seguir adelante, y vuelven a hacer con su vida todo lo que quieren y necesitan.

contracepción de urgencia y antibióticos para protegerte de posibles ETS.

4. Durante las semanas y los meses que siguen a una violación, hazte las pruebas de las ETS, del embarazo y, unos seis meses después, del VIH.

5. No dejes la terapia. Después, te resultará útil unirte a un grupo de apoyo a mujeres violadas. Es normal sentirse diferente a las personas que nunca han pasado por la pesadilla que has soportado tras la agresión, por eso puede ir bien reunirse con otras víctimas.

Un hombre que no conocía me violó a los 15 años. Después hice un montón de estupideces y mis notas cayeron en picado. Es muy difícil considerarte «limpia» o «pura» después de algo así. Me cerré a los hombres por completo y, cuando vi que eso no funcionaba (desoír los problemas nunca funciona), empecé a acostarme con cualquiera. Pensaba que cada nuevo chico borraría el recuerdo de su cara, pero no fue así. Rehacerte y construir de nuevo tu vida de modo que seas más fuerte y más sabia es posible.

diceAlthea

Denunciar y presentar cargos

No cabe duda de que llevar adelante una denuncia por violación puede ser una experiencia horrible, en la que verás a tu atacante en los tribunales, lo identificarás y, hasta cierto punto, revivirás el ataque. También puede ser crucial y terapéutico para superar la violación; una forma de retomar el control y negarse a sufrir en silencio. Al fin y al cabo, es él quien cometió un delito y debe pagar por ello, no tú.

Muchos departamentos de policía se han sensibilizado respecto a las víctimas de crímenes sexuales. Algunos han organizado divisiones especiales en las que agentes con una formación especial —normalmente mujeres— se encargan de estas denuncias. Contar con una víctima que colabore es vital para el éxito del caso. Sin embargo, parte del proceso puede ser alienante y desagradable.

A ojos del sistema penal, importas no sólo como víctima sino también como testigo y se tendrá en cuenta tu credibilidad. No es legal preguntar a una mujer sobre su historial sexual durante un juicio por violación. Sin embargo, el abogado del violador hará cuanto esté en su poder para manchar tu reputación. A pesar de todo, las mujeres que denuncian casos de violación rara vez lo lamentan. Ponerse en acción ayuda a completar el proceso de superación de la violación.

Violación en una cita

Cerca del 80% de las violaciones, entendidas como penetración sexual no deseada, tienen lugar entre personas que se conocen. Esto ha recibido el nombre de violación en una cita.

Hay diferentes situaciones de violación en una cita. Puede suceder la primera vez que sales con alguien o más adelante en la relación, incluso después de que ya hayáis tenido relaciones sexuales. También ha sucedido entre amigos. La violación en una cita puede ser traumática porque conocías a ese chico, confiabas en él y te cuesta creer que le juzgaste mal o que no viste las señales.

El alcohol es un factor importante en dos tercios de todos los casos de violación en una cita y agresión sexual. El alcohol y otras drogas psicotrópicas alteran el juicio de la gente. También pueden afectar a una mujer de modo que esté tan borracha o colocada (llegando incluso a perder la consciencia) que consienta al sexo.

Las estadísticas dicen que la mayor incidencia de violación en una cita tiene lugar en el último año de instituto y el primero de la universidad; los dos años en los que quizá se toman más drogas y alcohol y la gente se arriesga a cosas que normalmente no haría. El primer mes del primer año de universidad es el más peligroso. En muchos de estos casos, la mujer desea un contacto sexual hasta cierto punto pero, cuando decide parar, el hombre no coopera sino que la fuerza o la intimida para realizar el coito. Decir un serio «no» y repetirlo si es necesario debería bastar para poner fin a un encuentro sexual por muy lejos que se haya llegado. El decir «no» alto y claro es crucial, tanto legalmente como en términos de una buena comunicación.

> hoy mi novio casi me ha violado. yo no quería acostarme con él, pero él no dejaba de protestar y quejarse, y hacerme sentir culpable por no querer hacerlo. lo hice por varios motivos: (1) para hacerle feliz y (2) porque tenía miedo de que me violara. no sé qué hacer. le quiero muchísimo. nunca me había hecho algo así. ¿alguien me puede ayudar?
> **terriasustada**

> Deberías decírselo a alguien: un profesor, tus padres o algún adulto en quien confíes. Comprendo que lo quieras, pero si te obliga a hacer cosas para las que no estás preparada, deberías replantearte la relación porque a mí, que lo veo desde fuera, me parece muy insana.
> **depre**

Es importante conocer la frecuencia de estos incidentes: sólo con estar al tanto puedes ayudar a prevenirlos. Presta atención a cómo te trata la gente. Si un chico con el que has empezado a salir insiste de forma constante en ir a algún lugar donde estéis a solas, o muestra comportamientos sexuales agresivos durante los que parece cambiar de personalidad, ¡toma nota! Aléjate de él. Apoyar a las personas que han pasado por esta experiencia es muy importante. Se trata de una situación difícil de superar, y ya se ha sufrido y mantenido en silencio durante mucho tiempo.

El debate

Según la ley, no es diferente que te viole un conocido o un extraño: una violación es una violación. Pero a ojos de algunas personas, son cosas diferentes. Ya que la violación en una cita sucede entre dos personas que se conocen y no suelen haber heridas ni testigos, se

anoche sufrí una especie de violación y no sé si debo decirlo porque estaba bastante borracha.
ChicadeIowa

Díselo a alguien. Aunque estuvieras borracha, ese tío se aprovechó de ti y no querrás que se lo haga a nadie más. ¿Y si estás embarazada? Uno de mis mejores amigos abusó de mí. Lo expliqué aunque tenía miedo de perder su amistad.
antililith

convierte con facilidad en un caso de «él dijo/ella dijo».

Si se denuncia y se presentan cargos, el hombre y su abogado argumentarán que hubo una relación sexual, incluso posiblemente «sexo duro», pero que fue de mutuo acuerdo y que ella lo deseaba tanto como él. Un gran número de hombres acusados de violación en una cita, un 80%, ni siquiera reconocen que cometieron una violación.

Algunos hombres han ganado su caso argumentando que la mujer en cuestión los acusó en falso como venganza por haber roto la relación después de haberse acostado con ella. A menudo se consigue que sea la mujer que ha presentado la acusación quien se sienta juzgada. Es cierto que se han dado casos de falsas acusaciones, pero eso no altera el hecho de que las violaciones en una cita ocurren, y que son tan violentas y horribles como cualquier otra.

Nadie tiene derecho a practicar el sexo con una mujer contra su voluntad, ni siquiera su marido. Es muy probable que un hombre que ha cometido una violación en una cita lo haga con otras mujeres, ya que cree que puede salirse con la suya. Denunciar estos incidentes resulta terapéutico para la víctima y útil para otras mujeres.

La droga de la violación en una cita
Se trata de un sedante muy fuerte, 10 veces más fuerte que el Valium, llamado Rohipnol. En algunos países es ilegal, pero se vende en toda Europa y Latinoamérica. Se sabe que algunos violadores lo han echado en la bebida de mujeres. Ellas quedan paralizadas, sufren de visión borrosa, todo les da vueltas y puede que queden inconscientes o en un estado parecido al sueño en el que la memoria se ve afectada. Muchas víctimas de violaciones en una cita que habían ingerido esta droga ni siquiera tienen un claro recuerdo de haber sido agredidas. Ten cuidado con las bebidas que te ofrezcan hombres con los que no te sientas segura.

Algunos datos sobre...
... violaciones

Según el Centro Nacional de Víctimas y el Centro de Tratamiento e Investigación de Víctimas de Delitos de EE.UU., 12,1 millones de mujeres estadounidenses dicen haber sido violadas al menos una vez en su vida. En la gran mayoría de casos, por conocidos. De esas mujeres, el 39% dice haber sido violadas más de una vez.

Según el Departamento de Justicia; en EE.UU
Una mujer es violada cada 2 minutos.

En el transcurso de los 4 años de universidad, entre el 14% y el 20% de jóvenes sufre una violación en una cita u otro tipo de agresión sexual.

Una de cada tres estadounidenses será víctima de una violación. La tasa de violaciones de EE.UU. es 13 veces la de Inglaterra y 20 la de Japón.

Alrededor de un 38% de las violaciones ocurre en casa de la víctima; otro 38% en casa de amigos o familiares.

Defensa personal: prevención contra violaciones

No es sano dejar que el miedo a ser violada se apodere de tu vida, pero es importante encontrar un equilibrio entre llevar una vida aventurera y plena, y tomar precauciones sensatas. Puedes adoptar varios comportamientos para reducir la posibilidad de ser agredida:

1. Siempre que sea posible, camina junto a otras personas. La seguridad reside en el número.

2. Siempre has de saber adónde te diriges o actuar como si lo supieras. Si crees que tendrás que caminar de noche, ponte unos zapatos con los que te sea fácil andar (y correr). Camina con paso firme y la cabeza alta.

3. Estáte alerta y evita las posibles situaciones peligrosas.

4. Debes conocer qué lugares y qué personas son seguros o peligrosos.

5. Sigue tu instinto. Si una situación, una calle, incluso una fiesta, te dan mala espina, vete. Si es preciso, corre o monta un escándalo.

Las clases de defensa personal están muy extendidas. Suelen enseñarte a mostrar más seguridad en la calle y a alejarte de atacantes. Además te inician en técnicas físicas de defensa personal. En algunas clases se escenifican violaciones y el profesor, bien protegido, hace el papel de violador. Las estudiantes aprenden a herir zonas vulnerables del atacante con poco riesgo para ellas mismas.

La confrontación física es arriesgada y debe ser el último recurso. En caso de agresión, hay dos cosas importantes: hacer lo que te dicte el instinto y hacerlo con total convicción. En caso de agresión, es buena idea tener un plan en mente. Cada vez más mujeres llevan armas como sprays paralizantes o navajas, pero suponen un gran riesgo ya que pueden dar una falsa sensación de seguridad y a menudo acaban vueltas contra ellas. Tus prioridades son escapar y sobrevivir, no herir a tu atacante.

Si conduces sola de noche, mantener las puertas y las ventanillas cerradas es una buena costumbre. Si sospechas que alguien te sigue o si otro coche choca a posta contra el tuyo, no pares. Conduce hasta alguna zona poblada e iluminada, o a alguna comisaría. Toca la bocina hasta que aparezca alguien o el coche sospechoso se vaya. No subas desconocidos al coche. Y no hagas autostop.

INCESTO

El incesto es sexo entre familiares. Padres, abuelos, tíos, primos, padrastros y hermanos pueden cometer incesto.

Ser víctima de constantes abusos sexuales en la infancia por parte de un familiar cercano puede tener efectos psicológicos graves y duraderos. Los supervivientes sufren altos índices de depresión, trastornos de la alimentación, alcoholismo, drogadicción, suicidio, baja autoestima y dificultad, de adultos, para mantener relaciones sanas.

Cualquiera que haya sido víctima de un incesto debe decírselo a alguien, pedir ayuda, ir a un grupo de apoyo y hablar con un terapeuta especializado. Hay muchas cosas que solucionar: sentimiento de culpa, complicidad, confianza. El incesto provoca sentimientos contradictorios, que van desde la ira hasta el placer y que en ningún caso pueden considerarse inadecuados. No es algo que una persona sea capaz de soportar sola. Las víctimas de incesto que participan en grupos de terapia descubren que ya no se sienten tan solos.

Si tu padre, o cualquier otro miembro de la familia, abusa de ti, debes encontrar a alguien de fuera —un amigo mayor en quien confíes, una profesora, un tutor, un terapeuta— que pueda darte un espacio emocional seguro y te ayude a encontrar una solución.

Por la noche mi padre va a la habitación de mi hermana pequeña y le toca en sitios que ella no quiere. No sé si debo decírselo a alguien porque a lo mejor me hace daño. ¡¡Ayudadme!!
SadYgirL

espero que se lo digas pronto a alguien porque si no tu hermana tendrá muchos problemas de mayor. a mí también me lo hacía mi padre y no es fácil de explicar, pero hay que hacerlo. viví el horror de no decírselo a nadie hasta los 12 años y lo he pasado muy mal.
chiflada

Cuando era pequeña mi abuelo abusaba de mí. Sólo hace 3 o 4 años que paró. Este año se lo he contado a mis padres. Me dijeron que podía denunciarle. No sé si debo. Si lo hago, destrozaré a mi abuela. Aún le quiero porque es mi abuelo pero le he perdido el respeto y no soporto tenerlo cerca. A mi prima le pasó lo mismo, su padre habló con él ¡y él lo negó! Tengo miedo de que lo niegue si lo denuncio.
VelmaV

Entre las víctimas de incesto menores de 12 años, el 90% conoce al atacante, y la mitad de ellos son familiares cercanos. Una de cada cinco víctimas menores de 12 años es violada por su padre.

En EE.UU. tienen lugar cada año entre 200.000 y 360.000 casos de abusos sexuales a menores; un 80% son casos de incesto.

Para más sobre abusos sexuales en la familia, ver pp. 229.

También abusaron de mí cuando era pequeña. Conozco esa sensación de impotencia. Tienes que denunciarlo para que no se lo haga a nadie más. Ya lo has visto con tu prima, y no parará si no le obligan.
mascaramamá

ABUSOS A MENORES

Abuso es cualquier contacto de naturaleza sexual con un niño, incluyendo la exhibición indecente, el contacto genital, las caricias y la penetración. No sólo les ocurre a los niños, también a los adolescentes. Si eres víctima de incesto o de abusos, denúncialo. Si no puedes contárselo a tus padres, díselo a otro adulto en quien confíes. Los niños que son víctimas de contactos sexuales inapropiados sufren las consecuencias durante toda su vida. Si en alguna ocasión han abusado de ti de algún modo, es esencial que busques ayuda profesional.

Los pederastas dependen del silencio de sus víctimas. A menudo las sobornan, amenazan y engañan para que no digan nada. Les dicen que nadie les creerá o que les culparán de todo. Los pederastas y perpetradores de incestos justifican a veces sus acciones convenciéndose a sí mismos y a sus víctimas de que los niños desean el sexo y lo disfrutan tanto como ellos. Son gente enferma y hay que pararles los pies.

INFORMACIÓN

En caso de abuso o agresión debes acudir inmediatamente al servicio de atención a la mujer (SAM) en la jefatura de policía de tu ciudad, o bien a la comisaría más próxima, donde te asesorarán y atenderán como conviene. En cualquier caso, si necesitas más apoyo o guía específica, en esta sección te presentamos algunos recursos que pueden serte de ayuda.

Internet. Páginas web

Guía de malos tratos
(http://www.cdrtcampos.es/mujer/malos.htm): Imprescindible guía para saber cómo actuar en caso de ser víctima de malos tratos.

Violencia contra la mujer
(http://www.nodo50.org/mujeresred/violencia.htm): Documentos de interés de las fuentes más serias y documentadas: textos del Parlamento Europeo, de las Naciones Unidas, etc. También encontrarás el Protocolo de Facilitación para la detección de malos tratos a mujeres y menores.

TAASA. Sociedad contra la violencia sexual (http://www.taasa.org)): Este sitio estadounidense está dedicado a la lucha contra la violencia sexual. Pincha «En español» para entrar en la versión castellana. Podrás informarte acerca del incesto, la violación en una cita, el acoso sexual y otras formas de agresión.

Víctimas de la agresión
(http://www.musc.edu/cuc): Aun a pesar de estar elaborada íntegramente en inglés, vale la pena visitar su sección dedicada a las agresiones interfamiliares a menores y el abuso físico y sexual. Este sitio ha sido elaborado por la Universidad de Carolina del Sur (U.S.A.)

Protección de los niños
(http://www.designm.com/protectkids): Guía de protección para niños, padres y otros tutores. Pincha «Versión en español» para leer estas páginas en castellano. Su lema: «La educación es la clave de la prevención.» Interesantes recomendaciones de departamentos de policía americanos y centros de recursos infantiles.

Espejos rotos
(http://www.nodo50.org/mujeresred/montero.htm): Página dedicada a la violación y sus consecuencias psicológicas, en la que comprenderás por qué esta agresión es mucho más que un delito. Para entender la situación de la víctima y el agresor.

Teléfonos de ayuda

Teléfono del menor de la fundación Anar: 900 202010

Teléfono de la mujer: 900 191010

Servicio de atención inmediata para mujeres maltratadas en España: 902 116504

Teléfono para denuncia de malos tratos: 900 100009

Teléfono de información sexual: 91 5222333

Teléfono de urgencia para toda Europa.112: El número de teléfono gratuito 112, que se implantará en toda Europa para atender emergencias, en España proporcionará ayuda a los ciudadanos en las lenguas oficiales de cada autonomía y en el futuro se prevé la utilización de los idiomas de la Unión Europea.

Teléfono de Fundación Mujeres: 91 5568384

Entidades

Instituto de la mujer: Condesa de Venadito 34 - 28027 Madrid - Tel. 900 191010 (teléfono de información gratuito) - Tel. 900 152152 (teléfono de información gratuito para mujeres sordas) - inmujer@mtas.es (http://www.mtas.es/mujer)

Consejo nacional de mujeres de España: Diputación 306 - 08009 Barcelona - Tel. 93 2363289

Emakunde. Instituto vasco de la mujer: Manuel Iradier 36 - 01005 Vitoria (Gasteiz) - Tel. 945 132613 - Fax 945 231891 - emakunde@ej-gv.es (http://www.emakunde.es)

Instituto canario de la mujer: C/ Profesor Agustín Millares Carló 18 - Edificio de usos múltiples II 3.º - 35071 Las Palmas de Gran Canaria - Tel. 928 306330 - Fax 928 306338 - inforj@step.es (http://www.icmujer.org)

Consejo nacional de la mujer en Argentina: Avda. Roque Sáez Peña 648 1.º y 7.º piso - 1035 República Argentina - Tel. 14 3456402/14 3456403 - Fax 14 3456402/14 3456403 - cnm@cnm.gov.ar (http://www.cnm.gov.ar)

Servicio nacional de la mujer en Chile: Villavivencio 346 - Santiago - Chile - Tel. 2 6327218 - Fax 2 2225735

Promudeh. Ministerio de promoción de la mujer y del desarrollo humano: Jr. Camaná 616 - Lima - Perú - Tel. 1 4289800 - Fax 1 4261665 - postmaster@lima.promudeh.gob.pe (http://www.promudeh.gob.pe)

Comisión para la investigación de malos tratos a las mujeres: Almagro 28 - 28010 Madrid - Tel. 91 3082704 - Fax 91 3193619 - comision@malostratos.org

Federación de organizaciones feministas del estado español: Barquillo 44 2.º izqda. - 28004 Madrid - Tel. 91 3081233 - Fax 91 3081233 - feministas@jet.es

Instituto social y político de la mujer: Callao 741 1.er piso «1» - Ciudad Aut. de Bs. As. - Buenos Aires - Tel. 14 8121295 - Fax 14 8132654 - ispm@netizen.com.ar (http://www.ispm.org.ar)

Asociación Salud y Familia: París 150 1.º - 08036 Barcelona - Tel. 93 2682453 - Fax 93 2682453

¿Quieres conversar sobre este tema? Entra en el chat de http://www.descubrete-edicionesb.com

Sección especial

Manual sobre chicos

(esto es lo que llevan entre piernas)

La **vejiga** almacena la orina hasta su excreción.

La **uretra**, en el interior del pene, es el conducto que lleva la orina y el semen al exterior a través del meato. (Una válvula del interior de la vejiga impide que el semen y la orina pasen por la uretra a la vez.)

ANATOMÍA Y FISIOLOGÍA (EL CUERPO DE LOS CHICOS)

pene

tronco
(la parte interior del pene)

surco del glande
(el anillo de tejido entre el tronco y la cabeza)

glande
(la cabeza o «el capullo»)

el frenillo
(bajo el glande; sujeta el prepucio, es decir, la piel que cubre el glande si no hay circuncisión)

El surco, el glande y el frenillo están llenos de terminaciones nerviosas y son las zonas más sensibles del pene.

La piel que recubre el pene es bastante flexible para acomodarse al tamaño del pene erecto.

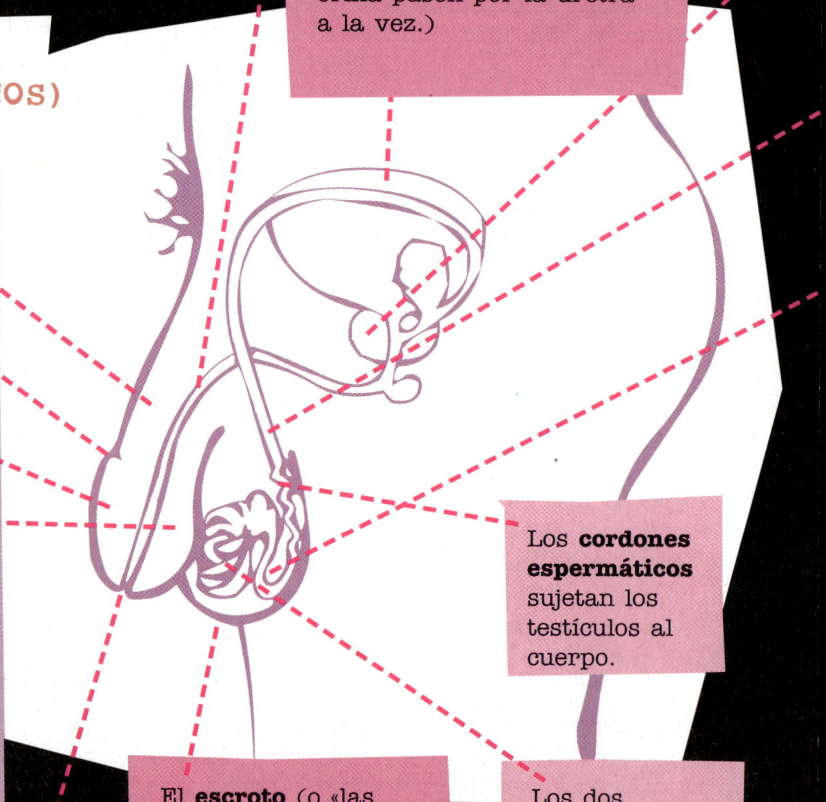

Los **cordones espermáticos** sujetan los testículos al cuerpo.

El **meato** es la abertura por donde salen la orina y el semen.

El **escroto** (o «las pelotas») son dos sacos que cuelgan bajo el pene. El escroto está cubierto de piel suelta y gruesa, un poco de pelo y una capa muscular.

Los dos **testículos**, se encuentran dentro del escroto, son muy sensibles.

La **próstata** rodea la uretra y produce el semen, el líquido espeso que contiene los espermatozoides.

Las **vesículas seminales** llevan el esperma del conducto deferente a la uretra.

El **conducto deferente** (situado dentro de cada cordón espermático) es donde se produce el líquido seminal (el líquido donde viajan los espermatozoides).

Unas cuantas cosas sobre el pene . . .

pene minga polla falo verga cipote pilila miembro picha

El pene es un símbolo con muchas implicaciones: lo que representa va mucho más allá de lo que es en realidad.

En nuestra sociedad, muchos objetos más largos que anchos (rascacielos, espadas, armas de fuego, por citar unos pocos) se consideran símbolos fálicos y se cree que representan poder y fuerza. Fálico viene de *phallós*, palabra griega que significa «pene».

Tu primer encuentro con un pene en la vida real (sin contar los de los bebés) puede ser raro. Quizá sea extraño estar frente a una parte del cuerpo que tú no tienes pero de la que tanto has oído hablar. Si quieres saber qué les gusta a los chicos, siempre está bien preguntar. Sus deseos y preferencias son tan individuales como los de las chicas.

Desarrollo sexual

Algunos aspectos de la pubertad, como los problemas cutáneos, el crecimiento de pelo y la madurez física general, afectan a chicos y chicas por igual, aunque la forma en que se manifiestan varía mucho. A ellos les llega la pubertad algo más tarde (normalmente) y, como ellas, maduran a ritmos diferentes. El desarrollo sexual de los chicos suele dividirse en cinco etapas:

1. Desde su nacimiento hasta la pubertad, los genitales crecen un poco. Luego, durante la pubertad, pasan por las cuatro etapas siguientes.

2. El comienzo de la pubertad tiene lugar entre los nueve y los 16 años. A una señal del hipotálamo (una zona del cerebro) y de la pituitaria, su cuerpo empieza a producir hormonas, como la testosterona, en las gónadas (las glándulas reproductoras). Los testículos crecen y empiezan a colgar algo más abajo. Aparece el vello púbico. La testosterona también cambia la forma del cuerpo, añadiendo músculo en el pecho y los hombros. La zona que rodea los pezones (la areola) crece y se oscurece.

3. Entre los 11 y los 16, el pene se alarga y se ensancha un poco. Pene y escroto se oscurecen. Aparece más vello púbico. Los hombros se ensanchan y se estrechan las caderas. Tal vez crezca pelo en las axilas y vello facial. La voz empieza a cambiar.

4. Entre los 11 y los 17 tiene lugar otro crecimiento del pene, que se hace más largo y ancho. Aparece más vello corporal. Empieza la producción de esperma, seguida de la primera eyaculación. Las glándulas sebáceas de la cara pueden provocar acné.

5. Se alcanzan las proporciones adultas. Suele completarse a los 18, pero puede seguir hasta los veintitantos. El pene alcanza su largura y anchura definitivas; el escroto está ya desarrollado. El vello púbico se ha extendido a las ingles y hacia la barriga. Aparece pelo en el pecho. Hay que afeitarse más a menudo.

sexualidad

¿QUÉ LES PASA A LOS CHICOS DURANTE EL ACTO SEXUAL?

Erección

Una erección (tenerla dura, empalmarse) tiene lugar cuando la sangre entra y rellena los cuerpos esponjosos del pene, haciéndolo más grande y duro (un estado que recibe el nombre técnico de vasocongestión). Los músculos tensos de la base del pene retienen la sangre que mantiene al pene erecto. Los testículos, en lugar de colgar, también se pegan más al cuerpo.

La erección suele tener lugar como respuesta a algún estímulo o pensamiento sexual, aunque no siempre es así. También puede estar producida por cosas como el roce de la tela contra el pene, las ganas de orinar o nada en concreto. Es casi un reflejo. Los chicos suelen tener erecciones cuando están dormidos y a menudo se despiertan con una. No pueden controlarlas y, a veces, se presentan en los momentos más inoportunos. Imagina que cada vez que tuvieses un pensamiento sexual o una décima de segundo de excitación, tu cuerpo respondiera de una forma evidente para el resto del mundo. Qué vergüenza... Si un chico que conoces tiene una erección en un momento inadecuado, ten compasión y pásalo por alto. Así él también lo hará y la erección desaparecerá.

Las erecciones, aunque pueden presentarse de repente, también pueden construirse a pasos, desde la flacidez, pasando por una semierección, hasta tenerla dura. A medida que la sangre llena el pene, se hace más oscuro y se pone más duro. El glande también se llena de sangre y puede crecer. En este estado de excitación, suele salir un poco de líquido claro, llamado preeyaculatorio, que puede contener esperma y fecundar un óvulo. Es uno de los motivos por los que el *coitus interruptus* no es un buen método anticonceptivo.

Para más información sobre anticoncepción, *ver* pp. 104-107 y 114-118.

Las erecciones terminan de dos formas:

1. Desaparecen por sí solas. Cuando la erección «se da cuenta» de que nadie le presta atención (o se desanima por cualquier otro motivo), los músculos de la base del pene se relajan, dejan salir la sangre y el pene regresa a su estado flácido (más pequeño y blando).

2. Desaparecen tras la eyaculación. El orgasmo masculino culmina con la emisión de semen por el pene en una serie de contracciones musculares, después los músculos de la base del pene se relajan y éste regresa a su estado flácido.

¿Un chico tiene una erección cuando te enrollas con él? **samiam**

Creo que notarías si la tiene dura, saldría un poco hacia fuera. **avisoaviso**

¿Qué es una empalmada? ¿Y es lo mismo que un cipote? **conpecas**

Una empalmada es una erección, cuando la sangre entra en el pene y lo pone duro. Cipote, una palabra bastante vulgar, es el pene en sí. **mssaigon**

Circuncisión

Entre las familias judías y musulmanas de todo el mundo, y también en Estados Unidos, es costumbre circuncidar a los niños. Suele hacerse a los bebés recién nacidos y se trata de un procedimiento en el que se corta el prepucio, la piel que cubre el glande sin estar unida a él. Los penes no circuncidados siguen cubiertos por el prepucio, que puede retraerse o tirarse hacia atrás. La circuncisión altera el aspecto del pene, pero no su funcionamiento.

El valor de la circuncisión ha sido muy debatido. Es más sencillo mantener el pene limpio sin el prepucio, así que hasta hace poco se creía que era mejor. Sin embargo, investigaciones recientes muestran que, mientras el pene esté limpio, un hombre no circuncidado no tiene mayor riesgo de infección que uno que lo esté. También se debate si la circuncisión provoca cierta reducción de sensaciones sexuales.

Problemas de erección

La eyaculación precoz es cuando un chico eyacula antes o justo después de la penetración. Sucede más cuando hace tiempo que no tiene relaciones. También puede suceder cuando el nivel de excitación es extremadamente elevado por alguna razón. Muchos chicos se enfrentan a este tipo de problema en la adolescencia. Usar condones puede, a veces, ser de ayuda.

Problemas para conseguir y mantener la erección: el pene no siempre coopera con la situación y, cuando un chico no consigue la erección (o no la mantiene), puede ser difícil no tomártelo como algo personal. Quizá pienses que no quiere hacer el amor contigo, que no está excitado, que «contigo no se le levanta». Sin embargo, lo cierto es que la falta de deseo rara vez es la causa de estos problemas de erección (que reciben el nombre de «impotencia» en hombres mayores, cuando la situación es crónica).

Lo más frecuente es que estos problemas vengan causados por nervios y factores emocionales. Si le pasa a alguien con quien te enrollas, tal vez te sientas rara. Va bien recordar que seguramente no tiene nada que ver contigo. Si te sientes cómoda hablando con tu pareja de sus sentimientos, pregúntale si le molesta algo. (A veces otros aspectos de la relación o de la vida del chico influyen en el funcionamiento sexual.) O quizá prefieras olvidarte del asunto. Estas cosas pasan y es peor para él que para ti.

Sueños húmedos

Los sueños húmedos, conocidos también como poluciones nocturnas, son eyaculaciones durante el sueño. Casi todos los chicos tienen su primer sueño húmedo entre los 11 y los 16 años, cuando empiezan a producir esperma. Alivian la acumulación de esperma y no siempre son consecuencia de un sueño explícitamente sexual. Son más frecuentes en la pubertad, y a casi todos los hombres les sucede alguna vez en la vida. La masturbación durante el día y una vida sexual activa reducen la frecuencia de los sueños húmedos.

Eyaculación

eyaculación irse polución corrida clímax

Aunque se suele pensar en la eyaculación como parte del orgasmo masculino, se trata de una función biológica distinta; incluso es posible que sucedan de manera independiente. Dentro de los testículos hay unas células especializadas (las células de Sertoli) que continuamente producen espermatozoides. La eyaculación tiene lugar cuando la tensión sexual se acumula hasta un punto en que tiene que ser liberada, haciendo que el esperma y el semen salgan por la punta del pene.

Cuando un chico eyacula, primero los músculos de la próstata llevan semen a la uretra, y luego los músculos del pene y la uretra, que se contraen, lo lanzan al exterior. Sale como una cucharadita de este líquido que contiene unos 600 millones de espermatozoides. El semen (la corrida, la leche), una combinación de líquido seminal y esperma, suele ser blanco, amarillo o gris y es, en general, espeso y mucoso o «cremoso». El líquido seminal, que se produce en las vesículas seminales, nutre al esperma y lo ayuda a viajar más rápido.

La eyaculación suele tener lugar junto con una serie de contracciones rítmicas de los músculos de la pelvis (ésta es la parte del orgasmo). Los orgasmos masculinos, como los femeninos, varían en intensidad.

Después de la eyaculación, viene un periodo de resolución antes de que pueda tener lugar otra erección. La duración de este periodo varía en cada hombre y en cada ocasión.

MASTURBACIÓN MASCULINA

hacerse una paja meneársela manola tocársela cascársela machacársela

La mayoría de los hombres y chicos, mucho más del 90%, se masturba de vez en cuando o a menudo. Hay varias técnicas populares de masturbación masculina. La más común es sujetar el pene con una mano y tirar rítmicamente arriba y abajo, golpeando de vez en cuando la punta, acelerando el ritmo hasta el clímax y la eyaculación. Algunos chicos también se frotan contra algo, la cama u otro objeto inanimado.

RESPUESTAS Y TEMAS EMOCIONALES (LA CABEZA DE LOS CHICOS)

A veces parece que los chicos dejan que su impulso sexual decida por ellos; ésa es una generalización muy burda. Es cierto que durante la pubertad, los chicos están inundados de hormonas que tienen una gran influencia en su apetito sexual. La testosterona, la hormona responsable del impulso sexual en hombres y mujeres, es la hormona masculina dominante. El impacto exacto de la testosterona en el comportamiento masculino está sujeto a debate.

Nerviosismo: Es natural que los chicos se pongan nerviosos con el sexo y su papel en él. Se preocupan por muchas de las mismas cosas que las chicas: qué pensará su pareja de su cuerpo, su olor, el aspecto de sus genitales y su experiencia. En el coito, el chico puede estar preocupado por no «satisfacer» a su amante a causa de falta de resistencia, miedo a que su pene no tenga el tamaño o la forma adecuados o no saber cómo funciona sexualmente el cuerpo de la mujer. Cuanto más cómodo se sienta el chico con su amante, menos nervioso estará. La comunicación es lo que hace bueno al sexo.

Preocupación por el tamaño del pene: A los chicos les preocupa tanto su cuerpo como a las chicas. En cierto modo, sus nervios por el tamaño y la forma del pene son como nuestra preocupación por los pechos, ya que también están influidos por imágenes e ideales creados por la sociedad.

¿Importa el tamaño? Como suele pasar, es algo bastante subjetivo. El tamaño «normal» de un pene erecto puede variar entre 10 y 25 centímetros, la mayoría está entre 12 y 17. El tamaño no afecta en absoluto a la función sexual. Además, salvo en casos extremos, el tamaño del pene influye muy poco en el placer. (Un pene muy grande puede hacerle daño a la chica durante el coito, y uno pequeñísimo quizá no aporta estímulo suficiente.) Lo más normal, para la mayoría, es que el tamaño no importe.

INFORMACIÓN

Internet: Páginas web

Sexología (http://www.luz.com.mx): Si eres menor de edad, debes visitar este sitio acompañado de un adulto. Aquí podrás consultar secciones específicas acerca de la salud sexual, o bien sobre el tabaco y el alcohol y sus efectos sobre la sexualidad.

Mitos sobre la sexualidad (http://sensualbaires.com/sexologia): Consultorio sexológico virtual que publica cada semana anónimamente las preguntas elegidas entre todas las recibidas, con sus respectivas respuestas. Muy interesantes todas las aclaraciones y desmentidos acerca de mitos sobre la sexualidad.

La salud sexual en la adolescencia (http://www.encolombia.com/saludsexual.htm): Para comprender mejor las relaciones entre chicos y chicas desde ambos puntos de vista, lee su documento «La historia de Juan Camilo y Laura Valentina, despertando al amor y la sexualidad». Este sitio ha sido creado por la Asociación Salud con Prevención de Colombia.

Libros

Ficción

Kureishi, H. *El álbum negro*, Anagrama, Barcelona, 1995
El protagonista, un chico que está en el paso de la adolescencia a la edad adulta, emigra a una gran ciudad y vive nuevas experiencias que le harán madurar.

Conocimientos

Emme, M. *Técnicas de masturbación para el hombre*, Martínez Roca, Barcelona, 2000

Gurian, M. *Para ellos*, Vergara, Buenos Aires, 1999

Paley, M. *El libro del pene*, Planeta, Barcelona, 1999

¿Quieres conversar sobre este tema? Entra en el chat de http://www.descubrete-edicionesb.com

PARTE 3

mente

El cerebro (y las hormonas que produce) es el responsable de los cambios que tienen lugar en el cuerpo. Y esos cambios corporales son responsables de muchos otros cambios en tu vida. A medida que te vuelves una persona independiente, tu cerebro y tú debéis descubrir qué sucede y cómo responder a ello.

Inevitablemente, todos nos enfrentamos a emociones, decisiones y situaciones desconcertantes. Tus reacciones pueden ir desde la felicidad hasta el miedo, la ira o la pena. Pedir ayuda, a los que te rodean o a otras personas, va muy bien cuando las cosas se ponen difíciles.

No hay dos chicas que sientan o piensen lo mismo; tu forma de pensar y reaccionar es parte de lo que te hace única. Ser consciente de lo que sientes e intentar comprender por qué es una forma de llegar a saber quién eres.

Capítulo 1

psicología

Las personas cambian de humor. Y los adolescentes aún más. En parte, se debe a los cambios hormonales y en parte, a los cambios que da la vida con el estrés y la presión que los acompañan; aunque sobre todo es una combinación de ambos. Estos factores provocan una serie de respuestas emocionales, que van desde sentimientos familiares hasta otros que aún no habías experimentado. Las emociones suelen presentarse mezcladas unas con otras, por eso es difícil distinguirlas. O, si no, llegan en ciclos, una tras otra y tras otra.

Las emociones agradables, como la felicidad, el amor y la satisfacción, son magníficas y divertidas. Las dolorosas son más difíciles de afrontar. Cada cual las siente y reacciona ante ellas de forma diferente.

Las emociones son sentimientos, no acciones. Aunque no puedes controlar tus sentimientos, sí controlas tus actos. Si llega un momento en que crees que no soportas más, o ves que expresas tus emociones de un modo destructivo, es muy importante que pidas ayuda e intentes descubrir qué ocurre.

Ver **Terapia**, **p. 173 y**
Comportamiento autodestructivo, pp. 181-197.

ESAS EMOCIONES DESAGRADABLES

RABIA

La rabia es una parte inevitable de la vida, y aprender a tratar con ella de forma eficaz resulta difícil. Reprimirla puede desembocar en problemas físicos y emocionales (dolor de cabeza, de estómago, berrinches, depresiones). Es primordial para tu salud que encuentres formas seguras y no destructivas de liberarla.

cuando me enfado me gusta estar sola, pero entonces mis amigos piensan que va con ellos y se cabrean. además, cuando estoy enfadada no pienso con claridad y me pongo muy sensible. desde hace un tiempo lloro por tonterías, las mates (mi mejor asignatura), los tíos, el básquet, incluso lloro en clase.
zapatos–de–plataforma

Para mí llorar es un desahogo. Como para cualquiera. Hay gente que saca la rabia haciendo deporte o se calma leyendo un libro. Yo, en cambio, lloro.
semejanza

el último par de meses también me las he visto con la rabia. me enfado mucho conmigo misma y con mi familia. no sé si tendrá algo que ver con la vida en casa o no, pero me asusta porque no suelo ser una persona rabiosa.
xylish

Si tienes ganas de gritar, cuenta hasta 10 y espera a que se te pase. Si no pasa, ve al lavabo o a algún sitio donde nadie te oiga y chilla. Va bien.
fuego123

A mucha gente le pasa. Creo que hay algo oculto que nos hace estar irascibles. El primer paso es descubrir qué es... Podría ser la soledad, estar molesta por algo o descontenta contigo misma, etc. Cuando algo así te ronda por la cabeza, es normal desfogarse con cualquier tontería.
brazalete

Miedo

El miedo puede ser una emoción fuerte y paralizante. Hay miedos bien fundamentados que resultan útiles en ciertas situaciones (te hacen llevar especial cuidado en ambientes potencialmente peligrosos, por ejemplo). Otros te impiden hacer lo que te gustaría. Por suerte, la mayoría se supera. O, como mínimo, puedes llegar a reconocer cómo controlan tu comportamiento.

tengo muchos miedos. la mayoría son tonterías, pero aun así me asustan. me da miedo estar con desconocidos (y con la mayoría de la gente que conozco). otras cosas que me dan miedo: los perros grandes, los gatos, la gente escandalosa, los animales rabiosos, la violación, el dolor, los tiros, romperme un hueso y el sexo. **—Equip0a**

A veces creo que me estoy volviendo loca. Todos los días tengo pesadillas horribles y cuando me despierto, me encuentro fatal. Luego me preparo para ir al insti o adonde sea y el corazón me va deprisa todo el día, como si estuviera nerviosa. Desde hace poco les tengo un miedo irracional a las arañas y siempre tengo ganas de llorar. Pronto me gradúo y creo que eso tiene algo que ver.
teatrera

Estoy aterrorizada porque empiezo en el insti. Ayer me pasé el día llorando y hoy también. Este año seré una novata y mi novio un veterano. Sólo pienso que el año que viene todos mis amigos (y mi novio) no estarán. Me siento vieja y me da miedo el futuro. Éste ha sido el mejor verano de mi vida y creo que en cuanto empiecen las clases, todo se irá a la mierda.
T.G.I.F.

ANSIEDAD

La ansiedad es un estado de intranquilidad y aflicción por lo que pueda traer el futuro inmediato o lejano. Puede ser un miedo intenso y específico o un sentimiento general de inquietud sin causa determinada.

Encontrar formas de relajarte y calmarte va muy bien, pero si la ansiedad es incontrolable o impide tu funcionamiento normal, es mejor hablar con un profesional. Los trastornos de la ansiedad son muy comunes y se curan.

A veces me pongo tan nerviosa que me veo y me oigo temblar. Cuando hablo, la voz me sale temblorosa y me veo las manos y el cuerpo temblando. ¿Me pasa algo?
ritmoacelerado

Túmbate y no pienses en nada hasta que se pase, pero si no lo consigues te aconsejo que intentes calmarte respirando hondo. A mí me va bien. ¿¿Has oído hablar de los ataques de ansiedad?? Bueno, no es que pueda decirte que te pasa eso, pero yo los sufría, sólo que a mí me daban miedo otras cosas.
giga8pet

Todo este año me ha obsesionado la muerte. Varios amigos míos han muerto (asesinados, en accidente, etc.). Y ahora me da miedo morir. Cada vez que voy en coche pienso en cómo podría protegerme si chocáramos y, si veo un camión, temo que se meta por mi carril. También me da miedo que alguien entre en casa y me asesine. Y también no saber qué pasa cuando mueres. Y tengo miedo de una muerte dolorosa.
aDiCtA-Al-kIwI

soy muy nerviosa. el año pasado estaba tan paranoica que tenía que inspeccionar la comida antes de comérmela. creía que me iban a envenenar. cuando oía un avión, tenía miedo de que cayera una bomba. este año no estoy tan mal. aun así, a veces creo que tengo cáncer o alguna enfermedad mortal. ¡ay! no voy a muchos sitios porque me pongo nerviosa.
piensa-en-rosa

aburrimiento

El aburrimiento puede empujarte a probar cosas nuevas o, si no te animas con nada, tal vez es señal de que alguna otra cosa no va bien. O quizá sólo es aburrimiento.

¿alguien cree que es raro sentir angustia e inquietud todo el rato? suelo aburrirme enseguida. sé que soy un espíritu inquieto. pero no aguanto la rutina y me aburre la familiaridad de lo que me rodea, ¿me pilláis?
varita-mágica

Sentirse así no puede ser *raro* porque lo que sientes es lo que sientes, raro o no. A mí también me pasa a veces que nada me interesa, ni las personas a las que quiero ni las cosas que me gustan, ni siquiera dormir.
sin-toque-de-queda

Soledad

Los adolescentes son especialmente vulnerables a la soledad porque su relación con el mundo y con la gente cambia de continuo. No obstante, la soledad forma parte de la condición humana. :-(

En estos momentos me siento muy sola. No me siento querida desde agosto, cuando me trasladé a mil kilómetros de la comodidad. **RaveEn57**

anoche rompí a llorar. me sentía vacía y sola. sólo decía que quería morirme. lloré tooooooda la noche... no sé cuánto dolor y estrés y rabia más podré soportar.
chica-2000

Siento que estoy sola en el mundo. Tengo la sensación de que nadie me entiende y nadie parece hacerme caso.
PepitasdeOro

Envidia

Todos sentimos envidia. Pensar en lo que quieres de manera positiva y aprender a ser generosa con la felicidad de los demás suele ser más constructivo que gastar un montón de energía negativa en desear lo que otros tienen.

¡Todo y todos me dan envidia! Tengo celos cuando veo a una chica más guapa, más delgada, más popular, que liga y lleva ropa más guay, etc. Me jode. ¡Pongo mala cara y doy media vuelta!
chicasept

últimamente, todo me da envidia, y sé que no es bueno. seguro que es porque estoy pasando una mala racha y no me siento segura. incluso siento celos de mis amigas, ¡en vez de alegrarme por ellas! mi mejor amiga sacó un 9 en un examen y yo un 6. estudiamos juntas. me sentó muy mal.
rrevuelta

Dolor

Cuando muere un conocido, su muerte puede afectarte mucho. Lo unidos que estuvierais, las circunstancias de su muerte y tus anteriores experiencias con la muerte influyen en tu reacción, que puede traducirse en sentimientos de honda tristeza, pérdida, rabia, culpa o ansiedad por tu propia salud. Si esa persona se ha suicidado, esos sentimientos se complican aún más.

Llorar la pérdida de alguien requiere tiempo, energías y cuidados. Cada uno llora la pena a su tiempo y a su manera. A muchos, nos ayuda hablar con otras personas (amigos, parientes, consejeros).

Con el tiempo, la intensidad del dolor disminuirá, pero siempre quedarán los recuerdos de la pérdida y de la persona.

La muerte de alguien no es lo único doloroso. La pérdida de algo o alguien muy importante para ti —el final de una relación, trasladarse a otra ciudad, graduarse— también puede desencadenar ese sentimiento.

Parece que soy incapaz de enfrentarme a la muerte. Hará medio año que murió mi profesor de saxo, que para mí era como un padre desde de que mi padre se fue de casa. Aún lloro, aunque ya debería haberlo superado. ¿Qué voy a hacer?
CyCy

Que ya haya pasado medio año no quiere decir que tengas que haberlo superado. Lleva su tiempo.
lenta

m e n t e

Mi mejor amigo murió hace poco y aún añoro a mi padre, que también murió. Sólo necesito que alguien me diga que todo irá bien, como hacía mi amigo, y me sentiré mucho mejor.
TraciS

Uno de mis mejores amigos murió el verano pasado en accidente de coche. Fue horroroso y lloré sin parar durante días. Intenté canalizar el dolor de forma constructiva y le escribí un poema y me fue muy bien. Aún me entristece pensar en él y en su increíble sonrisa cuando me tiraba gominolas en el comedor, pero la vida sigue y aunque al principio no lo creía, ahora todo va bien.
ani–S

Que alguien muera y salga de tu vida no quiere decir que ya no esté contigo: sigue ahí. Mi tía murió hace 6 años y mi abuela 3 años después. Cuando voy a casa de mi padre (donde vivía mi abuela) sé que me observan. Las siento y sé que cuando estoy de mal humor están ahí para consolarme, aunque no las vea.
megustaelfutbol

Mi abuelo murió hace poco. Sé que es muy duro, pero no te lo guardes dentro. Deja que salga todo y que los demás sepan cómo te sientes. Créeme, te ayudará. Costará algún tiempo. Aún lloro por la noche cuando pienso que podría haberme esforzado más en conocer bien a mi abuelo, pero también sé que ahora está mucho mejor de lo que estuvo en años.
caracara

es una mierda que se te muera un amigo. Dios me ha ayudado a superar el suicidio de 2 amigos este año. mi familia y mis otros amigos también. intenta ir a terapia o leer algún libro sobre la muerte y cómo superarla. será una de las cosas más duras por las que pasarás, pero sé fuerte y todo irá bien.
jovenh

DEPRESIÓN

Casi todo el mundo conoce la depresión, ya sea la suya o la de otra persona. A veces, es causada por motivos concretos, como rupturas o problemas familiares, y otras veces, no hay ningún motivo especial para sentirse depre.

Enfrentarte a ello, saber que lo superarás, encontrar formas de luchar y hablar con los demás son modos de conseguir vencer las malas rachas.

Si notas algún cambio en tus hábitos de sueño y alimentación, si empiezas a tener comportamientos autodestructivos y/o si has pensado seriamente en el suicidio, ¡¡busca ayuda!! Tal vez padezcas una depresión clínica, un trastorno del estado anímico que sufren muchísimas personas.

Ver Depresión, p. 174.

Tengo una depresión. He luchado contra ella, pero ya no me siento capaz de luchar más. Lo único que quiero es rendirme y dejar que la depresión me lleve y que pase lo que tenga que pasar. Ya he intentado suicidarme antes, pero siempre me he detenido gritando que «no quiero morir, pero tampoco quiero vivir».
punto-discutible

Sólo para que lo sepas, todas nos sentimos así alguna vez. A mí me ha pasado muchas veces y es del todo normal que PIENSES esas cosas. PERO si te sientes así constantemente, tienes un problema y necesitas ayuda.
iLuminator

Acabo de superar una depresión. La segunda de mi vida. Me viene de familia, así que seguro que habrá más. Pero sé cómo te sientes. He pasado 6 meses infernales. Pero lo he superado, igual que lo harás tú. Lo superarás con ayuda. Va muy bien hablar con otras personas (con un terapeuta) y llevar un diario.
Mariquita

siento lo que creo que se describe como depresión constante. lo raro es que no pasa nada concreto que pueda causarla. todo va bien, salvo que me siento inferior por muchas pequeñas cosas. como cuando no entiendo los deberes de mates y me pongo a llorar. ¿a alguna le pasa igual?
AdictaIToFu

La música me ayuda cuando estoy depre. Si estoy enfadada escucho heavy para desfogarme. Cuando me siento triste, escucho algo con ritmo suave.
discoforever

No encuentro nada que me haga sentir bien. No puedo dormir, no me apetece comer, no me importa el colegio. Siempre estoy a punto de llorar. Hace casi un año que estoy igual. ¿Qué voy a hacer?
gatointerior

Solía estar muy triste y descubrí que chillar en un cojín iba bien, luego empecé a escribir un diario y me quedé más en paz conmigo misma. También me puse a hacer pesas y a correr. Te da sensación de poder, más autoestima y tienes algo de lo que sentirte ORGULLOSA. Créeme, ¡es lo mejor que he hecho POR MÍ MISMA!
Mallas

a mí también me pasa: nada malo de verdad, pero me fastidian muchas pequeñas cosas. habla con alguien de confianza: tal vez te ayude. además, llorar es muy sano.
mary2k

Ver también **Suicidio en la adolescencia, pp. 192-193,** e **Información en las pp. 194-197.**

un momento estoy muy contenta por algo y luego alguien me mira mal y ya estoy deprimida. Cuando me enfado, siento que podría arrancarle la cabeza a alguien y cuando estoy triste sólo quiero tumbarme y morir.

reinacoco

Mi amiga estaba igual que tú. Sus padres la llevaron al psiquiatra y ya no cambia de humor de golpe. Creo que deberías probar. Ahora es mucho más feliz.

pYramide

CAMBIOS DE HUMOR

La melancolía y los cambios de humor son comunes en la adolescencia. Las emociones pueden cambiar de repente y luego cambiar otra vez. A veces, serán cambios hormonales; a veces, el SPM; a veces, las circunstancias de la vida...

Si sientes que tus emociones están fuera de control y eres incapaz de recuperarlo, siempre es buena idea hablar con alguien. La gente que sufre euforias y depresiones constantes sería mejor que fuera al psicólogo.

Ver SPM, **pp. 24-25.**

Ver Manía depresiva, **pp. 174.**

¡Sufro increíbles cambios de humor! Soy una persona muy feliz pero me deprimo MUCHO y no sé qué hacer. De repente me pongo a llorar sin motivo. A veces siento que no hay NADA por lo que valga la pena vivir. Mis emociones suBEN y BAjan.

PsandQs

Soy una especie de montaña rusa emocional, pero para no volverme loca y evitar suicidarme escribo y dibujo. Me ayuda. Pilla un cuaderno, escribe y expresa todos tus sentimientos.

lunadeotoño

Autoestima

A los 11 o 12 años, muchas chicas empiezan a deprimirse porque creen que no dan la talla física, social o académicamente. Estas supuestas deficiencias hacen que se sientan mal consigo mismas. La pérdida de autoestima es muy normal. Varios estudios recientes (el más famoso el de Carol Gilligan, de Harvard) han documentado la baja autoestima que, en especial, sufren las adolescentes.

¿Por qué? Los investigadores señalan hacia profesores que prestan más atención a los chicos, padres que esperan más de los hermanos y la importancia que se le da al físico femenino en vez de al carácter y las capacidades. Sólo con tener presente esta tendencia, se puede hacer mucho para combatirla.

Una baja autoestima puede llevar a bajos niveles de seguridad, de sentimiento de valía personal y a la depresión. Si te resulta difícil creer en ti misma o si te sientes insegura, pregúntate por qué. Comprende los obstáculos del camino e intenta que la negatividad no te impida perseguir tus intereses.

SOBREVIVIR A LA LOCURA

Los sentimientos negativos se superan de diferentes maneras:

Pedir ayuda
Si las cosas se ponen duras, pide ayuda. A quién se la pidas —amiga, novio, hermana, padre, amiga de la familia, médico, profesora, psicóloga, asistente social— depende de ti. Lo importante es que sea alguien en quien confíes. Recuerda también que la relación que tengas con esa persona afectará a la forma en que responda a tus necesidades. Una madre, por ejemplo, verá el problema de forma diferente a una amiga.

Escribir
Escribir tus sentimientos puede ayudarte a darles sentido. El mero hecho de ponerlos en palabras te distancia del caos y te permite recuperar perspectiva y control. Un diario es también un registro de cómo te has sentido a lo largo del tiempo. Volver a leerlo más adelante quizá te ayude a descubrir qué te hace sentir de cierta forma y por qué.

Pasar a la acción
Haz algo divertido. Cambia de aires. Hazte voluntaria. Toma una nueva perspectiva.

Terapia

Hablar con un profesional suele ser muy útil cuando sientes que nada va bien o cuando no te sientes a gusto compartiendo lo que te sucede con quienes forman parte de tu vida. Para eso están los terapeutas (o consejeros). Su trabajo consiste en escuchar, a veces aconsejar, y ayudar a la gente a superar la parte negativa de la vida.

Un error frecuente es creer que la terapia sólo es para los que «ya no tienen arreglo».

Ver también **terapia familiar, p. 227.**

Ir a la consulta de un profesional no es signo de estar loco. Es señal de que tomas el mando de tu vida y quieres mejorarla, asistida por alguien con el mismo propósito. El papel de un terapeuta es muy distinto del de un amigo o cualquier otra persona. Por mucho que tus amigos se preocupen por ti, por muy inteligentes e intuitivos que sean, el hecho de formar parte de tu vida les impide ser objetivos.

Los terapeutas suelen encontrarse a través de otras personas —el de un amigo, los consejeros del colegio, médicos—. Aunque lo escojan tus padres, tienes derecho a preguntar cualquier cosa y a decirlo si no te sientes a gusto con la situación. La terapia dará mejor resultado si confías en el terapeuta y lo respetas.

El año pasado estaba muy deprimida. Cuando por fin me senté con mis padres a explicarles lo que me pasaba, me llevaron a un psiquiatra que me ayudó mucho a aclararme las ideas.
tatuada

Me han diagnosticado una depresión clínica. He pasado por mucha mierda, pero sigo funcionando. Mi consejo para TODAS es éste: 1) Encontrad una vía de escape; música, arte, deporte, ¡¡expresad vuestros sentimientos o escribidlos!! 2) Hablad con un consejero o un psicólogo. ¡Ayudan! Un médico os puede recetar algo. (Yo tomo Prozac y va bien.) 3) Si estáis deprimidas, que no os dé vergüenza, no es culpa vuestra. 4) ¡¡¡¡No os rindáis!!!! ¡Eso es lo más importante!
dedosarrugados

Enfermedades mentales comunes

Manía depresiva (trastorno bipolar)

Qué es: El estado de ánimo fluctúa de una gran felicidad a una profunda depresión. Cada fase puede durar hasta tres meses, aunque también se pueden sentir las dos a la vez. Médicamente, se conoce como trastorno anímico bipolar; suele comenzar en la edad adulta, antes de los 35 años. Pero puede aparecer en la adolescencia e incluso antes. Las personas cuyos padres la padecen tienen más probabilidades de sufrirla.

Síntomas (de la fase maniaca):

- cambios de humor extremos; excesivo buen humor, irritabilidad
- autoestima desmesurada, a menudo acompañada de delirios de grandeza sobre una íntima relación con Dios o personajes famosos
- hiperactividad; hablar muy deprisa, saltar de un tema a otro sin ton ni son, no aceptar interrupciones, planear demasiadas cosas a la vez; gastar grandes cantidades de dinero
- incapacidad de concentración
- menor necesidad de dormir
- irritabilidad repentina
- comportamientos de alto riesgo, como la promiscuidad sexual o la conducción temeraria

Síntomas (de la fase depresiva):

- depresión, indiferencia, sentimientos de tristeza y de falta de valor, llanto sin motivo
- pérdida del placer en actividades que antes se disfrutaban
- quejas frecuentes por dolores y molestias físicas
- energía baja
- pérdida de memoria y concentración
- pensamientos de suicidio o muerte
- cambios importantes en los hábitos del sueño y la alimentación

Tratamiento: Con información, medicamentos y terapia, ésta es una de las enfermedades mentales de mejor tratamiento. Se informa al paciente y su familia acerca de la enfermedad, a veces también se aconseja terapia familiar. Sustancias como el litio y otros fármacos estabilizan el estado anímico, reducen la cantidad y la intensidad de los episodios maníacos y ayudan a prevenir la depresión. El uso del litio debe ser controlado para evitar graves efectos secundarios. La psicoterapia ayuda al paciente a adaptarse al estrés y a comprenderse mejor, lo que disminuye la posibilidad de brotes.

Trastorno obsesivo compulsivo

Qué es: Este trastorno de ansiedad suele comenzar en la adolescencia o la juventud. Se caracteriza por obsesiones recurrentes (impulsos o imágenes persistentes y no deseados) o compulsiones (comportamientos o rituales repetitivos que ayudan a aliviar la ansiedad) que causan una angustia extrema e interfieren de forma significativa en la vida diaria y las relaciones. Por ejemplo, un miedo obsesivo a los gérmenes puede coincidir con la compulsión de lavarse las manos. El comportamiento ritualizado

Depresión

Qué es: Sentimientos depresivos que persisten un mínimo de dos semanas y que impiden el funcionamiento normal (no es sólo estar «tristona»). La depresión, una de las enfermedades mentales más comunes, suele ser cosa de familia y se presenta a cualquier edad. Un trastorno depresivo es cualquier forma de depresión lo bastante seria como para requerir tratamiento. Hay muchos tipos de depresión: bipolar, trastorno afectivo estacional, unipolar, distimia (neurosis depresiva), y a veces coinciden unas con otras.

Síntomas:

- tristeza y llanto frecuente
- sentimientos de impotencia
- falta de energía, sensación de fatiga y de estar «hecha polvo»
- sentimientos de falta de valor y culpabilidad
- menor placer en actividades que antes se disfrutaban
- aburrimiento persistente
- aislamiento social y falta de comunicación
- pensamientos suicidas recurrentes, deseos de morir o intentos de suicidio
- mayor irritabilidad, rabia u hostilidad
- síntomas físicos como quejas frecuentes de dolor de cabeza o estómago
- incapacidad de concentración e indecisión
- cambios en el apetito y considerable pérdida o aumento de peso sin motivo
- alteración de los hábitos del sueño

Tratamiento: Una de las enfermedades mentales de mejor tratamiento; entre el 80% y el 90% de personas deprimidas responde a un tratamiento de psicoterapia y antidepresivos (tricíclicos, inhibidores de recaptación de serotonina, inhibidores de recaptación de monoaminooxidasa y litio). El trastorno anímico estacional se trata con una terapia ligera.

no tiene por qué estar relacionado con el miedo a la infección; es frecuente que el enfermo crea que, al repetir cierto comportamiento, se protege de lo que le causa temor.

Síntomas

- preocupaciones excesivas o alejadas de la realidad
- repetición de comportamientos ritualizados
- lavarse en exceso
- comprobar todo una y otra vez (el despertador, el horno)
- completar una serie de cosas en un orden específico y, en caso de interrupción, comenzar de nuevo hasta conseguirlo
- ser meticuloso
- evitar ciertas cosas (las grietas de la acera)
- almacenar objetos
- lentitud
- dificultad para conciliar el sueño
- temblores
- malestar estomacal
- pulso y/o respiración acelerados

Tratamiento: Se trata de un trastorno mental que se puede tratar con terapia conductual como la exposición y prevención de respuesta, que tiene éxito en el 50-90% de los casos. Algunos medicamentos, como los inhibidores de recaptación de serotonina, van muy bien. El apoyo familiar, la información y la terapia son esenciales para el éxito del tratamiento.

Ataques de pánico

Qué es: Repetidos periodos de miedo o intranquilidad que se producen sin causa junto con un ritmo cardiaco acelerado. Los ataques de pánico hacen que sientas angustia todo el rato, evites lugares o actividades donde suelen darse los ataques e interrumpas así la vida cotidiana, por lo que suele conllevar depresión. Esta depresión puede hacer que te refugies en las drogas o el alcohol, lo que sólo empeorará la situación e incrementará los ataques. Este trastorno es más frecuente en mujeres y suele comenzar a los veintitantos, normalmente tras algún episodio traumático.

Síntomas:

- aprensión, miedo y terror intensos
- ritmo cardiaco acelerado
- sensación de mareo
- dolor en el pecho o palpitaciones
- falta de aire o sensación de ahogo
- sudor
- temblores
- náuseas o malestar abdominal
- calor o frío súbitos
- sensación de irrealidad
- miedo a morir, a perder el control o a volverse loco

Tratamiento: La combinación de medicación y psicoterapia puede prevenir los ataques, y la terapia cognitivo-conductual puede aliviar la ansiedad cuando éstos tengan lugar. Los fármacos usados en el tratamiento de la depresión ayudan a un 75-90% de las víctimas de ataques de pánico.

Trastorno de falta de atención/hiperactividad

Qué es: Un adolescente con este trastorno tiene problemas para prestar atención, concentrarse y/o muestra un comportamiento hiperactivo e impulsivo. Los enfermos suelen actuar antes de pensar, por lo que causan problemas a amigos, padres y profesores. Es más frecuente en los chicos y suele diagnosticarse en los años de escuela primaria. Los síntomas a menudo pierden intensidad hacia el final de la adolescencia y la juventud. Existen cuatro tipos: distraído, hiperactivo, combinado y no específico (con algunas características pero no las bastantes para realizar un diagnóstico).

Síntomas (del tipo distraído):

- incapacidad de prestar atención a detalles
- distracción o dificultad para mantener la atención
- parecer no escuchar
- dificultad para seguir instrucciones
- dificultad para ser organizado
- evitar esfuerzos mentales
- pérdida frecuente de objetos necesarios
- olvido de actividades diarias

Síntomas (del tipo hiperactivo/impulsivo):

- nerviosismo o intranquilidad
- dificultad para permanecer sentado
- correr y trepar en exceso, sentimiento de intranquilidad en adultos
- dificultad para realizar tareas con calma
- actuar como impulsado por un motor
- hablar en exceso
- no esperar a que termine la pregunta antes de saltar con la respuesta
- dificultad para esperar turno
- frecuentes interrupciones a los demás

Tratamiento: Una combinación de educación por parte de los padres, estrategias para controlar el comportamiento, terapia individual y familiar y, a veces, medicación. Suelen prescribirse psicoestimulantes o estimulantes y son efectivos en un 70-80% de los casos.

Fármacos psiquiátricos

Médicos y psiquiatras (los psicólogos no pueden recetarlos) suelen usar antidepresivos para tratar la depresión, el pánico y el trastorno obsesivo compulsivo. Éstos alteran la acción de la serotonina neurotransmisora. Se cree que los estados anímicos, los sentimientos, los niveles de vitalidad y el sueño dependen —al menos hasta cierto punto— de los niveles de serotonina, que, al parecer, tiene un efecto calmante y sedante.

Los inhibidores selectivos de recaptación de serotonina (ISRS), como Prozac (fluoxetina), Besitran (sertralina) y Motivan (paroxetina), interfieren en la reabsorción corporal de serotonina, la hacen más accesible para las células cerebrales y, probablemente, reducen la ansiedad y la depresión. Pueden tardar varias semanas en producir los primeros efectos y se deben tomar el tiempo suficiente para erradicar los síntomas, entre tres y seis meses. Los ISRS tienen efectos secundarios de los que te informará el médico.

INFORMACIÓN

Internet: Páginas web

Colegio Oficial de Psicólogos (http://www.cop.es): El sitio web del Colegio Oficial de Psicólogos de España te ofrece una interesante sección titulada «Internet». Si entras en ella, podrás indagar sobre los ámbitos que te parecen más interesantes: el psicoanálisis, los estilos de vida, la psicología del deporte... Incluso es posible informarse acerca de las nuevas formas de terapia on-line.

Psicoplanet (http://www.psicoplanet.com): El objetivo principal de este sitio es promover el bienestar personal, orientar en la solución de problemas y mejorar la calidad de vida. Su sencilla división temática por grupos de edad te resultará muy cómoda, para poder encontrar sin problemas los artículos que te interesan, sin perder el tiempo en complicadas búsquedas. También puedes beneficiarte de su servicio de consultas activo las 24 horas del día.

El portal de la salud mental (http://www.psiconet.com/psicomundo): Este portal está dedicado exclusivamente a la psicología. Inicia tu búsqueda a partir de esta página, y no habrá enlace que se te resista. En Psicomundo encontrarás todos los recursos: bases de datos, boletines informativos, buscadores, agendas de servicios por país... No dudes en entrar en su selección de los mejores sitios para tomar un primer contacto con esta extensa red.

Psicoterapia (http://www.psicoter.es): En este sitio encontrarás reunidos temas de interés general, tales como el tratamiento del estrés, la ansiedad y la depresión, los trastornos del sueño o la medicina psicosomática. Realizadas por el Instituto de Psicoterapia Autógena y el Centro de Investigación Psicosomática, puedes contar con la amplitud de temáticas y la solidez de las informaciones.

El psicólogo en la red (http://www.ciudadfutura.com/psico): Las diversas secciones de este sitio pueden serte de mucha utilidad para conocer mejor tu mente. Así, podrás descubrir qué imagen tienes de ti mismo a partir de tus dibujos, o conocer mejor tu actitud ante los exámenes respondiendo a las preguntas de un cuestionario. Además, puedes pedir que traten con mayor profundidad algún tema de tu interés en próximas ediciones.

Noticias de psiquiatría (http://www.psiquiatria.com): ¿Te gustaría saber qué es la vigorexia? ¿Has oído hablar del «mal de las vacas locas» y su transmisión a humanos? ¿Te interesa conocer la relación entre tabaco y estrés? Si no tienes respuesta a todas estas preguntas, acude sin esperar a Psiquiatria.com, el sitio que reúne las noticias más actuales de la psiquiatría general.

Psiquiatría: guía de recursos (http://www.elmedico.net/psique.html): Hay tantos sitios en internet acerca de psiquiatría, que te será muy útil visitar esta página que acoge los 150 enlaces más destacados en esta materia, divididos en seis apartados: asociaciones, sociedades e instituciones oficiales; sitios de alto interés sobre psiquiatría; revistas y noticias; recursos sobre adicciones; enlaces acerca de la esquizofrenia y otras enfermedades psiquiátricas y clasificación DSM-IV.

Terminología psiquiátrica (http://www.psicofarmacologia.bizland.com/TA.html): En psiquiatría se emplean muchas expresiones oscuras que a los no iniciados cuesta comprender. Esta página, especializada en los trastornos de ansiedad, contiene un listado de fobias frecuentes, con el que descubrirás qué es la algofobia, la dromofobia, la fobofobia, y otros muchos términos de raíz misteriosa.

Los trastornos más comunes (http://www.magic-es.com/cyberpsi): Éste es un sitio muy acogedor, dedicado a los trastornos psicológicos más habituales. No dejes de visitarlo si te interesa adentrarte y desmitificar los problemas más candentes en la actualidad, como la anorexia o la depresión. Asimismo, podrás consultar tu caso particular con un equipo de psicólogos vía e-mail, en la sección «El diván».

DrFobia (http://www.drfobia.com): El doctor Fobia te explicará, en español y de un modo sencillo, bien estructurado, las manifestaciones y consecuencias de los trastornos mentales más habituales entre la población. De consulta ágil, este sitio también te ofrece asesoramiento gratuito, para que puedas tener una explicación meditada de tus reacciones y problemas.

AADA. Asociación para la Ayuda y Divulgación de la Agorafobia y Fobia Social (http://www.terra.es/personal/aadabcn): Esta asociación se dedica a ayudar a todas aquellas personas que padecen agorafobia o fobia social, y su sitio web está destinado a divulgar los conocimientos sobre el origen, el alcance de la enfermedad y su tratamiento, así como destacar la importancia de la participación de la familia en la recuperación de la agorafobia.

PAN-illo. Anillo contra el pánico y la agorafobia (http://www.geocities.com/HotSprings/6333/panillo.html): Este sitio busca reunir y enlazar entre sí aquellas páginas web en castellano, cuyo contenido esté en relación directa con el trastorno de la angustia (pánico, crisis de ansiedad) y/o la agorafobia. También encontrarás algunas páginas que no han sido específicamente creadas para tratar estos temas, pero que se han incluido en el anillo porque la información que aportan añadía datos de interés a estos asuntos.

Pánico y fobias (http://www.amb.com.ar/aysintom.htm): Definiciones claras y concisas de diversos trastornos, para conocer de un modo sencillo sus síntomas. Dedica secciones completas al pánico, la fobia social y fobias específicas, trastorno de ansiedad generalizada, y otros trastornos relacionados con el estrés.

Trastornos de pánico
(http://www.nimh.nih.gov/publicat/spapanic.htm): En el Instituto Nacional de Salud Mental (National Institute of Mental Health) los científicos están aprendiendo cada vez más respecto a la naturaleza de los trastornos de ansiedad, sus causas y cómo mitigarlos. Si padeces ataques de miedo y quieres solucionarlos, adéntrate en esta página, traducida al español, que te ayudará a afrontar tus temores.

La red de la ansiedad
(http://www.anxietynetwork.com/Spanish-index.html): Un sitio web proporciona información, ayuda y terapia para los tres desórdenes más comunes de la ansiedad: ansiedad social o fobia social, pánico o agorafobia, y ansiedad generalizada. Esta dirección corresponde a la versión realizada íntegramente en español.

Estrés, insomnio y ansiedad
(http://www.cofaran.es/fcont95.html): El colegio de Farmacéuticos de Andalucía ha creado un interesante sitio web en el que encontrarás un muy completo artículo sobre el estrés, el insomnio y la ansiedad, en el que se detallan qué fármacos se emplean habitualmente para mitigar estos problemas, y cuáles son sus efectos. De consulta obligada si te estás medicando y quieres averiguar qué tomas.

Hiperactividad y falta de atención
(http://www.nimh.nih.gov/publicat/spadhd.htm#adhd): Página dedicada al trastorno hiperactivo de déficit de atención, un problema que afecta a muchas personas, y que va más allá del mero «despiste». Si crees que padeces ese trastorno, o bien conoces a alguien que podría sufrirlo, busca en la sección «Consiguiendo ayuda» los tratamientos y métodos educativos que existen para resolver este problema del modo menos traumático.

Enfrentarse a la depresión
(http://www.depress.com): Depress.com ha sido creado para aclarar algunas de las creencias y errores más generalizados en torno a la depresión. Si quieres mejorar tus conocimientos sobre este tema, visita de inmediato esta dirección, y descubrirás a quién afecta y por qué, cómo reconocer los síntomas, y cómo buscar ayuda para ti o para tus seres queridos. Pincha en «Enfrentarse a la depresión» para leer la versión en castellano.

Foro de Depresión
(http://www.saludlatina.com): En su sección «Foros de salud», el sitio de medicina general Saludlatina.com te ofrece una oportunidad para encontrar personas con tendencias depresivas, que se reúnen en un foro específico para individuos que quieren compartir sus sensaciones y vivencias en relación a la depresión.

Libros

Ficción

Klein, R. *Volví para mostrarte que podía volar*, Anaya, Madrid, 1996
La búsqueda del adolescente de su propio yo y la reafirmación de la identidad.

Santos, C. *La muerte de Kurt Cobain*, Alba, Barcelona, 1997
Una adolescente vive los momentos más críticos de su vida, la muerte de su mejor amiga en un accidente, la separación del chico con el que sale y el suicidio de su ídolo.

Conocimientos

Alvira Martín, F. *El suicidio juvenil*, Instituto de la Juventud. Ministerio de Trabajo y Asuntos Sociales, Madrid, 1997

Botella Arbona, C. *Trastorno de pánico*, Martínez Roca, Barcelona, 1997

Breton, S. *¿De qué tiene miedo? Cómo superar las crisis de angustia*, Grijalbo, Barcelona, 1996

Calle, R. A. *Ante la ansiedad*, Urano, Barcelona, 1999

Goldberg, J. G. *El lado oscuro del amor. El papel positivo de nuestros sentimientos negativos: ira, celos y odio*, Círculo de Lectores, Barcelona, 1997

Calle, R. A. *Ante la ansiedad*, Urano, Barcelona, 1999

Goleman, D. *Inteligencia emocional*, Kairós, Barcelona, 2000

Goleman, D. *La práctica de la inteligencia*, Kairós, Barcelona, 2000

Greenspan, S. *Las primeras emociones*, Paidós, Barcelona, 1997

Hauck, P. *Los celos*, Plaza & Janés, Barcelona, 1990

Ingham, C. *Los ataques de pánico*, Oniro, Barcelona, 1998

Martineaud, S. *El test de inteligencia emocional*, Círculo de lectores, Barcelona, 1997

Vallejo-Nájera, A. *Conócete a ti mismo*, Temas de hoy, Barcelona, 1997

Entidades

Colegio Oficial de Psicólogos: Conde de Peñalver 45 Planta 5 - 28006 Madrid - Tel. 91 4449020 - Fax. 91 3095615 - secop@correo.cop.es (http://www.cop.es)

AFAEPS. Asociación de Amigos y Familiares de Enfermos Psíquicos: Avda. de la Mancha s/n - 02006 Albacete - Tel. 967 521918 - Fax. 967 521918 - afaeps@arrakis.es

Asociación Española de Psicología Conductal: Urb. Parque del Genil - Edif. Gema 1 B2 - 18004 Granada - Tel. 958 522937 - Fax. 958 521937 - aecp@platon.ugr.es

Asociación Argentina de Ciencias del Comportamiento: Tte. Gral Peron 2158 - 1040 Buenos Aires - Argentina - Tel. 1 9533541- Fax. 1 9533541

Sociedad Española de Estudio de la Ansiedad y el Estrés. Facultad de Psicología de la Universidad Complutense de Madrid: Buzón 23 Campus de Somosaguas - 28223 Madrid - Despacho 1119 - Tel. 91 3943111 - Fax. 91 3943189 - seas@psi.ucm.es (http://www.ucm.es/info/seas)

Ayuda Asociación Civil. Tratamiento y recuperación de los trastornos de ansiedad: Avda. Coronel Díaz 1736 - 1425 Capital Federal Buenos Aires - Argentina - Tel. 14 8229966/ 14 8253838 - Fax. 14 8229306

¿Quieres conversar sobre este tema? Entra en el chat de http://www.descubrete-edicionesb.com

Capítulo 2

COMPORTAMIENTO AUTODESTRUCTIVO

El comportamiento autodestructivo es el acto de ponerte en peligro físico o emocional. Suele ser una respuesta a emociones y acontecimientos dolorosos.

El comportamiento autodestructivo toma formas diferentes, desde rendir por debajo de tu capacidad hasta herirte deliberadamente. También puede estar causado por diferentes motivos. Algunas personas se sabotean para evitar sufrimiento o riesgos futuros. Otros se hieren para hacerse con el control de una parte de su vida, aunque ese control se manifieste de manera destructiva. La necesidad de crear una expresión física de un estado emocional o mental alterado es otro posible factor.

Unos comportamientos autodestructivos tienen consecuencias más graves que otros, pero todos deben tomarse en serio. Si te das cuenta de que te infliges daño de alguna forma, es importante comprender por qué lo haces, como primer paso para pararlo. Hablar con un profesional sobre lo que está pasando suele ser parte esencial del proceso.

Ver Terapia, p. 173.

BAJO RENDIMIENTO

A veces, el simple hecho de no aprovechar al máximo tus capacidades es una forma de comportamiento autodestructivo. Mucha gente se enfrenta al estrés y las presiones externas e internas cerrándose en banda y negándose a actuar. Intencionadamente o no, no haces lo que deberías porque te sientes mal con tu vida y contigo misma. Esto puede suceder a pequeña o a gran escala.

Aunque es difícil mirar mucho más allá, lo que decidas dejar de hacer hoy podría limitar tus oportunidades en el futuro.

Comer sano

Todas tenemos un cuerpo y unos hábitos alimentarios únicos.

Ver Imagen corporal, pp. 51-57 y Cuidarte, pp. 58-65.

La alimentación normal implica ser capaz de comer lo que te apetezca cuando tienes hambre y no parar hasta estar satisfecha. Significa elegir comida sana, pero sin ser tan restrictiva que no te puedas permitir un capricho.

Una alimentación normal puede ser tres comidas diarias o varios pequeños refrigerios y tentempiés a lo largo del día. Es dejar unas cuantas galletas en el plato porque sabes que te las puedes comer mañana o comer más ahora porque están muy ricas.

Una alimentación normal es permitirte comer, a veces, porque estás contenta o triste, o porque te apetece sin más.

En resumen, una alimentación normal es flexible. Varía según tus emociones, tu horario, tu apetito y la proximidad de los alimentos. Es parte de la vida pero no debe gobernarla.

TRASTORNOS DE LA ALIMENTACIÓN

Unos dos millones de estadounidenses, en su mayoría mujeres y chicas, sufren trastornos de la alimentación. Un número desconocido tiene hábitos alimentarios y dietéticos precarios —toman adelgazantes, laxantes, diuréticos y siguen regímenes caprichosos— que tal vez no sean tan peligrosos como los trastornos de la alimentación, pero que pueden tener importantes efectos negativos.

Para más sobre uso y abuso de fármacos, ver pp. 200-213.

Desde los años 80, los medios de comunicación se han hecho eco de estos trastornos. Algunas personas culpan a los medios por glorificar a las modelos superdelgadas y presionar a las jóvenes para que consigan cuerpos «ideales».

Comer o dejar de comer de manera obsesiva tiene poco que ver con el apetito. Puede ser una forma de creerte en control, de llamar la atención, de castigar a tus padres e incluso de recompensarte. O tal vez tengas la errónea idea de que el peso influye en la popularidad. Cualquiera que sea la razón, los trastornos de la alimentación son un comportamiento muy peligroso que, a la larga, sólo acarrea sufrimiento. En casos extremos, la gente deja de comer o se ceba hasta provocarse la muerte. Las víctimas de este tipo de trastornos pueden tener cualquier peso (pero fluctúa de forma radical). Tal vez parezcan «normales», lo que no significa que sufran menos ni que estén en menor peligro.

Éstos son cuatro tipos comunes de trastornos de la alimentación:

Anorexia nerviosa

Qué es: Este estado, potencialmente mortal, consiste en un profundo temor a ganar peso o estar gorda. Una percepción distorsionada del peso, el tamaño y la forma del cuerpo lleva a la persona anoréxica desde limitar la ingestión de alimentos hasta el ayuno voluntario. Las anoréxicas pueden estar hasta un 15% por debajo de su peso normal y aun así verse gordas. Un 1% de las adolescentes estadounidenses tiene anorexia nerviosa y hasta un 10% de ellas llega a morir.

Suelen aspirar a la perfección. Se marcan metas muy altas y sienten que deben demostrar su capacidad. Creen que si no pueden controlar cuanto las rodea, al menos controlan su peso.

Consecuencias físicas y riesgos comunes para la salud (puede darse uno, varios o todos):

- pérdida de cabello
- aparición de vello suave en la cara, la espalda y los brazos (el cuerpo requiere esta capa de vello para mantener la temperatura corporal)
- pérdida de menstruación o reglas irregulares (sin alimento, los niveles hormonales caen y alertan al cuerpo de que no puede mantener un feto)
- piel seca, pelo y uñas quebradizos
- piel amarillenta o cenicienta
- temperatura corporal y tensión arterial bajas
- lentitud de reflejos (debido al ritmo cardiaco y la función tiroidea más lentos)
- pérdida prematura de densidad ósea
- estreñimiento
- hinchazón en las articulaciones
- insuficiencia renal y cardiaca, en los casos más extremos

La anorexia puede desembocar en la muerte por inanición o por fallo de algún órgano.

Cómo identificarla: Puede que la anorexia no sea muy evidente en las primeras fases, porque suele comenzar con un régimen inocente. A medida que progresa, es posible que familia y amigos no se den cuenta porque las anoréxicas suelen llevar ropa holgada. Incluso demacradas, se sienten «gordas» y quieren tapar su «horrible cuerpo seboso».

Una anoréxica suele evitar situaciones donde haya comida. Y, si no puede, jugará con la comida o la esconderá en lugar de ingerirla.

Conducta habitual (puede darse una, varias o todas):

- obsesión con el cuerpo y la comida
- necesidad de perfección y control
- cambios de humor repentinos
- ansiedad
- tendencias suicidas
- letargo
- insomnio
- depresión
- uso diario de laxantes o diuréticos para controlar el peso
- un rígido horario de ejercicio físico, incluso con dolor
- **hábitos alimentarios ritualizados (comer a ciertas horas del día, masticar cierto número de veces, etc.)**

Tratamiento: El tratamiento suele ser difícil, porque muchas anoréxicas niegan su problema y no admiten que necesitan ayuda. Si una anoréxica se encuentra en un avanzado estado de desnutrición, se aconseja la hospitalización inmediata para restablecer las necesidades nutricionales básicas. Las pacientes reciben una dieta equilibrada con el objetivo de que recuperen gradualmente su peso normal.

Este tratamiento suele estar basado en recompensas: comer y no expulsar la comida a cambio de algo (un CD, por ejemplo). Una vez que llegan al peso adecuado, pasan a un programa para pacientes externos en el que se continúa comprobando la ingestión de líquidos y el peso.

Suele recomendarse terapia. Ya que es frecuente que tengan una visión distorsionada de su cuerpo, ése es el punto de partida de la terapia. A la paciente se le enseña a reconocer el peso y la grasa corporal normales y a relacionar esa información con su cuerpo. A veces, se aconseja la terapia familiar, ya que los sentimientos de una persona acerca de su cuerpo pueden provenir de los mensajes de sus padres. También se utiliza la terapia de grupo, puesto que proporciona apoyo inmediato y le da a la paciente una perspectiva de la relación con su cuerpo.

Las recaídas son frecuentes, por lo que la recuperación es lenta y desalentadora. El pronóstico de recuperación de un trastorno de la alimentación es más esperanzador si la persona no come en exceso ni se purga y ha padecido la enfermedad durante menos de seis meses.

Algunos medicamentos ayudan muchísimo al tratamiento de la anorexia. Ya que suele estar asociada a la depresión, los antidepresivos pueden acelerar la recuperación.

Bulimia

Qué es: La bulimia suele tener que ver con comer en exceso con mucha frecuencia. Normalmente, a eso le sigue una purga mediante el vómito provocado y/o el abuso de laxantes y diuréticos. Un «atracón» pueden ser entre 1.000 y 15.000 calorías para una persona, mientras que para otra una sola galleta es suficiente. Estos episodios de atracón y purga suelen hacerse en secreto. Las bulímicas no suelen estar gordas aunque ellas se ven así.

Son personas inseguras que no creen en su valía y suelen intentar satisfacer a los demás en lugar de a sí mismas. Creen que la comida es su único consuelo y se la permiten en exceso.

Al igual que las anoréxicas, las bulímicas no reconocen su verdadero tamaño, y se sienten gordas y avergonzadas por la incapacidad de controlar lo que comen. Por eso las purgas les devuelven la sensación de control; son una forma de remediar ese comportamiento «asqueroso».

Consecuencias físicas y riesgos comunes para la salud (puede darse uno, varios o todos):

- grandes fluctuaciones de peso en poco tiempo
- desaparición de la regla durante más de tres meses
- estreñimiento
- dientes dañados y descoloridos (los ácidos estomacales erosionan el esmalte)
- hinchazón y/o acidez de estómago

- irritación y daños pulmonares (vómitos frecuentes hacen que partículas de comida se alojen en los pulmones y causen inflamaciones)
- debilidad
- ritmo cardiaco irregular
- daños en el riñón a causa de la pérdida crónica de líquido
- hinchazón de las glándulas salivales (parece un caso agudo de paperas)
- rostro y párpados hinchados
- ojos rojos o llorosos de vomitar
- llagas o callosidades en el dorso de la mano con que se provoca el vómito (donde los dientes rozan la piel)
- deshidratación y pérdida de minerales necesarios
- desequilibrio hormonal
- dolor de garganta crónico

Al igual que la anorexia, la bulimia puede matar.

Cómo identificarla: Ya que las bulímicas comen y vomitan en secreto, y mantienen un peso normal o por encima del normal, muchas veces consiguen esconder su problema durante años. Suelen ir al baño a vomitar después de comer, a menudo inmediatamente después. Pueden tomar laxantes o diuréticos. Tienen la cara hinchada, los ojos rojos, mal aliento o problemas dentales (por los efectos de los ácidos estomacales en el esmalte de los dientes). Pierden el control cuando comen y suelen tener repentinos cambios de humor, porque los episodios de purga van acompañados de sentimientos de vergüenza y/o depresión. Algunas bulímicas expresan esos sentimientos robando, siendo promiscuas, abusando del alcohol, las drogas y/o la tarjeta de crédito.

Comportamiento habitual (puede darse uno, varios o todos):

- episodios de «atracón» y purga
- uso diario de laxantes y/o diuréticos para intentar controlar el peso
- obsesión con el cuerpo y la comida
- tendencia al perfeccionismo
- un horario rígido de ejercicio obsesivo, incluso con dolor
- cambios de humor repentinos
- ansiedad
- tendencias suicidas
- letargo
- insomnio
- depresión

Tratamiento: El uso de laxantes y el vómito para controlar el exceso de comida puede acarrear serias complicaciones, como deshidratación e insuficiencias renales. Algunas bulímicas requieren hospitalización y seguimiento médico.

También es necesaria la terapia (individual, familiar o de grupo). Muchos de los aspectos relevantes en la anorexia, como la visión distorsionada del cuerpo y la autoestima, aparecen también en el tratamiento de la bulimia. En las sesiones, se suele examinar la forma en que la actitud hacia la comida, las dietas, el peso y el cuerpo afectan al comportamiento. La terapia se centra en las relaciones personales y cómo afectan a los hábitos alimenticios.

A veces, se prescriben antidepresivos, como Prozac, Besitran o Motivan, para tratar los graves síntomas de depresión que suelen acompañar a la bulimia. Estas sustancias pueden reducir los episodios de atracón y purga.

El tratamiento también incluye revisiones dentales, ya que vomitar a menudo puede ocasionar la pérdida de dientes, por la acción de los ácidos estomacales en el esmalte.

Es frecuente que lleven mucho tiempo comiendo en exceso y vomitando antes de ser descubiertas, pero la esperanza de recuperación es mayor si hace menos de seis meses. Un buen sistema de ayuda es esencial para una rápida recuperación, por eso se recomiendan los grupos de apoyo.

«Atracones»

Aunque probablemente sea el más común, los médicos no han reconocido esto como un trastorno de la alimentación hasta hace poco.

La mayoría de las personas que lo padecen son obesas (más de un 20% por encima de su peso normal y sano), pero pueden tener un peso normal. Este trastorno afecta de uno a dos millones de estadounidenses. Hasta un 40% de los obesos puede padecer esta enfermedad.

Qué es: Estos enfermos sufren una combinación de síntomas de bulimia y alimentación compulsiva. Se dan atracones periódicos (al menos dos días a la semana durante seis meses) y consumen cantidades ingentes de comida en muy poco tiempo (menos de dos horas) hasta que se sienten demasiado llenos. Al contrario que en la bulimia, a estos atracones no les sigue una purga (con vómito provocado o laxantes).

Sus causas se desconocen. La mitad de los enfermos tiene historiales de depresión, pero no se sabe si la depresión es la causa o el efecto de este trastorno. Incluso podría no haber relación.

Estas personas pueden ser las que nunca encajarán en los imposibles ideales culturales, por lo que hacen régimen, pasan hambre y luego se abalanzan sobre la comida. O, al igual que en la alimentación compulsiva, tal vez coman por motivos emocionales, para consolarse, evitar situaciones desafiantes y camuflar el dolor. Rabia, tristeza, aburrimiento, ansiedad y otras emociones negativas pueden desencadenar los episodios.

Este trastorno podría ser una forma de mantener alejados a los demás. Algunos enfermos creen que no merecen ser amados y tal vez inconscientemente intentan hacer realidad la idea de que «si estoy gordo, nadie me querrá».

En la actualidad, se investiga cómo les afectan las sustancias químicas del cerebro y el metabolismo (el modo en que el cuerpo quema calorías).

Consecuencias físicas y riesgos comunes para la salud (puede darse uno, varios o todos):

- gran aumento de peso
- fluctuaciones radicales de peso
- olor corporal
- extremidades hinchadas
- mala calidad de piel
- tensión arterial y/o colesterol altos
- todas las enfermedades que acompañan a la obesidad, como la diabetes, afecciones cardiovasculares, de la vesícula biliar y ciertos tipos de cáncer.

Cómo identificarlo: Todos comemos demasiado de vez en cuando, o comemos cuando no tenemos hambre o estamos aburridos, o enfadados, y mucha gente cree que come más de lo que debería; eso no significa que nuestros atracones sean un trastorno. Los que lo padecen suelen ser incapaces de dejar de comer voluntariamente aunque saben que su comportamiento es anormal. Pero eso no les impide hacer lo mismo en la siguiente ocasión. Algunos comen alimentos sanos, pero también pueden comer cantidades ingentes de comida basura. Hay quien deja de asistir al trabajo, al colegio o a actividades sociales para comer.

La mayoría de los enfermos ha probado diversas dietas sin éxito alguno. Cuanto más engordan, más intentan adelgazar y el régimen los lleva al siguiente atracón, que suele ir acompañado de sentimientos de debilidad, culpa, vergüenza y fracaso. Por eso a veces siguen ciclos de pérdida y aumento de peso (un régimen yoyó).

Los obesos que padecen este trastorno suelen sentirse muy mal consigo mismos, les preocupa su aspecto y suelen eludir las reuniones sociales. La mayoría se avergüenza de su problema e intenta ocultarlo. A menudo lo consiguen, y sus familiares y amigos no saben nada.

Conducta habitual (puede darse una, varias o todas):

- darse atracones
- comer con frecuencia en soledad (porque les avergüenza la cantidad)
- depresión
- preocupación por el peso
- sentimientos de asco, depresión o culpabilidad después de comer en exceso

Tratamiento: Las dietas van más mal que bien. A estos enfermos, les resulta difícil seguir programas de adelgazamiento y suelen recuperar kilos muy deprisa.

Por todo ello, requieren un tratamiento que evite los atracones antes de intentar adelgazar. Al parecer, muchos de los tratamientos para bulímicos también les van bien. No suele ser necesaria la hospitalización, aunque sí en casos de depresión o comportamiento autodestructivo.

Para curar este trastorno, se utilizan diferentes tipos de terapia. Una de ellas es la cognitivo-conductual, que les enseña a ser conscientes de sus actos y a usar algún dispositivo para modificarlos. Los pacientes aprenden a controlar y cambiar sus hábitos alimentarios, además de su reacción ante situaciones difíciles.

La terapia familiar o de grupo puede ser de gran ayuda, ya que hacen que los enfermos examinen sus relaciones familiares y sus amistades, y modifiquen los puntos problemáticos.

El tratamiento con antidepresivos ayuda a algunos, porque suaviza la depresión que suele ir asociada a este trastorno y parece aliviar la necesidad de comer. Los grupos de ayuda también son una buena fuente de apoyo. Lo más normal es que sea una combinación de todos estos métodos lo que consiga controlar los atracones.

Alimentación compulsiva

Qué es: Comer de forma compulsiva puede ser una forma de aliviar la ansiedad o de evitar hacer algo que crees que irá mal. O puede que sea una forma de venganza («¡Me haces engordar!») o un substituto de algo que falta en la vida.

Comer compulsivamente significa comer sin parar (a veces darse atracones) sin la purga de la bulimia. Aunque los comedores compulsivos suelen estar por encima de su peso, no todos los obesos padecen esta enfermedad.

Estos enfermos sufren lo que se define como «adicción» a la comida: comen por motivos emocionales en lugar de nutricionales y suelen ingerir grandes cantidades de comida basura para llenar un vacío y eludir sentimientos. Acuden a la comida en momentos de estrés, dolor, rabia o enfado. La comida bloquea los sentimientos y las emociones.

Es frecuente que este trastorno comience en la infancia, cuando se forman las pautas alimentarias. La mayoría de los enfermos no ha aprendido a enfrentarse a situaciones de estrés, y utiliza la comida para hacerles frente. La grasa puede llegar a ser una forma de protección, en especial para las víctimas de abusos sexuales, que a veces creen que al estar gordos, y por tanto menos atractivos, mantendrán a los demás a distancia.

Al igual que anoréxicos y bulímicos, algunos abusan de laxantes y/o diuréticos para intentar controlar el peso. Sin embargo, al contrario que en la anorexia y la bulimia, un gran porcentaje de estos enfermos son hombres.

Consecuencias físicas y riesgos comunes para la salud (puede darse uno, varios o todos):

- gran aumento de peso
- obesidad, de moderada a excesiva
- estreñimiento
- articulaciones hinchadas
- atrofia muscular
- mala calidad de la piel
- pelo poco sano
- hinchazón general por mala circulación (a causa de la constricción de venas y arterias)
- tensión arterial y/o colesterol altos
- dificultad para respirar
- molestias estomacales
- gases
- deterioro óseo
- enfermedades que acompañan a la obesidad, como infartos, embolias e insuficiencia renal

Cómo identificarla: Las personas que padecen este trastorno suelen comer sin parar todo el día, y sienten pánico si creen que se encontrarán en una situación en la que no habrá comida. También suelen tener calor haga el tiempo que haga, ya sea porque comer constantemente les ha hecho estar gordos o por su mayor actividad digestiva.

Conducta habitual (puede darse una, varias o todas):

- letargo
- sentimientos de impotencia y falta de valor
- pérdida de amor propio
- actitud negativa
- tendencia a culpar a los demás
- sentirse molesto, deprimido o culpable después de comer en exceso
- falta de decisión
- consciencia de que las pautas alimenticias son anormales

Tratamiento: Regímenes y atracones pueden durar toda la vida si no se tratan los motivos emocionales. Por desgracia, este trastorno aún no se toma demasiado en serio, y los enfermos terminan en centros de dietética y en balnearios. Sin embargo, al igual que anorexia y bulimia, se trata de un grave problema que, a veces, conduce a la muerte. Con el tratamiento adecuado, que debería incluir terapia y asesoramiento nutricional, se puede superar.

No suele requerir hospitalización. A menudo, se le da al paciente una dieta, y se le asigna a un grupo de apoyo y terapia para inculcar valores alimentarios. A veces, también se receta medicación. Cada vez se reconoce más ampliamente que la obesidad no es un fallo de la voluntad o el comportamiento, ni un trastorno de la regulación del peso corporal. Se trata de una enfermedad crónica, como la diabetes. En los obesos, el peso se regula igual que en los no obesos, pero un desequilibrio químico de los niveles de serotonina los incapacita para controlar la ingestión, igual que un alcohólico con la bebida. Por lo tanto, los medicamentos conocidos como inhibidores de recaptación de serotonina —que ayudan a erradicar el hambre y a adelgazar— están recomendados para rectificar ese desequilibrio químico y empezar a controlar la compulsión.

El abuso de los adelgazantes

Mucha gente abusa de los medicamentos adelgazantes. Bulímicas y anoréxicas toman laxantes y/o diuréticos para purgarse y perder más peso. Sin embargo, no es preciso padecer un trastorno de la alimentación para abusar de estos fármacos: cualquiera que pase de la dosis recomendada está en peligro.

Las píldoras más populares, como Acutrim y Dexatrim, contienen una combinación de fenilpropanolamina y cafeína, que, en dosis altas, tienen graves efectos secundarios. La efedrina, una hierba «natural» que se encuentra en muchas píldoras adelgazantes y complementos alimenticios, también puede causar reacciones adversas. Muchas personas descubren que después del uso prolongado de laxantes, ya no pueden hacer «sus necesidades» sin ellos. El abuso de laxantes puede causar diarreas sangrientas, gases incontrolables, manchas y oscurecimiento de la piel, dolores abdominales, náuseas y vómitos, dolores musculares y daños crónicos en los intestinos.

El abuso de laxantes y diuréticos también origina problemas más graves, como el desequilibrio de electrólitos y la deshidratación, que pueden dañar los riñones de forma irreversible. Con los electrólitos desequilibrados se corre un grave peligro de fallo cardiaco y muerte súbita.

Las píldoras adelgazantes y los laxantes ni siquiera son una forma eficaz de perder peso. Cuando los laxantes causan su efecto, las calorías ya se han absorbido. Se tiende a creer que se pierde peso por la cantidad de líquido expulsada, pero es sólo temporal, ya que el cuerpo vuelve a retener líquidos en 48 o 72 horas. De hecho, la retención puede causar a veces un «aumento» de peso de más de cuatro kilos, además de estreñimiento, lo que lleva al uso repetido de estos productos. El mismo ciclo de pérdida y retención de líquidos sucede con el uso de diuréticos.

COMPORTAMIENTO ARRIESGADO

Un comportamiento arriesgado no siempre es autodestructivo. A veces, hacer cosas que normalmente te darían miedo es una forma de ampliar límites y explorar posibilidades.

Sin embargo, hacer cosas con posibles consecuencias graves y peligrosas —consumo de drogas y alcohol, conducción temeraria, sexo desprotegido, robar, no ir a clase— puede ser destructivo en un futuro.

La presión de los demás, un sentimiento de invulnerabilidad y el subidón de adrenalina, entre otras cosas, hacen difícil sopesar las consecuencias. Por desgracia, un solo acto peligroso puede cambiarte la vida. Si empiezas a mostrar comportamientos autodestructivos, intenta comprender por qué y considera las posibles consecuencias.

Tengo 16 años, soy una excelente estudiante y llevo una vida satisfactoria. Sin embargo, voy a muchas fiestas y en los últimos meses me he emborrachado y me he colocado más de lo normal. Lo peor es que entonces me enrollo con tíos que no conozco o que son mayores que yo. No quiero hacerlo, pero siempre ocurre. ¿Que puedo hacer? Estoy asustada.

HotPicante

Tengo una muy buena amiga que me importa mucho, pero últimamente ha empezado a robar cosillas... caramelos, anillos, etc. Y no es pobre. ¡No sé por qué roba! Dice que es adicta, que no puede controlarse... pero a mí me parece la peor de las excusas.

RdeCorazones

Para más sobre el abuso de drogas, **ver pp. 198-211.**

AUTOMUTILACIÓN

Todo lo que implique causarte heridas no letales de forma deliberada, repetida e impulsiva puede definirse como automutilación.

Algunos comportamientos comunes son

tocarse obsesivamente granos y espinillas

extraer obsesivamente pelos de la cara y el cuerpo, práctica conocida como tricotilomanía

grabarse palabras o dibujos en el cuerpo con hojas de afeitar, cuchillos, clips, horquillas, bolis, tijeras, peines, trozos de cristal, o las uñas

cortarse compulsivamente

La clave para comprender la automutilación es entender su causa. ¿Qué se esconde tras la ansiedad, la rabia, la depresión? ¿Qué es lo que es tan horrible que infligirse dolor parece la forma de soportarlo? Algunos casos están relacionados con el abuso de drogas o alcohol, abusos sexuales o físicos, y trastornos de la alimentación.

Este comportamiento suele estar relacionado con la disociación: un estado alterado de la consciencia, la sensación de estar fuera de tu cuerpo, de ser irreal. Puede ser una forma de «evadirse» de una situación insoportable, al menos psicológicamente.

Se trata de una defensa frecuente en víctimas de experiencias traumáticas como los abusos sexuales. Sin embargo, lo que funciona como estrategia de defensa durante un hecho traumático puede convertirse en una respuesta habitual al estrés. Hay quien termina por cortarse para sentir algo, para saber que sigue viva.

La automutilación también sirve a otros propósitos: herirse para dar salida a la rabia o desear una manifestación física del dolor para que todo el mundo lo vea. Se ha demostrado que cuando se enfrentan a emociones intensas o situaciones traumáticas, estas personas se ven abrumadas y son incapaces de sobrellevarlo. En lugar de expresarse, se maltratan. Prefieren herirse porque les proporciona un alivio inmediato de ansiedad y tensión, los relaja. Después, es posible que se sientan culpables o enfadados.

A veces, la automutilación es una forma de castigarse por haber sido «malo», o parece ayudar a conservar la seguridad o un sentimiento de singularidad. También ayuda a expresar o soportar una sensación de alienación. Puede venir de un deseo de escapar del vacío o de la depresión, o ser un intento de tomar el control de tu vida, aunque en realidad el abuso de tu persona te hace perderlo y se convierte en un mal hábito que no puedes abandonar.

no sé cómo decirlo pero tengo un problema enorme con esto de cortarme... me da miedo pero es mi única salida...
haZel88

antes que nada, he de decir que yo también lo he pasado. no sólo tienes que dejar de cortarte, además debes encontrar la raíz del problema. si no descubres qué lo provoca, igual nunca consigues parar. yo solía cortarme porque estaba enfadada, detestaba a mi familia, el colegio, la iglesia, a Dios, etc. creía que en mi vida nada iba bien... cortarme era la forma retorcida de comunicarles mi rabia a los demás.
MissV

Bueno, llevo un año cortándome. ¡He pensado en suicidarme! Muchas veces he estado a punto de hacerlo. Se lo he dicho a mis mejores amigas pero se enfadan conmigo. ¿Qué puedo hacer? ¡AYUDADME! **Alex-V**

eh, tienes un GR@N problema. lo tuyo se llama automutilación. necesitas ayuda enseguida. oye, llama a algún teléfono de ayuda, te dirán qué hacer. por favor, busca ayuda porque la necesitas. si no, puede ser aún peor. por favor, no dejes que la cosa empeore.
sueñasueña

SUICIDIO EN LA ADOLESCENCIA

El suicidio es algo feo, horrible. No hay vuelta de hoja. Los adolescentes que se suicidan no se hacen daño sólo a sí mismos. Las personas que lo rodean quedan llenas de rabia, culpa, impotencia y depresión.

Hay veces en que las cosas no parecen tener remedio, pero un paso definitivo como el suicidio no es una solución. Si has pensado seriamente en suicidarte DEBES hablar con alguien: una amiga, un adulto en quien confíes, un terapeuta o un teléfono de ayuda.

La mayoría de los adolescentes ha participado en alguna discusión sobre el suicidio: en España, el 98% de los jóvenes confiesa haber pensado en suicidarse y los trastornos emocionales son una de las primeras causas de muerte entre los adolescentes. Si una amiga tuya te habla de ello, tómatelo muy en serio. Pregúntale sin rodeos si ha pensado en suicidarse y haz que llame a alguno de los números de Información del final del capítulo. Si tu amiga, o tu amigo, se niega a buscar ayuda, avisa a algún adulto o llama tú en su nombre para que te den consejo profesional.

Entre los indicios de que alguien está pensando en el suicidio se encuentran la preocupación por la muerte, regalar posesiones queridas, un plan de cómo matarse, la posesión de pastillas o de algún arma, haberse herido en el pasado y una inexplicable sensación de calma después de una larga depresión.

¡¡Ayudadme!! Ayer una de mis mejores amigas me confesó que pensaba seriamente en el suicidio. Sus padres no la tratan bien y su vida no es maravillosa, pero la añoraría mucho si se quitase la vida. He intentado hablar con ella, pero cambia de tema. ¿Qué puedo hacer? ¿Cómo hago que me escuche? :o(
cantad

Yo también le confesé a una amiga que quería suicidarme. Sobre todo, lo que necesita es tu apoyo y alguien con quien hablar. También debería ir a un médico. Si ya habéis hablado y aún quiere suicidarse, debes decírselo a alguien (a un adulto) para que te ayude. A lo mejor se enfada mucho contigo (yo lo hice con mi amiga) pero ¡¿¿prefieres perder una amiga una temporada o PARA SIEMPRE??!
Voluntaria

Ver Información, pp. 195-197.

Cuando se suicida un amigo

Cuando se suicida un amigo, es importante que sepas que no es culpa tuya. Como siempre que muere un ser querido, los supervivientes lo lloran. En el caso del suicidio, también sienten vergüenza, culpa, fracaso, rechazo y rabia hacia la persona que se ha quitado la vida, hacia ellos mismos, hacia Dios, hacia los demás. A veces, podrás entender la presión que ha hecho que esa persona se suicide, pero otras veces, la causa será un misterio.

Has de saber que está bien sufrir, llorar, reír y superarlo. Seguir adelante no significa que no quisieras a esa persona ni que la hayas olvidado. Es bueno que los supervivientes compartan su dolor y hablen de ello. El proceso de aceptación tras el suicidio de alguien puede ser mucho más largo que el de otro tipo de muerte.

muchas veces me he sentido tan insegura que he pensado en suicidarme. ¡no sé qué hacer!

garaBato

Por favor, no te quites la vida. Sé que por mucho que te digan ahora, parece que ya nada puede ir PEOR y que el suicidio es la única salida. He pasado por eso. He estado al borde del abismo y HE VUELTO. Las cosas mejorarán, podrás ser feliz. Pero tienes que darte cuenta por ti misma, porque eres la única que puede ayudarte. Sólo te pido que esperes, un día, una semana... después no te parecerá tan horrible. Debes creer en ti misma.

tiburonplateado

seguro que lo has oído miles de veces; yo también, pero es que yo he pasado por eso. hay tantas chicas deprimidas como monedas en un pozo de los deseos. siempre estoy deprimida y aún pienso en el suicidio. me resulta duro vivir, pero lo intento. sé que a veces parece que la vida es muy dura, pero ¿no hay nada que quieras hacer, ser, ver? consejo: escribe una lista de diez cosas que quieras tener, hacer, ver, etc. antes de morir. no puedes quitarte la vida hasta haberlo conseguido. es probable que cuando lo hayas hecho seas más feliz y no desees morirte. créeme. suicidarse es egoísta, el corazón de mucha gente morirá contigo. hay muchas formas de buscar ayuda, tienes que encontrarla, puedes hacerlo tú sola o hablar con alguien en la red, puedes leer acerca de cosas que hacer, debes intentar llegar a un momento mejor viva.

paciencia

Vivo en una ciudad muy pequeña y fue una gran conmoción cuando un chico de mi clase se suicidó hace dos años. También se suicidó un amigo suyo porque creía que era culpa suya, por no haberle ayudado. La ciudad aún no lo ha superado. Créeme, a la gente le importáis. La vida VALE LA PENA.

VUELOpoderoso

INFORMACIÓN

Internet: Páginas web

El psicólogo en la red
(http://www.ciudadfutura.com/psico/articulos/trastornos_alimentarios.htm): En esta página encontrarás casos reales con los cuales tal vez te sientas identificada. A partir de ellos, el psicólogo te muestra qué tipos de anorexia y bulimia existen, y cuál es el modo de diagnosticar estos trastornos alimentarios. Te resultará interesante leer el apartado dedicado a la relación entre la presión social, la autoestima y la obsesión por la esbeltez.

Anorexia y bulimia
(http://habitantes.elsitio.com/anorexia): Este sitio centra su interés en la labor de sobreponerse a tiempo a trastornos alimentarios como la anorexia y la bulimia. Si quieres saber cuál puede ser el tratamiento para estas afecciones, o bien deseas conocer los centros de atención más cercanos, acude a sus secciones de ayuda. También contiene una guía muy útil para asesorar a los padres, así como un cuestionario para que averigües si realmente tu actitud ante la comida es normal o tal vez tienes un problema.

Trastornos del comer
(http://www.noah.cuny.edu/sp/wellconn/speatdisorders.html): ¿Quieres saber si perteneces a un grupo social susceptible de padecer trastornos alimentarios? En esta página de divulgación médica se organizan distintos grupos, tales como los diabéticos, los vegetarianos, las personas muy activas físicamente, y muestra cuáles son sus problemas frente a los trastornos del comer, así como cuáles han de ser sus respuestas ante el problema. Otro punto interesante de este sitio es el de las complicaciones: complicaciones de la bulimia nerviosa sin anorexia, agravaciones de la anorexia nerviosa, y desórdenes en los adolescentes diabéticos.

Anorexia nerviosa
(http://usuarios.tripod.es/Maialen): En este sitio dedicado exclusivamente a la anorexia, podrás encontrar sintetizado todo aquello que necesitas para averiguar si tú o alguien de tu entorno padece esta enfermedad. Como la información está expuesta de un modo muy sencillo y claro, navegarás por ella sin encontrar obstáculos. Puedes acudir a la lista de síntomas o al test para detectar la existencia del problema, o bien acudir a los distintos apartados sobre las causas de la enfermedad (la influencia de la sociedad, los problemas personales), para conocer la raíz del problema.

Bulimia
(http://www.ecomedic.com/em/bulimi.htm): Esta página te expone en breves puntos los síntomas y signos de la bulimia, para que la detectes, y el tratamiento a seguir, para que emprendas los primeros pasos en la solución de este problema. Información médica rigurosa y cabal, al alcance de todos, escueta y de fácil comprensión.

Wanbula. Web en lucha contra la anorexia y la bulimia
(http://members.nbci.com/wanbula/quees.html): Wanbula es un colectivo ciudadano en España para el apoyo y la solidaridad con las víctimas de trastornos alimentarios, y específicamente la anorexia nerviosa y la bulimia. Se compone de enfermos, profesionales, familiares, amigos y en general personas que se solidarizan con todo aquel que padece dichas enfermedades.

Sabores (http://spin.com.mx/~gutierrez/sabores/buli.htm#buli): Sabores es un sitio web dedicado a la nutrición, la alimentación y la salud donde encontrarás páginas de utilidad para conocer el estado actual de los trastornos alimentarios en la sociedad. Se recogen algunos artículos aparecidos en prensa, con los que podrás actualizar tus informaciones acerca de estos asuntos.

Dieta y deporte
(http://www.dietetika.com/anorexia.htm): Si sospechas que tu dieta ya no es tan inocente como cuando empezaste, y que algo se ha complicado en tu actitud frente a la comida, acude a esta página en la que encontrarás apartados específicos para la relación entre anorexia y dieta. Asimismo, podrás averiguar nuevas explicaciones a las obsesiones por perder peso mediante el deporte, que tal vez tengan que ver más con una incipiente anorexia que con el gusto por sentirse ágil.

Foro de autoayuda
(http://www.consalud.com.ar/anorexia/bulimia.html): Comparte tus experiencias e incertidumbres con muchos otros que se encuentran en tu misma situación, a los que puedes brindar tu consejo o que pueden darte consuelo cuando lo necesites. En este foro darás con confesiones como «Hoy lo volví a hacer», «Tengo miedo»... pero también encontrarás llamadas de auxilio como «¡Ayúdenme con mi amiga, por favor!», o mensajes de esperanza como «No desesperes».

Chat
(http://habitantes.elsitio.com/anorexia/chatcim.html): Si tu voluntad flaquea, o bien tus amigos y familiares no te dan las respuestas que buscas, intenta buscar algo de ayuda conversando con quienes se encuentran en tu misma situación. En este chat encontrarás un espacio de diálogo con otras personas que necesitan lo mismo que tú.

Detres
(http://www.lanzadera.com/detres): Por muchos años, los profesionales de salud mental pensaron que los trastornos obsesivo-compulsivos eran una enfermedad poco común. Sin embargo, el Instituto de Salud Mental (NIMH) hizo una encuesta que proporcionó nuevos conocimientos sobre la situación real de estos problemas. Ahora puedes visitar la página que han dedicado a sus estudios al respecto, traducidos al español, en la que encontrarás muchas explicaciones para los casos de ansiedad. Si has detectado conductas obsesivas en tu comportamiento, acude a esta página para analizar tu situación y su gravedad.

Depresión y pensamientos suicidas
(http://www.have-a-heart.com/spanishdepresion.html): Conmovedora experiencia personal, expuesta en la red para servir de ayuda a todo aquel que padezca depresiones e ideas suicidas. El autor de esta página se ha esforzado en indagar la causa de sus males, y quiere compartir con todos sus conclusiones, con tal de ayudar a quienes padecen la depresión y a sus familias, para entender mejor lo que les ocurre, y a buscar posibles soluciones. Esta dirección corresponde a la versión traducida al español.

Amistad frente a la depresión
(http://www.suicideinfo.org/spanish): Este sitio está destinado a personas que se sientan tristes, deprimidas, que contemplan el suicidio o que están

preocupadas por un familiar. Si buscas una guía para ayudar a alguien o ayudarte a ti mismo, el sitio de Befrienders International, traducido completamente al español, te puede proporcionar algunas líneas de acción a partir de las cuales empezar a solucionar la situación. También incluye una guía internacional de centros telefónicos de ayuda.

Rompan Filas
(http://www.unam.mx/rompan/24/rf243.html): Página dedicada al problema del suicido de los adolescentes, un tema que suele callarse y que en Rompan Filas quieren desenmascarar de una vez por todas. El propósito es indagar en las causas para dar con las soluciones. Se exponen de un modo detallado, claro y sin tapujos las motivaciones secretas del adolescente que desea acabar con su vida: su lectura es imprescindible para distanciarse de los pensamientos obsesivos y tomar las riendas de la propia existencia.

El suicidio de las chicas
(http://dge1.insp.mx/salud/40/405-7.html): Es éste un riguroso estudio que proviene de una encuesta acerca de los pensamientos suicidas en las mujeres mexicanas, cuyo caso resulta útil para describir la relación de pensamientos suicidas y población femenina en la mayor parte de los países latinos. Acude a esta página si quieres conocer las particularidades del caso femenino y no te conformas con una lectura superficial de un tema tan espinoso.

Psiquiatría médica
(http://www.medired.com/Spcv/papeles/colaboraciones/colabora35.htm): Aunque la lectura de este artículo no es sencilla, resulta interesante para conocer de la mano de un especialista la situación actual de los estudios psiquiátricos. ¿Quieres saber de dónde proviene el instinto maternal? ¿Te gustaría conocer la explicación psiquiátrica de la catalepsia? ¿Tal vez te preguntas qué nos impulsa a sobrevivir, o bien a comportarnos de un modo altruista? La mejor manera de encontrar respuestas en la red a estas preguntas, es acudir a esta dirección y dedicar algo de tiempo a leer este artículo con detenimiento.

Revistas médicas
(http://www.sld.cu/revistas/revistas.htm): En este interesante sitio cubano, especializado en asuntos médicos, encontrarás un directorio completo de revistas médicas, con enlaces a todos sus números en formato electrónico, a las que tendrás acceso en la Biblioteca Virtual de Infomed. Utiliza su buscador para encontrar los artículos que más te interesen.

Libros

Ficción

Arold, M. *Diagnóstico: anorexia*, Edebé, Barcelona, 1999
Una novela clara y atrevida que aborda el tema de la anorexia sin tapujos.

Lienas, G. *Billete de ida y vuelta*, Empúries, Barcelona, 1998
Todo el proceso de la anorexia desde el punto de vista de la adolescente que la padece, la familia, los médicos y las pacientes del centro en el que la protagonista acaba ingresada.

Conocimientos

Apostolides, M. *Vencer la anorexia y la bulimia*, Urano, Barcelona, 1999

Buckroyd, J. *Anorexia y bulimia*, Martínez Roca, Barcelona, 1997

Coll, M. y Quinn, M. *Anorexia y bulimia: un problema actual*, Colimbo, Barcelona, 1995

Cervara Lavina, M. *Riesgo y prevención de la anorexia y la bulimia*, Martínez Roca, Barcelona, 1996

Edelstein, G. *La anorexia nerviosa*, Círculo de Lectores, Barcelona, 1999

Fernández Aranda, F. *Trastornos de la alimentación: guía básica de tratamiento en anorexia y bulimia*, Masson, Barcelona, 1998

French, B. *La bulimia*, Oniro, Barcelona, 1999

Hirschmann, J. R. y Munter, C. H. *Cuando las mujeres dejan de odiar sus cuerpos: cómo liberarse del culto al cuerpo*, Paidós, Barcelona, 1997

Edelstein, G. *La anorexia nerviosa*, Círculo de Lectores, Barcelona, 1999

Tannenhaus, N. *Anorexia y bulimia*, Plaza & Janés, Barcelona, 1999

Toro, J. y Artigas, M. *El cuerpo como enemigo: comprender la anorexia*, Martínez Roca, Barcelona, 2000

Entidades

Asociación de Mujeres para la Salud: Avda. Alfonso XIII 118 - 28016 Madrid Tel. 91 5195678/91 5195926 (http://web.jet.es/amsalud)

AMCAB. Asociación de Mujeres contra la Anorexia y la Bulimia: San Eugenio 8 - 28902 Getafe - Tel. 91 6837070 - Fax. 91 6969433

ADANER. Asociación en Defensa de la Atención a la Anorexia Nerviosa: General Pardiñas 3 1.°A - 28001 Madrid - Tel. 91 5770261 - Fax. 91 5770261

ALUBA. Asociación de lucha contra Bulimia y Anorexia: Combate de los Pozos 2193 - 1245 Buenos Aires - Argentina - Tel. 14 3060033/080022 ALUBA (servicio de llamada gratuita) - Fax. 14 3060033 (http://www.aluba.org)

Teléfono de Comedores Compulsivos Anónimos: 91 4054338 (este teléfono es el de un contestador automático que informa de todos los grupos de Comedores Compulsivos Anónimos repartidos por las distintas ciudades españolas. Si dejas tu consulta grabada, te llamarán para responderte).

Teléfono de la Esperanza España: 91 4590050 (en su página web, http://www.servicom.es/telefono, encontrarás el teléfono que corresponde a tu ciudad).

Teléfono del programa «Salvemos una vida». Asociación Yucateca de Salud Mental A.C. México: 99 451502 (teléfono de información) / 99 453777 (asistencia para crisis suicidas) - salvaunavida@pibil.finred.com.mx

INTECO. Instituto de Terapia Cognitiva: Providencia 2608 of. 62 - Providencia - Santiago de Chile - Tel 2 2321781 - Fax. 2 2342978 (http://inteco.cl)

¿Quieres conversar sobre este tema? Entra en el chat de http://www.descubrete-edicionesb.com

mente

Sección especial

Estados alterados

Hacerte mayor también incluye enfrentarte al inevitable tema de las drogas, ya sea alcohol, tabaco, hierba o cualquier otra sustancia psicotrópica con la que te puedas encontrar. Para tomar decisiones responsables, es importante que conozcas tus motivaciones y estés al tanto de los peligros del consumo de drogas y alcohol.

> He salido con el mismo grupo de amigos durante todo el instituto. Pero ahora mis «amigos» beben mucho y hacen estupideces para estar con la gente «guay». Dicen que estoy destrozando nuestra amistad porque no voy a beber con ellos ni quiero salir por ahí. **CuatroEstrellas**

> No dejes que esos que dicen ser tus amigos te presionen para hacer algo que no deseas. Diles que de verdad no quieres hacerlo y, si no les entra en la cabeza, ¡mándalos a la mierda! ¿Quién los necesita? Busca a gente con la que tengas más en común y que respete tus decisiones. **olivas**

¿QUÉ ES UNA DROGA?

Una droga es una sustancia —que no sea un alimento— que cuando se toma tiene algún efecto en el cuerpo y/o el estado anímico. Las drogas afectan de forma diferente a cada persona; sus efectos, a veces, son imprevisibles y pillan a la gente por sorpresa. Muchas drogas, como el *speed* y la heroína, pueden tener efectos muy peligrosos, incluso la primera vez. Es muy fácil pasarse con la dosis, lo que puede tener consecuencias aún peores. Consumir en exceso nunca es bueno. Ten presentes los efectos y los riesgos de cada droga, y recuerda que muchas son ilegales.

Para conocer efectos, riesgos y legalidad de varias drogas, *ver* las descripciones a partir de la **p. 200.**

¿POR QUÉ SE TOMAN DROGAS?

Experimentación: La gente se droga para ver cómo les hace sentir.
Para sentirse de cierta forma: La gente se droga porque les gusta la forma en que afecta a los sentidos y el estado anímico.
Presión externa: La gente se droga porque sus amigos lo hacen y no quieren quedar al margen o en ridículo.
Evasión: La gente se droga para evadirse de los problemas.

Si piensas beber o tomar drogas, o si ya lo haces, es importante que conozcas tus motivos. Si consumes drogas para evadirte de algo que va mal en tu vida, ¡busca ayuda como sea! Las mujeres embarazadas o que crean que pueden estarlo nunca deben consumir drogas.

Ver Información en Comportamiento autodestructivo, **p. 194.**

ADICCIÓN

La gente también se droga por adicción. La adicción es el consumo repetido, compulsivo y psicológicamente dependiente de una sustancia, que tiene lugar a pesar de sus consecuencias negativas. La adicción tiene poder para destruir vidas y familias. Es posible engancharse a cualquier droga (y quizá también a otras cosas como la comida, el sexo, el riesgo o el juego). Unos seis millones de estadounidenses (población estimada: 275 millones) son adictos a alguna sustancia.

La adicción psicológica es el estado en que es preciso drogarse para funcionar «con normalidad». Esto se traduce con facilidad en una adicción física, en la que tu cuerpo está tan acostumbrado a una droga en concreto que sufre síntomas físicos (desde escalofríos y dolor de cabeza hasta alucinaciones) si deja de tomarla. Tal vez seas psicológicamente dependiente sin serlo físicamente, o viceversa.

Éstas son algunas señales no muy claras de adicción:

- te colocas más de dos veces por semana
- lo haces sin pensar si te apetece o no
- no tienes ningún amigo que no se coloque
- cada vez consumes más cantidad para conseguir el mismo efecto
- te colocas cuando estás sola
- te colocas por colocarte, no para relacionarte

Si tú o algún amigo o amiga tenéis unos cuantos de estos síntomas, mira Información en las pp. 211-213.

Peligros de la adicción

Es importante saber dónde te encuentras tú y cualquier droga que consumas en términos de peligro de adicción.

Algunas sustancias, como la heroína y la cocaína (sobre todo el crack), conllevan un alto riesgo de adicción. La gente que se engancha a estas drogas ha explicado que siente la compulsión de volver a tomarlas incluso sólo después de una o dos experiencias. Lee la descripción de las drogas para informarte sobre el potencial de adicción de cada una.

Además, aunque todo el que consume drogas puede engancharse, hay personas que corren más riesgo que otras. Tienen mayor peligro aquellos que han crecido con familias donde alguno de los padres es drogadicto, han padecido abusos físicos o psicológicos, y sufren depresiones. Si alguien de tu familia ha sido adicto, tal vez tengas una tendencia genética a la dependencia química, lo que significa que probar puede ser más peligroso para ti que para los demás.

Dejar la adicción

Si no consigues dejar de tomar drogas aunque estén teniendo un efecto negativo en tu vida, admitir que tienes un problema es un primer paso necesario y muy difícil. Superar la drogadicción es un proceso largo y duro, pero existen excelentes grupos de apoyo y lugares a los que acudir para vencer el problema. También debes saber que, si decides dejar una sustancia adictiva, el ansia de tomarla se vuelve aún peor y, durante algún tiempo, puedes sentirte muy mal, depende de cuánto haga que la tomas y en qué cantidad. Incluso dejar algo que parece tan inofensivo como la cafeína puede causar graves dolores de cabeza.

Para más información sobre dejar una adicción, *ver* Información, p. 211-213.

Descubrir un comportamiento adictivo en algún amigo o pariente puede ser muy frustrante. La adicción no es fácil de admitir. Quizá tu amigo o tu pariente no estén preparados. Hacer que una persona admita su problema es el primer paso, y el más duro, para superar cualquier adicción.

Aunque puedes intentar hablar con esa persona acerca de su drogadicción o enfrentarte a ella, en última instancia tú no eres la responsable de su comportamiento. Encontrar centros donde puedan ayudarte a ti a enfrentarte a su adicción también es una magnífica idea.

DROGAS MÁS HABITUALES

Nicotina

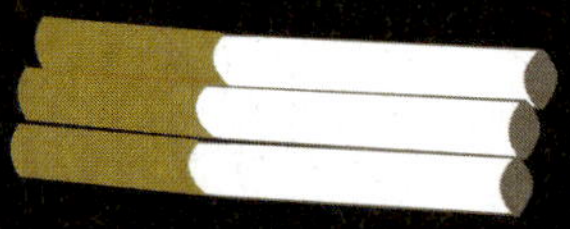

Se encuentra en: cigarrillos, puros, tabaco de mascar, chicles y parches de nicotina.

En 1997, en España:
Un 26,2% de los menores de 19 años había probado el tabaco antes de los 14 años.

Procedencia: La planta del tabaco.
Situación legal: Legal para mayores de 18 años.
Historia: En el siglo XVI, el tabaco se usaba para aliviar dolores de cabeza, resfriados y otros males, incluso se creía que era sagrado por su reputación medicinal. Esta visión fue ganando detractores y, en EE.UU., hacia 1890 la nicotina dejó de considerarse medicinal a pesar de que el tabaco, en especial el de mascar, continuó siendo muy popular. Los puros y los cigarrillos se introdujeron a principios de siglo y su consumo llegó a su máximo en los años 60, cuando un 40% de los adultos eran fumadores. Esa cifra bajó a un 25% en los años 90 por varias posibles razones: la prohibición de anuncios de tabaco en la tele; serios estudios que relacionaban el fumar con graves problemas de salud, en especial el cáncer; una efectiva campaña educativa que informaba de estos descubrimientos.
Efectos: La nicotina estimula el corazón y la circulación. Puede aumentar la concentración y la atención. Los fumadores dicen que les ayuda a relajarse en situaciones de ansiedad y estrés.
Riesgos: Los cigarrillos son una de las mayores causas de muerte evitable en España. Los fumadores y aquellos que conviven con fumadores pueden padecer todo tipo de cáncer de pulmón, tienen el doble de posibilidades de morir por enfermedad cardiovascular, el doble o triple de posibilidades de padecer úlceras pépticas y un riesgo mucho mayor de cáncer de garganta, boca, esófago, páncreas, riñón, vejiga y cuello del útero. Como media, un fumador muere entre cinco y ocho años antes que un no fumador. Los fumadores se resfrían más, suelen toser todo el año y, al final, desarrollan un enfisema pulmonar. Tarde o temprano también sufren una disminución del olfato y el gusto, arrugas abundantes y prematuras, dientes amarillos (y los dedos, por las manchas de tabaco), y ritmo cardiaco y tensión arterial elevados.

Los no fumadores padecen también algunos de estos peligros si están expuestos constantemente al humo del tabaco. En parte, la razón de los bares y restaurantes para no fumadores es la consideración por la salud de las personas que trabajan en esos lugares.
Riesgos para adolescentes: Los que empiezan a fumar en la adolescencia corren más peligro de engancharse a la nicotina. Estudios recientes muestran que fumar en esos primeros años deja marcas permanentes en la estructura del ADN de los pulmones y los hace vulnerables frente a futuras enfermedades pulmonares, aunque ya no se fume.

Los adolescentes fumadores tienen el doble de posibilidades de sufrir depresiones. Los adolescentes con depresiones largas tienen más probabilidades de convertirse en fumadores.

Una sobredosis peligrosa de nicotina es algo extraño aunque posible.

La intoxicación por nicotina causa náuseas, debilidad y mareos.

La nicotina puede ocasionar lesiones graves y permanentes en un feto. Si crees que puedes estar embarazada, ¡no fumes!
No combinar con: Cocaína o drogas que aumenten el ritmo cardiaco y la tensión arterial; puede incrementar el riesgo de infarto.

Fumo los fines de semana y en fiestas pero nunca necesito un cigarrillo. ¿Se me considera sólo fumadora social? **beepbeep**

Fumar sólo cuando te relacionas no es muy inteligente por tu parte. Así es como se engancha un 99% de los adolescentes. Empiezas por fumar con gente porque crees que mola y luego, sin darte cuenta, te encuentras fumando sola, cuando estás nerviosa, cuando sea... y TACHÁN, eres adicta. Yo he sido fumadora durante 2 años. Hace un mes que lo he dejado. No empieces. Dejarlo es lo más difícil del mundo. **caliopejane**

Índice de adicción: Alto.
Dejarlo: El mono disminuye pocos días después de dejarlo y los chicles o los parches de nicotina van muy bien. Es mucho más difícil enfrentarse a los hábitos y a las asociaciones psicológicas que se han construido alrededor del fumar (ciertos amigos, lugares y rutinas pueden desencadenar la necesidad). A mucha gente le preocupa engordar al dejarlo. El tabaco acelera el metabolismo del cuerpo y proporciona algo sin calorías que llevarte a la boca. Aunque el aumento de peso suele ser temporal y mínimo, la mejor solución es sustituir el tabaco por deporte.

Si ves que no lo consigues sola, hay muchos programas de ayuda.

Para encontrar ayuda y dejarlo, ver Información, p. 211-213.

Fumo y lo quiero dejar de verdad porque me temo que soy realmente adicta a los cigarrillos. No quiero tener que pedir a mis padres que me compren algo para dejarlo (porque no quiero que se enteren de que fumo). ¿Hay algo más que me podría ayudar a dejarlo?
bravissimo

Después de 3 años, lo dejé hace un mes porque escupía sangre por la mañana y siempre tenía ganas de vomitar. Eso es lo que hace el tabaco. Aconsejo esto: **1)** Toma la decisión de dejarlo. **2)** Cuando lo hayas decidido, acábate el paquete que tengas y promete no volver a fumar. **3)** Diles a tus amigos que lo dejas para que no te ofrezcan cigarrillos. (Cuando todos fuman y te ofrecen uno, aceptar es demasiado fácil.) Después de los primeros 3 días te darás cuenta de lo enganchada que estabas. Te convertirás en una BrUjA, pero tus amigos lo entenderán. **4)** Prémiate. **5)** Date cuenta de lo mucho más sana que te sientes. Te sorprenderás.
Lugenia

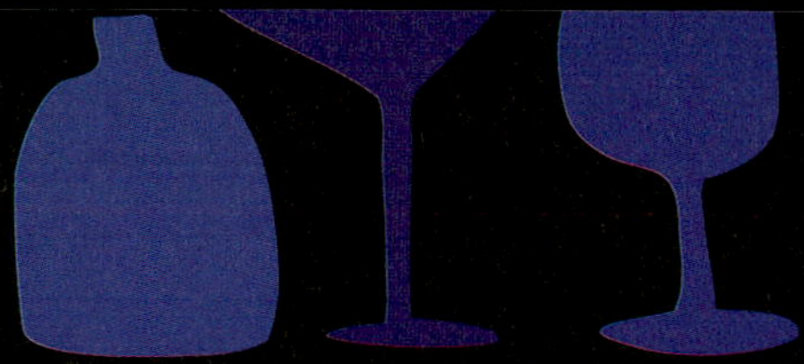

Alcohol

Se encuentra en: Cerveza, vino, licor. En EE.UU., un 90% de los estudiantes de último curso de instituto ha probado el alcohol. Casi un tercio dice haber abusado de él (más de cinco bebidas en una noche) en las últimas dos semanas.

Alcohol contenido en diferentes bebidas
Cerveza: 5% o menos de alcohol
Cerveza negra, vino: 9% a **12%** de alcohol
Licor (whisky, vodka, chupitos): 40% o más de alcohol
Las etiquetas de las botellas suelen indicar el porcentaje de alcohol que contienen.

Procedencia: Diferentes sustancias orgánicas, como la uva, bayas, patatas, azúcares, maíz y cereales, fermentadas.
Situación legal: Es legal si eres mayor de edad.
Historia: El alcohol se consume desde hace miles de años, tanto por placer como en ceremonias religiosas. La bebida ya aparece entre los documentos escritos más antiguos que se conservan. En la Edad Media, se creía que el alcohol curaba casi cualquier enfermedad.
Efectos: Al beber, mucha gente siente bienestar, seguridad y estimulación. Esas sensaciones suelen ser reemplazadas por mareos y somnolencia a medida que el alcohol sale del cuerpo. Afecta a la consciencia, los reflejos y el juicio. Desde el estómago, se absorbe a la corriente sanguínea en tan sólo cinco o diez minutos. Los efectos pueden durar varias horas, según la cantidad ingerida, lo rápido que se bebiera y la masa corporal.

Varios estudios han demostrado que beber con moderación (una copa de vino al día) puede ser saludable.
Riesgos: Es posible llegar a sobredosis peligrosas cuando se bebe mucha cantidad y muy deprisa. Este tipo de sobredosis es frecuente entre los jóvenes (sobre todo universitarios). Beber con el estómago vacío es aún más peligroso. Si alguien se desmaya y no hay forma de despertarlo o parece que le cuesta respirar, busca ayuda inmediatamente. Una persona inconsciente podría ahogarse con su propio vómito.

Beber incluso si no llegas a esos extremos, puede producirte dolor de cabeza y náuseas.

Si bebes en exceso pones en peligro la memoria, el pensamiento abstracto, la capacidad de resolver problemas, la atención y la concentración. También puedes perder el apetito y sufrir carencias vitamínicas, problemas de estómago y de la piel, impotencia sexual, afecciones hepáticas y daños en el corazón y el sistema nervioso central.

El alcoholismo y la conducción en estado de embriaguez destrozan muchas vidas cada año.

Riesgos para mujeres: Las mujeres se emborrachan antes que los hombres; con la misma cantidad, el nivel de alcohol en la sangre de las mujeres puede ser un 25% o un 30% mayor. En parte, se debe a que las mujeres son más pequeñas, aunque más importante es que las mujeres producen menos cantidad de la enzima que cataliza el alcohol, la deshidrogenasa alcohólica, de forma que a la corriente sanguínea de las mujeres llega un porcentaje mayor de alcohol.

Esto significa que somos más vulnerables a los efectos negativos tanto a corto como a largo plazo. Las mujeres son más propensas a sufrir daños en el hígado por el exceso de alcohol. Después de beber lo mismo que un hombre, la capacidad de una mujer de determinar el peligro de una situación (¿Puedo conducir? ¿Me acuesto con él? ¿Debo usar un condón?) también está más afectada. Cuanto más alcohol bebas, más probabilidades tienes de que te agredan sexualmente. Las píldoras anticonceptivas reducen la velocidad a la que el alcohol abandona el cuerpo. El alcohol puede causar graves daños irreversibles en el feto. Si crees que puedes estar embarazada, ¡no bebas! Algunos estudios sugieren que las mujeres que beben entre tres y nueve copas a la semana tienen más probabilidades de padecer cáncer de mama. Este estudio es sólo preliminar pero, si decides beber, debes estar al tanto e interesarte por nuevos estudios.

Riesgos para adolescentes: Ya que no acaba de desarrollarse hasta los 20 años, un cerebro adolescente es más vulnerable a los efectos perjudiciales del alcohol que uno maduro.

Riesgos genéticos: Se estima que los hijos y hermanos de alcohólicos tienen siete veces más de probabilidades de caer en el alcoholismo que los hijos y hermanos de no alcohólicos. (Los hombres son más propensos a estos riesgos genéticos.) Si tienes un pariente alcohólico, es muy importante que tomes decisiones inteligentes en cuanto a la bebida.

No combinar con: Cualquier otro depresor. Cada depresor aumenta los efectos del anterior, por lo que dos o más juntos pueden ser muy peligrosos, incluso mortales.

Índice de adicción: Medio (alto si tienes predisposición genética al alcoholismo).

Beber y conducir: Si decides beber, sé responsable y ¡nunca conduzcas borracha! En España, si la policía te para conduciendo con más de 0,5 gramos de alcohol por litro de sangre (0,3 durante los dos años siguientes, a la

Empecé a beber en verano, pero antes de salir y quedarme hecha polvo quiero enterarme de los peligros y los efectos del alcohol. Sólo bebo de vez en cuando, cosas como margaritas, cerveza, gin tonic y vino.

No creo que beber sea algo tan serio si sólo lo haces de vez en cuando, aunque, a largo plazo, algunos efectos son muy graves si te pasas. Algunos puedes sufrirlos aunque bebas poco: daños cerebrales que afectan a la visión, la memoria y la capacidad de aprendizaje (este verano bebí cada día y ahora tengo muy mala memoria); daños en la vejiga (también me ha pasado); y depresión (también lo conozco).
demicosecha

¿Qué es beber en exceso?

No es fácil responder a esta pregunta. Existen varios cuestionarios médicos que se usan como primer paso para saber si se tiene un problema.

Éste es uno de ellos:

¿Has sentido la necesidad de controlar el consumo de alcohol?

¿Te has alterado porque alguien criticara tu forma de beber?

¿Has sentido cargo de conciencia por beber?

¿Has necesitado una copa para espabilarte por la mañana?

Si contestas sí a dos o más preguntas, tal vez tengas un problema. Este cuestionario no es definitivo. Sólo alguien cualificado en temas de adicción puede determinar si existe dependencia del alcohol o cualquier otra sustancia.

Si crees tener un problema, ver Información, p. 211-213.

...ción del carné) pueden multarte por conducir ebria. Además, pones en juego tu vida y la vida de los demás.

Marihuana

maría
hierba
costo
hachís
porro
grifa
chocolate quif
canuto peta

La maría puede fumarse con o sin tabaco en un cigarrillo (porro), en pipa o en pipa de agua (narguile). La marihuana también se come, normalmente en galletas o pasteles.

Procedencia: Tanto la marihuana como el hachís se extraen de la variedad *Cannabis sativa* del cáñamo. Suele fumarse el contenido resinoso de las hojas y las flores, en especial de las plantas hembra. Las diferentes variedades de cáñamo producen resinas de distinta calidad y cualidades. La *Sinsemilla* puede ser tan fuerte como el hachís.

El principio activo de la marihuana es el THC (tetrahidrocannabinol).

Contenido de THC
Marihuana floja: 1% o menos
Marihuana fuerte o *Sinsemilla*: 4% a 8%
Hachís: 7% a 14%
Aceite de hachís: hasta un 50%

Situación legal: Es ilegal cultivar, vender o distribuir marihuana. En países como España la tenencia de una pequeña cantidad para consumo personal es legal.

Historia: El cáñamo se ha cultivado durante miles de años, tanto por su fibra como por sus efectos curativos y estupefacientes. A principios del siglo XIX, muchas farmacias vendían libremente tintura de marihuana para calmar el dolor. Por su parte, los artistas europeos acogieron esta droga por sus supuestos poderes creativos. A pesar de que el cáñamo se ha cultivado durante cientos de años, se cosechaba principalmente para fabricar telas y cuerdas con su fibra. A partir de la segunda mitad del siglo XIX se empezó a usar marihuana por placer; de hecho, su consumo fue legal en EE.UU. hasta la ley Harrison de narcóticos, en 1914.

Efectos: Los efectos varían de una persona a otra, depende de la situación y la cantidad de THC. Muchos explican que se sienten contentos, estimulados o relajados al principio y luego adormilados o calmados. Otros se cansan y les duele la cabeza enseguida. A mucha gente le entra hambre. Las emociones que provoca varían mucho, depende de la situación. El hachís o la marihuana fuerte pueden tener efectos alucinógenos. Cuando se come, los efectos se retardan y pueden ser más intensos. Hay gente que dice sentirse estimulada intelectualmente, tener más percepción sensorial y estar más abierto a las emociones. Cerca de la mitad de THC se expulsa del cuerpo en un día. El resto puede permanecer en el sistema durante un mes o más.

Riesgos: La sobredosis es imposible. Se pueden padecer paranoias y ataques de ansiedad. El mejor tratamiento en ese caso es que un amigo te tranquilice.

Es imposible llegar a conocer todos los efectos de la maría, sobre todo a largo plazo, porque cuando se quema, libera cientos de sustancias aparte del THC que aún no se han identificado ni investigado. El consumo moderado de maría puede producir pérdida de la memoria de corto plazo, disminución de la atención y la concentración, y lentitud de reflejos. Al igual que el tabaco, el consumo crónico de maría puede dañar los pulmones, la boca y la garganta. También puede dañar la memoria, provocar cambios de personalidad, y reducir la fertilidad.

Riesgos para mujeres: A largo plazo, las fumadoras de maría pueden tener reglas irregulares, lo que a veces dificulta el quedarse embarazada. La marihuana puede dañar gravemente al feto. Si crees que puedes estar embarazada, ¡no consumas maría!

Riesgos para adolescentes: La maría afecta al cerebro, aunque no se sabe exactamente cómo. Es posible que tenga más efectos dañinos en un cerebro que no ha terminado su desarrollo.

No combinar con: Cocaína ni medicamentos para el corazón y la tensión arterial.

Índice de adicción: Bajo.

Arriba

Los estimulantes hacen que el cuerpo trabaje más deprisa acelerando el ritmo cardiaco y aportando adrenalina.

Cafeína

Se encuentra en: Café, té, refrescos, analgésicos, estimulantes sin receta médica, chocolate. Cafeína contenida en sustancias comunes: Una tableta de chocolate: 30 mg; píldora para no dormirse: 100 mg; pastillas para el resfriado: 30 mg; café (225 gr) en infusión o *espresso*: 115 mg; café (225 gr) de filtro: 80 mg; refrescos cafeinados (340 gr): 30-45 mg; té (225 gr) en infusión: 40-60 mg.
Procedencia: Hojas, semillas o frutos de más de 60 plantas, entre ellas el grano de café y de cacao, la nuez de cola y las hojas de té.
Situación legal: Legal (se estima que un 90% de la población mundial la consume).
Historia: La humanidad ha consumido cafeína en el té, el café y el chocolate durante miles de años. En el siglo IV en China, el té era muy popular por sus propiedades curativas. En Yemen, se cultivaba café ya en el siglo VI, y era conocido por su capacidad de estimular y de combatir el cansancio. Los europeos acogieron el café en el siglo XVII y las cafeterías resultaron lugares donde disfrutar de esta bebida junto con estimulantes discusiones, a menudo políticas. Los estadounidenses tienen una interesante relación histórica con el café, ya que empezaron a tomarlo como protesta por el impuesto británico sobre el té, que se impuso a finales de la década de 1760. En EE.UU., el consumo del café llegó a su cenit en 1940 y desde entonces ha bajado, aunque muchos refrescos han tomado el relevo en la aportación de cafeína.
Efectos: La cafeína es un estimulante suave que acelera el corazón y el sistema respiratorio. Puede aumentar la concentración y la atención, además de incrementar la resistencia. Sólo tarda 15 minutos en ser absorbida a la corriente sanguínea.
Riesgos: Las dosis altas provocan nerviosismo, ansiedad, irritabilidad, dolor de cabeza, sueño intranquilo, malestar estomacal y úlceras pépticas. Las sobredosis son muy poco frecuentes. La cafeína puede agravar el estrés y contribuir a los ataques de ansiedad. También se la ha asociado (aunque no de forma definitiva) con enfermedades cardiovasculares, pechos fibroquísticos, defectos de nacimiento y cáncer. Al hacer deporte habiendo tomado cafeína, se incrementa el riesgo de deshidratación y el ritmo cardiaco se fuerza en exceso.
Riesgos para mujeres: El consumo excesivo de cafeína puede agravar el SPM y reducir las probabilidades de quedar embarazada. También origina quistes benignos en los pechos.
No combinar con: Otras drogas que aumenten la tensión arterial ni estimulantes más fuertes.
Índice de adicción: Medio.

Cocaína

coca raya base polvo blanco farlopa

La cocaína se esnifa, se inyecta o se fuma (en forma de crack).
Procedencia: La cocaína es un polvo blanco que procede de las hojas de la coca, a menudo de Sudamérica. El crack es una forma muy adictiva de cocaína alterada químicamente que se fuma.
Situación legal: Tráfico ilegal.
Historia: Las culturas indígenas de Sudamérica han mascado hojas de coca durante miles de años por sus efectos estimulantes. Cuando los españoles descubrieron América, la llevaron a Europa, donde su consumo se extendió con rapidez. Se llegó a usar como anestésico en cirugía, y la fórmula original de la Coca-Cola también la contenía.
Efectos: Produce una sensación de bienestar, más resistencia y energía, menos apetito, una actitud más alerta y la eliminación del cansancio, que puede convertirse en ansiedad o pánico. Los efectos físicos de la coca incluyen un aumento de la tensión arterial, el ritmo cardiaco, la respiración y la temperatura corporal. Cuando se esnifa, los efectos llegan al máximo entre 15 y 30 minutos tras el consumo y luego desaparecen, por lo que se suele repetir la dosis para mantener el efecto. La mayoría de los viajes

de crack (que son más rápidos e intensos) acaban en 15 minutos.

En ambos casos, al subidón le sigue un bajón.

Riesgos: Existe un alto riesgo de sobredosis, con embolias, infarto, derrame cerebral y muerte. El consumo repetido de dosis altas puede llevar a un estado paranoico psicótico. La cocaína produce arritmias cardiacas e insomnio. El estrés que soporta el corazón supone un mayor riesgo de infarto, derrame cerebral y fallo respiratorio. Los consumidores de altas dosis llegan a sufrir alucinaciones y los «bichos de la coca» (la sensación de tener insectos arrastrándose por la piel). La cocaína y el crack también han contribuido a las muertes por ahogamientos, accidentes de coche, caídas, quemaduras y suicidios.

Riesgos de la inyección: Hepatitis B y sida.

Riesgos para mujeres: La cocaína y el crack pueden dañar gravemente al feto. Si crees que puedes estar embarazada, ¡no consumas cocaína!

No combinar con: Anticongestivos, dosis altas de cafeína, antidepresivos inhibidores de MAO (como Manerix y Parnate), cualquier sustancia que afecte al ritmo cardiaco o aumente la posibilidad de ataques.

Índice de adicción: Alto.

Anfetaminas y metanfetaminas

speed pastis anfetas pastillas hielo drogas de diseño

Se esnifan, se fuman, se tragan o se inyectan.

Se encuentran en: Pastillas adelgazantes y algunos medicamentos con receta médica, además de en forma pura.

Procedencia: Laboratorios.

Situación legal: Sólo es legal con prescripción: para controlar el peso o tratar la falta de atención, la hiperactividad o la narcolepsia.

Historia: Estos fármacos se desarrollaron en los años 20 en un intento de conseguir efedrina sintética para tratar el asma. La anfetamina en forma de inhalador nasal (bencedrina) se hizo muy popular por sus efectos eufóricos.

Efectos: Los consumidores describen una sensación de bienestar, mayor resistencia y energía, cortos episodios de euforia, mayor alerta y desaparición del cansancio. Esta sensación de felicidad y seguridad conducen a un alto riesgo de dependencia. El *speed* acelera el corazón y la respiración, y puede disminuir el apetito. Los efectos duran entre cuatro y seis horas.

Riesgos: Existe un alto riesgo de sobredosis, con convulsiones, fiebre alta, coma y posible muerte por fallo cardiaco, rotura de vasos sanguíneos en el cerebro o hipotermia. El *speed* produce arritmias, sudores, aumento de la temperatura corporal e insomnio. Si se hace ejercicio habiéndolo tomado, puede causar la muerte por un aumento de la temperatura corporal. El consumo frecuente de grandes dosis a veces lleva a un estado paranoico psicótico. El consumo continuado puede provocar alucinaciones, delirios y comportamiento violento y autodestructivo. Si se inyecta, se corre el peligro de contraer hepatitis B y sida mediante agujas infectadas.

No combinar con: Anticongestivos o antidepresivos inhibidores de MAO.

Índice de adicción: Alto.

Éxtasis (MDMA)

X XTC M25

Procedencia: Pastillas fabricadas en laboratorios ilegales alterando la estructura molecular de sustancias legales e ilegales.

Situación legal: Tráfico ilegal.

Historia: Se desarrolló en Alemania, en 1914, como supresor del apetito, aunque no se le hizo mucho caso hasta la década de los años 80, cuando se lo consideró un fármaco con potencial terapéutico por sus efectos empáticos.

Efectos: Los consumidores hablan de una sensación de energía y alerta similar a la de las anfetaminas, además de felicidad, desinhibición y estimación por todo el mundo. El éxtasis provoca un aumento de la temperatura corporal que suele terminar en una grave deshidratación. Los efectos se presentan a los 20 minutos o la hora y duran de cuatro a seis horas, con el apogeo en la primera hora.

Riesgos: Existe un alto riesgo de sobredosis, con infarto, temperatura corporal excesivamente alta (que puede llevar a la muerte por deshidratación), ataques y muerte, sobre todo si se realiza actividad física. Las dosis altas también producen rigidez en la mandíbula, temblor, boca seca, náuseas y calambres.

No se sabe mucho de los efectos a largo plazo del éxtasis, aunque se cree que causa daños hepáticos y cerebrales.

No combinar con: Antidepresivos inhibidores de MAO.

Índice de adicción: Desconocido.

Fuera

Las drogas alucinógenas distorsionan la percepción de la realidad objetiva. Bajo la influencia de alucinógenos, los sentidos de la dirección, la distancia y el tiempo se desorientan.

Existen tres categorías de alucinógenos: **alucinógenos de serotonina** (LSD, psilocibina, mescalina y DMT); **alcaloides de la belladona** (medicamentos con prescripción médica y estramonio. El estramonio es el principio activo de algunos medicamentos para el asma y algunas afecciones estomacales. La infusión y las semillas de estramonio pueden provocar alucinaciones de peligrosa intensidad); **tranquilizantes para caballo** (PCP y ketamina).

LSD (dietilamida de ácido lisérgico)

ácido viaje tripi

El LSD (1) se empapa en forma líquida en papel secante (un «sello») o un terrón de azúcar y se mastica o (2) se toma en pastillas o cápsulas.

Procedencia: Laboratorios.

Situación legal: Tráfico ilegal.

Historia: Se creó como droga de laboratorio en 1938 y el gobierno de EE.UU. lo probó como «suero de la verdad» (en unos experimentos que Tom Wolfe describe en su narración *Gaseosa de ácido eléctrico*). Esos experimentos pronto revelaron lo dañino que era. El LSD se continuó usando de forma ilegal para inducir alucinaciones.

Efectos: Sobrecarga la centralita sensorial del cerebro y provoca distorsiones sensoriales o alucinaciones. Cada cual lo siente de manera diferente; depende de la persona, la dosis y la situación. Son frecuentes los grandes cambios de humor. Mucha gente habla de una sensación de separación del cuerpo, intensificación de los colores, distorsión de la visión y el sonido. Entre los efectos emocionales se cuentan experiencias de consciencia elevada y éxtasis. Los efectos, que empiezan de media a una hora después de haberlo tomado y llegan al máximo de dos a seis horas después, pueden durar más de 12 horas. El LSD provoca a veces sudores, palpitaciones y náuseas.

Riesgos: Los consumidores de LSD corren el peligro de tener un «mal viaje», extrema ansiedad física y psicológica, una experiencia peligrosa y aterradora. Durante un viaje, hay gente que ha padecido convulsiones, fallos cardiacos y/o pulmonares, ha quedado en coma y ha llegado a morir. Además, ya que la capacidad de juicio está alterada (disminución de la rapidez de reacción y distorsiones visuales hacen que las tareas más básicas sean imposibles) mucha gente se ha herido o matado.

Los *flashbacks* (recuerdos visuales normalmente terroríficos que se reviven en momentos impredecibles después de un viaje) son muy comunes entre los consumidores de altas dosis.

Es muy frecuente que el LSD esté mezclado con otras sustancias peligrosas como estricnina (matarratas), PCP o anfetaminas, en cuyo caso podría ser mortal o causar daños irreversibles en el cerebro.

No combinar con: Nada, y no lo tomes a solas.

Índice de adicción: Polémico: el LSD es una droga muy potente que no causa dependencia física pero puede provocar adicción psicológica.

Hongos de psilocibina

setas mágicas setas

Las setas se secan y se comen enteras o en polvo, y mezcladas con bebida o comida, por ejemplo galletas.

Procedencia: La familia de los hongos.

Situación legal: Tráfico ilegal.

Historia: Las setas han circulado durante siglos. Los arqueólogos han encontrado esculturas de hongos en América Central y del Sur que datan del 500 a.C. Se utilizan en algunos rituales religiosos de los indios norteamericanos y su consumo fuera de esa comunidad es puramente recreativo.

Efectos: Los efectos inmediatos son leves náuseas y un incremento de la tensión arterial, el ritmo cardiaco y respiratorio. En

general, sus efectos son parecidos a los del LSD pero duran entre cuatro y seis horas.
Riesgos: Aunque se cree que son una alternativa «natural» al LSD y otros alucinógenos de laboratorio, conllevan muchos de los mismos efectos negativos, como la incapacidad de juzgar y los malos viajes.

También existe el peligro de ingerir la seta equivocada, ya que hay muchas especies de hongos parecidas que son venenosas e incluso letales.
Índice de adicción: Bajo.

PCP (fenciclidina)

polvo de ángel **ketamina** Special K

Se toma en pastillas, se esnifa, se fuma o se inyecta.
Procedencia: Laboratorios.
Situación legal: Ilegal, a no ser con prescripción médica como anestésico para animales grandes.
Historia: El PCP se desarrolló como anestésico general. Sin embargo, algunos pacientes sufrieron alucinaciones y delirios, por lo que dejó de usarse. La ketamina ya sólo se administra como anestésico veterinario.
Efectos: Se toma sobre todo porque provoca euforia, pero también provoca efectos etílicos y alucinógenos, además de un viaje disociativo. Los efectos pueden durar de cuatro a seis horas, pero durante los siguientes dos días permanecen en el cuerpo cantidades considerables de la droga.
Riesgos: Existe un grave peligro de sobredosis, que produce ataques y comas, incluso la muerte. El PCP aumenta la tensión arterial y la temperatura corporal. La coordinación, el pensamiento y la capacidad de juicio quedan disminuidos, si no eliminados. Se pierde todo contacto con la realidad. El consumo habitual puede conducir a reacciones violentas, agitación, confusión y problemas de comunicación.
No combinar con: Alcohol u otros depresores, ¡podrías morir! Comer o beber antes de tomarlo también provoca vómitos, lo que puede ser muy peligroso en un estado disociativo.
Índice de adicción: Desconocido.

Peyote o mescalina

Son trozos secos de un cactus que se comen enteros o en polvo, y mezclados con comida o bebida.
Procedencia: Un cactus que crece en el noroeste de México.
Situación legal: Tráfico ilegal.
Historia: En América Central y del Sur, los arqueólogos han encontrado pruebas del consumo de peyote en rituales de hace miles de años. Su consumo como parte de los rituales de la Iglesia de Indios Americanos está protegido por la Primera Enmienda de la Constitución de EE.UU.
Efectos: El peyote aumenta la tensión arterial y el ritmo cardiaco. Puede producir distorsiones visuales y alucinaciones, o náuseas y vómitos. La experiencia de cada cual es diferente, depende de la persona, la dosis y la situación. Son frecuentes los cambios bruscos de humor. Mucha gente describe un sentimiento de separación del cuerpo, otros hablan de profundas vivencias espirituales. Los efectos pueden durar más de 12 horas.
Riesgos: Aunque se cree que el peyote es una alternativa «natural» al LSD y otros alucinógenos de laboratorio, tiene muchos de sus mismos efectos secundarios negativos, como la incapacidad de juzgar y los malos viajes.
No combinar con: Estimulantes.
Índice de adicción: Bajo.

DMT (dimetiltriptamina)

yopa **cohoba**

Suele tomarse en infusión o con marihuana.
Procedencia: Solía extraerse de una liana, ahora se produce en laboratorios.
Situación legal: Tráfico ilegal.
Historia: El DMT lo consumían los nativos de Sudamérica como rapé (bien inhalándolo o poniéndolo entre las encías y la mejilla).
Efectos: Causa reacciones alucinógenas semejantes a las del LSD, pero los efectos pasan en menos de una hora.
Riesgos: Además de los mismos peligros que el LSD, esta droga conlleva un mayor riesgo de ataques de ansiedad.
No combinar con: Estimulantes.
Índice de adicción: Polémico: el DMT es una droga muy potente que no causa dependencia física pero puede provocar adicción psicológica.

Abajo

Los depresores tienen dos efectos principales: los sedantes, que hacen disminuir la ansiedad, y los hipnóticos, que ayudan a dormir. Muchas drogas tienen efectos sedantes en dosis bajas e hipnóticos en dosis altas. Hay dos clases principales de depresores. Los **opiáceos** son opio, heroína, morfina, codeína, analgésicos (como Adolonta y Contugesic) y metadona. La morfina, el mayor principio activo del opio, se usa en calmantes con prescripción médica. La codeína es una forma algo más suave de morfina. La metadona, una droga menos destructiva y peligrosa que la heroína, se usa a veces para desenganchar a los heroinómanos. Los **sedantes** son barbitúricos, ansiolíticos, Valium y otras benzodiacepinas.

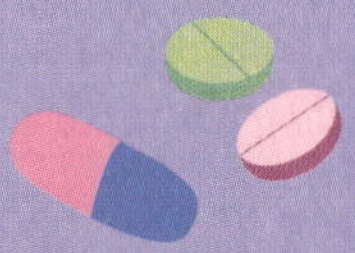

Opio

o gong melaza china

Puede fumarse o tomarse como tintura de opio.
Procedencia: Semillas de adormidera.
Situación legal: Tráfico ilegal.
Historia: Desde tiempos prehistóricos, el opio se ha consumido en infusión de adormidera. Hace 4.000 años, en Oriente Medio tenía un uso medicinal. Los arqueólogos han descubierto pipas de opio que datan del 1000 a.C. Entre el 600 y el 900 d.C., los árabes lo introdujeron en China, donde se usó con fines medicinales al principio y por placer después, lo cual resultó en una gran cantidad de adictos. Cuando China lo prohibió a principios del siglo XIX, se desencadenó una guerra contra Inglaterra, que tenía un gran negocio de opio con ese país. El presidente estadounidense William Howard Taft, tras presenciar con sus propios ojos cómo estaba destruyendo el opio la desarrollada civilización china, presionó al Congreso para que adoptara una legislación antinarcóticos, esfuerzos que culminaron, después de su mandato con la ley Harrison de narcóticos de 1914.

Efectos: Los consumidores de opio describen un sofoco placentero seguido de somnolencia con muy poca sensibilidad al dolor.
Riesgos: Existe un grave peligro de muerte por sobredosis, incluso la primera vez. Las sobredosis son más frecuentes al inyectarlo, pero también son posibles si se esnifa o se fuma. La respiración se hace cada vez más lenta, hasta tal punto que puede cesar. Entre otros efectos secundarios se cuentan picores, piel seca, pupilas contraídas, retraso de la regla, pérdida del apetito sexual, náuseas, vómitos y estreñimiento crónico. El opio conlleva un alto peligro de adicción y la desintoxicación es muy dura.
No combinar con: Nada que también frene la respiración, como alcohol, barbitúricos, ansiolíticos o Valium.
Índice de adicción: Alto.

Heroína

caballo jaco chute pico
chino papelina

Con las formas más puras de este polvo blanco, muchos consumidores se colocan esnifando o fumando los derivados procesados de la droga, pero el colocón más intenso se produce inyectándose la heroína directamente en las venas (en los brazos y las piernas, aunque también se pinchan cuello, ingles y pene, sobre todo si se abusa de las venas más accesibles).
Procedencia: El laboratorio, donde se obtiene a partir de la «leche» seca de adormidera.
Situación legal: Aunque es ilegal en la mayoría de los países, en el Reino Unido aún se usa para aliviar el dolor en pacientes de cáncer.
Historia: Los científicos de Bayer la desarrollaron por primera vez en un laboratorio hace unos 100 años mientras intentaban conseguir una morfina más eficaz. Antes de que se conociera el riesgo de adicción, se vendió como una cura milagrosa: una gran ayuda en el tratamiento de los efectos de la tuberculosis y la neumonía, debido a que ayuda a la respiración y tiene propiedades analgésicas.
Efectos: Los consumidores hablan de un sofoco placentero de euforia adormilada y cálida, luego una somnolencia con muy poca sensibilidad al dolor. Deprime el sistema nervioso, y también funciones como la tos, la respiración y el ritmo cardiaco. Estos efectos son inmediatos si se inyecta o se fuma y tardan unos 15 minutos si se esnifa.

Riesgos: Existe un alto peligro de muerte por sobredosis, incluso la primera vez. Las sobredosis son muy frecuentes con la inyección, pero también al fumar o esnifar la droga. La heroína es muy adictiva y la desintoxicación es muy dura.

Cuando se prueba por primera vez no suele colocar enseguida, sino que provoca malestar. La nariz moquea sin control y se sufren horribles dolores de estómago (el estreñimiento es un efecto secundario, por eso muchos adictos también son dependientes de los laxantes).

Si te inyectas, el VIH/sida y la hepatitis B son un gran peligro. Otros efectos secundarios son picores, piel seca, pupilas contraídas, retraso de la regla, pérdida del apetito sexual y estreñimiento crónico.

No es raro que la heroína esté mezclada con quinina y otras sustancias peligrosas.

No combinar con: Nada que también frene la respiración, como alcohol, barbitúricos, ansiolíticos o Valium, todo ello aumenta la posibilidad de sobredosis.

Índice de adicción: Alto.

Sedantes, barbitúricos, y ansiolíticos tranquilizantes

Procedencia: Laboratorios.

Situación legal: Legales con prescripción médica.

Historia: A mediados del siglo XIX, los científicos sintetizaron hidrato de cloral, el primer sedante químico. El primer barbitúrico se sintetizó en 1903.

Efectos: Los consumidores hablan de una disminución de la ansiedad y una sensación de relajación y calma. Sin embargo, pueden darse efectos contrarios inesperados e impredecibles, como un incremento de la ansiedad y la hostilidad. En dosis altas, se experimenta somnolencia y pérdida del control de la motricidad.

Riesgos: Existe un alto peligro de sobredosis, con paro respiratorio o cardiaco que conduce a la muerte, normalmente si se combinan con otras drogas, en especial el alcohol. Pueden darse vértigos, pequeños mareos, pérdida de memoria y capacidad de aprendizaje, así como una grave pérdida de la coordinación. Esos efectos secundarios pueden durar mucho.

No combinar con: Alcohol (que dificultaría peligrosamente la coordinación) ni nada que dé sueño (opiáceos, anestésicos y otros sedantes). Estas combinaciones pueden llevar a la muerte por fallo respiratorio o cardiaco.

Índice de adicción: Desconocido.

Benzodiacepinas

Se encuentran en: Valium, Diazepan, Tranxilium, Rohipnol (medicamentos para la ansiedad).

Procedencia: Laboratorios.

Situación legal: Legales con prescripción médica. (Suelen recetarse para tratar la ansiedad y trastornos relacionados.)

Historia: Los sedantes que se habían sintetizado con anterioridad eran muy peligrosos por el riesgo de sobredosis. En 1957, se sintetizó el primer compuesto de benzodiacepina, Librium, que se anunció como cura milagrosa para la ansiedad y la depresión.

Efectos: Los mismos que los sedantes, los barbitúricos y los ansiolíticos.

Riesgos: El recuerdo de lo que sucede cuando se está bajo sus efectos queda alterado. Otros posibles efectos secundarios son la disminución de la capacidad de aprendizaje, vértigo y pequeños mareos. Estos efectos pueden persistir largo tiempo.

No combinar con: Alcohol (que dificultaría peligrosamente la coordinación) ni nada que dé sueño (opiáceos, anestésicos y otros sedantes). Estas combinaciones pueden llevar a la muerte por fallo respiratorio o cardiaco. Algunas personas han mezclado Rohipnol en la bebida de mujeres para aprovechar su efecto sedante, lo que le ha ganado la reputación de «droga de violación en cita».

Ten mucho cuidado cuando bebas con gente a la que no conoces bien y estáte alerta ante extraños efectos como mareos y confusión después de una copa.

Para más información sobre la violación en una cita, *ver* **pp. 150-151.**

Indice de adicción: Bajo.

GHB (gama hidroxibutirato)

Se encuentra en forma de líquido incoloro, inodoro y salado. Un tapón de GHB proporciona un viaje psicodélico.

Procedencia: Laboratorios.

Situación legal: Ilegal, excepto con prescripción.

Historia: Se desarrolló en los años 80 como anestésico quirúrgico; poco después se popularizó como poción mágica para muscular y perder peso, y pasó a venderse en herboristerías. En EE.UU. se ilegalizó su venta sin receta médica en 1990.

Efectos: Los consumidores describen una sensación de relajación y una leve euforia. El

GHB reduce el ritmo cardiaco y puede producir un sentimiento de depresión. En dosis altas, tiene efecto sedante, y provoca náuseas, rigidez muscular y colapso respiratorio.
Riesgos: Existe el peligro de sobredosis, con embolias, fallo respiratorio, coma y muerte. Otros efectos secundarios más leves son dolores de cabeza, náuseas y mareos.
No combinar con: Alcohol (que aumenta el riesgo de sobredosis) u otras drogas que den sueño.
Índice de adicción: Desconocido.

Óxido nitroso (anestésico)

gas de la risa gas hilarante oro líquido

Un gas incoloro y de olor dulce que se inhala.
Procedencia: Laboratorios.
Situación legal: Legal para pequeñas intervenciones bucales y extracciones dentales, pero actualmente en desuso.
Historia: El óxido nitroso se sintetizó a finales del siglo XVIII como anestésico y analgésico. Pronto recibió el nombre de «gas de la risa» y se consumió mucho en Inglaterra de forma recreativa. En el siglo pasado, los dentistas empezaron a usarlo durante los procedimientos dolorosos.
Efectos: Mareo, sensación de estar flotando y unos segundos de ausencia de dolor seguidos de somnolencia.
Riesgos: La falta de oxígeno es un gran peligro. Si un médico controla su administración como anestésico, está considerado un agente farmacológico seguro. Sin embargo, el gas se encuentra en una bombona y está congelado, por lo que cuando se consume por placer, puede causar quemaduras en nariz, labios y, a veces, las cuerdas vocales. Otros efectos inmediatos son náuseas, cansancio, falta de coordinación, desorientación y pérdida del apetito.

Existen pruebas de que el uso excesivo o prolongado del óxido nitroso puede dañar el sistema nervioso central (cerebro y espina dorsal) y la médula ósea.
No combinar con: Nada que provoque sueño (alcohol, opiáceos, sedantes y medicamentos para el resfriado).
Índice de adicción: Bajo.

Inhalantes

Se encuentran en: Soluciones como el disolvente de pintura, el pegamento y el gas, además de en algunas pinturas.
Procedencia: Sustancias carbónicas como la cola, la gasolina, la pintura, el disolvente, el gas para mecheros, el pegamento para maquetas, el barniz o el quitaesmalte se pulverizan en una bolsa y luego se inhalan.
Situación legal: Legales. Sin embargo, aunque son legales para el propósito con que se fabrican, no están hechos para inhalarse y son muy tóxicos.
Historia: Cuando los compuestos disolventes llegaron a los hogares, la gente empezó a olerlos. La inhalación de gasolina se convirtió en un problema con la introducción del automóvil a principios de los años 20, y esnifar pegamento tuvo su auge en los años 50.
Efectos: Los efectos son similares a los del alcohol y el óxido nitroso: estimulación instantánea, seguida de somnolencia y sedación. Se conocen casos de distorsión de la percepción y alucinaciones. Produce una pequeña resaca (dolor de cabeza, baja concentración y posibles náuseas) que dura hasta 24 horas.
Riesgos: Incluso consumirlo una sola vez puede provocar una sobredosis y la muerte por falta de oxígeno o «muerte súbita por inhalación» (se cree que causa el paro cardiaco). La asfixia es un peligro para los que se colocan una bolsa en la cabeza para prolongar el efecto; pueden acabar ahogándose con su vómito. Los accidentes son muy frecuentes debido a la pérdida del control de la motricidad. Muchos disolventes son inflamables, así que se corre el peligro de sufrir quemaduras.

Inhalar disolventes también puede producir náuseas, sangre en la nariz, mareos, dificultad para respirar y palpitaciones. Entre los peligros a largo plazo se cuentan daños irreversibles en el cerebro y el sistema nervioso.
No combinar con: Nada que provoque sueño (alcohol, opiáceos, sedantes y medicinas para el resfriado).
Índice de adicción: Alto.

Drogas herbáceas

Las drogas herbáceas se han ido haciendo famosas en los años 90. Ya que son naturales, la gente tiende a creer que son más seguras. En realidad, estas drogas son peligrosas, sobre todo porque no están reguladas y se desconocen sus efectos y dosis adecuadas.

La **efedrina/efedra (ma huang)** es el principal componente de Cloud 9, Herbal Ecstasy y Ultimate Xphoria, comercializados como energéticos naturales. También se encuentra en anticongestivos, medicamentos para el asma, fórmulas e infusiones de hierbas y suplementos dietéticos. Sin embargo, las dosis de efedra no son consistentes en todos estos productos, y las más altas pueden causar graves efectos secundarios, incluso la muerte. La combinación de efedra con determinados medicamentos, como anticongestivos y antidepresivos inhibidores de MAO, puede ser mortal. Incluso tomarla con cafeína provoca una tensión excesiva en el corazón y el sistema circulatorio.

El **yohimbe (*Corynanthe yohimbe*)**, del árbol africano del mismo nombre, es otra droga «natural» que se comercializa para aportar energía y aumentar la potencia sexual. No obstante, su principal componente puede provocar cansancio, daños hepáticos y erupciones cutáneas. También puede reaccionar con fármacos sin receta médica que contengan fenilpropanolamina, como anticongestivos nasales y adelgazantes, y provocar ataques y la muerte.

INFORMACIÓN

Internet: Páginas web

Plan Nacional sobre Drogas
(http://www.mir.es/pnd): El Plan Nacional sobre Drogas es una iniciativa gubernamental destinada a coordinar y potenciar las políticas en materia de drogas en España. En su sitio web podrás recibir información de primera mano del estado actual de la legislación respecto a estos asuntos, y descubrir los medios que los ministerios y entidades ponen a tu alcance.

IEA. Instituto para el Estudio de las Adicciones (http://www.ieanet.com): ¿Has pensado alguna vez que el uso continuado de Internet también puede ser origen de una adicción? Este sitio web dedica una sección completa al estudio de cada una de las principales adicciones, incluida la del internauta. Además, podrás obtener información sobre el abuso de las drogas, los problemas sociales ligados a ellas, o los centros de ayuda al adicto a los que se puede acudir.

Drogas e intoxicación
(http://www.gorrion.org/indexdrog.htm): Este sitio te será de gran ayuda si deseas saber cómo actuar en caso de intoxicación por marihuana, inhalantes, estimulantes o alucinógenos. Además, en él encontrarás un extenso índice de drogas, con fichas técnicas para cada una de ellas. Muy recomendable por su exposición concisa y la claridad de las instrucciones.

Enlaces sobre drogas
(http://www.conacuid.com/pagina14.htm): Esta página te será de gran utilidad si quieres realizar tu propia búsqueda: en ella encontrarás decenas de enlaces con sitios web internacionales dedicados a distintos aspectos del estudio de las adicciones y las drogas. En ella cuentas con la solidez de la Comisión Nacional contra el Uso Ilícito de las drogas, que se encarga de mantener actualizada la página de enlaces.

Unidad de Tabaco, Alcohol y Drogas
(http://www.minsal.cl/tabaco): Este sitio está dedicado a la prevención, tratamiento y rehabilitación del tabaquismo y otras drogodependencias. Es imprescindible que acudas a ella si quieres informarte de todas las posibilidades que existen para abandonar las adicciones, y deseas

eludir los errores y mitos más comunes. Ya en la página de presentación encontrarás la sección «InfoJoven», donde solicitar información actualizada acerca de temas relacionados con el consumo de drogas.

Cocaína (http://www.nuestra-net.com/alerta-cocaina): Esta página contiene una completa ficha técnica de la cocaína: química, utilización, efectos, epidemiología y tratamiento. Un modo perfecto para conocer en profundidad esta droga y sus implicaciones médicas.

Marihuana (http://www.nida.nih.gov/MarijBroch/Spanish/Marijteens-sp.html): Información para adolescentes acerca de la marihuana, completamente revisada por el Instituto Nacional de Abuso de las Drogras (National Institute on Drug Abuse). Si quieres saber cuál es el riesgo de ser adicto a esta droga, o cuáles son sus efectos a corto plazo, visita este sitio en el que aclararás muchas dudas. Esta dirección corresponde a la versión del sitio traducida al español.

LSD (http://iteso.mx/~ps38491/index.htm): Este sitio está realizado con intenciones divulgativas, y en su sección «LSD» encontrarás una ficha técnica muy detallada de esta droga, para que conozcas con todos los detalles su composición y sus efectos. También encontrarás desveladas las razones científicas que causan las alucinaciones al tomar esta sustancia, y los riesgos que comporta consumirla.

Narcotráfico y drogadicción (http://www.drogas.com): Un problema relacionado con el universo de las drogas es el narcotráfico. Si te interesa averiguar cuál es el estado actual de este conflicto, o bien ponerte al día sobre las campañas antidrogas y la persecución legal del tráfico de estupefacientes, Drogas.com te proporciona información constantemente actualizada.

Vive sin drogas (http://www.vivesindrogas.org.mx): Sitio galardonado con el Premio de la Sociedad Civil de las Naciones Unidas. Aquí encontrarás artículos actualizados y exhaustivos sobre las diferentes drogas, así como orientación clara para actuar en caso de padecer algún tipo de adicción.

Diversión sin drogas (http://tardis.imsb.bcn.es): Tardis-Barcelona demuestra lo divertido que es vivir sin drogas. Ellos te lo preguntan sin tapujos: ¿Te va la marcha? Si es así, entra en este sitio, participa en el chat, concursa y gana premios, o bien organiza tu agenda de conciertos, y además aprende todo lo que quieras acerca de las drogas, sus efectos y su situación legal actualizada.

Libros

Ficción

Ballaz, J. *El hombre que se perdió a trozos*, Edebé, Barcelona, 1999
La historia de un pobre alcohólico que se fue perdiendo a trozos; perdió su trabajo, sus amigos, su esposa y cada una de las partes de las que estaba constituido.

Barrena, P. *Una familia casi normal*, Ediciones B, Barcelona, 1989

El protagonista, un adolescente que acaba de salir de la cáscara del huevo, se mueve entre yonquis, borrachos y gente de mal vivir, sin que nadie pueda ayudarle o aconsejarle.

Etchebarría, L. *Beatriz y los cuerpos celestes*, Destino, Barcelona, 1998
Drogas, atracción, relaciones sexuales y pequeños delitos harán que la protagonista acabe madurando y planteándose la vida de otra manera.

Sierra y Fabra, J. *Siete historias en torno a Mario*, Espasa, Madrid, 1996
Las drogas, las bandas, el amor y la amistad forman parte de las siete historias.

Conocimientos

Chopra, D. *Vencer las adicciones*, Javier Vergara Editor, Buenos Aires, 1997

Escohotado, A. *Aprendiendo de las drogas*, Anagrama, Barcelona, 2000

Sánchez-Ocaña, R. *El libro para dejar*, Alba, Barcelona, 1995

Secades, R. *Alcoholismo juvenil: prevención y tratamiento*, Pirámide, Madrid, 1996

Sissa, G. *El placer y el mal: filosofía de la droga*, Península, Barcelona, 2000

Sworn, D. *Tu mente puede con el tabaco*, Integral, Barcelona, 1997

Stoppard, M. *Qué son las drogas*, Javier Vergara Editor, Buenos Aires, 2000

Entidades

Plan Nacional sobre Drogas: Recoletos 22 - 28001 Madrid - Tel. 91 5372795/91 5372725 - Fax. 91 5372788 (http:///www.mir.es/pnd)

Coordinadora de ONGs que intervienen en drogodependencias: San Bernardo 97-99 Edif. Colomina H - 28015 Madrid - Tel. 91 5930908 - Fax. 91 4460089 - coid@ieanet.com (http://www.ieanet.com/coid)

ASEPAD. Fundación Prevención Educativa contra la Droga y Asociación Euroamericana para la Prevención del Abuso de Drogas: Ferrán González 39 2.° C - 28009 Madrid - Tel. 91 5746484 - Fax. 91 5749608 - mar@conexion2000.com

UNAD. Unión Española de Asociaciones y Entidades de Atención al Drogodependiente: Silva 6 7.° - 28013 Madrid - Tel. 91 5424966 - Fax. 91 5428430 - unad@unad.org (http://www.unad.org)

FONGA. Federación de ONGs de la Argentina para la Prevención y el Tratamiento del Abuso de Drogas: Belgrano 1315 Piso 4 - CP 1093 Buenos Aires - Argentina - Tel. 14 3835381 - Fax. 14 3835381 - fonga@satlink.com

Servicio General de Alcohólicos Anónimos España: Avda. de Alemania 9 3.° izq. - 33400 Avilés - 98 5566345 - Fax. 98 5566543 - aanonimos@adenet

Teléfono de Alcohólicos Anónimos Argentina: 14 9316666

Teléfono de Alcohólicos Anónimos México: 5 5151528/5 5259348

Teléfono de Infodrogas Chile: 2 3340600

¿Quieres conversar sobre este tema? Entra en el chat de http://www.descubrete-edicionesb.com

PARTE 4

vida

La vida: cómo empleas tu tiempo, en qué piensas y qué quieres hacer con tu cuerpo, sexualidad y mente. La vida está en permanente movimiento, evolucionamos continuamente y nos adaptamos a nuevas situaciones. Es un proceso constante, no importa la edad que tengas.

La adolescencia es, por definición, una época de transición, así que los cambios en tu persona y en la gente que te rodea serán especialmente notables. Tus relaciones con la familia y los amigos, tus intereses amorosos y el resto del mundo forman un complicado paisaje por el que navegar. A pesar del montón de conflictos y confusión, el viaje de la infancia a la edad adulta es un periodo sorprendente en el que aprenderás muchas cosas, entre ellas quién eres y cómo deseas vivir la vida.

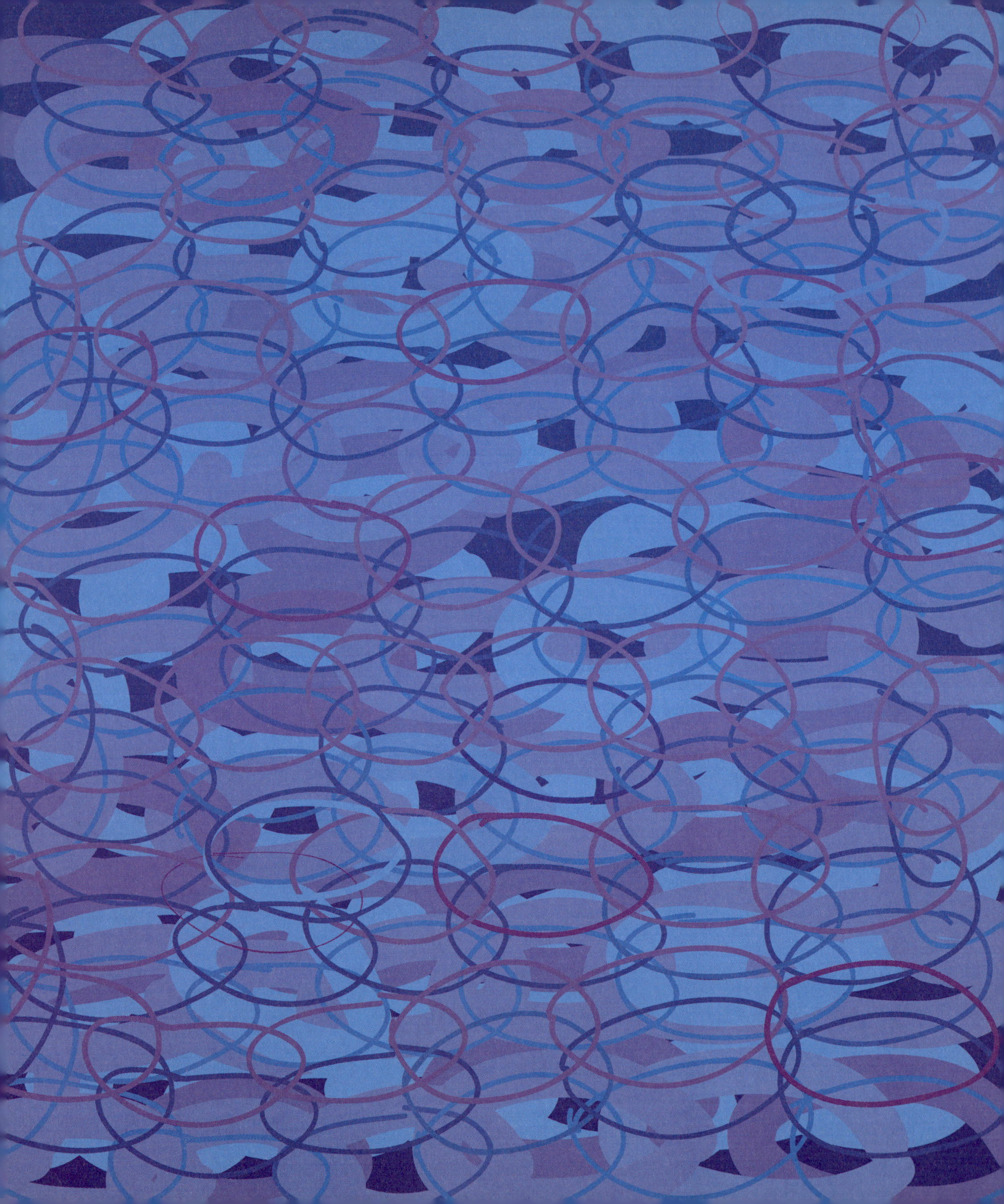

Capítulo 1

FAMILIA

Puedes escoger a tus amigos, la familia te toca por **narices...**

Todo el mundo tiene algún familiar en alguna parte del universo. En general, naces en el seno de una familia y no puedes decidir cuál.

En el mejor de los casos, la familia proporciona amor, comodidad y apoyo. En el peor, profundo dolor, frustración, decepción y rabia. A menudo se combina lo bueno y lo malo.

A medida que te vuelves independiente, tal vez comiences a ver a tus padres (y hermanos) como individuos, con sus defectos y sus virtudes. Además, ver cómo funcionan las familias de los demás te da una nueva perspectiva respecto de la tuya. Quizás empieces a comprender cómo te ha influido, qué te gusta y qué no te gusta de esa influencia y qué quieres cambiar.

En el camino, la relación con tu familia irá cambiando, soportará conflictos y crecerá. Como en cualquier otra relación, una comunicación sincera y abierta es crucial para superar los momentos difíciles.

¿QUÉ ES LA FAMILIA?

Las definiciones de familia van de la más tradicional a la más amplia... Igual que las experiencias familiares. Una familia puede considerarse como:

- la unidad básica de la sociedad, con un núcleo de dos adultos que viven juntos y cooperan para cuidar y educar a sus hijos biológicos o adoptados
- un grupo de personas de ascendencia común
- un grupo de individuos que viven bajo el mismo techo; un hogar
- un grupo de personas unidas por ciertas convicciones

Sea cual sea su definición o su estructura, cada familia es una unidad única con un conjunto único de relaciones entre personas que están profundamente unidas entre sí.

Mi madre es Germana y mi padre Afroamericano. Así que he salido una mezcla.

vivo con mi madre y mi hermana mayor. mi padre murió hace tiempo; ni siquiera lo recuerdo.

Mis padres no están casados. Están juntos, pero sin casarse.

Desde que mis padres se divorciaron cuando yo era pequeña, he vivido con mi padre, mi hermana, mi abuela, y mi tío.

Vivo con mis abuelos.

mi padrastro me adoptó, pero me gustaría saber quién es mi verdadero padre.

Mi madre estuvo muchos años con mi padre, pero ahora está con una mujer.

Mi madre falleció y nadie sabe dónde está mi padre, ni siquiera recuerdo su cara. Vivo con mi tía.

Mis padres están divorciados, y paso la mitad del año con mi madre y la otra mitad con mis medio hermanos, mi padre y mi madrastra.

PADRES

No existen los padres perfectos. Sin embargo, en la mayoría de los casos, tus padres te quieren y cuidan de ti como nadie más en el mundo, aunque a veces no sea muy evidente. Las relaciones con los padres son difíciles y complicadas a cualquier edad. Durante la adolescencia, los conflictos pueden aumentar debido a los cambios por los que atraviesan los jóvenes.

Relaciones en transición

A medida que te vuelves más independiente, tal vez empieces a ver en qué te diferencias o quieres diferenciarte de tus padres. Estas diferencias (en gustos, actitudes, expectativas) suelen ser fuente de conflicto o vergüenza.

Estoy harta de que mis padres esperen que sea alguien que no soy. Quieren que me convierta en doña Perfecta. Y detestan que sea desordenada.

LoisD

Cambios emocionales

También atraviesas cambios físicos y evolución emocional en otras áreas de la vida. Todo ello puede afectar a las relaciones en casa.

Ver **Esas emociones desagradables**, **pp. 166-171.**

Mi madre y yo hemos sido muy amigas desde pequeña. Ahora tengo 15 años y empezamos a distanciarnos. Vivimos solas y eso me está destrozando. Dice que me quejo demasiado y que está harta de eso. No sé por qué me quejo, pero es que estoy hasta las narices. A veces estoy en mi cuarto y me pongo a dar gritos debido a la tensión.
técnica

Confianza

Tus padres y tú quizá tengáis ideas diferentes sobre el ritmo al que debes ir independizándote o incluso sobre el significado de esa palabra. Eso puede causar varios tipos de conflicto, ya que tus padres pierden control sobre tu vida a medida que tú lo ganas.

Cuanto más crean tus padres que eres capaz de cuidar de ti misma de forma madura y responsable, con más facilidad te concederán libertad. Informar a tus padres sobre lo que pasa en tu vida (hasta el punto en que tanto ellos como tú os sintáis cómodos) ayuda a calmar algunos de sus miedos. Cosas sencillas, como llamarlos para decirles dónde estás, pueden ser muy útiles para establecer confianza. Si por algo pierden confianza en ti, la situación puede hacerse más difícil.

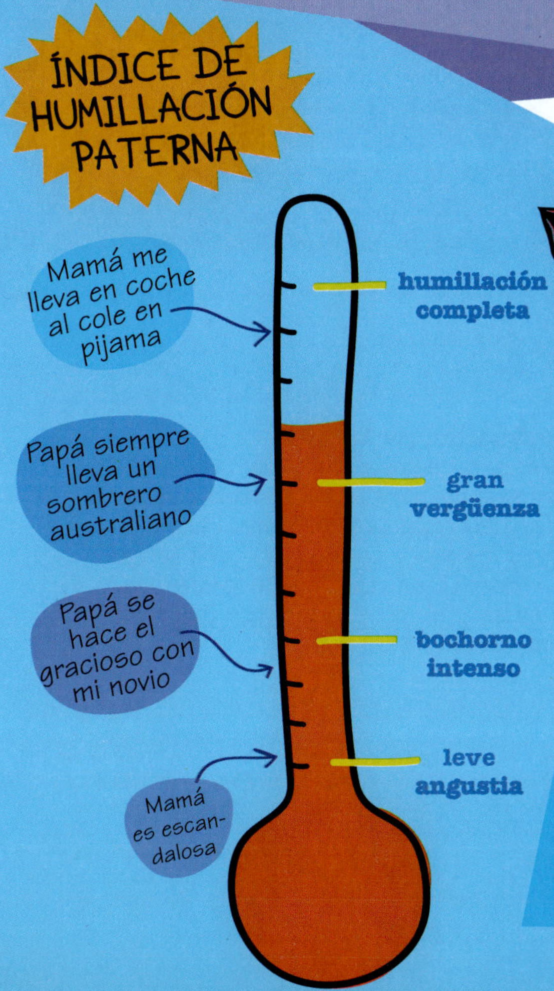

mi madre NO confía nada en mí. bueno, le he mentido y eso, pero hace 5 meses que me porto bien. ¿cómo puedo recuperar su confianza?
Angelou

Mis padres me avergüenzan. Cuando mi padre no me persigue por el centro comercial, mi madre habla con mis ligues y les enseña fotos de cuando era pequeña. No sé qué hacer. ¡Me cortan más de lo que os podáis imaginar! A veces quisiera esconderme bajo una piedra.
LeslieF

La única forma de recuperar la confianza de tus padres es hacer exactamente lo que les dices que vas a hacer. O ayudar en casa sin que te lo pidan, volver pronto de una cita o algo así. Tarde o temprano lo conseguirás... Es cuestión de tiempo.
AgnesV

¡Mi madre me pone en evidencia TODO EL RATO! Vamos en coche por la calle y de repente toca la bocina y dice «¡Yujuuu! ¡Esta noche hay fiesta! ¡Fiesta! ¡Fiestaaaaaa!».
irisada

Padres sobreprotectores

La falta de confianza, al igual que el contexto cultural y social, puede tener mucho que ver con que tus padres actúen de forma sobreprotectora.

Mis padres son de lo más estricto. ¡Tengo que volver a casa a las 11! Tengo 16 años y casi todas mis amigas vuelven a la 1 o no tienen hora. Siempre he de irme antes de que empiece la fiesta. He pensado en escabullirme, pero me preocupa que mis padres lo descubran y les haga daño.
ReinaH

Mis padres son iguales. No deberías escaparte porque si te pillan, tendrás un problema real de desconfianza. Intenta hablar con ellos, que te dejen llegar a las 12 o así. No presiones demasiado. Diles que te den una oportunidad, sólo una. Llega a un acuerdo de «castigo» razonable si no cumples. Inténtalo.
amigatormentosa

mis padres son demasiado estrictos. no me dejan salir con anglos (soy turca), ni chicos ni chicas. no me dejan ir sola a ningún sitio y ¡tengo 16 años! no tengo libertad. intenté hablar con ellos pero no me escuchan.
ellaverde

Mi madre es un encanto, pero es japonesa y cree que educar a su hija a la japonesa (nada de maquillaje, nada de chicos y todo sobresalientes) es lo mejor. Mi padre está de acuerdo, aunque creció en Nebraska.
sigridy

Intimidad

Algunos padres están recelosos o no saben qué pasa en la vida de sus hijos, e intentan descubrirlo invadiendo su intimidad. Eso, en general, es irritante y molesto. La invasión de la intimidad puede causar o estar causada por falta de confianza.

Mis padres siempre miran en el ordenador qué páginas web he consultado. **muero**

mi madre me leyó el diario y cómo me enfadé. había cosas sobre mí y un chico... y sobre que fumo. le sentó muy mal y empezó con lo de «¿Cómo voy a confiar en ti?» y era más bien ¡NO! ¿Cómo voy a confiar yo en ti?
irridiscente

Dile a tu madre que aunque seas adolescente, tienes derecho a tu intimidad. Si no puedes hablar bien con ella, escríbele una carta y déjasela sobre la cama, por ejemplo. Quizás añora ser el centro de tu vida.
—hortensias

Preocupación por las citas

A veces, para los padres es duro afrontar que sus hijos tengan relaciones amorosas, sobre todo sexuales. Necesitan tiempo para acostumbrarse a la idea. Tal vez tengan sus reservas en cuanto a la gente con la que sales o no confíen en que puedas arreglártelas sola.

Mi padre es muy estricto y he estado quedando sin su permiso. Por desgracia, esto causa problemas en mi relación porque quiero pasar más tiempo con el chico pero mi padre no me deja. Estoy a punto de cumplir los 17 años ¡¿y aún le molesta que salga con chicos?!
astapasta

Preocupación por los amigos
Si a tus padres no les gustan tus amigos, el tiempo que pasas con ellos o la influencia que tienen sobre ti, pueden surgir problemas.

Mis padres me hacen sentir culpable porque dicen que nunca hago nada con ellos ¡y que hago demasiadas cosas con mis amigos!
reneelluvia

hace unos 2 años cambié de amigos. (ahora voy con gente tipo «hardcore/punk».) mi madre cree que son unos irresponsables y que yo también seré así. los defiendo y entonces tengo unas peleas horribles con mi madre.
YolandaP

tienes que mostrarle a tu madre las cosas buenas de tus amigos. explícale lo buenos amigos que son. que sepa que son buena gente. que se conozcan. ¡va muy bien! a mí me funcionó.
lowelld

Si quieres que tu padre se relaje un poco, tenéis que sentaros a hablar sobre por qué le molesta. Llegad a una serie de compromisos hasta que se sienta cómodo con el hecho de que salgas. Si continúa sin darte permiso, déjalo y vuelve a pedírselo al cabo de unas semanas. Sé persistente pero no lo cabrees con cosas como «a los demás padres no les importa. Eres injusto».
petitamie

Padres y sexualidad

Puede resultar extraño enfrentarte al hecho de que tus padres, como todo el mundo, tienen sus propios deseos y vida sexual. Lo que oigas, veas o leas igual te produce vergüenza o trauma y te hace pensar en aspectos de la personalidad de tus padres que nunca habías considerado.

¡ATENCIÓN! ¡ATENCIÓN! La otra noche en casa, de repente oí ruidos raros que venían de la habitación de mi madre. Entré y la encontré masturbándose. Salí corriendo. Me vio, claro. No sé qué decirle. Bueno, yo también me masturbo, pero me dio tal corte... Creo que al menos debería decirle que a mí me da igual, pero también quiero olvidarlo y ya está.
pelusarrosa

Leí el e-mail de mi madre, le escribió un mensaje a mi padre y él contestó que le lubricara el disco duro. Ahora no les puedo mirar a la cara. **kukicha**

mi madre me hace salir cuando viene su novio. un día estaba en casa cuando vino (ella lo sabía) ¡¡y la oí gemir a través de la pared!! Me da asco su actitud... ¡por favor, ayudadme a superarlo!
SharPei

¿Sabes qué? Tu madre es humana y tiene necesidades. Pero (como ya has descubierto) ¡no querrás estar por ahí cuando las satisfaga!
jardinería

Quizá descubras otras cosas que puedan tener graves consecuencias para toda la familia. Enterarse de que uno de tus padres tiene o ha tenido una aventura suele ser una experiencia horrible en la que se mezclan sentimientos de traición, rabia, tristeza y confusión. Incluso puede causar una gran crisis en su matrimonio.

Dios mío, me siento fatal. Me tiemblan las manos, no puedo respirar, me mareo. Estaba mirando los mensajes enviados del e-mail de casa y había uno de mi madre a un tipo del trabajo. Decía: «¿Qué hacemos este fin de semana? Contestaré como de trabajo si los niños están en casa.» Quiero llorar, pero estoy muy enfadada. **pfenning**

Si uno de tus padres se declara gay o bisexual, también se puede originar una crisis matrimonial y te verás obligada a enfrentarte a tus sentimientos sobre la homosexualidad, además de los de otra gente.

Mi madre acaba de salir del armario y todos los que durante años decían que era la mejor madre del mundo ¡han empezado a cambiar de idea! Tener una opinión está bien; imponerla es asqueroso. Los homosexuales se enfrentan a las mismas cosas que los héteros, y es una mierda hacerles creer que está mal amar a quien aman. **dolardearena**

Conflictos entre padres

Presenciar conflictos entre tus padres es muy inquietante. (Si existen abusos físicos, díselo a alguien cuanto antes.) Lo ideal sería que sus peleas fueran sólo entre ellos dos. Por desgracia, a veces los conflictos se extienden y abarcan al resto de la familia.

OJALÁ mis padres se divorciaran. ¡No hacen más que discutir! No puedo dormir por la noche y cuando lo consigo, me duermo llorando. No le he contado a NADIE que mis padres se odian. Es una mierda. Quieren divorciarse pero siguen juntos por mí. Dicen que quieren que los tenga a los dos hasta que acabe el instituto. **chicaciudadnatal**

mis padres han tenido bastantes peleas serias durante 6 años y cada vez que discuten, mi madre jura que me llevará con ella de vuelta a California. me gustaría ir, pero me siento mal por querer dejar a mi padre. luego se reconcilian y ella ya no quiere mudarse... ¡no puedo soportar tanto cambio de opinión! quiero una vida familiar estable y constante para no tener que preocuparme por lo que pasará al día siguiente. **Florenze**

Divorcio

El divorcio es la ruptura de una familia.

FAMILIA

Por muy frecuente que se haya vuelto el divorcio, sigue siendo muy doloroso y estresante, tanto los hechos que lo provocan, el proceso en sí, como los inevitables cambios que desencadena.

En el mejor de los casos, tus padres, por mucho que se odien mutuamente, mantendrán su ira apartada de su relación contigo. Tus padres no deberían obligarte a ponerte de uno u otro bando y deberían hacer algo mejor que hablar mal uno del otro. Por desgracia, no siempre es así.

La terapia individual o familiar suele ser buena idea durante o después de un divorcio, porque puede ayudarte a comprender la ruptura de tu familia, sus consecuencias y tus sentimientos.

Ver Terapia, **p. 173,**
y Terapia familiar, **p. 227.**

Mis padres se están divorciando. Es muy duro y a veces me apetece tumbarme y llorar y llorar. ¡Ni siquiera he escrito en mi diario para no ponerme a gritar!
pequeñaFrancis

Mis padres se divorciaron porque mi padre tenía un lío. Yo tenía 6 años y sólo ahora, 10 años después, me doy cuenta de lo que representa. Es algo muy serio y no hay que tomarlo a la ligera. Busca a gente que te apoye y que haya pasado por eso... te aconsejo que vayas a terapia.
draconiana

Mis padres están divorciados y ni siquiera se hablan. Todo lo que mi madre quiere que mi padre sepa, tengo que decírselo yo. Y siempre que estoy con él, empieza a meterse con ella. ¿Algún consejo de cómo decirle que pare?
claraV

No le dije a ninguna de mis amigas que mis padres se habían separado. Creo que fue una forma de fingir que seguían juntos y que todo iba bien.
MuTea

Lo que hago cuando uno de mis padres se mete con el otro es decir que me duele mucho que hagan eso porque los quiero a los dos.
Beatrix

La vida tras el divorcio

Custodia
Dónde vivirás después del divorcio depende de una serie de factores: tu relación con tus padres, las circunstancias de su vida y, a veces, tu opinión. Si decides que no estás contenta con tu situación, es importante que hables con todas las personas involucradas para ver si se puede cambiar algo.

Mis padres se van a divorciar y mi madre y yo nos vamos a California. Estoy algo enfadada porque tendré que dejar atrás a mis amigos de toda la vida.
ciTrina

Vivo en California con mi madre y estoy muy bien. Lo guay es que, aunque echo de menos ¡¡UN MONTÓN!! a mi padre, paso con él el verano, y entonces puedo ver a mis viejos amigos.
superfluidad

Desde que mi padre dejó a mi madre, ella depende de mí para que cuide a mi hermana y tengo muchas responsabilidades. Vaya mierda. Mi madre espera mucho de mí y no tengo tiempo para mis amigos.
Alexpixie

estoy con mi padre los miércoles y cada dos fines de semana. le odio. me llama puta y mierdecilla asquerosa. pero ambos dicen que no puedo dejar de verlo. ¿qué hago?
grosella

Yo estaba en una situación parecida hasta que cumplí los 18 años. Tienes que contarle a tu madre lo que te dice y preguntarle si puede hacer algo.
PenÚltima

Padres y otras relaciones
Tarde o temprano, muchos padres divorciados tienen relaciones con otras personas. En algunos casos, que eso ya haya sucedido es la causa del divorcio.

En esa situación, puedes sentir una gran variedad de emociones, desde rabia a tristeza o alivio.

Mis padres se han divorciado hace poco y mi madre se ha puesto rara. Ha empezado ha salir con tíos casi cada noche. Tiene unos 4 novios. No creo que se divorciaran por eso. No sé qué decirle ni qué hacer...
sneekypete

Mi madre sale con un hombre al que odio. Quiere ser mi padre y NO LO ES. Me pone enferma que siempre me lo esté restregando. Todo el rato... «hoy volveré tarde por Jack». Me saca de quicio y no sé qué hacer. Lloro cada noche porque siento que ya no tengo madre. Me duele que antes me pidiera consejo y le importara mi opinión, y ahora es Jack esto, Jack lo otro. Oooooooooo Odio a ese imbécil.
suKii

Padrastros
Tal vez uno de tus padres (o los dos) vuelva a casarse, con lo que tendrías un padrastro y quizás una nueva familia. Las relaciones con los padrastros a menudo son complicadas y provocan sentimientos de recelo, rabia y culpabilidad.

Ver a tu padre o madre con su nueva pareja puede ser desconcertante, sobre todo si su comportamiento es diferente al que tenía antes con tu otro progenitor.

Aprender a relacionarte (y a vivir) con esa nueva pareja es un proceso que, a menudo, conlleva conflictos, transiciones, ajustes y, con suerte, cierto nivel de aceptación y respeto por parte de todos. En general, las cosas se calman con el tiempo.

¡Mi padrastro y yo NO nos entendemos! ¡¡No hace más que meterse conmigo!! Sé que a veces me pongo difícil, pero intento no hacerlo. No tengo la menor idea de cómo aguantarlo, ¡él tampoco parece muy dispuesto a llevarse bien conmigo!
amatrix

Mi padre murió y mi madre acaba de casarse otra vez. Me duele que haya olvidado a mi padre, y además el hombre con quien se ha casado es desagradable conmigo. Dice que soy difícil y ha puesto a mi madre en mi contra.
petitedeby

Mi madrastra se esfuerza demasiado. Seguro que le incomoda un poco esta nueva situación, pero se vuelve insoportable con tanta amabilidad y preocupación.
lakueva

HERMANOS Y HERMANAS

Los hermanos pueden ser frustrantes, divertidos, inspiradores o un incordio. Aprender a vivir con ellos es un proceso lleno de altibajos, amor y odio. Los conflictos surgen por muchísimas cosas.

Atención paterna

A veces los padres parecen favorecer a unos hermanos más que a otros.

Mi madre casi nunca es amable conmigo. A mi hermano pequeño nunca le grita porque es su niñito, y a mi hermano mayor tampoco porque es el primogénito. ¿Cómo puedo hacerle ver que es injusta?
bandee

dile a tu madre cómo te sientes. la sinceridad siempre me ha ayudado en la relación con mis padres. :)
ciudades

Hermanos con problemas

Si algún hermano tiene graves problemas, emocionales o de cualquier tipo, puede afectarte también a ti y al resto de la familia.

Mi hermano tiene una depresión, no deja de beber, fuma y no le cuenta a nadie sus problemas. Nos lo ha hecho pasar fatal. Mi madre casi tuvo una crisis nerviosa. Mi hermano y mis padres van a terapia. Yo lo quiero pero odio su estupidez.
llorosaP

Peleas físicas

Las peleas físicas entre hermanos son frecuentes, aunque desagradables. Por supuesto, es mejor intentar solucionar las cosas hablando. Si las peleas se vuelven continuas o si te sientes amenazada, no dudes en decírselo a tus padres.

cuando me siento a ver la tele, mi hermano pequeño empieza a pegarme sin ningún motivo. nunca me defiendo porque me da miedo. es muy malo. siempre dice: «Te juro que te mataré.»
gothamgirl

Debes decirles a tus padres que tu hermano es violento y que te da miedo. Parece que la terapia no le iría mal.
Nadine14

Hermanos mayores y menores

¡Mi hermana pequeña es un incordio! Se burla de mis amigos y dice cosas sobre ellos cuando están delante. También escribe cosas cuando hablo con mis colegas de la red. Ella tendrá su vida pero, ¡caray! ¿Por qué no se va a fastidiar a otra parte? Si esto continúa haré algo drástico... como taparle la boca con cinta aislante.
UrsulaH

eh, te entiendo perfectamente... sólo que yo era la hermana pequeña y sé lo que piensa: eres la hermana mayor más guay del mundo y ésa es la única forma de llamar tu atención... ¿qué le vas a hacer? habla con tus padres, pon límites. y si es posible, deja que te acompañe de vez en cuando. ya sé que es duro comprometerse, pero en ocasiones es lo único que funciona.
juliejr

¡¡A veces me siento tan agobiada cuando está mi hermana!! En el colegio era la de todo sobresalientes. Cuando llegué al instituto, los profes sonreían y me decían: «Eres la hermana de Lizzie, ¿no?» Creen que seré un genio como ella. No lo soy. Soy normal.
frixx

tengo una hermana mayor: ¡¡ella tiene 16 y yo 13!! a veces nos llevamos bien, pero desde que se ha sacado el carné, me amenaza con no llevarme a sitios, ¡¡lo había prometido!!, es un fastidio porque puede ir adonde quiera y yo tengo que encontrar quien me lleve, ¡o sea que normalmente me quedo en casa! ¡¡es un asco!! ¿qué hago?
irisM

sacarse el carné es un coñazo... créeme... y a veces las hermanas mayores no quieren ir arrastrando a sus hermanas pequeñas, sobre todo desde que han cumplido los 16 años. no puedes esperar demasiado. ella tiene su vida, ¿recuerdas?
chiquillabrillante

AFRONTAR CONFLICTOS FAMILIARES

Todo el mundo se enfrenta a los conflictos familiares de forma diferente, depende de la personalidad de los miembros de la familia y de la situación problemática. Una comunicación abierta y sincera es esencial para encontrar soluciones constructivas.

Terapia familiar

Si los conflictos son crónicos o están fuera de control, o si existe una crisis familiar grave, la terapia individual o familiar (o una combinación de ambas) es una buena opción.

Ver Terapia, **p. 173.**

La terapia familiar es una serie de sesiones de terapia de grupo con miembros de tu familia. El objetivo es mejorar la comunicación, reducir los conflictos y cambiar la forma en que os relacionáis.

Problemas familiares graves

Existen ciertas situaciones familiares que son especialmente dañinas y pueden tener serias consecuencias para tu familia y tu vida. Además del divorcio, también incluyen la adicción, los abusos, enfermedades crónicas y la muerte.

Para más información sobre Divorcio, ver **p. 223.**

Es frecuente que una situación difícil conduzca a otra (la adicción conduce a los malos tratos que conducen al divorcio, etc.), de modo que muchas familias se enfrentan a lo que parece una insuperable combinación de problemas. Si tu familia atraviesa malos momentos, la vida puede ser muy dura. Quizá te sientas aislada, enfadada, deprimida e impotente. Cada cual tiene reacciones diferentes ante estas situaciones y no existe una forma adecuada de afrontar las circunstancias dolorosas.

Cuando la situación es grave de verdad, siempre va bien hablar con personas que te entiendan. Hablar de tus sentimientos con un adulto en quien confíes, o un terapeuta, te ayudará a entenderlos y controlarlos. Además, en muchas escuelas y centros sociales hay grupos para jóvenes con padres divorciados, fallecidos o drogadictos. Esconder tus sentimientos y no hablar de ellos con nadie no suele ser una buena opción.

Ver Información, **pp. 230-231.**

Adicción en la familia

Si uno de tus padres (o un hermano) es drogodependiente, quizá sientas una mezcla de emociones diferentes: repulsión, confusión, impotencia, vergüenza, rabia, resentimiento, culpa, depresión, miedo, decepción.

Por definición, padres que tienen problemas graves con el abuso de sustancias no son buenos padres. Puede ser que acabes cargando con muchas de las responsabilidades de casa y cuidando de él o ella.

el pasado abril me mudé con mi padre porque la vida me iba muy mal y mi madre bebía más que nunca (si eso es posible). con mi padre estoy muy bien porque puedo relajarme y NUNCA bebe y me ha dejado buscar un trabajo.
miNimouse

Mi padre y yo nunca nos hemos llevado bien. Lo único que recuerdo es los millones de veces que se ha emborrachado y el resultado de cada una. El año pasado, mi madre se fue dos semanas de vacaciones y mi padre se emborrachó cada noche. Me tiró contra las paredes, incluso tuve que irme de casa. ¡¡¡No lo aguanto!!! Ha convertido mi vida en un infierno.
reinadeazar

Su adicción les hace comportarse de forma incorrecta, descuidar sus responsabilidades, perder el control, decir cosas hirientes y emprenderla a golpes. A veces, no lo recuerdan más tarde, pero tú sí. Los abusos físicos suelen estar ligados al abuso de sustancias.

Cuando comprendas que alguien de tu familia es adicto (no es algo fácil), tu primera preocupación debe ser cuidar de ti. Aunque puedas expresar a esa persona tus preocupaciones y sentimientos, seguramente ya sabes que no conseguirás que cambie hasta que admita que tiene un problema.

Es importante que sepas que su adicción no es culpa tuya, pero también es básico enfrentarte, lo antes posible, a los efectos que tendrá en ti. Los hijos de adictos tienen un 50% más de probabilidades de engancharse. Muchos más (un 70%) desarrollan comportamientos compulsivos, como beber alcohol, tomar otras drogas o comer en exceso. Existen grupos de apoyo muy buenos en los que puedes conocer a otros adolescentes en la misma situación y empezar a tomar perspectiva de lo que te está sucediendo.

Ver Adicción, **pp. 198-199**, e *Información sobre adicción*, **pp. 211-213.**

tengo 14 años y recuerdo muchas cosas de cuando era más pequeña que me aterrarán toda la vida. mi padre tenía muy mal genio y, cuando yo hacía cualquier cosa, me pegaba. una vez me partió el labio, otra vez me hizo daño en el brazo, etc. no sé si eran malos tratos. pero a mi madre y a mis hermanos les digo que le odio. le odio.

LaKeisha

Siento muchísimo que tengas que pasar por eso. Lo que hacía tu padre eran malos tratos. Ve a ver a un consejero o un profesor en quien confíes. Seguro que querrán ayudarte, ¡porque algo no va bien cuando odias a quien te ha traído al mundo!

Xtragordi

Hace un par de meses, mi padre estaba muy borracho y nos pegó a mi madre y a mí. Fue la primera vez y no creo que se repita. Sin embargo, desde entonces, la unión entre nosotros se ha roto. Ni siquiera se disculpó ni dijo nada, y ahora siento que ya no lo quiero en mi vida.

mezzaluna

Malos tratos

Malos tratos de todo tipo (físicos, emocionales, abusos sexuales) pueden darse entre padres e hijos, entre hermanos o entre padre y madre.

Los **malos tratos físicos** son un tipo de comportamiento que causa dolor físico. La mayoría de los chicos que los sufren se sienten avergonzados cuando alguien se entera, porque creen (erróneamente) que se lo merecían.

Los **malos tratos psíquicos** pueden ser muy sutiles, tal vez tomen la forma de críticas duras y constantes o un comportamiento muy irregular (cariño un instante, gritos irracionales al siguiente). Desencadena la misma inseguridad que los malos tratos físicos; los niños suelen tener la errónea concepción de que se lo merecen. El daño en la autoestima puede ser grave y duradero.

Ver Información sobre malos tratos, **p. 231.**

Los **abusos sexuales** son todo tipo de relación sexual entre un adulto y un niño (menor de 18 años, según la ley). Eso incluye cualquier comportamiento sexual, desde besos hasta sexo oral o el coito. En general, si una chica se siente incómoda con la forma en que se le acerca alguien de la familia, debería confiar en su instinto y hacer algo.

Para más información sobre abusos sexuales, *ver* Incesto, p. 153.

Enfermedad

Tener a alguien gravemente enfermo en la familia (o alguien que ha tenido un accidente grave o padece una enfermedad mental) suele causar sentimientos confusos como tristeza, rabia, resentimiento y culpa.

Las cosas empeoran si el enfermo es uno de tus padres. La gente que suele pensar que sus padres siempre estarán ahí para cuidarlos, deberán aceptar la posibilidad de que puede no ser así.

No existe forma fácil de afrontar este tipo de dolor y el trastorno que causa. Es importante que reconozcas tus sentimientos, aunque te incomoden o te avergüencen, y que hables con alguien de la familia sobre lo que ocurre (o con un profesional, si lo necesitas).

Muerte

La muerte de un familiar cambia la vida de manera irrevocable. La estructura de tu familia nunca será la misma. Cuando alguien muere, ves lo vulnerables que somos todos. Si un padre o alguien de la familia se suicida, puede ser más difícil comprenderlo, porque da la sensación de que te ha abandonado deliberadamente.

Además del dolor, pueden haber sentimientos de culpa, por pensamientos o actitudes que se tuvieron antes de su muerte. En muchos casos, los hijos empiezan a preocuparse por su propia salud, en especial cuando la muerte se debe a algo que puede ser hereditario. Esta preocupación, el miedo a perder al otro progenitor y a cómo será la vida, suele afectar a todos los miembros de la familia.

Llorar a un ser querido, en especial a un pariente, requiere tiempo, energía y cariño. Todos lloramos de forma diferente. Hay a quien le ayuda hablar con el resto de la familia; otros prefieren estar a solas.

Al final, la intensidad del dolor disminuye; el tiempo ayuda a curar las heridas. Siempre quedarán recuerdos de su muerte y de tu pena, pero también tendrás recuerdos buenos y reconfortantes. Con el paso del tiempo, la persona a la que lloras se convertirá en parte de tu vida cotidiana de una nueva forma, aunque siempre eches de menos su presencia física.

***Ver* Dolor, pp. 169-170.**

Mi madre murió hace cuatro años. Aún no sé cómo enfrentarme a ello. La madre de mi amiga murió un año después que la mía. Ella también tiene muchos problemas. A veces podemos hablar de ello y a veces no. Mi padre lo está pasando muy mal. No sabe cómo educar solo a una hija que está pasando por todo esto. Mi hermana también lo sufrió y me ayuda mucho, pero se va a la universidad.
KatieT

Mi padre murió hace poco. Fue la situación más dura por la que he pasado. Pero mi vida ha empeorado. Mi madre cree que no puede vivir sin él porque fue su primer novio y la única persona con la que ha estado (ya me entendéis). Se compadece de sí misma y se enfada por cualquier cosa. Si una cuchara no está en su sitio, explota con nosotros. Sé que es duro porque está cuidando de tres adolescentes y un hijo de acogida minusválido.
Tappi

El día siguiente:
Después de la muerte del padre

Mi padre murió de repente. No estaba enfermo ni nada; pasó de pronto. Estoy segura de que es lo peor que he tenido que vivir.

Como de todas mis amigas, yo era la primera en perder a un padre, la mayoría de ellas tenía problemas para decirme «lo adecuado». Es irónico, pero una de las cosas más duras de su muerte fue tener que vérmelas con las reacciones de los demás. Verlos a todos sufriendo por el QUÉ DECIR fue doloroso e incómodo.

Las habladurías fueron lo peor. Lo mejor eran las preguntas directas. Respetaba mucho a las personas que tenían el valor de preguntarme directamente por lo que estaba pasando. A no ser que dijese que «no» quería hablar de ello, lo más probable es que quisiera hacerlo... con todas mis fuerzas. Además, obtuve mucho consuelo de las cartas de pésame. El correo era lo único que esperaba con ganas durante las semanas siguientes. Cuando personas con las que ya casi no tenía relación o que apenas conocía me escribían, me emocionaba mucho, porque significaba que hacían algo especial para demostrar que les importaba.

Dos años después, aún necesito que me pregunten cómo me siento. Muchos amigos me dicen: «Llámame cuando necesites hablar.» Pero las cosas no son así. Siempre estoy dispuesta a hablar. Es mejor que alguien llegue y te diga: «¿Cómo llevas lo de tu padre?» Es una puerta abierta.

Las cinco etapas del dolor

Elizabeth Kubler-Ross estableció cinco etapas del dolor para describir los sentimientos que la gente experimenta tras la muerte de un ser querido. Las etapas no son tajantes y pueden mezclarse o superponerse unas con otras.

1. **Negación:** Esto no me está pasando a mí.
2. **Depresión:** No puedo creer que esto me esté pasando a mí.
3. **Negociación:** ¿Qué puedo hacer para que deje de pasarme?
4. **Rabia:** ¿Por qué ha tenido que pasarme a mí?
5. **Aceptación:** Me ha pasado, y viviré para volver a amar y perder.

INFORMACIÓN

Internet: Páginas web

Ser familia
(http://www.serfamilia.com): Un sitio para todos. Busca formas de pasar juntos un buen rato, o de resolver los conflictos más comunes, o de salvar una situación familiar especial: cada miembro de la familia puede encontrar una mención a sus asuntos.

Familias latinas (http://www.l-familia.com/la): El mundo de la familia latina. Porque no todos los estilos de vida son iguales, aquí encontrarás un sitio que habla tu mismo lenguaje. Podrás averiguar lo que necesitas acerca de tus derechos, salud para todos, diversión en familia, cómo ayudar a los abuelos...

Fundación Familias Siglo XXI
(http://members.nbci.com/familiasXXI): La misión de esta fundación es promover el afianzamiento de las relaciones familiares que se establecen cuando los progenitores, por razones de viudez, separación, divorcio y uniones posteriores, constituyen nuevas organizaciones familiares.

Padres e hijos
(http://www.savethechildren.es): Si deseas profundizar en el delicado tema de los castigos físicos a niños y jóvenes, busca en esta dirección dedicada a los más indefensos. Versión en castellano.

Medicina familiar
(http://www.geocities.com/hiponiqueo): ¿Qué influencia tiene el mundo familiar en la salud del individuo? En la sección «Dinámica familiar» de este interesante sitio web descubrirás que tu bienestar físico depende de un buen ambiente en tu entorno.

Libros

Ficción

Appleby, S. *¡Vienen del espacio!: toda la verdad sobre lo que significa tener hijos*, Ediciones B, Barcelona, 2000
¡Olvídate de todos esos cuentos de vieja sobre las cigüeñas! En realidad, de donde vienen los niños es de una galaxia lejana.

Westphalen, J. *Los imposibles: guía para educar a tus padres*, Ediciones B, Barcelona, 2000
Sí, los padres nos cuidan, nos enseñan a comportarnos, nos conducen por los vericuetos de la vida... ¡Pero los padres también han de ser educados por los hijos!

Conocimientos

Vallejo-Nájera, A. *La edad del pavo*, Temas de hoy, Madrid, 1999

Entidades

ANDAI. Asociación nacional de acogida infantil: Doctor Esquerdo 29 - 28028 Madrid - Tel. 91 3551544 - Fax 91 3551544

ASEFA. Asociación española de atención y apoyo a familias y adopción: Trafalgar 14 1.° exterior izqda. - 28010 Madrid - Tel. 91 5912699 - Fax 91 4472223

Cruz Roja España: Rafael Villa s/n (vuelta a Ginés Navarro) El Plantío - 28023 Madrid - Tel. 91 3354444 - Fax 91 3354455 - comunicacion@cruzroja.org (http://www.cruzroja.es)

IMAIN. Instituto madrileño del menor y la familia: Gran Vía 14 - 28013 Madrid - Tel. 91 5803464

Asociación Salud y Familia: París 150 1.° - 08036 Barcelona - Tel. 93 2682453

Nuevo Futuro. Asociación de Hogares para Niños privados de Ambiente Familiar: Bretón de los Herreros 57 bajo F - 28003 Madrid - Tel. 91 4111398 - Fax 91 4410019

Amigos de la Gente Mayor: Grassot 3 1.° - 08025 Barcelona - Tel. 93 2076773 - Fax 93 2076774 - iinformacion.imserso@seg-social.es

Instituto de migraciones y servicios sociales: Avda. Ilustración s/n con vuelta a Ginzo de Limia 58 - 28029 Madrid - Tel. 91 3478916 - Fax 91 3478968 - iinformacion.imserso@ seg-social.es

Ayuda Solidaria. Búsqueda de Menores y Adultos Desaparecidos: Ctra. de El Escorial 93 - Ap. de correos 2 Galapagar - 28260 Madrid - Tel. 91 8581233

Teléfono del menor de la Fundación Anar: 91 202010

¿Quieres conversar sobre este tema? Entra en el chat de http://www.descubrete-edicionesb.com

Capítulo 2

Amigos

A medida que te independizas de tu familia, las relaciones con tus amigos suelen ser cada vez más importantes. Se vuelven una ayuda para descubrir quién eres, qué te interesa, qué te gusta y qué no, y cómo te relacionas con los demás. Los amigos suelen entender mejor que la familia lo que te sucede, porque pasan por las mismas cosas en el mismo momento.

No hay dos amistades iguales. Algunas son ocasionales, otras se limitan a alguna situación o actividad, otras son muy íntimas y profundas; hay miles de variaciones posibles. Como en cualquier relación, la confianza y la comunicación sincera son la clave de una amistad duradera que supere los inevitables conflictos y discusiones que siempre surgen.

HACER AMIGOS

Los amigos se encuentran en casi cualquier sitio donde estés. Las circunstancias o los intereses comunes te unen a ciertas personas. Todos hacemos amigos a nuestro ritmo y manera. Para algunos es más fácil que para otros. A la gente tímida o apocada le resulta más difícil abrirse.

Ver Timidez y apocamiento, **p. 283.**

ya hace unos dos meses que voy al instituto y no tengo amigos. cuando llegué no conocía a nadie, y sigo igual. no sé cómo hacer amigos.
flicka

¡¡¡Sé EXACTAMENTE cómo te sientes!!! Yo no tenía amigos ni nada que hacer a la hora de la comida, así que me sentaba en un banco a hacer deberes... Suena deprimente, ¿eh? Lo era... Estaba muy triste. Sé simpática y pregúntale a la gente de tu clase cosas de los deberes y luego, poco a poco, si puedes ir con ellos. Intenta hablar también de cosas que no sean los estudios. ¡Y pásalo bien!
culoinquieto

soy algo tímida con la gente al principio. me cuesta un poco pero, cuando empiezas a conocerme, hablo un montón. el problema es que, como soy callada, mucha gente cree que tengo mal carácter.
chicayoyo

Aunque tengo muchos amigos, siento que no tengo a nadie con quien hablar. Me da miedo revelar mis sentimientos más profundos porque entonces seré vulnerable y la persona con quien hable podrá herirme. ¡Quiero tener a alguien con quien hablar! Siento que mis miedos y mis esperanzas me van a hacer estallar. ¡Nunca las muestro!
Gatagrande

hasta hace como un mes, a mí también me daba miedo abrirme a la gente porque temía ser vulnerable. Al final me di cuenta de que si no te abres y te arriesgas, nunca llegarás a intimar con alguien. arriésgate y explica tus sentimientos. si no te entienden, es que no valen la pena de todos modos. :-)
karenjr

AMIGOS ÍNTIMOS

Todos tenemos una idea diferente de qué significa ser y tener un amigo íntimo. A veces, la relación con la mejor amiga puede ser más íntima que con la familia. Hay quien tiene varios amigos íntimos; hay quien sólo uno. Otra gente no siente la necesidad de etiquetar a unos amigos como más íntimos que otros.

necesito ayuda. mi amiga me ha estado fastidiando. piensa que soy su mejor amiga, pero no es verdad. no creo que sea necesario tener una mejor amiga.
kellylove

Mi amiga y yo nos unimos mucho el verano pasado. Éramos inseparables y estábamos de acuerdo en todo. Pero este año las dos hemos ido cambiando, aún salimos juntas y nos llamamos «mejor amiga» pero sabemos que no es cierto.
palomitas

COMPLICACIONES Y CONFLICTOS

Existen muchas fuerzas internas y externas que pueden influir en una amistad. Para superar los conflictos se requiere paciencia, confianza y comunicación.

Situaciones de grupo

A veces, las amistades se complican al darse en el contexto de un grupo. Cuando tienes un grupo, no sólo tienes que enfrentarte a los altibajos de cada relación individual, sino también a la dinámica del grupo.

necesito ayuda. creo que mis amigos me están dejando de lado. no sé qué les he hecho ni por qué lo hacen, pero ya no me incluyen en los planes. salen y hacen cosas juntos, sin mí.
TRIX

Tal vez debas hablar con tus amigos. Diles cómo te sientes cuando pasa eso. Pregúntales por qué lo hacen.
GaZela

Cuando mi grupo me dio la espalda, pasé a la acción. Empecé a hablar con otra gente que quería tener como amigos. ¡Y descubrí que ellos querían ser amigos míos! ¡No me había dado cuenta porque estaba enganchada a unos pocos!
penny17

He tenido el mismo pequeño grupo de amigos durante 3 años. Somos cuatro y parece que de lo único que hablamos es de nosotras mismas. Es un asco porque ya no puedo fiarme de nadie. Si haces algo y no les gusta, las otras hablan mal de ti. Es deprimente.
Nadine14

Presión externa

Las situaciones de grupo pueden fomentar la presión externa. A veces, es difícil distinguir entre lo que tú quieres y lo que crees que tus amigos quieren que pienses, hagas o seas.

Para más sobre presión externa, *ver* **p. 288.**

Competición y envidia

La competición y la envidia entre amigos surgen por muchas causas. La gente es buena en cosas diferentes y, a veces, es duro ver a alguien haciendo sin el menor esfuerzo algo que para ti es muy difícil, o viceversa.

Ver Envidia, **p. 169.**

Mi amiga es guapa y artística, pero todo el mundo la trata como si fuera la mejor de este mundo. Sé que debería alegrarme de que la valoren, pero estoy celosa, siento que vivo a su sombra.
maybelle

No te dejes intimidar por el talento de tu amiga. Sé tú misma e intenta ser creativa. Pero que no parezca una competición.
vwxyz

mi mejor amiga es buena en todo y les gusta a todos los chicos. bueno, ¿y a quién no? es guapa, delgada, atlética ¡¡y perfecta!! ¡estoy celosa! ¿¿Qué puedo hacer??
sacoverde

ehhh, yo solía pasarme las horas preguntándome por qué todos los tíos iban detrás de mi amiga y no de mí, ella lo tenía todo: guapa, lista, con personalidad; lo que sea. creo que es normal sentir un poco de envidia de alguien que parece tenerlo todo. **SportyQ**

Mi mejor amiga se pone celosa si paso más tiempo con otra amiga. ¡También necesito otros amigos!
tiziana

Copiones

Los amigos influyen en los gustos y las preferencias de cada uno, así que una cierta similitud es inevitable. Se supone que la imitación es aduladora. Sin embargo, a veces, la situación puede llegar a un extremo agobiante.

El año pasado mi mejor amiga era una auténtica copiona. Me molestaba porque se compraba la misma ropa que yo y la gente empezó a preguntar si lo hacíamos adrede. Lo único que puedes hacer es decirle a tu amiga cómo te sientes. A veces voy a tiendas a las que no va mucha gente para que mi amiga no encuentre la ropa que me pongo. Desde principios de este curso, ya no me copia. Creo que hablar las cosas va muy bien.
robochica

¿Amigos o algo más?

Empezar a gustarle a un amigo (o al revés) puede ser emocionante, desconcertante y preocupante, sobre todo porque no sabes cómo afectará a vuestra amistad.

Mi mejor amigo es un chico y siento algo más que amistad por él. Me da miedo decírselo porque sé que destrozará nuestra relación. Sé que todo el mundo diría: «Díselo, te sentirás mejor», pero sería peor.
reinadeldeporte

mi consejo es que lo invites a comer pizza o algo así. luego podrías decirle de ir al cine y si no quiere, intenta no parecer destrozada. algunas personas funcionan mejor como amigos.
dulcesam

Ver ¿Nos liamos?, p. 241.

Amigos con pareja

A veces, sienta mal que los amigos pasen más tiempo con su pareja en lugar de contigo, pero se trata de una frustración muy común. Hablar con ellos de tus sentimientos va muy bien.

hace un tiempo que estoy muy celosa del novio de mi mejor amiga. le roba todo su tiempo. incluso ha cancelado planes que tenía conmigo o ha decidido traerlo para cosas que íbamos a hacer las dos solas. parece que lo es todo para ella y que yo ya no soy nada. siempre ha dicho que los amigos van primero pero desde que sale con este tío, parece que lo ha olvidado.
MaryMetalica

Para mí la amistad es algo muy importante y duradero y puro y puede ser para toda la vida, pero salir con un chico del instituto no suele durar para siempre. **humbelina**

Traición

En parte, las buenas amistades están basadas en la confianza: dos personas se abren y son vulnerables la una a la otra. Si la confianza se rompe, reparar el daño suele ser muy duro, pero no imposible.

mi mejor amiga gritó «sin querer» que me gustaba un chico, y era verdad. pero me enfadé muchísimo y nuestra amistad se ha perdido. se ha disculpado muchas veces pero no creo que sea sincera. ya me lo había hecho antes y confié en que no lo haría más.
chicamiau

Amigos con problemas

La amistad también consiste en apoyar y ayudar a un amigo cuando las cosas no le van bien. Si alguien te importa, es duro ver que le hacen daño, o que se hace daño a sí mismo.

Si tienes a un amigo con problemas graves, es difícil saber si podrás ayudarle. Si crees que está en peligro, es esencial que se lo comuniques a un adulto.

El año pasado, mi amiga y yo estábamos muy deprimidas. No sé exactamente por qué, pero así era. Ahora estoy mejor, pero ella no. Ha soñado varias veces que se suicida y ha intentado cortarse las venas. Creo que desea morir. No tiene una gran vida en su casa y se siente sola. ¿Qué puedo hacer para que lo supere?
Korrie

Cuando te hable así, dile que estás muy preocupada. Pregúntale qué puedes hacer para ayudarla. ¿Le ha pasado algo a ella, o a su familia, para que esté así? Dile a su madre, o a un consejero del colegio, que te inquieta. También puedes llamar a un teléfono de ayuda o intentar que llame ella si no quiere hablar con nadie conocido.
fandelhelio

La cosa es que, por muy mal que esté tu amiga, tú no eres psicóloga y no tiene derecho a hacerte pasar por esto. Necesita ayuda médica y tú no se la puedes dar. Siempre puedes estar ahí cuando te necesite, porque para eso están los amigos, pero no tienes los conocimientos necesarios para ayudarla. Haz que vaya PRONTO a ver a un consejero.
pajarito

Ver Psicología, pp. 165-187 y Comportamiento autodestructivo, pp. 181-197.

¡¡¡Sé lo que es eso!!! Yo se lo hice a mi amiga y ella a mí. Tendrías que hablar con ella en privado y explicarle cómo te sientes. Yo le dije a mi amiga que me sentía mal por haber contado sus secretos y que lo sentía mucho, pero que ella también tenía que dejar de explicar los míos. Las amigas no deberían hacerse eso.
locoloco

A mí me va bien con una simple regla: JAMÁS traicionar a nadie contando sus secretos. La gente confía más en mí.
Azura

DISTANCIARSE

La gente crece y cambia a ritmos diferentes y, a menudo, en direcciones opuestas. Unas veces, las amistades evolucionan con estos cambios, otras veces eso no es posible. Siempre es bueno intentar solucionar cualquier conflicto o malentendido con un amigo íntimo, pero si os han separado demasiados malos sentimientos, tal vez no logréis solucionar las cosas sin poner primero algo de distancia. Cuando una amistad se acaba, ya sea por una pelea o por el paso del tiempo, puede resultar duro o puede parecer lo mejor; a menudo se mezclan ambas cosas. En algunos casos, la ruptura no es para siempre. Con el tiempo, las viejas amistades pueden tomar nuevas formas.

Capítulo 3

Amor

Tener una relación amorosa implica muchas cosas bonitas. También estar sola tiene cosas estupendas. No existe el momento, la edad ni la forma adecuados para empezar una relación: la decisión es toda tuya.

Existe el gran mito de que la felicidad es dos personas que se enamoran y viven juntas para siempre, pero la mayoría sabemos que la vida y la felicidad no son tan simples. Nadie puede describir el amor. No hay dos experiencias iguales, ni siquiera para una misma persona. La gente se enamora en momentos diferentes, de personas diferentes y por razones diferentes.

Las relaciones amorosas pueden basarse en el amor o no. También se basan en la compañía, el apoyo, la intimidad o el sexo. Sin duda, tienen que ver con sentimientos nuevos y cambiantes hacia otra persona, sentimientos que, a veces, son desconcertantes. Las relaciones amorosas y las personas en ellas crecen y evolucionan con el tiempo, por lo que es importante que haya comunicación y confianza para resolver los problemas que vayan surgiendo.

ESTAR SOLTERA

Nadie **necesita** tener novio o novia. A veces, hay mucha presión de fuerzas externas o de ti misma para comenzar una relación. Esto sucede si nunca has estado con nadie o si has tenido relaciones pero ahora no. En algunos momentos de la vida, tal vez sea mejor estar sola y abierta a los cambios. Entre las ventajas de estar soltera se encuentran una sensación de independencia, de libertad, y la certidumbre de que tu felicidad no depende de otra persona.

¿Pasa algo por no tener novio, aunque tengas 14 años? Tengo un montón de amigos chicos, pero ningún novio.
LaraC

me siento confunsa... nunca he salido con nadie, y quiero hacerlo, pero al mismo tiempo hago cosas para evitar a los chicos, como decir que ya tengo novio.
jovenEVE

¡Me encanta estar soltera! Estoy sin novio desde el pasado junio. Es genial. No tengo que preocuparme porque me guste tontear ni por los celos de nadie. ¡Es lo mejor! Si encuentro a un chico que me trate bien, a lo mejor me gustará tener pareja, pero hasta entonces estoy «¡soltera y sin compromiso!». ¡Adelante, solterasss! **adictalbasquet**

No conozco a muchas que quieran estar sin novio, pero acabo de romper con el mío y puedo decir que DISFRUTO CADA MINUTO. Tienes mucha más libertad, ¡y no sabía que les gustaba a tantos chicos! Es como un mundo totalmente nuevo.
chicarodeo

ATRACCIÓN

El por qué dos personas se atraen, unas veces es obvio y otras un misterio. Los factores que pueden jugar un papel en las etapas iniciales de la atracción (aspecto, personalidad, intereses, humor, inteligencia y química, entre otros) son por completo subjetivos. La atracción no tiene reglas. No existe una lista ni una combinación de cosas que se puedan aplicar a una situación para que una persona quiera estar contigo, o viceversa.

¿Alguien me puede decir cómo se consigue un novio? Nunca he salido con nadie y quiero empezar.
rachelalborotadora

No hay ninguna «forma» de conseguir novio, ninguna técnica ni nada: sucede. Sé tú misma, y no te enganches a cualquier imbécil sólo porque quieres un novio. Busca a alguien a quien le gustes de verdad.
Alethea

Cuelgues

Los cuelgues ocurren por muchas razones. Algunos son más emocionales que sexuales; otros son más imaginarios que reales. Un cuelgue implica siempre cierto grado de fantasía, ya que se basa en tu idea sobre alguien que te gusta y no en una relación real con otra persona. Los cuelgues con famosos son frecuentes y están promovidos por los medios de comunicación y la industria del entretenimiento.

Un cuelgue puede ser suave o superintenso. En ocasiones, los cuelgues, sobre todo cuando no son recíprocos, te hacen sentir como un gusano aplastado.

Tal vez quieras que un cuelgue llegue a algo más o tal vez no. En cualquier caso, puede ser parte importante del proceso de descubrir qué quieres y qué deseas.

¿Nos liamos?

Cuando tienes un cuelgue con alguien, a veces es difícil saber qué piensa la otra persona y puede parecer que su opinión cambia de un día a otro. El intento de pasar de la fase del «me gusta» o de una amistad a una relación amorosa suele ser difícil y desconcertante.

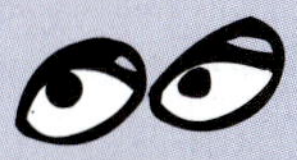

Hay un chico con el que he pasado mucho tiempo desde que su novia le dejó. Al principio éramos sólo amigos, pero ahora ya no estoy tan segura. Nos vemos cuando no trabaja. Me llama y acabamos hablando un buen rato. Antes íbamos en grupo, pero ahora nos vemos a solas. Mucha gente me ha preguntado si salimos juntos y lo único que puedo contestar es no que yo sepa. Al principio estaba bien, pero ahora todo esto empieza a fastidiarme.
chicademarte

coméntale que la gente te dice que si estáis saliendo y luego pregúntale si le gustas así. si le conoces bien, sabrás si miente. ¡¡buena suerte!! :)
GaZela

Básicamente se sabe si le gustas a un chico cuando hace todo lo posible por estar cerca de ti, o te mira mucho, o te sonríe cuando le pillas mirándote. Algunos tíos lo demuestran de otra forma. Intentan fastidiarte, o volverte loca o lo que sea para llamar tu atención.
bellasirus

Cuelgues con figuras de autoridad
Es frecuente que una chica se cuelgue de un adulto importante en su vida. Si el adulto en cuestión parece interesado, la situación es muy seductora. Sin embargo, la edad y la experiencia de la persona en quien estás interesada le confieren un poder sobre ti que no es sano, no importa lo que sientas. El adulto es responsable de sus acciones, tanto legal como éticamente, y puede haber repercusiones en los dos ámbitos. Comprender la relación de poder y mantenerte a cierta distancia te ayudará a procesar lo que sucede en realidad.

También es difícil saber qué hacer si te gusta más de una persona.

les gusto a dos chicos. a mí me gustan los dos y quiero salir con los dos, pero sé que tengo que escoger a uno o los perderé a ambos. tampoco quiero herir a nadie...
poetrix

También me pasó. Lo primero que tienes que hacer es pensar qué te gusta y qué no te gusta de cada uno. Lo que yo hice fue intentar salir con los dos por separado para descubrir quién me gustaba más. Tardó lo suyo, pero todo acabó aclarándose.
afortunadalana

Mi problema es que los novios no me duran. He herido a muchos tíos así. Un chico me gusta hasta que empieza a ir en serio y de pronto decido que ya no me gusta. Nunca he estado con ninguno más de unas 2 semanas. ¿Cómo puedo arreglarlo? ¿Debería dejar de salir con gente para no hacer más daño?
panama

Yo no veo nada malo en ir saliendo con distintos chicos. Avísales cuando empieces a salir con ellos y deja que elijan si quieren intentarlo o no.
Olivina

RELACIONES

Salir juntos estar con alguien salir verse tener una cita salir en serio novio novia

Toda relación conlleva cierto grado de confusión. Descubrir qué sientes por alguien y qué quieres no son cosas sencillas. Por si fuera poco, es probable que tus sentimientos cambien con el tiempo.

Al empezar una relación, no es mala idea hablar de lo que está pasando y asegurarse de que los dos estáis cómodos con ello. En ocasiones, es difícil comunicarse cuando temes que la otra persona no siente lo mismo que tú. Sin embargo, es importante entender las expectativas de los dos para saber a qué te atienes.

mi novio y yo hace 2 meses que salimos y le quiero mucho, pero últimamente no sé qué le pasa. ya no me llama ni me escribe, sigue diciendo que me quiere y que nunca me dejará. dice que necesita espacio para poner en orden su vida. creo que se dedicará a salir de juerga y no volverá conmigo.
Alexeyy

Eh, el año pasado le pedí a mi novio un poco más de espacio. Siempre estaba conmigo. A lo mejor tu novio también siente que necesita tiempo para estar solo o con sus amigos, para hablar de cosas de chicos y hacer cosas con ellos.
sinhora

Hay un chico que me gusta mucho, pero no para de enviarme mensajes confusos. Me tiene DESCONCERTADA. Primero actúa como si estuviera muy enamorado de mí y un minuto después es un auténtico gilipollas, no se presenta a las citas, no llama... No sé si debería dejarlo o darle una oportunidad. Se supone que salimos juntos, ¡pero ahora ya no lo sé! ¡AYUDAAAAA! **suepalillo**

Afrontar las diferencias

No importa con quién estés, siempre habrá diferencias en cómo hacéis las cosas y en vuestras opiniones. Hay gente que disfruta con esas diferencias (de ahí lo de «los polos opuestos se atraen»). Pero es uno de los puntos más conflictivos de una relación.

Por encima de la individualidad básica de cada uno, hay algunas diferencias que pueden tener mayor impacto: culturales, de clase, de edad, discapacidades y muchas más.

Diferencias culturales

Si decides salir con alguien de un contexto cultural diferente al tuyo, tal vez encuentres oposición, ya sea por reticencia al cambio, orgullo cultural o racismo.

He crecido en una comunidad en la que casi todos eran blancos. Así que, claro, me gustan los blancos (soy negra). Algunos chicos no tienen problemas para salir conmigo, pero sé que la mitad de las veces me rechazan porque son de otra raza. Quisiera decir que no pasa nada porque dos personas de diferente raza salgan juntas y sean felices.
demicosecha

Soy mestiza (blanca/india). He salido con hispanos, negros, blancos, indios y asiáticos. Creo que es muy bueno salir con personas de diferentes razas porque aprendes mucho sobre su forma de pensar y su estilo de vida.
Lugenia

Mi novio es un pesado, aunque le quiero a rabiar. Quiero seguir con él, pero creo que está obsesionado. Es muy dulce, ¡pero está empezando a sacarme de quicio!
jaCinta

Mis amigos y mi familia (padres incluidos) me dicen siempre que salga con chicos de mi raza (soy asiática). Hasta ahora ninguno de mis novios ha sido asiático porque no me parecen interesantes. ¿Debo hacer caso a mi corazón o a mis amigos y familia?
beepbeep

Si un chico te dice: «Preferiría morir a romper contigo», ¿significa que está enamorado de ti? ¿O es que está como una cabra?
xylish

Creo que quería decir que está muy enamorado de ti. Pero si dice: rompes conmigo, me suicido, es que está loco.
aDiCtA—Al—kIwI

Las relaciones interraciales no tienen nada malo, sólo que la gente ignorante tiene problemas de percepción y no ve que podemos querernos seamos del color que seamos. Si tus amigos no apoyan tu decisión de salir con personas de otra raza, no son amigos de verdad.
naYa

Diferencia de edad: En una relación con alguien mayor (o más joven) que tú, tal vez se requiera más paciencia y comprensión por ambas partes. Es posible que conectéis de un modo que haga perder importancia a la edad, pero es crucial recordar que os encontráis en momentos diferentes. Si eres mayor de edad y tienes relaciones sexuales con alguien menor de 18 años, podrías estar violando la ley.

Cuando tenía 14 años, salía con un chico de 20. Sé que suena horrible, y lo era. Me presionaba mucho y esperaba DEMASIADO de mí; era el único motivo por el que estaba conmigo, quería ser el primero. Cuando vas creciendo, la diferencia de edad no es tan importante como cuando eres más joven. **miasma**

Cosas de las relaciones

Las relaciones verdaderas están vivas: a veces te sientes más unido, a veces más distante. Todas las relaciones tienen altibajos. Siempre hay cosas que pueden provocar enfados, tristeza, confusión y/o conflictos. En cualquier caso, hablar con la otra persona sobre tus sentimientos es un paso necesario para superar los problemas.

Conflictos

Los conflictos son una parte sana de toda relación. Es importante manifestar las diferencias y resolver lo que, de otro modo, acabaría degenerando en algo peor. Todos nos enfrentamos a las discusiones y a los sentimientos de forma diferente. Encontrar una manera de expresar la rabia que vaya bien a las dos personas es una de las cosas más complicadas de una relación. Las peleas físicas nunca están bien.

Tu relación y los demás

Ninguna relación tiene lugar en el vacío. Los amigos y la familia afectan a las relaciones amorosas y son afectados por ellas.

Ver también Preocupación por las citas, **pp. 220-221,** y Amigos con pareja, **p. 236.**

Vale, hay un chico que me mola, pero no hace más que liarme. Primero me toma de la mano para salir por ahí y luego, cuando está con sus amigos, ¡ni siquiera sabe saludarme! **pattygranjera**

Creo que los chicos actúan de forma diferente cuando están con sus amigos. No es que no le gustes. Igual no quiere que sus amigos le hagan bromas. **CHicaprimaveral**

Básicamente es cosa de las inseguridades de tu novio. Debes decidir cuánto te molesta que no diga que eres su novia delante de sus amigos. Y, como sea, habla con él. Dile cómo te sientes. Con suerte, te entenderá. **reinacarol**

Celos

Por naturaleza, hay personas más celosas que otras. La forma de enfrentarte a los celos depende, obviamente, de tu pareja y del tipo de relación que tengáis.

Bueno, mi novio y yo llevamos saliendo en serio 4 meses. Nos queremos mucho y yo me pongo muy celosa cuando habla con otras chicas. **tristona**

Engañar

Si habéis llegado al acuerdo de que vuestra relación es exclusiva y uno de los dos no lo respeta, se ha producido una ruptura de la confianza y una traición que es potencialmente peligrosa para la relación. Algunas relaciones logran superar estos baches sin consecuencias destructivas. A veces, solucionar estas cosas nos ayuda a comunicarnos más y a mejorar la relación. Sin embargo, el amor se basa en la confianza y, cuando ésta se pierde, es difícil de recuperar.

Mi novio y yo hace tiempo que salimos y hace poco me dijo que besó a otra chica en el cuello. Me puse a llorar, claro, y luego le perdoné. ¿Debo olvidarme de todo y hacer como si no tuviera importancia? ¿O debería cortar con él? ¿O qué?
bichitoazul

Vale, besó a otra. Por supuesto que lo natural es cabrearse. Tienes dos opciones: romper con él o hablar de ello. Si te importa, deberías hablar con él de tus sentimientos y los suyos. Si te dice que lo siente y es sincero, sigue con él. Pero si empieza a comportarse como un imbécil, rompe.
megustaboston

mi novio y yo hace tiempo que salimos y le quiero mucho. hace poco conocí a otro chico en el trabajo y a veces salimos por ahí. mi novio está muy celoso y se ha puesto muy pesado con lo del otro tío, no entiende que le quiero a él más que a nada. ¿cómo puedo hacer que confíe en mí y se entere de que nunca le engañaría?
vincapervinca

Dile que sólo quieres ser amiga del otro chico y que nada se interpondrá entre vosotros. Si te quiere y hasta ahora no has traicionado su confianza, debería ser capaz de confiar en ti.
mica

Cuestiones sexuales

Las relaciones amorosas suelen tener un componente sexual. Pueden surgir problemas cuando una persona desea físicamente más que la otra. Por supuesto, nunca debes hacer nada con lo que te sientas incómoda. Y decidas lo que decidas, ¡protégete!

Para más información sobre relaciones sexuales, *ver* Hacerlo o no hacerlo, pp. 95-101, y Protección, pp. 103-119.

Mi novio quiere llevar más lejos nuestra relación. Dice que está harto de que sólo nos magreemos... quiere hacer algo más y experimentar cosas de las que ha oído hablar. No sé cuál es la mejor forma de decir «no» y acabar con nuestros 2 años de relación.
HotPicante

hay una persona que me gusta mucho y yo le gusto a él, pero tengo un gran problema. él ha tenido relaciones sexuales con casi todas sus novias y yo no estoy preparada para el sexo, no sé si espera que me acueste con él. dice que me quiere, pero no sé si debería hacerlo con él.
sueñasueña

Abusos
Las relaciones requieren esfuerzo, pero por encima de todo se supone que deben disfrutarse. Si la persona con quien tienes una relación no deja de hacer cosas que te hacen sentir mal contigo misma o con la relación, algo no anda bien. Tienes varias opciones: puedes intentar cambiar las cosas o romper con esa persona.

Admitir que hay un problema suele ser complicado. Si quieres a alguien, querrás seguir con él y esperarás que cambie. Sin embargo, por desgracia la gente abusiva rara vez cambia, por mucho que lo prometa.

La violencia física nunca tiene excusa, no importa lo que pienses que has hecho para provocarla. En los casos de violencia física, es más fácil darse cuenta de que es preciso hacer algo.

Otro tipo de malos tratos son las críticas constantes, la humillación pública, un lenguaje ofensivo, la destrucción de cosas de tu propiedad y las amenazas. Si sientes miedo de la persona con la que estás, deberías acabar la relación.

mi mejor amiga y yo tenemos relaciones serias. mi novio me trata bien y me respeta. el suyo la trata como una mierda. le chilla y la llama puta y zorra y se pelea con ella al menos dos veces al día y la hace llorar y siempre rompe con ella y la engaña. ella sabe que la engaña. le quiere tanto que le deja hacerle todo eso.
VUELOpoderoso

Deberías hablar con tu amiga y decirle que su novio es muy dominante. Si no deja esa relación ahora, será más difícil acabar cuanto más tiempo lleven juntos. Háblale de los malos tratos: físicos, psíquicos y emocionales. Necesita tu apoyo y sé que es duro. Sé una amiga y quédate a su lado porque necesita a alguien que la ayude a salir de eso. Si puedes, busca alguna lectura (panfletos o libros) sobre malos tratos.
damaglamm

Romper

Los sentimientos cambian con el tiempo, o algún conflicto empeora y parece irresoluble. Quizá llegue un momento en que la relación deba terminar. Romper con alguien es muy diferente a que te dejen, pero ambas posturas son desagradables.

Si eres tú quien deja...

por fin he decidido que voy a dejar a mi novio. no quiero hacerlo, porque sé que le sentará fatal y no ha hecho nada malo, pero es que ya no siento lo mismo por él... el problema es que no sé cómo hacerlo... ¿cómo le puedo hacer entender que aún quiero ser su amiga? no quiero que me odie... porque es muy simpático, igual que todos sus amigos, y nos sentamos juntos en 3 clases, así que... ¿cuál es la mejor forma de cortar?
haZel88

No existe ninguna forma agradable de cortar. Si estás convencida, dile con suavidad que ya no sientes lo mismo por él. A lo mejor llora o te grita. Haga lo que haga, acéptalo como su forma de enfrentarse a un corazón roto. No le sueltes el «seamos amigos» enseguida porque tal vez no esté preparado. Hazle ver que aún te importa como amigo, pero de otra manera. **RdeCorazones**

Mi novio bebe y toma drogas. El problema es que me pega y me insulta, me llama «guarra» o «puta» o cosas peores. Pero cuando está sobrio y no se ha metido drogas es un príncipe encantador, se pone a llorar cuando ve todas las marcas que me ha dejado y me promete que no volverá a pasar, pero pasa.
paciente

Para más información sobre cómo enfrentarse a los malos tratos, ver **p. 248.**

... O a quien dejan

eh, tías, mi novio acaba de dejarme después de 16 meses y sólo quiero llorar y morirme. me ha dicho que aún me quiere, pero que nunca me querrá como cuando estábamos más unidos. he estado pensando seriamente en acabar con todo, pero no estoy segura de tener suficiente valor. ¿alguien puede ayudarme a superarlo?
zapatos—de—plataforma

¡¡EH, PARA EL CARRO!! lo siento pero por mucho que quisieras a ese tipo, ¡no acabes con todo, tía! los chicos van y vienen, no es el fin del mundo. a mí me han dejado unas cuantas veces en relaciones serias, y de verdad creo que dentro de un tiempo lo habrás olvidado. sí, las rupturas son dolorosas. pero suicidarte nunca es la solución. tal vez necesites algún tiempo para calmarte.
CyCy

Recuperarse tras una ruptura
Las personas superan las rupturas a ritmos diferentes, depende de las circunstancias de cada cual. Algunos creen que, cualquiera que sea el caso, todos pasamos de alguna forma por las cinco etapas del dolor (que se identificaron en principio como el proceso emocional para superar la muerte de un ser querido). El final de una relación puede considerarse como una especie de muerte.

Ver Las cinco etapas del dolor, **p. 230.**

Después de la ruptura
Da igual cuánto tiempo llevarais juntos, las rupturas son un asco; también pueden desencadenar un cambio positivo. Cada relación te da experiencia y te ayuda a comprender qué quieres y qué no quieres en otra persona, en ti y en una relación.

Y luego está el periodo posruptura, en el que puedes desde no tener ningún tipo de contacto hasta mantener una amistad con tu ex. También puede existir una conducta obsesiva por parte de alguno de los dos, o la decisión de ambos de volverlo a intentar. Evidentemente, cada ruptura es diferente y no hay ninguna forma especial de afrontar las cosas.

Según vuestra experiencia, ¿merece la pena volverlo a intentar con un ex?
sofocada

Bueno, yo creo que depende del motivo por el que lo dejarais. Si fue por una pelea de nada, tal vez deberías intentarlo otra vez. Es probable que sólo sea cosa de mejorar la comunicación. Si te engañó o algo así, no merece otra oportunidad.
angine

¿Matrimonio?

Según la ley, a los 18 años eres libre de casarte (antes incluso si los padres dan su autorización). Cualquiera que contemple la posibilidad del matrimonio debe sopesar bien sus razones y motivaciones.

Según un informe del la oficina del censo de EE.UU., la gente que se casa antes de los 20 años tiene más probabilidades de divorciarse que la que se casa más tarde.

Ciberromance

Conocer a alguien en la red puede ser muy emocionante. Sin embargo, hay una serie de cosas importantes que debes tener en cuenta si empiezas una relación por Internet.

1. Ahí fuera hay lobos. No des información personal, como tu nombre completo, dirección, número de teléfono o el nombre de tu colegio.
1. Sólo queda en persona con alguien a quien has conocido en la red si es en un lugar público y con más gente. Dile a un adulto dónde estarás y lleva a alguien contigo.
1. Ten presente que la otra persona te ha podido mentir en todo. La personalidad de alguien en la red puede tener poco o nada que ver con la realidad.

Hay un chico con el que hablo mucho en Internet. Vive cerca de mi casa, así que le di mi teléfono. Me llamó y estuvimos hablando como una hora y fue muy tierno. Ahora quiere que nos conozcamos, pero hay un problema: le mentí sobre un par de cosas. No sé qué voy a hacer porque ya no puedo decirle la verdad.
suzxQ

No creas que él no puede haberte mentido. De hecho, yo ni siquiera intentaría conocerlo. Por lo que sabes podría tener 90 años. Mis amigos lo hacen siempre: envían una foto suya maravillosa y juegan con el coco de los demás.
lenta

¿Pasa algo por tener una relación en la red? A lo mejor estoy loca, pero este chico me gusta mucho y yo a él también.
victorialud

Yo tuve un problema con un chico en Internet por el que sentía lo mismo. Verás, lo conocí en un chat y empezamos a escribirnos e-mails y luego a hablar por teléfono. Acabamos por decirnos que nos queríamos. Después, de repente, recibí un e-mail de una chica que decía ser su novia desde hacía 2 años ¡y que tenían un hijo! Me mintió en todo y probablemente también cuando dijo que me quería.
darianne

INFORMACIÓN

Malos tratos en una relación

Si crees que sufres malos tratos en tu relación, habla con un adulto en quien confíes o llama a algún teléfono de ayuda de los que aparecen en esta sección. También puedes acudir a la policía o a un abogado e intentar conseguir una orden que prohíba a esa persona acercarse a ti y/o a las personas con las que vives. (Es absolutamente necesario si te ha amenazado de muerte.) La ley puede castigar cualquier violación de una orden judicial con encarcelamiento y/o una multa. Sin embargo, hacerla cumplir puede ser complicado si las dos partes van a la misma escuela o trabajan en el mismo lugar.

Internet: Páginas web

Amor y amistad
(http://www.amoryamistad.net): Lo último en relaciones personales: para tener una cita, conocer gente o ampliar el círculo de amistades. En castellano, en inglés, en alemán... ¡o en chino!

Ciberia Amistad
(http://www.ciberia.es/ocio/amor): Hoy los amigos ya no se hacen como antes. Si te apetece conocer gente nueva, puedes «chatear» en este sitio destinado a los jóvenes, o disfrutar de sus frescas ideas, como el consultorio, el amigo de la semana, y el correo de K-lamar.

Para enamorarse
(http://amistad.ciudadfutura.com/amor): Si estás enamorado, aquí encontrarás grandes ideas para mantener viva la llama del amor. Si todavía no lo estás, tal vez puedas conocer a alguien con quien entablar amistad. Disfruta de las postales para enamorados, comprende qué es el amor platónico, entra en el Club de la Amistad...

La página más romántica
(http://www.geocities.com/Heartland/6927): Cómo escribir cartas de amor, ideas para San Valentín, consultorio sentimental, los enlaces más románticos...

Pareja y romance
(http://www.mujerfutura.com/pareja): Todas las controversias acerca de la pareja, vistas desde el punto de vista más actual. Si dudas acerca de cómo reaccionar ante la ruptura, o cómo mantener viva la llama del amor, ésta es tu página.

Entidades

Si eres víctima de cualquier abuso o agresión por parte de tu pareja, no dudes en acudir a cualquiera de estos teléfonos.

Grupo Menores: Tel. 91 5613438/93 4570622

Servicio de Atención a la Mujer: Tel. 91 3223400 - 93 2903699

Teléfono del menor de la Fundación Anar: Tel. 91 202010

Linea «Te ayudo». Dirección General de la Mujer de Buenos Aires:
Tel. 14 3936464

FIPAN. Federación de Instituciones Privadas de atención al niño, al joven y a la famiilia de Venezuela:
Tel. 2 5717060

¿Quieres conversar sobre este tema? Entra en el chat de http://www.descubrete-edicionesb.com

Capítulo 4

colegio

El colegio es un universo único y ofrece oportunidades únicas. Ya que es el lugar donde pasas más tiempo sin tu familia, en el colegio empiezas a descubrir tu lugar en el mundo: tus objetivos, tus puntos fuertes y tus debilidades. Es allí donde empiezas a aprender cómo afrontar responsabilidades, cómo relacionarte con los demás e incluso cómo te sientes contigo misma.

El universo escolar puede parecer unas veces enriquecedor y otras opresivo, divertido y traumático, emocionante y monótono. En cualquier caso, es sólo temporal. La vida va mucho más allá de los años de instituto (o colegio). La escuela ofrece un foro donde comenzar a descubrir y explorar tus intereses y tus aptitudes mientras aprendes sobre el mundo más allá de tu propia realidad.

TIPOS DE COLEGIOS

Cada colegio —público, privado, mixto, femenino, internado o estudiar en casa— tiene sus ventajas y sus inconvenientes, todo depende de tu situación.

Colegios públicos y privados

Además de las preferencias personales, las circunstancias (como dónde vives o los ingresos de tu familia) también determinan si vas a un colegio público o a uno privado.

el año que viene estaré en último curso y luego quiero ir a un instituto público. he estudiado en colegios privados enanos (en clase somos 10), así que no tengo NI IDEA de cómo es un instituto público. me apetece muchísimo ir, pero estoy un poco nerviosa. creo que me gustaría saber algo de la vida en un instituto. **pequeñoingenio**

¿Estás segura de querer ir a un colegio público? Yo había estado en escuelas públicas toda la vida hasta los 15 años, cuando me cambiaron a un insti privado. ¡Fue GENIAL! Me encanta la intimidad que hay. En clase sólo hay 16 personas, y somos como hermanos y hermanas. **giga8pet**

Colegios mixtos y femeninos

Más de un 95% de los colegios estadounidenses son mixtos. Sin embargo, la afluencia a colegios privados o religiosos sólo para chicas aumentó más de un 15% entre 1991 y 1997. Algunos estudios han mostrado que los colegios femeninos son mejores para la autoestima de las chicas y su rendimiento, en especial en matemáticas y ciencias.

Ver también Autoestima, p. 172.

Estudiar en casa

En EE.UU., más de un millón de jóvenes estudian en su casa. Esta forma de estudio tiene muchas variantes, aunque el aprendizaje siempre debe adaptarse al sistema educativo del lugar. Algunos padres utilizan el plan de estudios y los libros de los colegios públicos, otros los complementan con fuentes alternativas como vídeos o páginas web.

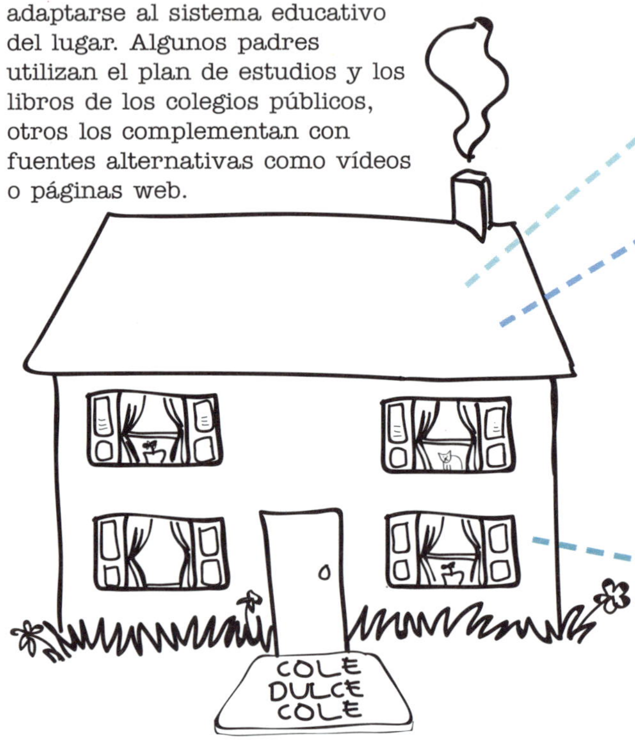

Creo que los colegios mixtos son mucho mejores. Para empezar: tíos buenos. Además, en la vida tendremos que relacionarnos con ambos sexos. Tenemos que saber cómo son, tenemos que estar con ellos. **mary2K**

No estoy EN CONTRA de los colegios mixtos, pero creo que los de chicas te dan la oportunidad de aprender sin la distracción de los chicos. Cuando llegas a la universidad, eres mucho más madura y estás preparada para aprender sin distraerte. FUERA de la escuela hay mucho tiempo para estar con chicos. **lunadeoToño**

Estudiar en casa tiene un lado bueno y otro malo. Malo = no podemos ver a los amigos. Bueno = ¡aprendes más!
bellababy

Yo estudio en mi casa y tengo amigos. ¡El problema es que no sé dónde conocer a gente nueva! Estoy pensando en volver al instituto público cuando acabe este curso.
victoriosa

Tengo 16 años y he estudiado en casa toda mi vida. Creo que he aprendido muchísimas más cosas que la mayoría de la gente de mi edad. Durante una época estuvimos en un grupo de apoyo al estudio en casa e hice muchos amigos que tampoco iban al colegio. Al final dejamos de ir. Para conocer a gente, lo mejor fue apuntarme a todo. Por ejemplo, me uní al grupo de adolescentes del YMCA de mi zona. Si tienes uno cerca, podrías probar.
denaB

TRASLADOS

A veces, cambiar de colegio es muy duro. Y pasar a otra clase también puede conllevar traumas.

El año que viene seré una pardilla de primero. No conoceré a nadie y no tengo ni idea de cómo hacer amigos porque nunca he estado en un sitio en el que no conociera a alguien. Además me aterroriza toda la cosa del instituto.
T.G.I.F

Sé lo duro que es empezar en un colegio nuevo y no conocer a nadie. Seguro que te preguntas si te aceptarán tal como eres. Bueno, intenta ser tú misma y ten la mente abierta hacia los demás y sus ideas, eso facilitará que te acepten. Pero NO cambies para convertirte en un pequeño clon. También puedes apuntarte a actividades extraescolares, algún deporte, un club o un viaje. Hará que sea más fácil conocer a gente con la que tienes algo en común.
astrid

las notas son importantes (pero no las llevarás tatuadas en la cara el resto de tu vida)

NOTAS

A fin de cuentas, a la escuela se va a aprender. Y aprender puede ser interesante, enriquecedor y estimulante. El hecho de que deba cuantificarse es materia de debate, pero en la mayoría de las escuelas rige un sistema de notas y de división en clases.

¡Presión!

El colegio puede ser un lugar estresante y competitivo. La presión para hacerlo bien, cumplir expectativas y tomar las decisiones correctas sobre tu futuro, a veces, parece insoportable.

A veces siento taaaaaanta presión que no sé qué hacer. Me siento obligada a sacar buenas notas. A mis padres no les gusta que baje del notable. Y luego está la presión del deporte. Acabo de entrar en los equipos de voleibol y de béisbol. Tengo entrenamiento y además un montón de deberes. ¿Cómo puedo superar esta presión sin dejar de lado las cosas que me gustan?
Gpecosa

Yo siempre me cabreo MUCHO por mis notas. Esta vez no he sacado TODO SOBRESALIENTES como de costumbre. Detesto tener que estar a la altura de mi hermano (que SIEMPRE saca sobres). No sé qué hacer, pero me ODIO por haber sacado menos de 10.
kookykate

Sé que soportas mucha presión y sé lo que se siente, pero lo único que debes hacer es dar lo mejor de ti, ¿vale? Tus padres no pueden chillarte por sacar un notable si has hecho todo lo que has podido. Tal vez podrías decirles que obtendrías mejores resultados si dejaran de presionarte tanto.
PepitasdeOro

No he sacado todo sobresalientes, pero sé que lo he intentado. ¿Qué te molesta más? ¿Las notas o que tu hermano te supere? Si lo intentaste, deberías estar orgullosa de ti. No puedes volver atrás y cambiar las notas, pero puedes mostrar que te costaron lo tuyo.
aguana

Tengo muchos problemas con mi padre. Siempre me presiona por mis notas en mates y ciencias. Cualquier cosa menos de un sobre es inaceptable. Una vez saqué un notable alto en un examen de ciencias para el que había estudiado MUCHO y mi padre se pasó 3 h (no exagero) gritándome que no me esforzaba bastante ¡y me castigó 2 semanas!
chicasept

Mi madre me presiona mucho. Antes siempre sacaba sobresalientes, pero el año pasado me pusieron un sufi en religión ¡y le dio un ataque! Esto es lo que le dije y lo que creo que deberías decirle a tu padre: una mala nota, o dos, no impedirán que tenga éxito en la vida ni que vaya a una buena universidad.
rencilla

Puntos fuertes y débiles

Evidentemente, todo el mundo tiene puntos académicos fuertes y débiles. Identificar tus debilidades e intentar descubrir la mejor forma de superarlas o evitarlas es uno de los mayores retos escolares, igual que en cualquier aspecto de la vida. En algunos casos, existen discapacidades de aprendizaje, como la dislexia, que hacen que los estudios sean mucho más problemáticos.

Mi problema es que saco muy buena nota en los trabajos y los deberes, ¡pero siempre estoy a punto de suspender los exámenes! No lo entiendo, porque soy muy buena estudiante y me sé la materia casi palabra por palabra. ¡Además estudio una hora antes de un examen! **smether**

A mí también solían irme mal los exámenes. Creo que el motivo es la presión. Además, si haces los ejercicios del libro o vuelves a hacer los deberes, a lo mejor descubres tus puntos flacos antes del examen para poder trabajarlos.
—RaveEn57

Tengo un GRAN problema con las notas. Siempre saco sufis o suspendo. Soy inteligente y me lo sé todo, mi problema es la disciplina. Saco sobres y notables en los exámenes. ¡Lo que me mata son los deberes! Llego a casa y paso de todo, aunque no tenga nada que hacer, ¡eso se refleja MUCHÍSIMO en mis notas!
garaBato

desde que estoy en el insti (hace 2 años) soy penosa en ciencias. antes siempre sacaba sobre, pero ahora ya no. he conseguido pasar biología y química, pero el año que viene me toca física.
saltadora

¡Eh, las ciencias son difíciles! El secreto (a mí me valió un 10 en biología): NO tener miedo a preguntar y no parar hasta que lo entiendas. ¿Qué importa si la gente cree que eres estúpida o lenta o pesada? ¿Dónde estarán ellos cuando les enseñes a tus padres las notas? ¿Dónde estarán cuando vayas a la universidad? ¡Yo pregunto mucho porque no lo entiendo todo a la primera! ¡Vale la pena! Te lo aseguro.
MuchoCuidado

yo también lo dejo todo para el último momento. una profe me dijo que era la peor alumna que había tenido en todos sus años de enseñanza. (no sé si estar orgullosa o qué...) tuve que OBLIGARME a hacer los deberes al menos media hora cada noche. durante las primeras semanas fue un infierno, pero al final te acostumbras y se hace fácil. cuando ya no supone un problema, puedes hacerlo más tiempo.
cantad

Profesores

Los profesores pueden hacer que aprender sea fantástico u horroroso. A veces, un mal profesor te fastidia una asignatura y convierte el colegio en un infierno. Un buen profesor puede hacer que te emociones por algo en lo que no creías estar interesada.

Creo que todos los profes son una mierda y hay que odiarlos. Me muero de ganas por acabar el cole.
conpecas

No vayas diciendo que hay que odiar a los profesores... no les pagan mucho y la mayoría lo hace por los alumnos. Yo he tenido profes que me han cambiado la vida. Sólo tienes que ser más abierta y encontrar a los adecuados. **ani–S**

Es el primer año que estudio francés y no se me da muy bien. Encima no le gusto al profesor y se mete mucho conmigo. Otros alumnos también se han dado cuenta. **punto-discutible**

No entiendo por qué el director del insti es tan estúpido. ¡Se ríe de ti cuando le preguntas algo! ¡O hace comentarios racistas sobre algunas personas! ¡O te toca el culo o la espalda! ¡Me da MUCHO miedo! **zoesmoey**

Si tienes problemas con los profesores, o te acosan, DEBES denunciarlo a algún tipo de autoridad. Aunque parezca imposible, los profesores no tienen derecho a hacer nada que te haga sentir incómoda. Así que si te acosan, por favor, busca ayuda.
mandymonada

Para más información sobre Acoso, ver **pp. 145-147.**

Cuelgues con profes
Tener un cuelgue con un profesor es bastante normal, pueden ser desde ligeros hasta bastante intensos. Es fácil sentirse atraída por alguien que tiene tanto impacto en tu vida. Responder a un enamoramiento entre profesor y alumno nunca es correcto, y puede tener graves repercusiones. Los profesores son legal y éticamente responsables de sus acciones.

Ver también cuelgues con figuras de autoridad. **p. 241.**

Estoy totalmente enamorada de mi profesor de biología. Tiene 41 años y no es que sea atractivo, pero no puedo quitármelo de la cabeza. No es una obsesión. No es deseo. Nunca había estado enamorada. Soy tonta por sentirme así, pero no lo puedo evitar.
milanomenta

¡mi profa es guay! tiene 28 años, es muy guapa y agradable y la miro durante toda la clase. ¡creo que estoy enamorada de ella! no es un amor lesbiano sino el amor que sientes hacia una madre. creo que me gusta tanto porque hasta ahora no había tenido un modelo a seguir. tiene mucho talento.
schmetterling

yo también he tenido esos cuelgues. al decir cuelgue no quiero decir que no sea amor, creo que en parte lo es, pero seguramente está relacionado con que nos gusta sentir la aprobación de figuras paternas o con autoridad.
manilavanila

PAISAJE SOCIAL DEL COLEGIO

El colegio es un cultivo ideal para camarillas, etiquetas y otras formas de clasificación:

Empollones. Deportistas. Skaters. Chicas. Drogatas. Perdedores. Raros. Salidos. Alternativos. Idiotas. Cibercocos. Góticos. Cabezas cuadradas. Creídos. Posturitas. Punks.

Estas categorías pueden parecer estereotipadas, opresivas e insultantes, o pueden ser fuente de comodidad e identidad. En última instancia, los grupos y las etiquetas llegan a ser restrictivos y, a veces, impiden que conozcas a más personas, ideas y puntos de vista.

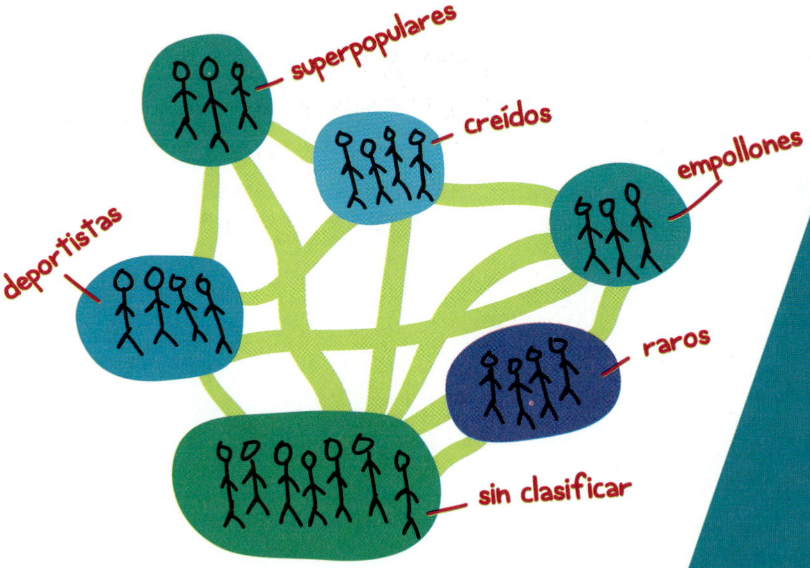

Popularidad

La popularidad es la condición de ser aceptada y gustar de manera general. Desearla, a veces, es inevitable durante los años de escuela. Querer gustar es natural... pero el tema de la popularidad parece ir mucho más allá. Está relacionado con muchos otros factores, como pandillas, etiquetas, amigos, presión externa, dinero y aspecto físico, por nombrar sólo unos pocos.

Soy novata en el instituto y aún soy amiga de la gente del colegio, me caen muy bien, pero son una pandilla muy cerrada. Quiero abrirme y conocer a gente nueva, pero mis amigos ponen etiquetas a todo el mundo (los deportistas, los snobs, los pelotas, los populares) y quieren que sólo esté con ellos.
huevosverdes

Tengo una teoría sobre la popularidad. Creo que se trata de la manera en que una se desenvuelve. Siempre hay cierto temor cuando estás cerca de alguien popular. Tienes miedo de hacer algo que no les guste. Son como unos ídolos en los que todas queremos convertirnos.
uncollage

Aunque a algunos de tus amigos les resulte difícil, lo mejor es decirles que se relajen. Si hablas con alguien diferente y te preguntan: «¿Por qué hablas con ella?», diles que porque querías y que es una persona encantadora. Si no paran de preguntar, hazles saber que no quieres limitarte en cuanto a amigos y relaciones. Tienes una vida PROPIA y deberías tener amigos propios.
compotademanzana

Si estás contenta contigo misma, no necesitas buscar la aprobación de los demás. Acabo de salir del instituto, uno con muchas pandillas, y yo no iba con la más popular, pero eso no me hace menos bella ni por dentro ni por fuera. Sólo significaba que mis amigos eran otros. Al mismo tiempo, sé lo duro que puede ser estar rodeada de grupos y querer ser aceptada.
caracara

¿Por qué tanto empeño en ser popular? La única manera de que le gustes a todo el mundo es ser tú misma. Si no tratas mal a nadie y tienes una actitud abierta, es probable que le gustes a más gente. A los que no les gustas son gente cerrada que te juzga por tu aspecto, ropa, raza, religión... y no merece la pena tenerlos como amigos. **shuli**

Ver **Situaciones de grupo, pp. 234-235.**

Ver **Presión externa, p. 288, y Etiquetas, p. 289.**

Violencia en la escuela

Lo ideal sería que el colegio fuese un lugar seguro. Sin embargo, por desgracia no siempre es así. En la actualidad, la violencia en algunos institutos ha aumentado mucho. En EE.UU., las confrontaciones que antes dejaban heridas y morados en los participantes, acaban a veces en puñaladas, disparos y muerte.

Si en tu colegio hay violencia, ya sea por la presencia de bandas o por actos aislados, el ambiente puede ser muy negativo y tal vez quieras evitarlo. Si no puedes cambiar de centro, intenta encontrar experiencias positivas que contrarresten ese ambiente: busca actividades extraescolares, centros sociales o adultos que puedan ayudarte.

Incluso los colegios en los que nunca se han dado casos de violencia son vulnerables a brotes violentos por parte de alumnos con problemas que tienen acceso a armas. Si crees que las amenazas o el comportamiento sospechoso de otros alumnos pueden resultar en un grave incidente, comunícalo a las autoridades escolares.

Me está resultando difícil escoger entre dos universidades. Mi familia puede permitirse una (no tendré que pedir préstamos); la otra es mucho más cara y al final de la carrera habré pedido un crédito importante. No quiero que la decisión dependa del dinero, pero creo que así es. Además, los dos campus me gustan igual, aunque me gusta un poco más el caro.
barrildepolvora

Ver **Información sobre cómo encontrar la universidad adecuada, pp. 260-261.**

DESPUÉS DEL INSTITUTO

Es importantísimo pensar qué vas a hacer después del instituto mucho antes de que termines.

Universidad

Aunque la universidad no tiene por qué ser el mejor camino para todos, es una buena opción por varias razones. La universidad:

- Es un foro extraordinario donde explorar tus intereses, ideas y opiniones
- Es un buen lugar de transición hacia la madurez y la independencia
- Te permite entrar en contacto con mucha gente de procedencia, actitud y creencias distintas
- Te da mejores oportunidades laborales
- Te abre puertas que de otro modo tendrías cerradas

Decidir a qué universidad ir, a veces es desesperante. En general, está bien saber qué diferencia tiene una universidad de otra —estudios, vida social, tamaño, nota de entrada, situación del campus, etc.— y luego decidir qué buscas. Puedes hacerlo visitando diferentes campus, lo cual es muy útil porque te ofrece la oportunidad de hablar con los estudiantes.

Primero fui a una universidad pequeña (cara) para la que me daban muchas becas. Al final no me gustó nada y me fui (dejé becas y todo) a otra universidad (cara) para la que no tenía beca. Acabé debiendo bastante dinero pero fue la mejor decisión que podía haber tomado. No te digo que vayas a la más cara, pero sí que no bases tu decisión en el dinero. Siempre hay forma de pagar.
cppastel

También ayuda hablar con tu tutor del instituto, que teóricamente debería tener un buen conocimiento sobre las universidades que te pueden interesar. Por mucha reflexión que se le dedique, hay gente que no está satisfecha con su elección. En esos casos, trasladarse a otro campus es una buena opción.

Para las que estéis preocupadas en el tema económico existen muchas opciones, como becas del gobierno o de entidades privadas, y merece la pena informarse.

Ayudas económicas, *ver* **pp. 260-261.**

Explorar otras opciones

Si sabes o crees que quieres ir a la universidad, en ningún sitio dice que tengas que hacerlo nada más acabar el instituto. Algunas personas prefieren trabajar una temporada antes de seguir estudiando; a otras les interesa viajar o realizar prácticas.

En ocasiones, vivir en el mundo real o explorar más allá de donde has crecido ayuda a esclarecer tus intereses y objetivos.

Para más información sobre prácticas y estudios en el extranjero, *ver* **p. 261.**

INFORMACIÓN

Internet: Páginas web

Becas.com (http://www.becas.com): Todas las becas y ayudas para estudiantes, tanto para España como para América Latina y para el extranjero. Simplemente has de seleccionar el país de tu interés, y accederás a los artículos y enlaces que te informarán exhaustivamente de las ofertas y requisitos.

Ayudas a los estudiantes de todo el mundo
(http://www.altillo.com/becas): Información muy completa sobre becas, premios, ayudas, subvenciones y trabajo. Para España y con enlaces para América Latina por países.

Comunidad escolar
(http://adigital.pntic.mec.es): Periódico digital de información educativa. Descubrirás que el mundo escolar es más complejo de lo que creías.

Revista de educación
(http://www.ince.mec.es/revedu): Ésta es una completísima revista en la que encontrarás, además, enlaces y bibliografías sobre tus temas de interés. Proviene de INCE, el Instituto Nacional de Calidad y Evolución.

Centros escolares
(http://www.mec.es): Sitio del Ministerio de Educación, Cultura y Deporte, en el que podrás plantear tus consultas acerca de los centros escolares en España. Te resultará sencillo orientarte en las diferentes páginas, gracias al mapa de distribución y a la distinción de los diferentes niveles de estudios, tipos de centros y provincias.

Universired
(http://www.universired.com): En Universired vas a encontrar contenidos relacionados con tu carrera, información sobre la actualidad universitaria, temas de interés general y muchos, muchos servicios.

El lugar del universitario
(http://www.universidadweb.com): En este sitio no tan sólo lograrás informarte sobre todo lo referente a la educación y la universidad, sino que también podrás interesarte por los más variados aspectos de la vida de un estudiante: viajes, ecología, ocio, trabajo, consultoría jurídica, etc.

Federación de Enseñanza CC.OO.
(http://www.ccoo.es/fe): En esta página encontrarás información sobre educación, tanto en lo referente a condiciones laborales, como muestras alternativas del sistema educativo.

Sindicato de estudiantes
(http://www.arrakis.es/~s.estudi): Organización española que pretende concienciar a los estudiantes y defenderlos del abuso y el engaño. El sindicato de estudiantes tiene ya doce años de vida, agrupa a miles de jóvenes de todo el país y fundamenta su solidez en la fuerza que da la unión.

Educación, Becas y Programas
(http://www.embusa.es): Si tienes planeado estudiar en el extranjero, el Departamento de Estados Unidos ofrece becas a estudiantes españoles para pasar allí una temporada. Acude a su sección de educación y becas para comprobar qué opción es la más adecuada para tu caso.

Eurydice (http://www.eurydice.org): Centro de información sobre los sistemas educativos de toda Europa. Forma parte de Sócrates, el programa de la C.E.E. para la Comisión de Educación y Cultura. Puedes leer estas páginas en inglés, francés o alemán.

Violencia en la escuela
(http://familymanagement.com): En este portal de recursos para todos los asuntos de la familia, podrás encontrar interesantes artículos acerca de la violencia juvenil y escolar. Pincha «en español» para acceder a su versión en castellano.

Libros

Universidad: L

Las guías de cada universidad son una buena fuente de información acerca de las facultades, aunque suelen mostrar una visión idílica de lo que se ofrece. La mejor forma de conocer un lugar es ir a visitarlo y hablar con los estudiantes. Pero eso no siempre es posible.

La guía de la universidad puede ser una buena fuente de información práctica: el tamaño del campus, el porcentaje de chicas y chicos, en qué departamentos sobresale, si tiene grupos estudiantiles o religiosos, la nota de entrada, el tamaño de las clases, el precio, las especializaciones más populares y la cantidad de personas que son aceptadas cada año. Puedes conseguir estas guías en bibliotecas o en las universidades.

Ficción

Hagemann, M. *Lobo negro, un skin*, Alfaguara, 1994

Violencia juvenil callejera y bandas de *skin heads*.

Conocimientos

Fernández, I. *Prevención de la violencia y resolución de conflictos*, Narcea, Madrid, 1999

González, A. y Fernández, R. *Programas de orientación de estudios*, EUB, Barcelona, 1996

González, M. C. y González, P. *El niño superdotado*, CIMS. Barcelona, 1997

Major, S. y Walsh, M. A. *Actividades para niños con problemas de aprendizaje*, Ceac, Barcelona, 1999

Rodríguez, M. L. *La orientación profesional*, Ariel, Barcelona, 1998

Entidades

CIDE. Centro de Investigación Educativa del Ministerio de Educación y Cultura: General Oraa 55 - 28006 Madrid - Tel. 91 7459400 - Fax 91 7494336

Centro de Información Administrativa (información acerca de premios, becas, ayudas y subvenciones): María de Molina 50 - 28006 Madrid - Tel. 91 5861400 Fax 91 5861811 - buzon.cia@igsap.map.es (http://www.igsap.map.es/cia.htm)

UNED. Universidad Nacional de Educación a Distancia: Tel. 91 3986600/91 3986000 - información general: infouned@adm.uned.es/selectividad: selectiv@adm.uned.es (http://www.uned.es)

Educación Sin Fronteras: Josep Anselm Clavé 6 1.º 1.ª - 08002 Barcelona - Tel. 93 4127217 - Fax 93 4124036 - informacion@educacionsinfronteras.org (http://www.educacionsinfronteras.org)

Libros para el Mundo: Carretas 14 7.º D - 28012 Madrid - Tel. 91 5226211- Fax 91 5226211

OMEP España. Organización Mundial para la Educación Preescolar: Pilar de Zaragoza 32 2.º drcha. - 28028 Madrid - Tel. 91 7250919 - Fax 91 3941539 - omepspain@eucmax.sim.ucm.es

Centro de Investigación por la Paz: Duque de Sexto 40 - 28009 Madrid - Tel. 91 4310280 - Fax 91 5783313 - cip@fuhem.es (http://www.cip.fuhem.es)

¿Quieres conversar sobre este tema? Entra en el chat de http://www.descubrete-edicionesb.com

Capítulo 5

creencias

Todo el mundo cree en algo… aunque sea en nada. Las creencias nos ayudan a encontrar un sentido a nuestra existencia y al mundo que nos rodea. Nos ayudan a pensar sobre las grandes preguntas: ¿Quiénes somos? ¿Por qué estamos aquí? ¿Qué podemos aportar? Nos ofrecen una forma de definirnos, de descubrir qué es importante y qué no, y pueden ayudarnos a dar un marco a nuestras acciones.

Tus creencias pueden cambiar con el tiempo, y lo harán. Las actitudes y las opiniones evolucionan al conocer a personas nuevas, aprender y experimentar nuevas cosas. Las creencias suelen estar muy influidas por la familia y la educación. A veces, tomamos las actitudes y las opiniones de nuestra familia, además de las de amigos y profesores, sin darnos cuenta siquiera. A menudo, el proceso de descubrir quién eres implica poner en duda las creencias con las que creciste y aceptar tus propias ideas, ya estén de acuerdo con los valores de tu familia o no.

jainismo sij hinduismo
budismo catolicismo
paganismo chamanismo
cristianismo islamismo
judaísmo unitarismo
confucianismo taoísmo
sintoísmo cuaquerismo bahai

La religión plantea preguntas muy serias. ¿Existe un Dios? ¿Qué tipo de Dios? ¿Cómo llegamos aquí? ¿Qué sucede cuando morimos? Las respuestas (o ausencia de respuestas) a las que llegamos afectan a nuestras acciones y nuestra actitud hacia los demás, las ideas políticas y la Tierra, entre otras cosas.

Existe una multitud de sendas religiosas y espirituales. Hay gente que se siente cómoda dentro de religiones organizadas y siguen un solo camino, ya sea el sistema en el que han crecido o uno que han escogido por sí mismos. Otros buscan ideas atrayentes en diferentes religiones y prefieren practicar de forma individual. Aquí tienes una rápida descripción de algunas de las religiones más importantes, sus creencias y sus textos sagrados. Esta lista no es más que una recopilación de parte de lo que hay ahí fuera.

Judaísmo

Creencias: El judaísmo fue la primera religión monoteísta y el punto de partida tanto del cristianismo como del islam. Los judíos creen en un solo Dios incorpóreo (sin cuerpo), creador de todo cuanto existe. Afirma la divinidad inherente del mundo y de todas las cosas que hay en él como creación divina. Los creyentes consagran su vida y se acercan a Dios cumpliendo los *mitzvahs* (mandamientos divinos). Los judíos creen que Dios observa los actos humanos, recompensa a las personas buenas y castiga a las malas. En la actualidad existen tres ramas principales: los judíos ortodoxos creen que la *Torá* es la palabra de Dios revelada a Moisés y no puede ser modificada. Los judíos conservadores creen en la santidad de la *Torá*, pero consideran que debería adaptarse a nuestros días. Los judíos reformistas creen que la *Torá* sólo fue inspirada por Dios y, por lo tanto, está expuesta a diversas interpretaciones. Las prácticas y los rituales judíos varían según la rama a la que se pertenezca. Los judíos creen que, en algún momento aún por llegar, el Mesías (el ungido de Dios) llegará y devolverá a los judíos a la tierra de Israel, y que entonces resucitarán los muertos.
Textos: El *Tanakh* (la *Torá*, los *Profetas* y el *Antiguo Testamento*) y el *Talmud* (el *Mishnah* y el *Gemara*).

Budismo

Creencias: Las Cuatro Nobles Verdades de Buda pueden describirse (de forma simple) como (1) el sufrimiento es universal; (2) la causa del sufrimiento es el deseo de control sobre las cosas; (3) el sufrimiento desaparece con la liberación final del nirvana, cuando la mente está en total libertad; y (4) el camino a este estado de iluminación y la desaparición del sufrimiento pasa por ocho actitudes: visión verdadera, intención verdadera, acción verdadera, expresión verdadera, vida verdadera, esfuerzo verdadero, consciencia verdadera y concentración verdadera. Los budistas practican la tolerancia hacia los demás. Los budistas creen en la reencarnación: el concepto de que al morir se nace a otra vida. Tras muchos ciclos de nacimiento, vida y muerte, si se es capaz de liberarse por completo de los vínculos del deseo y la individualidad, se alcanza el nirvana (y los ciclos terminan).
Textos: Unos dos siglos y medio después de la muerte de su fundador, Buda, un consejo de monjes budistas recopiló sus enseñanzas y la tradición oral de la fe en el *Tripitaka*. En él hay un gran número de discursos llamados *sutras*.

Catolicismo

Creencias: Los católicos son cristianos que creen que un Dios único creó el universo; que el Espíritu Santo es el canal por el que Dios se comunica con la humanidad y que Jesucristo, el hijo de Dios, nació de una virgen, murió crucificado, se levantó de entre los muertos y ascendió al cielo. También creen en Adán y Eva y el pecado original, además de en el perdón de los pecados y la posibilidad de llegar a la santidad. Los católicos consideran al Papa representante de Cristo, y sus enseñanzas deben obedecerse. Deben participar en varios sacramentos, como la confesión, la comunión y la confirmación. Sus líderes espirituales no pueden contraer matrimonio.

Los católicos creen en la resurrección del cuerpo después de la muerte y en la vida eterna, en el cielo o en el infierno.

Textos: La Biblia.

Taoísmo

Creencias: La palabra china «tao» se podría traducir como «camino» (del universo). Se cree que el tao es la fuerza que puso en marcha el universo y que fluye en todo lo que vive. Una característica primordial de esta fuerza es la acción pasiva (sin esfuerzo). Los taoístas aspiran a una vida sencilla, sin lucha, y creen que la paz interior es la senda de la sabiduría. Valoran la compasión, la moderación y la humildad como puntos esenciales de una vida virtuosa. Un aspecto del taoísmo es la creencia en la armonía creada por el equilibrio de contrarios, expresados en los conceptos de Yin (oscuro, femenino, pasivo) y Yang (luminoso, masculino, activo).

Textos: El más importante es el *Tao-te-Ching* («la senda del poder», o «libro de la senda»). Supuestamente escrito por Lao-Tse, describe la naturaleza de la vida, el camino hacia la paz y cómo debe vivir un guía.

Mormonismo

Creencias: Los seguidores de la Iglesia de los Santos de los Últimos Días se llaman mormones. Creen que la suya es la verdadera Iglesia de Jesucristo restituida en la Tierra y que Dios aún se revela a aquellos que lo buscan. Practican el bautismo por inmersión a la edad de ocho años o más y dan especial importancia a la familia. Aunque su iglesia prohibió oficialmente la poligamia en 1890, muchos mormones la siguen practicando. Suelen viajar en calidad de misioneros durante dos años y tienen prohibido el tabaco, el alcohol y la cafeína.

Los mormones practican el bautismo y el matrimonio indirecto en los muertos, porque creen que el Evangelio se puede aceptar incluso después de la muerte. Creen en una vida después de la muerte en la que los resucitados serán recompensados.

Textos: La Biblia; el *Libro del mormón*, una historia de los primeros habitantes de Occidente que complementa a la Biblia y fue traducido por el fundador de la Iglesia, Joseph Smith; *Libro de la doctrina y de las alianzas*; y *Perla de gran precio*.

Protestantismo

Creencias: La reforma protestante fue una revuelta religiosa, que tuvo lugar en el siglo XVI, contra la autoridad y las doctrinas de la Iglesia católica romana, y condujo a la diversidad de la cristiandad. Los cuatro movimientos principales de la reforma —luteranismo, calvinismo, anglicanismo y anabaptismo— llevaron, a su vez, al nacimiento de las 1.200 denominaciones protestantes que existen en la actualidad. Otra diferencia es que anglicanos y episcopalianos no se consideran «protestantes» sino un grupo entre el protestantismo y el catolicismo.

Los protestantes creen en un Dios único; en la Biblia como palabra de Dios; en la Trinidad de Padre, Hijo y Espíritu Santo; y en Jesús como Redentor, en su resurrección y su inminente regreso a la Tierra. Sus jefes espirituales pueden casarse; sus líderes y miembros pueden divorciarse y no suelen creen en santos ni en todos los sacramentos.

Los protestantes creen en una vida después de la muerte en el cielo o el infierno.

Textos: La Biblia.

Islam

Creencias: Los seguidores del islam reciben el nombre de musulmanes, que procede de una palabra árabe que significa «aquellos que se someten a la voluntad de Dios» («Alá»). Los deberes musulmanes se describen como los cinco pilares del islam y son:

1. Recitar al menos una vez en la vida el *sahadah* (el credo: «No hay más dios que Alá y Mahoma es su profeta»).
2. Rezar el *salah* (oración) cinco veces al día en dirección a La Meca.
3. Dar caridad regularmente mediante el *zakat*, un impuesto del 2,5%, y mediante limosnas para los necesitados a voluntad de los creyentes.
4. Ayunar durante el Ramadán, que creen que fue el mes en que Mahoma recibió el *Qur'an* (el *Corán*) de Dios.
5. Si es económica y físicamente posible, realizar al menos un *hajj* (peregrinación) a La Meca.

Los musulmanes son monoteístas que practican la abstinencia del alcohol, el juego y la carne de cerdo.

También creen en el infierno (donde los no creyentes y los pecadores pasan la eternidad) y el paraíso (un lugar de placer físico y espiritual adonde van los no pecadores después de la muerte).

Textos: Hay dos: el *Corán*, la palabra de Dios, y el *Hadith*, una recolección de las enseñanzas de Mahoma.

Hinduismo

Creencias: El hinduismo se centra en la creencia de que todo el universo es un solo principio divino, o alma, «quien» a la vez es uno con el universo y lo trasciende. Por ello, los hindúes creen en la divinidad de todos los seres vivos. Se veneran cientos de dioses y diosas como aspectos diversos de la unidad divina. Entre las deidades más importantes está la tríada de Brahma, el Creador; Vishnu (Krishna), el Protector; y Shiva, el Destructor. Otra figura importante es Kali, consorte de Shiva que toma aspectos tanto positivos como negativos, ya que es a la vez la diosa de la maternidad y una furiosa destructora.

Creen que los humanos están atrapados en el *samsara*, un ciclo sin sentido de nacimiento, vida, muerte y reencarnación. El *karma*, la suma de las buenas y las malas acciones de cada uno, determina cómo será la vida siguiente. El objetivo es conseguir escapar del *samsara* mediante buenas acciones y llegar a ser uno con el principio divino.

Textos: Los *Vedas*, una recolección de himnos y otras escrituras, conforman el libro religioso más antiguo del mundo, ya que data de hace más de 3.000 años.

Unitarismo universalista

Creencias: La Asociación Unitaria Universalista es un movimiento religioso liberal que acepta las enseñanzas judeo-cristianas básicas y pone especial énfasis en la de cada persona. A pesar de que su principal fuente de espiritualidad es el cristianismo, también toma aspectos de religiones más cercanas a la Tierra (religiones africanas y la espiritualidad de los indios americanos, entre otras), el judaísmo, otras religiones importantes y la filosofía humanista. Los unitarios creen que la iluminación espiritual es un ejercicio personal, basado en la experiencia vital. La función principal de la congregación es ayudar al individuo a crecer espiritualmente gracias a la cooperación con los demás. Sus miembros suelen dirigir sus esfuerzos hacia los derechos humanos y la protección de la paz, la libertad y la justicia en todo el mundo.

Textos: Los unitarios universalistas suelen guiarse por la Biblia, pero también se remiten a las enseñanzas del filósofo cristiano Orígenes (aproximadamente 185-254 d.C.), el teólogo español del siglo XVI Miguel Servet (*De los errores de la Trinidad*), y otros escritores, científicos, activistas y teólogos que han defendido la tolerancia religiosa.

Sociedad Religiosa de Amigos (cuaquerismo)

Creencias: Los cuáqueros se centran en la búsqueda espiritual de cada individuo. Creen que, a través de la «luz interior», todo hombre y toda mujer tiene acceso directo a Dios (por lo que no se necesitan iglesias ni sacerdotes), y que todas las personas tienen el mismo valor. Se oponen a la guerra y trabajan para defender la paz. Tanto en sus servicios como en su estilo de vida, los cuáqueros valoran la sencillez. El culto suele tener lugar en una «casa de reunión» sin decoración alguna, donde los miembros se sientan en silencio y meditan sobre Dios hasta que alguien se siente «movido» a hablar.

Textos: Los cuáqueros siguen la Biblia, aunque su interpretación se deja a cada individuo. También utilizan *Fe y Práctica*, una recopilación de textos entre los que se encuentran declaraciones de creencias y doctrinas.

soy agnóstica. no estoy segura de que haya dios, pero creo que en algún lugar debe de haber una fuerza poderosa que nos mira, nos conoce y nos quiere. no creo que sea necesariamente jesús, buda, krishna ni los profetas. pero sí alguien. o algo.
SoyShana

Agnosticismo
Los agnósticos creen que no se puede conocer a Dios. No pueden probar ni refutar la existencia de un ser supremo. Si alguien pudiera demostrarla, creerían. Hasta ese momento, mantienen una actitud abierta en cuanto a la cuestión de si Dios existe o no, e incluso puede que recen de vez en cuando.

Ateísmo
Ateísmo significa literalmente «sin Dios». Los ateos han investigado las diversas opciones y han llegado a la conclusión de que es imposible que haya un ser eterno o un redentor.

No creo en Dios. Creo que no es más que algo que los humanos se inventaron para consolarse en este mundo lleno de odio.
Holística

Wicca
La wicca fue reconocida como religión por la ley en 1985 y se basa en los elementos de una religión precristiana del norte de Europa.

Sus adeptos creen que en el universo hay una fuerza creadora, llamada a veces «el Único» o «el Todo». Para ellos, la Diosa y el Dios representan los aspectos femenino y masculino de esa fuerza. Suelen reunirse en asambleas (reuniones), a ser posible al aire libre. En esas reuniones suele haber curaciones, adivinación, adoctrinamiento, discusiones y otras ceremonias, rituales y actividades de conexión con la naturaleza. También realizan los rituales en solitario.

Digo que pertenezco a la wicca sólo porque creo en sus principios básicos: somos responsables de conservar la naturaleza, la Tierra fue creada por una diosa madre, pero tal vez haya más dioses y diosas, y todos tenemos magia en nuestro interior. **smoonie**

Las mujeres en la religión
Muchas religiones occidentales han empezado hace poco a aceptar (cuando no alentar) a líderes femeninos. Hay pastoras baptistas, metodistas, presbiterianas, unitarias y congregacionistas. También hay mujeres que son obispos episcopalianos y sacerdotes luteranos. Las ramas conservadora y reformista del judaísmo permiten a las mujeres ser rabinos. Aunque ninguna mujer puede ser cura en el catolicismo, cada vez ocupan cargos más importantes en la Iglesia, a los que antes no podían acceder.

Explora tu fe

Explorar y entender religiones y creencias diferentes de las tuyas puede ser muy esclarecedor. Te ayuda a comprender y respetar a otras personas. Sin embargo, si te interesan ideas que se contradicen con las de tu familia o no concuerdan con ellas, puede ser muy difícil.

creo en un dios omnisciente. no es un ser concreto de uno u otro género. es un alma universal... una consciencia en un solo plano. formo parte del dios en el que creo, no es un dios malvado ni benévolo... sino yo... un poco de cada, debo admitir.
pequeñavera

Personalmente, en este punto de mi vida, algunas de las religiones modernas me suenan a lavado de coco. No creo que necesitemos una figura todopoderosa que nos diga cómo hemos de vivir.
guardameta

Me educaron para ir a misa y todo eso, pero desde hace un tiempo no entiendo las opiniones de la Iglesia y he dejado de ir, lo que ha sentado muy mal en mi familia. Mi madre quiere que me «comprometa» con la Iglesia, pero yo no. Creo que lo que ha hecho que no me guste mi Iglesia es que menosprecia otras religiones. No sé cómo pueden hacerlo cuando Dios nos enseña lo contrario.
FraNCa

Quiero ir a la iglesia y al grupo de jóvenes, pero en mi familia no somos cristianos y es difícil pedirles que me lleven. No creen en Dios. Es triste. No sé cómo decirles que de verdad quiero ir.
Somnolienta

a mí me gusta creer en mí misma, y me refiero a lo siguiente: tomo los trozos que me gustan de cada religión, trozos de la Biblia, los ritos de meditación del budismo, el simbolismo de las religiones de la tierra, y lo convierto todo en mi fe personal. significa mucho más que ir a sentarse en un banco los domingos.
viceversa

Sectas

Las diferencias entre secta y religión no tienen por qué ser evidentes a primera vista, salvo que las sectas están fuera de las principales corrientes religiosas. Sin embargo, ésa no es suficiente distinción, ya que muchas de las mayores religiones empezaron fuera de las principales corrientes religiosas de su tiempo.

Hay otras diferencias más sutiles y peligrosas. Las sectas suelen querer lavar el cerebro de la gente para ganar adeptos mediante técnicas poco éticas y manipuladoras: información engañosa, aislamiento de amigos y familia, ayuno, privaciones sensoriales y/o drogas. En ocasiones, buscan a nuevos miembros en universitarios que por primera vez están lejos de su casa y su familia y se sienten solos. A menudo, exigen que se haga algún sacrificio para pertenecer a la secta, como abandonar a quienes no crean en su fe o hacer contribuciones (económicas) a la organización.

ESPIRITUALIDAD

En cierto sentido, la espiritualidad es más amplia que la religión. Mientras que la religión es más bien un conjunto determinado de creencias (individuales o colectivas), la espiritualidad tiene que ver con la vida del espíritu y el alma. Existen formas de explorarla que no tienen relación con ninguna religión...

Yoga significa «enyuntar», así que es la unión de mente, cuerpo y espíritu. Combina los estiramientos con ejercicios de respiración y meditación.

JstdandY

Mi madre y yo acabamos de llegar de la sesión de 45 minutos de marcha y footing que hacemos cada dos días. Es cuando me siento más espiritual, cuando estoy en contacto con la naturaleza. Sólo tengo que empezar a paso firme, cerrar los ojos y sentir cómo fluye todo en una combinación que me hace volar. Es increíble. Siento cómo circula la sangre, las venas se llenan y me late el corazón, el auténtico motor de mi fuerza en todo lo que hago.

disturrrbios

Me encantan las velas y el incienso. Solía quedarme sentada en mi cuarto horas y horas a la luz de las velas, quemando incienso, mirando a ninguna parte y pensando. Era muy relajante. Llegué a un punto en el que sólo... ERA. Luego me sentía con energías renovadas. Descubría nuevas cosas de mí a medida que las expulsaba de la mente. Ni siquiera puedo describirlo.

tímida

yo solía meditar mucho, creo que es una de las mejores cosas que se pueden hacer porque ahondas en la mente. la meditación me hizo ser consciente de todo y además cambió mi aspecto exterior. mi actitud era más abierta y nada importaba, sólo lo realmente importante.

BekkaBo

para mí, los sueños son muy espirituales. creo que en parte revelan cómo te sientes por dentro. te pueden dar una nueva visión sobre lo que haces o lo que sientes. a mí me resultan parecidos a la meditación, cuando ves partes de ti misma a las que nunca llegarías con la mente consciente.

ritmoacelerado

POLÍTICA

Las creencias de las personas (religiosas o de otro tipo) tienen una gran influencia en su opinión política. Muchas cuestiones políticas plantean preguntas morales sobre cómo nos relacionamos unos con otros y con el mundo que nos rodea. Las creencias que hemos desarrollado y que continúan evolucionando durante toda nuestra vida, nos ofrecen un marco dentro del que consideramos cada tema y descubrimos nuestra postura. La postura política está en continuo progreso y puede cambiar con el tiempo al encontrar nuevas ideas y aprender cosas nuevas por experiencia.

Poner en práctica tus convicciones políticas puede ser un proceso emocionante y fortalecedor. Por mucha resistencia que encuentres y por mucho que digan los oponentes, el cambio es posible.

> "Nunca dudes que un pequeño grupo de ciudadanos comprometidos puede cambiar el mundo: de hecho, es lo único que ha conseguido cambiarlo."

Margaret Mead

Activismo estudiantil

La historia ha demostrado el poder que tienen los estudiantes. Las protestas pacifistas en los EE.UU. de los años 60 y 70, la demanda de cambios en Francia en 1968, el intento de derrocar a los comunistas en Checoslovaquia durante la Primavera de Praga en 1968, la petición de democracia en la plaza de Tiananmen en China en 1989, las protestas de 1998 en Camboya, el movimiento de liberación palestino... todos han sido alimentados por estudiantes, muchos menores de 20 años.

Existen muchas formas de hacer algo por tus convicciones políticas, desde votar y/o hacer campaña para algún candidato, hasta boicotear empresas con políticas que desapruebas o tomar parte activa en causas y grupos de tu ideología. Las páginas siguientes hablan de algunos temas políticos que suelen ser polémicos. No es una lista exhaustiva. Si tienes preocupación por algún tema del que no se habla aquí, ¡intenta informarte como sea!

Ideas para participar activamente en política, *ver* pp. 276-279.

Aborto

La gente (en especial las mujeres) tiene opiniones muy marcadas sobre si la ley debe permitir que una mujer interrumpa su embarazo y en qué circunstancia.

Los que abogan por «el derecho a elegir» dicen que la decisión de llevar adelante un embarazo recae en cada mujer y es de naturaleza privada.

Los que se oponen al derecho de la mujer a abortar dicen que el aborto es un asesinato, que la vida humana empieza en la concepción y que el derecho del feto a la vida es mayor que el de la mujer a decidir si quiere o no seguir adelante con la gestación.

Las creencias religiosas juegan un papel crucial en la opinión de cada cual sobre el tema. La Iglesia católica y muchas otras organizaciones cristianas fundamentalistas están involucradas en el movimiento antiabortista (también llamado «pro-vida»). Los musulmanes aceptan el aborto en los primeros 40 días de embarazo, ya que el islam enseña que el feto no ha recibido «aliento de vida» hasta entonces. La mayoría de los judíos apoya el derecho a abortar, sobre todo cuando corre peligro la salud de la madre, al igual que la Iglesia presbiteriana y la unitaria.

Para más información sobre el aborto, *ver* pp. 125-126.

El debate del aborto
Los estadounidenses suelen estar a favor del aborto pero sus opiniones son diversas:

- un **64%** dice que debería ser legal en el primer trimestre.
- un **26%** dice que debería ser legal también en el segundo.
- un **13%** dice que debería ser legal también en el tercero.
- un **50%** cree que el aborto es un asesinato, incluye mujeres que han abortado.

Un bebé tiene alma, mente, sentimientos, por eso es una PERSONA... y el aborto es un ASESINATO. Para el cristianismo, el aborto es un pecado mortal, tan malo como el asesinato. Una vez que se ha concebido una vida, su alma está ahí, es parte del Reino de Dios y no se puede sacar. La ADOPCIÓN es la ÚNICA opción. **perrogato**

Yo estoy por la libertad de elección. Eso no quiere decir que abogue por el aborto, sólo que creo que cada mujer debería tomar su decisión. Hay gente que está en contra por motivos religiosos, y me parece bien. La religión puede ser una parte importante de la vida. Pero en este país existe algo llamado *libertad de culto*. **qavellana**

El aborto no puede clasificarse como bueno o malo. Creo que es decisión tuya. Personalmente, sé que si me quedara embarazada ahora mismo me iría sin duda a una clínica de aborto. PERO es sólo lo que yo haría. La cuestión debería ser qué es bueno o malo para mí. A la larga no importará quién dijo qué, lo único que importará es que hiciste lo que sabías que debías hacer. **AdictalToFu**

Ecologismo

Mucha gente está preocupada porque si no cuidamos el medio ambiente y si no conservamos los recursos naturales, la Tierra ya no será habitable para nuestros nietos. El ecologismo trata temas que van desde la protección de especies en peligro de extinción hasta la lucha contra la contaminación y la conservación de la selva tropical o del pantano de tu localidad.

Derechos de los animales
Desde hace tiempo, se debate si es lícito utilizar animales en experimentos científicos o pruebas de productos, comer carne o utilizar productos derivados para cosas como zapatos.

Para temas de salud relacionados con la comida vegetariana, ver p. 60.

Soy vegetariana y no apruebo los experimentos con animales. Dicen que los animales no saben qué les pasa, que tenemos que hacer pruebas de algún modo, pero para mí está mal. Los animales son seres mortales igual que nosotros. Creo que tienen nuestras mismas emociones. Sienten miedo y dolor, tristeza y rabia. ¿Quiénes somos nosotros para infligirles esas emociones? **unaalta**

Creo que si Dios (o la naturaleza) nos hizo omnívoros, es lo que deberíamos ser. No creo que esté bien probar cosas estúpidas como laca para el pelo en los animales. Pero si matando mil ratas se encuentra una cura para el cáncer, estoy a favor. Y si... digamos... los tigres fueran la raza sabia, ¿quién nos dice que ellos tampoco lo harían? **tiovivo**

Igualdad de derechos

La igualdad de derechos es la idea de que todo el mundo debe recibir el mismo trato sin importar su sexo, raza, clase, orientación sexual, discapacidad o cualquier otra diferencia.

Derechos de la mujer

En los últimos 150 años, las mujeres han recorrido un largo camino. En 1848, tuvo lugar la primera convención sobre los derechos de la mujer en Seneca Falls, Nueva York. Unas 80 mujeres firmaron la Declaración de Sentimientos (basada en la Declaración de Independencia), en la que exigían igualdad de derechos para la mujer, derecho al voto, a la propiedad, al divorcio, a la custodia de los hijos, a ir a la universidad, a trabajar en cualquier profesión y a ser consideradas seres independientes y con derechos propios (y no como propiedad de sus padres o maridos). Ahora, las mujeres gozan de todos esos derechos. En EE.UU., muchos de los cambios se produjeron gracias a casos y leyes defendidos por tenaces mujeres o agrupaciones de mujeres.

En la actualidad, muchas de las cosas por las que luchan los defensores de los derechos de la mujer son cuestiones de calidad de vida: racismo, contaminación, pobreza, sanidad, cuidado infantil y la baja de paternidad, por nombrar algunos. Evidentemente, hay muchos temas en los que las mujeres no están de acuerdo, como el aborto o la mujer en el ejército. Muchas organizaciones defienden su propia postura en esos y otros temas.

Mujeres de color: En EE.UU., la historia del movimiento por los derechos de la mujer ha sido criticado como la historia de las mujeres blancas de clase media. Esto es cierto para muchas mujeres de color —afroamericanas, asioamericanas, indias e hispanas— que aparte de los problemas del sexo, encuentran los de la raza.

Además de presionar al movimiento feminista para que tratase temas como el racismo y la violencia, las mujeres de color se han unido para luchar por sus derechos como mujeres y como minoría. En 1895, cien mujeres formaron la Federación Nacional de Mujeres Afroamericanas, un grupo que peleó contra la violencia (en especial los linchamientos) hacia hombres y mujeres negros, y que se sumó al movimiento de sufragistas blancas en la lucha por el derecho al voto.

Los derechos de afroamericanas, hispanas y otras mujeres de color se han quedado atrás respecto de los de las blancas. En 1992, las mujeres blancas recibían como media 71 centavos por cada dólar que ganaban los hombres. En ese momento, las mujeres negras ganaban sólo una media de 65 centavos y las hispanas 54.

Derechos civiles

La Proclamación de Emancipación de 1863 liberó a todos los esclavos de EE.UU., pero no hizo nada para garantizar igualdad de derechos, ni en la práctica ni ante la ley. La Decimocuarta Enmienda (aprobada en 1868) intentó establecer igual protección para todos los ciudadanos de ese país, pero nunca se respetó del todo. Durante los últimos 140 años, los afroamericanos se

¡Gracias a las mujeres que nos precedieron, lucharon por nuestros derechos y ampliaron nuestras oportunidades!

han visto obligados a luchar por sus libertades civiles mediante el esfuerzo de organizaciones como la NAACP (Asociación Nacional para el Avance de la Gente de Color, fundada en 1909) y la Liga Urbana Nacional (fundada en 1911 para ayudar a los negros del sur a emigrar a centros urbanos del norte).

EID
«Los Estados Unidos ni ningún estado integrante negará ni limitará la igualdad de derechos ante la ley basándose en el sexo.» La Enmienda de Igualdad de Derechos fue redactada (originalmente con un texto diferente) por Alice Paul y presentada ante el Congreso en 1923. En 1972, el Congreso la aprobó y la envió a los estados para que la ratificaran. A finales de 1973, un total de 30 estados habían aprobado la enmienda pero aún faltaban ocho más para poder incluirla en la Constitución. Entonces, los conservadores lanzaron una eficaz campaña contra la EID, dirigida a los miedos irracionales de la gente, que afirmaba que la aprobación de la EID llevaría a una homosexualidad desenfrenada, lavabos mixtos, la destrucción del matrimonio como institución y cosas peores. El periodo de ratificación expiró en 1982 y la EID nunca fue aprobada.

Igualdad según la ley: En 1866, el Congreso aprobó la primera Ley de Derechos Civiles, que garantizaba la ciudadanía a los afroamericanos. La segunda Ley de Derechos Civiles, promulgada en 1875, reconocía «la igualdad de todos los hombres ante la ley» y decretaba duras penas por negar a cualquier ciudadano el «derecho total e igual» a hoteles, transportes públicos, teatros y lugares similares.

Sin embargo, no fue hasta los años 50 cuando el Tribunal Supremo actuó para prohibir la segregación en las escuelas (en el caso Brown contra el Consejo de Educación de Topeka de 1954), en los autobuses (en 1956, en gran parte gracias al boicot a los autobuses en Montgomery, inspirado por Rosa Parks) y en otros lugares públicos (como resultado de las sentadas en locales «para blancos» en el Sur de EE.UU. durante los años 60).

En 1965, Martin Luther King Jr. encabezó la famosa marcha sobre Selma, Alabama, en protesta por la negación del derecho de los negros al voto en el Sur, y el Congreso aprobó la Ley de Derecho al Voto, aunque siguieron los problemas para hacerla respetar.

Otros temas más actuales sobre derechos civiles son: la discriminación positiva: la polémica práctica de favorecer, entre candidatos igualmente cualificados, a los de minorías en escuelas y puestos de trabajo; los sistemas de cuotas que obligan a colegios y empresas a admitir o contratar un número representativo de cada minoría; la pobreza; la sanidad; y el poder económico. Desde los años 60, el campo de los derechos civiles se amplió para incluir a pueblos diferentes —latinoamericanos, asioamericanos, indios, araboamericanos, etc.— cada cual con su luchas particulares.

Derechos de los homosexuales

El siglo xx trajo enormes cambios en las actitudes, creencias, teorías y políticas referentes a la homosexualidad. Influidos por el movimiento de los derechos civiles, la comunidad gay se vio a sí misma cada vez más como una minoría perseguida que debía organizarse políticamente en defensa de sus derechos. A raíz de esto, en 1969, el movimiento de liberación gay nació oficialmente, durante los disturbios de Stonewall, en los que los homosexuales tomaron las calles para protestar contra una redada policial en un bar gay del neoyorquino Greenwich Village.

Ahora existe un movimiento político gay muy establecido cuyo objetivo es la igualdad de derechos para los gays.

Estos derechos son:

1. Protección contra la discriminación en el lugar de trabajo.
2. La abolición de las leyes contra la sodomía, que prohíben el sexo oral y anal.
3. Parejas reconocidas por la ley cuyos componentes reciban los mismos beneficios que los heterosexuales.
4. Derecho a la custodia, visita y adopción de hijos por padres homosexuales.
5. Protección contra delitos inspirados por el odio.
6. Protección legal contra la discriminación para personas con VIH.

La lucha por los derechos de los homosexuales recibe una dura oposición por parte de los conservadores religiosos y homófobos, que han llegado a organizarse hasta cierto punto en una plataforma antigay. Es muy probable que el acalorado conflicto entre ambos bandos continúe.

Más cuestiones homosexuales, ver Preferencias sexuales, pp. 131-143.

Derechos de los discapacitados

Durante las últimas décadas, el movimiento de los derechos de los discapacitados ha concienciado acerca de las injusticias contra las personas con deficiencias. Ha sido necesario contrarrestar una larga historia de completa segregación de los discapacitados.

En EE.UU., este movimiento ha adoptado diversas de las estrategias del movimiento por los derechos civiles y obtuvo su primera gran victoria tras un tremendo esfuerzo de la ACCD (Coalición Americana de Ciudadanos Discapacitados), que llevó a cabo la sentada más larga hasta la fecha en un edificio federal. La Ley de Rehabilitación de 1973 dice que ningún programa que reciba ayudas o financiación del estado puede negar a la participación de personas discapacitadas o discriminarlas.

La Ley de Americanos con Discapacidades (aprobada en 1990) convirtió la inserción de personas con discapacidades en una cuestión de derechos civiles. La LAD prohíbe la discriminación con motivo de una discapacidad en puestos de trabajo, programas y servicios del estado y de los gobiernos locales, en bienes y servicios de empresas privadas, y en establecimientos comerciales.

Antes de esa ley, se inició una efectiva campaña para escribir «diarios de discriminación». Se pidió a las personas discapacitadas que documentaran los casos diarios de inaccesibilidad y discriminación. Esos diarios no sólo sirvieron como prueba de la discriminación, sino que despertaron la conciencia sobre las numerosas barreras en la vida cotidiana que los discapacitados toleran como parte del día a día.

Aún queda mucho trabajo por hacer en esta área, la LAD tiene muchas limitaciones y aún hay numerosos lugares y situaciones que no son accesibles para gran número de personas.

INFORMACIÓN

Internet: Páginas web

Personas en acción por un mundo mejor (http://personasenaccion.com): Enlaces a iniciativas, asociaciones e información en internet: ecología, solidaridad, países en desarrollo, comunidades, derechos, etc.

Derechos humanos (http://www.derechos.org/esp.html): Trabajan con organismos de derechos humanos en el mundo para obtener información exacta y detallada sobre las agresiones y abusos a las personas, así como las acciones de solidaridad para con las víctimas.

Pangea. Comunicación para la cooperación (http://www.pangea.org): Desde esta página podrás localizar y visitar distintos colectivos, ONG, campañas solidarias, etc. Desde España al resto del mundo. Pincha «Castellano» para leer su versión en español.

Derechos de la mujer (http://www.derechos.org/ddhh/mujer): Todo tipo de información sobre cuestiones referentes a los derechos de la mujer. Si quieres conocer los servicios de que dispones, o bien medidas a adoptar en caso de agresión, el estado actual de la violencia contra la mujer, o los organismos que se ocupan de todo ello, visita esta página densamente documentada.

CELEM. Coordinadora española para el lobby europeo de mujeres (http://www.celem.org): Programa europeo de la CELEM para promover la igualdad de oportunidades entre hombres y mujeres.

Unicef (http://www.unicef.org/spanish): Para conocer de primera mano la actualidad de los derechos del niño. Unicef, el organismo más reconocido en la salvaguarda de los niños del mundo, pone a tu disposición en este sitio historias reales, ilustraciones solidarias, e informaciones solventes sobre los derechos del menor en el mundo.

Declaración de los derechos del niño de las Naciones Unidas (http://www.virtualg.com/derechos): Imprescindible para que todos los menores conozcan sus derechos, de los que no pueden renegar y todos deben respetar. La primera condición para luchar por los derechos propios radica en conocerlos.

Agenda ecologista (http://linux.nodo50.org/ecologia): En esta agenda encontrarás los más diversos enlaces sobre ecología y medio ambiente, de modo que puedas organizar tu investigación a tu conveniencia.

ADENAT. Asociación ecologista de defensa de la naturaleza (http://www.ecologistasenaccion.org): Si la naturaleza es tu pasión, aquí darás con muchos otros que ofrecen sus fuerzas y entusiasmo para salvaguardar nuestro mundo.

Medio ambiente (http://www.renfe.es/medio_ambiente): La red nacional de ferrocarriles españoles incluye en su sitio una página sobre medio ambiente. Gracias a ella podrás visitar las principales «estaciones verdes», o bien descubrir las ventajas de viajar en tren.

Disc@pnet (http://www.discapnet.es): Todo sobre la discapacidad en España, actualizado para aquellos que lo viven y los que desean comprender qué supone padecer una discapacidad: noticias, organizaciones, bolsa de trabajo, etc.

Informativo satírico (http://condosguevos.tripod.com): ¿Quieres tomarte la política con humor? Esta página recoge las noticias de la actualidad y ofrece los comentarios más irreverentes.

Libros

Conocimientos

Eliade, M. *Historia de las creencias y de las ideas religiosas*, Herder, Barcelona, 1999

Douglas, A. *Guía del autostopista galáctico*, Anagrama, Barcelona, 1997

Pirsig, R. *Zen y el arte del mantenimiento de la motocicleta*, Mondadori, Barcelona, 1999

Rodríguez, P. *El poder de las sectas*, Ediciones B, Barcelona, 1999

Rodríguez, P. *Adicción a las sectas*, Ediciones B, Barcelona, 2000

Singer, M. T. *Las sectas entre nosotros*, Gedisa, Barcelona, 1997

Powers, B. *Acéptate, acéptalo*, Paidós, Barcelona, 1999

Hassan, S. *Las técnicas de control mental de las sectas y cómo combatirlas*, Urano, Barcelona, 1990.

Entidades

Consejo de la Juventud en España: Montera 24 6.ª planta - 28013 Madrid - Tel. 91 7010420 - Fax 91 7010440 - info@cje.org

Comité Español de UNICEF: Mauricio Legendre 36 - 28046 Madrid - Tel. 91 3789563 - Fax 91 3147475 - unicef_es@seker.es

Liga Española Pro-Derechos Humanos: Hermosilla 114 bajo A. - 28009 Madrid - Tel. 91 4019695 - Fax 91 4019695 - lepddhh@landes.es (http://www.landes.es/~lepddhh)

Fundación de Derechos Civiles: Salustiano Olózaga 6 2.º drcha. - 28001 Madrid - Tel. 91 7818510 - Fax 91 5776129 - fundi@civilia.net (http://www.civilia.net)

Amnistía Internacional: Fernando VI 8 1.º izqda. - 28004 Madrid - Tel. 902 119133 - Fax 91 3195334 - amnistia.internacional@a-i.es

Save the children (antes FUNCOE. Fundación de cooperación y educación): Plaza Puerto Rubio 28 - 28053 Madrid - Tel. 91 5130500 - Fax 91 5523272 - stch@savethechildren.es (http://www.savethechildren.es)

Federación Española de Asociaciones Pro Vida: Bonaplata 42 1.º - 08034 Barcelona - Tel. 93 2047111 - Fax 91 2047214 - feapv@provida.org

Fundación WWF/ADENA: Santa Engracia 6 2.º izqda. - 28010 Madrid - Tel. 91 3082309 - Fax 91 3083293 - info@wwf.es (http://www.wwf.es)

Greenpeace España: San Bernardo 107 1.º - 28015 Madrid - Tel. 91 4441400 - Fax 91 4471598 (http://www.greenpeace.es)

Ecologistas en Acción: Marqués de Leganés 12 bajo - 28004 Madrid - Tel. 91 5312389 - Fax 91 5312611

Instituto Nacional de ecología de México: Avda. Revolución 1425 - Col. Campestre - C.P. 01040 México D.F.

Asociación de Mujeres por la Paz Mundial: Doctor Gómez Vela 8 bajo drcha. - 28028 Madrid - Tel. 91 3615558 - Fax 91 7266780

COCEMFE. Confederación Coordinadora Estatal de Minusválidos Físicos de España: Luis Cabrera 63 - 28002 Madrid - Tel. 91 7443600 - Fax 91 4131996 - (http://www.cocemfe.es)

Fundación ONCE: Sebastián Herrera 15 - 28012 Madrid - Tel. 91 5068888 - Fax 91 5393487 - (http://www.once.es)

Cáritas Española: San Bernardo 99 bis 7.° - 28015 Madrid - Tel. 91 4441000 - Fax 91 5934882

Ayuda a la Iglesia Necesitada: Ferrer del Río 3 - 28028 Madrid - Tel. 91 7259212 - Fax 91 3563853 - ain@sinix.net (http://www.kirchw-in-not.org)

Cooperación Internacional: Núñez de Balboa 56 bajo A - 28001 Madrid - Tel. 91 4356807 - Fax 91 4316962 - info@ci-ong.org (http://www.ci-ong.org)

Defensor del pueblo europeo: Bureau de Strasbourg 1, avenue du Président Robert Schuman BP 403 - F67001 Strasbourg - Cedex Francia - Tel. 388 172313 - Fax 288 179062 - euro-ombudsman@europarl.eu.int (http://www.euro-ombudsman.eu.int)

¿Quieres conversar sobre este tema? Entra en el chat de http://www.descubrete-edicionesb.com

vida

Capítulo 6

Ser tú misma

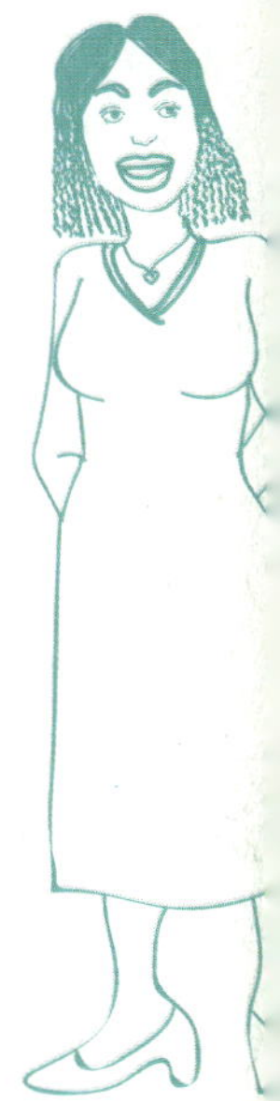

Todos somos diferentes.

Descubrir quién quieres ser y cuál es tu lugar en el mundo no es tarea fácil, pero sí muy interesante. Tu identidad es única, complicada, está en constante evolución y sólo tú puedes definirla (y redefinirla).

Cada persona tiene su modo de definirse. Existen muchas opciones y mensajes diferentes que te dicen qué hacer y cómo ser. La familia y los amigos tienen, en ocasiones, una idea de lo que deberías ponerte, qué debería gustarte, qué tendrías que pensar o hacer. Quizá los demás quieran definirte de cierta forma basándose tan sólo en uno o un par de aspectos de tu vida, que no reflejan la suma de quién eres.

Es importante que explores tus intereses, que te escuches y sepas qué es lo adecuado para ti. Ser fiel a tus deseos y opiniones es esencial para el interminable proceso de convertirte en ti misma

EXPRESARTE

Ser tú misma consiste en gran parte en expresarte tal como eres frente a los demás y al mundo.

Hay infinitas formas de hacerlo: las cosas en las que participas (ya sea deporte, arte, artesanía, escritura, ordenadores, clubes, etc.), tu cuerpo, tu ropa, tus gustos, tus manías y muchas cosas más.

Timidez y apocamiento

En ocasiones, es difícil expresarte si estás demasiado pendiente de que los demás te observan y juzgan.

Siempre tengo miedo de hacer el ridículo, donde vaya y haga lo que haga. Desde el colegio hasta la cena. ¡¡¡Me sonrojo por todo!!! Si un chico me habla, me pongo como un tomate, igual que cuando tengo que leer en clase o hago una presentación oral, incluso cuando me quedo a comer en el cole.
Hawaii50

conseguir un trabajo va bien para ganar seguridad. yo era timidísima hasta que, hace un año, me busqué empleo en una tienda. trabajar con gente y relacionarme con los problemas de otros me ayudó a superar la timidez. me gusta mucho mi trabajo. mis compañeros también son geniales. sé que esto no te va a curar la timidez de golpe pero es un paso adelante.
iLLuminator

Yo solía ser muy, muy tímida. De pequeña, me escondía cuando teníamos visita. La única forma de superarlo (y ¡SÍ, se puede!, yo lo he hecho) es salir y enfrentarte al miedo. Cuantas más actividades hagas, más tendrás de qué hablar y conocerás a más gente.
Vegeta

Te compadezco, de verdad. Lo primero que tienes que hacer cuando hables con alguien es imaginar que no está ahí y pensar las cosas que dirías si no fueses tímida. Es como si ensayases una obra de teatro en tu habitación. Hazlo y tarde o temprano te saldrá de forma natural. También puedes imaginar que conoces desde hace tiempo a todas las personas con quienes hablas.
MissV

Ser tímida es muy duro, ¡pero he conocido a muchas personas que lo han superado! La verdad es que no es tan difícil. Sólo tienes que enfrentarte a tus miedos. ¿Qué te impide decir HOLA a los demás? Quizá podrías ir a clases de teatro. Será muy duro, ¡pero te empuja en la dirección que quieres ir!
Bettzel

Experimentar

Descubrir quién eres resulta difícil si no pruebas diferentes cosas para ver qué tal.

Mantener una actitud abierta ante distintas formas de ser y pensar te permite determinar lo que te gusta y lo que no, qué te sienta bien y qué no, y qué combinación de cosas te hacen ser quien eres en cualquier momento y lugar.

La experimentación es fundamental para llegar a conocerte. Probar qué se siente al vestir o actuar de cierta forma te dará una perspectiva sobre otras maneras de contemplar el mundo, incluso si decides que lo que has probado no va contigo.

en cuanto a quién soy,
aún no lo he descubierto.
sólo sé que estoy liada.
todo lo que hago, digo, llevo,
¡¡todo!! me desconcierta.
Mariquita

Vale, detesto mi estilo. Llevo el pelo recogido, a veces suelto si está recién limpio. Pero no soy creída ni nada de eso. A veces me pongo pantalones de campana, otros días vaqueros anchos, camisas holgadas, camisetas ajustadas... ¿Soy la única que se siente tan liada que no puede decidirse por un estilo? ¿O es mejor tener todos los estilos, o sea, ser muchos tipos de persona a la vez?
voyenserio

DESTACAR

Todo el mundo destaca en algún aspecto. Sean cuales sean las distinciones que se hagan —raza, discapacidades, aspecto, religión, situación familiar, actitud, o cualquier otra cosa—, casi todo el mundo se siente diferente de los demás en algún momento. Según las circunstancias y las reacciones de los que te rodean, destacar puede ser agradable, frustrante o vergonzoso.

Si tienes problemas porque no aceptan tu diferencia, tal vez te sea más duro aferrarte a los sentimientos positivos sobre tu persona. Puedes intentar educar a la gente para que comprendan por qué tu diferencia es algo que deberían aprender a aceptar. O puedes decidir que no vale la pena cambiar la opinión de todo el mundo e ir a lo tuyo sintiéndote cómoda como eres. Si las personas de estrechas miras no pueden aceptar tu diferencia, es problema suyo.

Cuando las reacciones de los demás son negativas, es importante que exteriorices tus sentimientos. En esos casos, la rabia a veces es útil. Aunque no puedes controlar los comentarios y reacciones estúpidas de los demás, puedes aprender a entender y tratar las emociones que te despierta su comportamiento. Hablar sobre cómo se enfrentan a la intolerancia con personas que se encuentran en una situación similar, puede ayudarte.

Ver Rabia, p. 166.

tengo un montón de líos en la cabeza. soy de las chicas a las que les gusta mucho el deporte. supongo que podría decir que soy bastante fuerte y eso se supone que es bueno, ¿no? ¡pues no! los tíos me llamaban camionera por los pasillos del colegio. al principio no hacía caso pero ahora me lo dicen por todas partes.
icaria

Sé por lo que estás pasando. a mí también me gusta el deporte y soy fuerte. casi siempre, más fuerte que los chicos. me llamaban machota, rambo, hércules, tantas cosas que ya no me acuerdo. herían mis sentimientos, pero a ellos les importaba un pito. no te preocupes, al final te dejarán en paz. a mí dejaron de decirme todo eso. **puzzle**

Pronto cumpliré los 15... pero no quiero crecer nunca. Desde primer curso sólo he tenido amigos chicos. Soy una marimacho. Ahora iré a un instituto nuevo, más grande... ¿Qué voy a hacer? Y lo más importante, ¿tendré que volver a ser una chica?
el-misterio

Tengo amigos y eso, pero a menudo estoy al margen de todo. Mi gran problema es el sarcasmo. Mucha gente no lo entiende y se siente intimidada por eso y por mis notas. Pero ¿sabéis qué? Soy buena estudiante y soy sarcástica. Me gusta serlo y mis amigos se han acostumbrado.
roBotix

Mucha gente no quiere ir conmigo porque soy «rara». He aprendido a decir «¡Piérdete!» y me ayuda a superarlo. Si la gente te trata mal sólo porque eres diferente, di «¡Piérdete! ¡No te necesito!». Si estás orgullosa de quién y cómo eres, los demás empezarán a venir y a querer ser amigos tuyos. Lo creas o no, estoy convencida de que mucha gente siente envidia de las personas como nosotras porque somos lo bastante valientes o tenemos suficiente seguridad para ser diferentes.
sincera

Diferencias raciales y culturales

El país con mayor diversidad cultural y racial del mundo es EE.UU. Ése es uno de los mayores puntos fuertes y una de las mayores debilidades del país, además de un gran reto.

Sentirse diferente por la identidad étnica despierta una gran variedad de sentimientos que van desde el orgullo a la rabia o el aislamiento. Cuando la gente tiene prejuicios o se basa en estereotipos culturales para juzgarte, puedes sentir gran frustración. El miedo a la diferencia y la ignorancia pueden provocar opiniones muy cerradas sobre personas de procedencia diferente. Conocer a personas de otras culturas y hablar con ellas es un gran privilegio del ciudadano del mundo. Explorar tu identidad étnica puede ser importante para comprender quién eres.

Ver Derechos civiles, pp. 272-274.

Soy asiática y parece que algunas personas me rechazan y me desprecian. En mi instituto no hay muchos asiáticos. ¿Qué puedo hacer?
divertida

Eh, también soy asiática y me encuentro con esa porquería. Tienes que mantener la cabeza alta y actuar como si fueras mejor que los que te desprecian por ser como eres. Porque... ¡¡¡ERES ASÍ!!! Sé que es duro, pero tienes que dejar de hacer caso de lo que dice la gente. (Es más fácil decirlo que hacerlo, ya lo sé.) Piensa en lo que opinas tú y no en la opinión de los demás.
maryDixon

Voy a un colegio donde casi todos son negros (yo también) y eso no me causa ningún problema. Mi problema es que soy más clara que la mayoría y tengo el pelo ondulado. Me dicen que quiero ser blanca y que sólo tengo amigos blancos, pero no es verdad. Tengo amigos negros aunque no muchos porque los otros alumnos negros no me aceptan como soy. Mi madre me ha dicho muchas veces que no deje que me afecte y que siga adelante.
miaumiau

soy mitad blanca y mitad negra. en mi instituto no hay muchas minorías (hay un solo chico negro en mi clase) y la gente no tiene problemas, pero como hay tan pocas minorías y normalmente las razas se separan, a algunos les da miedo ir con alguien «diferente».
coso

Es irónico. Yo tengo el mismo problema. La única diferencia es que voy a una escuela multicultural (1/3 negros, 1/3 hispanos, 1/3 asiáticos). Se ríen de mí porque soy la única chica negra con poco pecho y porque hablo como los blancos. También tengo unos cuantos amigos negros. Sólo quería decirte que no estás sola.
tRino

Discapacidad

En la actualidad hay entre 30 y 40 millones de personas discapacitadas sólo en EE.UU. Los discapacitados se enfrentan a muy diversas situaciones que pueden separarlos de los demás, desde una cojera hasta la pérdida de un sentido o una enfermedad degenerativa. La reacción de la gente va desde la compasión no deseada y la presunción de incompetencia hasta la normalidad o un interés excesivo. Las reacciones negativas pueden estar basadas en el miedo a la diferencia o a que la discapacidad les afecte a ellos. Algunos lugares o actividades son inaccesibles para los discapacitados, lo que puede llevar a una sensación de aislamiento que se interpone en el camino hacia ser uno mismo. No obstante, existen formas de evitar esos obstáculos.

Ver Derechos de los discapacitados, p. 275, e Información, p. 279.

hola. tengo 15 años y soy una gran chica (o eso creo), mis amigos me consideran divertida y creo que soy guapa. no soy una creída, no me juzguéis así, por favor. la cosa es que voy en silla de ruedas y eso me impide hacer amigos. soy muy insegura. mentalmente estoy en muy buena forma, pero físicamente padezco una grave debilidad que se llama distrofia muscular. siento que la gente no me hace caso y nadie quiere ser mi amigo. ¿os haríais amigas de alguien en silla de ruedas? ¿tenéis algún consejo? ENTENDED, POR FAVOR, QUE NO QUIERO COMPASIÓN, SÓLO QUE ME TRATEN COMO A LOS DEMÁS.
MartaH

Soy tartamuda y mucha gente se ríe de mí. Me siento como si fuera la única persona tartamuda del mundo.
chicaimperial

Bueno, y ¿qué importa? si la gente de tu instituto tiene tantos prejuicios, los compadezco.
cHICAvaga

Veréis, soy completamente sorda, y es un gran problema. Me siento excluida. Cuando vine a vivir a Hawaii a los once años (ahora estoy en el instituto), era una marginada. Aún me siento así. La sordera siempre ha sido un obstáculo. No me da vergüenza, expreso todos mis sentimientos. Pero cuando intento participar en una conversación, me excluyen, porque tengo que leer los labios y todos hablan hacia otros. Y me duele que nadie me invite a salir. Ya sé que se supone que yo también puedo invitarlos, y lo haría ¡si ellos lo hicieran antes!
3elfos

SER ACEPTADA

Casi todo el mundo quiere ser aceptado por amigos y/o determinados grupos, y ese deseo de encajar influencia a menudo la forma de expresión.

El miedo a qué pensarán los demás hace que mucha gente olvide sus intereses y deseos (lo cual no siempre es malo si hace que alguien no tenga un comportamiento perjudicial), y a veces te anima a hacer cosas que de otro modo no harías. En cualquier caso, puede impedir que te expreses con libertad.

Voy a un instituto muy religioso, pero eso no es un problema porque soy cristiana. Sin embargo, me visto de forma un poco diferente. Entendedme, ¡me ENCANTA lo que llevo (por si tenéis curiosidad, mi estilo es de pantalones caídos)! Pero ellos (¡alumnos e incluso profesores!) creen que soy «mala» por ir con esa ropa, y no lo soy. Saco buenas notas y voy a misa. Aun así les gusta arrugar la nariz cuando mi pandilla y yo estamos delante. ¡Un día incluso me preguntaron si hacía magia negra! ¿Debería vestirme como ellas y «limpiar» mi armario? ¡Ayuda!

panterafucsia

Soy de las que le gusta fingir que no le importa lo que piensen los demás, pero no es verdad. Hace poco, al acabar el curso, me corté el pelo y me quedó genial, pero no es un estilo que guste a todo el mundo. Me da mucho miedo qué pensarán. Me pongo de los nervios. Las clases empiezan dentro de dos semanas, así que no puedo hacer que esté como antes. Es muy corto, y me da miedo que todos piensen que soy lesbiana.

jojokale

Eh, tengo un problema. Tiene que ver con la música. En mi instituto, siempre soy la tonta sólo por la música que escucho. Bueno, punk + ska. No sé, parece que ahora la música es lo más importante. Sólo puedes ser amiga de gente que escuche lo mismo que tú. No me malinterpretéis, me encanta la gente con la que puedo hablar de mi música preferida, pero cuando llega a un punto en que eres una marginada, ¿no creéis que es llevarlo un poco lejos?

ladeflequillo

Presión externa

Es inevitable que algunas personas piensen que deberías ser o actuar de cierta manera, y quizás intenten influirte para que cambies y encajes en su concepto. Eso suele ser desconcertante, en especial si viene de alguien que te importa mucho y si no estás muy segura de ti misma. Los consejos de los demás pueden ser útiles y darte nuevas ideas. Sin embargo, si te presionan en una dirección que no te parece la adecuada, ¡confía en tu instinto!

Ver Estados alterados, **pp. 198-211.**

Ver Hacerlo o no hacerlo, **pp. 95-101.**

Ver Amigos, **pp. 233-237.**

La presión externa afecta a muchos aspectos de la vida.

no consigo decidirme entre hacer tenis o voleibol este año (el horario coincide) porque juego bien al tenis pero ninguno de mis amigos se ha apuntado, están todos en voleibol, pero no soy buena en voleibol...
Babbette

Me han puesto la etiqueta de «poco guay» porque fui amable con una chica a la que todos odian por ser pobre. No me gusta criticar a los demás porque sé que no me gustaría que me lo hicieran a mí, pero a mis amigas les parece raro.
erinmaria

En mi pequeño colegio privado (50-60 alumnos) ¡soy la única que juega al baloncesto! Me presionan mucho para dejar de jugar, ¡dicen que sólo juego para estar con tíos buenos!
vasovacío

Crecí en los años 80 y era raro que una chica jugara a básquet. Siempre quería jugar con los tíos pero no me dejaban. Y luego se metían conmigo y las chicas empezaron a llamarme marimacho y me hacían sentarme con los chicos. Bueno, pues ahora tengo una beca completa del estado de Oklahoma gracias al baloncesto. Pasa de lo que diga la gente.
gatamoira

Etiquetas y definiciones

perdedora inadaptada
gótica gorda solitaria
marginada listilla punk
creída guay boba cibercoco
skater hippy popular

Una forma en que la gente trata el asunto de la aceptación es colocando a las personas en categorías concretas. Encontrar gente o grupos con los que identificarse es, para muchos, una parte importante del proceso de definirse como personas.

Sin embargo, definir a alguien por su aspecto, sus creencias o sus gustos es un insulto a las muchas dimensiones que configuran la personalidad de cada cual. Una sola cosa, por mucho que signifique para ti, no es todo lo que te define.

Pandillas y etiquetas, *ver* **pp. 256-257.**

CADA DÍA la gente habla y se ríe de mí por el pasillo. Sólo con que les salude o les mire parecen tener derecho a criticarme. Vale, a veces me visto como nadie más y ¡¡ME ENCANTA MI ROPA!! MUCHO. Pero ODIO que me juzguen por lo que me pongo. La ropa no define a una persona. Un día puedo ser gótica y al siguiente haberme hecho hippy. Me etiquetan de «quiero y no puedo», pero no lo soy. Llevo la ropa que me gusta y lo que YO QUIERO. ¡La GENTE ESTÚPIDA que critica es una mierda!
chicaelainy

Por fin he encontrado a alguien como yo, pensaba que era la única. Por ejemplo, un día llevo camiseta verde (hasta las rodillas), una camisa a rayas marrones y verdes y unos pantalones muy funkys y guays. La gente se pone en plan «es un bicho raro». El día siguiente llevo pantalones anchos y una camiseta de Marilyn Manson y soy heavy o gótica. Resulta que me gusta mucho hacerme ropa y a veces agarro unos vaqueros que me van pequeños, los corto en trozos y los coso de otra forma.
artista

Soy animadora, y todo el mundo presupone que «las animadoras son esnobs, tías buenas, guarras, cabezas huecas y populares». Vale, pero yo no soy ni guarra, ni tía buena, ni cabeza hueca, ni esnob, lo único que soy es popular, ¡pero ya lo era antes de hacerme animadora! ¡Saco muy buenas notas y soy simpática con todo el mundo! ¡¿Por qué se piensa automáticamente que las animadoras son malas?! Ayudadme, por favor.
margeyann

cuando me preguntan qué música me gusta, esperan que diga algo como alternativa o tecno o rap o yo qué sé, pero a mí me gusta un poco de todo. me gusta algo de música alternativa, algo de rap, punk (vale, sobre todo punk), heavy, rock, música clásica, hasta country. pero algunos grupos no entran en ninguna categoría. por eso cuando me preguntan qué me gusta digo «un poco de todo». no me gusta estar dentro de esas fronteras que ha puesto la sociedad.
ellenfrank

¿cómo definiríais a una creída? ¿por cómo actúa o por cómo viste? porque si se refiere sólo a la forma de vestir de una persona, ¿cómo puedes decir que la odias o que es esnob? ¿y cómo puedes criticar su forma de vestir si no aguantas que critiquen la tuya?
RNBlover

estoy harta de la gente que pone estereotipos con la música. me gustan nirvana, nin, hole, marilyn manson, metallica... todos esos grupos. algunas personas verían eso y me tildarían de skater o punk, entre muchas otras cosas. pero también escucho a mariah carey, shania twain, n'synch, usher y 2pac. no soy una creída y no soy skater. yo soy yo. así que a todos los que ponéis estereotipos... ¡¡¡que os jodan!!!
quinnquix

INFORMACIÓN

Internet: Páginas web

Web junior. Jóvenes en internet
(http://www.cpsl.com/webjunior): Este sitio tiene ya once años web (es decir, dos años para el resto de los humanos), y se mantiene fresco como el primer día. Si eres joven, te gusta navegar por internet y quieres participar de veras, entra sin llamar.

Buscar gente en internet
(http://www.hispachat.com/GENTE): ¿Buscas gente con tus mismas inquietudes? En este sitio puedes encontrarla y conversar en tiempo real.

OJE. Organización Juvenil Española
(http://personal.redestb.es/mainboard): La unidad da la fuerza. La Organización Juvenil Española te mostrará en su sitio web la multitud de posibilidades que existen en España para desarrollar actividades y disfrutar plenamente de la juventud.

Foro Juvenil
(http://www.forojuvenil.org.uy/presen ta.htm): Un lugar donde poner en común tus preocupaciones de cada día, así como tus reflexiones acerca de problemas de mayor envergadura que pueden determinar la vida de la gente joven en todo el mundo.

Galería de artistas jóvenes
(http://www.wilkoart.com): Aquí encontrarás reunidas las tendencias más novedosas, todas las propuestas de los artistas jóvenes. Este sitio demuestra que el arte sigue vivo en manos de las nuevas generaciones.

Deporte en la red
(http://www.sportec.com): Todas las noticias, constantemente actualizadas, de todos los deportes. Esta página tiene recursos para satisfacer incluso a los más excéntricos de los deportistas.

Contra las barreras
(http://www.infotec-sl.com): Éste es el sitio de INFOTEC-Páginas verdes de la accesibilidad, en el que se propone que, gracias a la colaboración de todos, la gente con discapacidades físicas pueda circular sin dificultad.

Asociación de jóvenes telespectadores
(http:/lavender.fortunecity.com/tombs tone/266/ajt): En contra de la censura, por la libertad de expresión y por la capacidad de ejercer el espíritu crítico ante la televisión.

¡Tómatelo con humor!
(http://www.chistes.cl): Todos los chistes... ¡porque siempre hay una excusa para reír!

Libros

Conocimientos

Schnedier, S. *El libro de las chicas*, Círculo de Lectores, 1996

Entidades

Consejo de la Juventud en España: Montera 24 6.ª planta - 28013 Madrid - Tel. 91 7010420 - Fax 91 7010440 - info@cje.org

Save the children (antes FUNCOE. Fundación de cooperación y educación): Plaza Puerto Rubio 28 - 28053 Madrid - Tel. 91 5130500 - Fax 91 5523272
stch@savethechildren.es
(http://www.savethechildren.es)

¿Quieres conversar sobre este tema? Entra en el chat de http://www.descubrete-edicionesb.com

Sección especial

Dinero

El dinero está lejos de serlo todo en la vida, pero inevitablemente es importante. Tener dinero te puede permitir hacer lo que quieres; te ayuda a conseguir libertad, independencia y autosuficiencia. No obstante, no tener dinero puede limitar mucho tus opciones. Desarrollar una relación con el dinero —cómo lo ganas, lo gastas y lo ahorras— es un proceso lleno de pruebas y errores. Aunque casi todo el mundo tiene que trabajar por dinero, cuanto más sepas sobre él, más podrás hacer que tu dinero trabaje por ti.

GANARLO

Cuando eres joven, la falta de aptitudes laborales, experiencia o estudios superiores limitan tus oportunidades de trabajo. Aun así, tienes muchas opciones para ganar dinero y obtener experiencia, desde cuidar niños hasta trabajar en una tienda, una oficina o abrir tu propio negocio.

Al final, todo el mundo debe luchar para ganarse la vida. Preguntar a otra gente sobre su trabajo puede darte una visión interesante de lo que quieres hacer profesionalmente. Ya que vas a tener que trabajar, si encuentras un empleo en algo que te interesa, el trabajo será una experiencia mucho más agradable y gratificante.

Media jornada

Un trabajo de media jornada es una gran oportunidad para ganar dinero, experiencia y responsabilidad. Una ventaja del trabajo es que obtienes beneficios tangibles como resultado de tu tiempo y esfuerzo: un sueldo. Y si trabajas con más personas, puedes abrirte a un mundo de personalidades e ideas que de otro modo no habrías descubierto. Antes de aceptar un puesto, no es mala idea pensar qué esperas obtener de él y si interferirá mucho con las otras cosas de tu vida (sobre todo en los estudios).

Leyes y reglamentos

Los trabajadores jóvenes suelen contar con condiciones laborales específicas. En España, la edad laboral se sitúa en los 17 años, y existen tipos de contratos laborales especiales para los jóvenes. Así, si eres mayor de 16 años o menor de 21, puedes acceder a un contrato de formación, según el cual destinarás un 15% de la jornada a la formación teórica. De este modo, en caso de que empieces a trabajar muy joven, podrás aprender un oficio y convertirte en un trabajador cualificado. Como cualquier otro empleado, tu salario será el fijado en el convenio colectivo, pero nunca será inferior al salario mínimo interprofesional en proporción al tiempo de trabajo efectivo.

Para informarte sobre las leyes de tu estado, ponte en contacto con una oficina de empleo ver Información, p. 296.

Mi amiga trabaja en una pizzería y me ha conseguido un trabajo dos días a la semana. Quiero aceptarlo, pero mi madre no me deja. ODIO cuidar niños y necesito (bueno... quiero) dinero. Además, muchos amigos míos trabajan allí, así que no será tan horrible. ¿Alguna idea para convencer a mi madre?
bobbette

A tu madre puedes:
* Explicarle las razones por las que mereces el trabajo.
* Prometerle que tus notas no bajarán y ayudar en casa sin que te lo pida.
* Prometerle que dejarás el trabajo si empiezas a sacar peores notas o si no te da tiempo a hacer las tareas de casa.

ladyliberty

Algunos padres no cambian nunca. Pero podrías decirles que si no tienes trabajo, tendrán que pagarte la ropa, el coche, el material escolar y las cosas personales porque no tienes forma de ganar pasta. Sin trabajo, no puedes independizarte ni aprender a ser responsable. Buena suerte con tus padres.
shannonT

Sé que pensarás que es una excusa tonta, pero un empleo te ayuda a ganar seguridad. Puedes decirle a tu madre que ése es uno de los beneficios de trabajar. Yo era muy tímida antes de empezar a trabajar, hace un año. Trabajar con más gente y conocer sus problemas me ayudó a superar mi timidez. Me gusta mi trabajo y mis compañeros son estupendos.
erinmaria

Abrir un negocio

El trabajo no se limita a encontrar un empleo ya existente. Muchas personas crean su propio trabajo identificando y ofreciendo servicios o productos que la gente necesita. Tal vez te resulte interesante investigar el origen de empresas que admiras. Fundar tu propio negocio es muy emocionante y puede aportarte una gran satisfacción personal, aunque probablemente sea mucho trabajo.

Si tienes intención de llevar adelante una idea, está bien crear un plan de negocio, que puede ser un ejercicio divertido e interesante en sí mismo.

Mi mejor amiga me ha propuesto que organicemos fiestas (yo prefiero llamarlo «Organización de Celebraciones»). Prepararíamos las fiestas de otra gente y les cobraríamos por nuestro tiempo y creatividad, además del coste del material. No tendríamos por qué cocinar ni hacer toda la decoración nosotras mismas, pero buscaríamos proveedores para todos los detalles. ¿Alguien cree que hay mercado para algo así?
lorettaespía

Creo que organizar fiestas merece la pena, pero depende de la zona donde vivas. A la gente de mi barrio no le interesaría porque nadie da grandes fiestas extravagantes. Pero en una gran ciudad o en un barrio rico puede funcionar.
estarÉloca

AHORRARLO

Ahorrar dinero, ya sea para pagarte la universidad o para comprar en el futuro algo que deseas, requiere disciplina y fuerza de voluntad. A menudo la gratificación a largo plazo lo merece. Abrir una cuenta de ahorros y comprender cómo funcionan los intereses es interesante.

Invertir

Existen formas inteligentes de invertir el dinero para que dé más a lo largo de tu vida. Hay varias maneras de hacerlo: una libreta de ahorros, un fondo de inversión mobiliaria, un plan de pensiones, una sociedad de inversiones y acciones de bolsa. También puedes decidir invertir en algo que coincida con tus opiniones y escoger empresas que tengan buenas políticas de personal y medioambientales.

Aunque no tengas mucho que invertir, puede ser divertido meterse en bolsa sólo por la experiencia (pásate por la Guía de Jóvenes Inversores del área económica de Yahoo.com).

Ver información sobre **inversiones**, *p. 297.*

Glosario de inversión

Acción: Una parte o participación de una empresa que el público puede comprar, también se las llama valores.

Acciones de primer orden: Acciones de una empresa grande y conocida que ha funcionado bien siempre. Las acciones de primer orden suelen disfrutar de un aumento constante de beneficios y además tienen buena reputación por su dirección sólida o por sus productos y servicios, o todo a la vez.

Bolsa de valores: El lugar donde se venden y se compran las acciones de muchas empresas.

Bonos: Pagarés que venden las empresas o el Estado al público en general para obtener dinero.

Corredor: Un «agente» que lleva la compra de acciones y bonos, que aconseja a sus clientes a cambio de unos honorarios (una comisión). El corredor actúa de intermediario pero ni te compra ni te vende acciones.

Cuenta a largo plazo: Una forma de depósito de ahorros con un interés más alto que la de una cuenta de ahorros, aunque no puedes retirar el dinero hasta una fecha fijada, en cuyo momento también recibes los intereses.

Dividendo: Una porción de las ganancias de una compañía que se paga a los accionistas regularmente.

FDIC (Corporación Federal de Seguros de Depósito): Una organización estadounidense que asegura a los bancos y garantiza que la gente no pierda el dinero que deposita (hasta 100.000 dólares) en una cuenta si el banco quiebra.

Fondo de inversión mobiliaria: Una compañía que crea un fondo con muchas personas que invierten en sus bonos o acciones. Estos fondos de inversión suelen ser más seguros que comprar acciones de forma individual porque tu inversión está diversificada en muchas empresas.

Índice Dow Jones: Un índice de 30 acciones que proporciona una indicación de la tendencia general del mercado.

Índice Standard & Poor's 500: Un índice de 500 grandes

empresas cuyo valor refleja la tendencia general del mercado.

Mercado alcista: Cuando el mercado financiero está fuerte y los precios de las acciones suben durante meses o años.

Mercado bajista: Cuando el mercado financiero está débil y los precios de las acciones caen durante meses o años.

NASDAQ (Cotización Automatizada de la Asociación Nacional de Corredores de Bolsa): La red computerizada que dirige la NASD y que proporciona las cuotas de precio de todo tipo de acciones.

NYSE (Bolsa de valores de Nueva York): La mayor bolsa de valores, situada en Wall Street.

Plan de pensiones: Una cuenta libre de impuestos con la que ganas buenos intereses hasta que alcanzas la edad de jubilación y retiras el dinero acumulado.

(Tasa de) Interés: El cargo por pedir dinero prestado. Tal vez recibas intereses de un banco si pones dinero en una cuenta, porque el banco toma prestado tu dinero y se lo deja a otras personas. (Si pides crédito a un banco, pagarás intereses sobre el préstamo, normalmente de forma mensual.) La tasa de interés del dinero que debes de una tarjeta de crédito puede ser muy alta.

GASTARLO

No importa qué puedas permitirte ni qué decidas comprar, vives en una sociedad de consumo donde los publicistas quieren y necesitan que sus clientes crean que comprar los productos adecuados da la felicidad. Hay gente que lo cree y piensa que cuantas más cosas compre, más satisfecha se sentirá, aunque no sea cierto. Por desgracia, a veces se juzga a una persona por el dinero que tiene.

Como consumidora, tienes poder. La forma en que gastas tu dinero —en el cine, la ropa o la música— tiene un gran impacto en la economía. Por eso es importante decidir con cuidado dónde y cómo gastas. Puedes investigar un poco sobre las compañías a las que apoyas, su ideología o sus políticas medioambientales y sociales. También es interesante saber que, a veces, diferentes marcas de ropa o discográficas pertenecen en realidad a una misma gran corporación.

Crédito

Las tarjetas de crédito son muy tentadoras porque te permiten comprar cosas que de otro modo no podrías permitirte. Sin embargo, lo que compras con una tarjeta de crédito suele acabar costando bastante más. Si no pagas todo cada mes, puedes llegar a pagar mucho dinero en intereses y cargos económicos. Y si no pagas a tiempo la cuota mínima mensual, podrías arruinar tu clasificación crediticia y te sería muy difícil conseguir préstamos en un futuro. Si tus padres o tú tenéis tarjeta de crédito, entérate de las tasas de interés y las condiciones de pago, que son diferentes para cada tarjeta.

Mi familia dice que soy una egocéntrica. No llevan cosas de marca y no se preocupan por su imagen. Sólo intento cuidar un poco mi aspecto. No voy muy pintarrajeada, pero a mis padres les molesta que me maquille con 14 años. No puedo hablar con ellos porque cuando lo hago me salen con que soy una egocéntrica y que no hago más que gastar dinero.

pippiL

si te sirve de consuelo, sé cómo te sientes. mi familia no tiene mucho dinero y yo tengo que comprarme mis cosas (como el champú). lo más estúpido es que siempre me siento vigilada por mi madre ¡porque gasto mi dinero en cosas tan «triviales» como buen champú! está claro que tus prioridades son diferentes a las de tu familia y por eso no siempre entienden por qué algunas cosas (como el maquillaje) son importantes para ti. intenta decirles que llevar maquillaje te hace sentir bien contigo misma y recuérdales que es tu decisión.

chicaestática

Casi todos los del instituto llevan deportivas caras. A mí me gustan mucho, pero cuestan el doble. Mi madre no pagaría ese dinero. Me parece que soy la única que no las lleva.

cAlamar

Bueno, no eres la única que se siente así. En mi insti todos llevan deportivas Nike, zapatos Tommy, Doc Martens y eso. Bueno, tengo varios pares de Nike, pero mi madre no compra zapatos demasiado caros. En mi instituto todos son ricos. Tendrás que vivir con eso. Las marcas están muy de moda y casi todo el mundo haría lo que fuese por ir a la moda y ser popular.

TaraGirl

Ver también Información sobre ayudas económicas, **pp. 260-261.**

Pagar la universidad

Muchos padres pagan la educación de sus hijos, pero algunos no pueden permitírselo, no quieren o sólo pueden contribuir en parte. Si ese es tu caso, necesitas informarte lo mejor posible para conseguir algún tipo de beca. Hay muchos lugares donde informarse acerca de becas y ayudas económicas; en tu instituto, en la biblioteca o en Internet. Puedes conseguir dinero gracias a préstamos del Estado, préstamos de bancos, becas por buenas notas, becas especiales, becas otorgadas por alguna organización a la que pertenezcan tus padres, tu iglesia, etcétera.

INFORMACIÓN

Para enterarte de los requisitos laborales de tu zona, ponte en contacto con la oficina de empleo de tu distrito (búscala en las páginas amarillas). Si crees que te están tratando injustamente, puedes presentar una denuncia en la inspección de trabajo.

Internet: Páginas web

Cómo buscar (y encontrar) trabajo en internet (http://www.lalinea.com/trabajo.htm): Además de buenos consejos, en este sitio encontrarás bolsas de trabajo en red, ofertas de trabajo, teletrabajo, trabajo voluntario...

Trabajos para el verano (http://www.summerjobs.com): Si te apetece trabajar durante el verano fuera de tu país, aquí tienes todas las posibilidades. Deberás leer las ofertas en inglés, pero la calidad y originalidad de la propuesta merece el esfuerzo.

Red financiera en internet (http://www.megabolsa.com): Las finanzas del día, asesoría fiscal, enlaces bursátiles, software financiero... Si te interesa mover tus ahorros y experimentar en la bolsa, éste puede ser un modo de aprender a hacerlo.

Confederación española de jóvenes empresarios (http://www.ceaje.es): Si ya eres empresario, o tienes intenciones de serlo próximamente, no dudes en visitar el sitio web de la Confederación española de jóvenes empresarios, de cuyos recursos puedes beneficiarte para que tus iniciativas prosperen.

Emprendedores de pequeña y mediana empresa (http://www.salamancadigital.com/pyme): Completísima información para aquellos que hayan acabado de estudiar, tengan iniciativa própia y deseen fundar su propio negocio.

Negocios latinos (http://www.emprendedores.com): En la red puedes encontrar recursos como éste, que pone en contacto las distintas iniciativas latinas en el mundo de los negocios. Sin duda extraerás buenas ideas de las experiencias ajenas.

CINTENFOR. Organización internacional del trabajo (http://www.cinterfor.org.uy): Plan de trabajo joven en el que descubrirás todo lo que hay que saber para ponerse en marcha por América Latina.

Entidades

OIT. Organización Internacional del Trabajo: Alberto Aguilera 15 dpdo. 1.° - 28015 Madrid - Tel. 91 5678100 - Fax 91 5713733 - omt@world-tourism.org (http://www.world-tourism.org)

SECOT. Asesoramiento para jóvenes emprendedores: Marqués de Cubas 25 4.° izda. - 28004 Madrid - Tel. 91 4297094 - Fax 91 4297095 - (http://www.cdrt-campos.es/pijtc/aseso.htm)

CEAJE. Confederación de jóvenes empresarios: Diego de León 22 3.° drcha. - 28006 Madrid - Tel. 91 4350905 - Fax 91 5754564

AJEMadrid. Asociación de jóvenes empresarios de Madrid: Núñez de Balboa 108 2.ª planta - 28006 Madrid - Tel. 91 5645152 - Fax 91 5631943 - infoaje@ajemad.es (http://www.ajemad.es)

AJES. Asociación de jóvenes empresarios de la provincia de Santa Fé: Córdoba 1868 - 2000 Rosario - Provincia de Santa Fé - República Argentina - Tel. 341 4257149 - fax. 341 4257151 - (http://www.geocities.com/WallStreet/Floor/3669)

Federación Mujeres Progresistas: Ribera de Curtidores 3 - 28005 Madrid - Tel. 91 5390238 - Fax 91 5270302 - fmp@fmujeresprogresistas.com (http://www.fmujeresprogresistas.com)

¿Quieres conversar sobre este tema? Entra en el chat de http://www.descubrete-edicionesb.com

Ayúdanos a actualizar

Nadie conoce mejor que tú aquello que te interesa. Hemos intentado hacer esta guía lo más rigurosa y actualizada posible. Sin embargo, sabemos que las cosas cambian: los **sitios web** se desplazan por la red e incluso desaparecen, las entidades y **centros de ayuda** se trasladan, aparecen nuevos **libros** de referencia imprescindible... Si descubres algún dato equivocado o bien crees que hemos dejado fuera alguna información de interés, ayúdanos a actualizar esta guía para su siguiente edición.

Escríbenos a:

Ediciones B, S.A.
¡Descúbrete!
c/ Bailén, 84
08009 Barcelona

ÍNDICE

La **negrita** indica un diagrama

F

G

¡DES-
CÚBRETE!